刑法総論

［第4版］

立石二六著

成文堂

第四版はしがき

本書第三版を上梓してより、はや六年の歳月が経過しようとしている。「歳月ひとを待たず」というが、その言葉が実感として身に沁みる。私事で恐縮であるが、近年、身近で、多くの大切な恩人、知己、友人と相次いで幽明境を異にした。この世に生をうけた以上滅することは避けられないが、為すべきことを為さなければならないという強い思いに見舞われた。仕残していることは沢山あるが、まず、第一に、本書の改訂が念頭にうかんだ。そこで、成文堂にお願いして、本書を第四版へと改訂することにした。

第四版に臨む心構えとして記しておきたいのは、第一に、草野刑法学の発展的継承者として自説の整備・確立・明確化を志向したこと、第二に、社会の進展と共に学説・判例が推移する中、その渦中に生きる研究者として時代の証言者たらんとの覚悟を据えたこと、である。

新規に多くのことを盛り込もうとはしなかった。作為義務を中心とする不真正不作為犯、共謀概念を中心とする共謀共同正犯、山口説を加えての不能犯、等についてはかなりの加筆・修正をほどこしたが、爾余の点については、例えば、原因において自由な行為、期待可能性、ほか気になっていた項目について叙述の加除・補正をした以外には、大阪南港事件、無謀運転・後部荷台無断乗車者死亡事件、等若干の判例についてのコメントの補充程度にとどめおいた。それ故、本書の基本的立場については従前となんらの変更もない。

本書執筆にあたっては、今回も、司門の後進、中央学院大学法学部元教授山本雅子氏に、懇切丁寧なご助力をいただいた。衷心より御礼申し上げる。

第四版の刊行にあたっても、出版事情の厳しい中、成文堂のお世話になった。阿部耕一社長、また、種々行き届いたご配慮を賜った編集部の飯村晃弘氏に深甚なる謝意を捧げる。なお、本年五月一日逝去された土子三男編集担当重役に多年にわたるご交誼を深謝し、改めてご冥福をお祈り申し上げる次第である。

平成二十六年十二月六日

京都女子大学法学部研究室にて

立　石　二　六

はしがき

北九州大学法学部で刑法総論を講義するようになって以来、二十有余年の歳月が流れた。今昔の憾を禁じえない。十年ほど経った頃から自分の執筆した教科書を用いて講義をしたいと思うようになった。学生諸君からも教科書執筆の要請を度々うけた。しかし、自分の教科書を世に問うということは、言うは易く行うは難いことであった。幾年もの逡巡の後にようやく執筆を決意した。いささか遅きに失したかもしれない。いま少し早い時期に本書を公刊できていればと思わないわけではないが、わたくしのこころの準備を含め、諸般の事情にてらして今日にいたった。本書にはわたくしなりの思索の跡が体系的に記されている。

本書は客観主義刑法理論に立脚し、行為無価値論に依拠している。わたくしの世代は、行為無価値論と結果無価値論との対立の荒波にもまれた世代であった。この対立は刑法学全域に及び、ことを論ずるにあたっては常に思考の根底におかれていなければならなかった。その点については、本書執筆にあたり十分に意を用いた積もりである。本書執筆にあたって意図したことは、全編にわたってバランスのよい教科書を書くよりも、日頃学生諸君からよく質問を受けるところ、あるいは、よく分からないといわれるところに重点をおいて、書いてみようとした点であった。その意味で、構成要件論、故意論、錯誤論、共犯論、等に比較的多くの紙幅が割かれている。それは本書の長所でありまた短所であるといえるであろう。意のあるところをお汲み取りいただきたいと思う。

本書はまず上巻を執筆し（平成十年）、これに下巻部分を接合して一書にまとめたものである。本書を執筆することは、大きな喜びであるとともに、悩み多く筆舌に尽くし難い苦しみの連続でもあった。辿り来て未だ山麓、これが偽りのない現在の心境である。多くのためらいと若干のはじらいをもって本書を世に送る。なお、本書執筆にあたって従来の見解を改めた箇所も少なくない。その箇所をいちいち明示できなかった点については、本書の結論が現在の私見であることをご了承いただきたいと思う。

今では、理論上かなりの点で距離をおいてはいるが、わたくしはもともと草野刑法学の学統の中で育ってきた者である。本書の到達点はあるいは草野刑法学の異端児であると評されるものであるかもしれない。しかし、わたくしのこの胸の底には、草野学派の流れの中で育まれてきた研究者の一人であることの誇りと自負と喜びが横溢していることを、率直に記しておきたい。

とにもかくにもこのような形で教科書を執筆できたのは、恩師中央大学名誉教授下村康正先生のご薫陶の賜物であり、こころから感謝の思いを捧げたい。また、この場をかりて、九州における多くの研究会で数々のご教授を賜った九州大学名誉教授井上祐司先生に深甚なる謝意を捧げる次第である。

本書の刊行は成文堂のお世話になった。阿部耕一社長、土子三男編集長をはじめ、成文堂の方々に感謝申しあげたい。とりわけ、土子編集長には微細な点に至るまで実にご懇篤なご教示を賜った。衷心より御礼を申し上げる。

平成十一年一月二十日

北九州大学法学部研究室にて

立石二六

補正版はしがき

本書初版第一刷を公刊してよりはや五年の歳月が流れた。その間に学問は日々進歩し、体系書・論文集ほか、すぐれた業績が相次いで公けにされた。それらを取り入れた本書の本格的改訂を行いたいと念じつつ、諸般の事情に時間を取られて未だ果たせぬままとなっている。それどころか、第一刷公刊の時には気づかなかった本書の叙述上の未熟さや校正の不十分さ用語の不適切さ等が気になる有様になってきた。この度、増刷の機会をいただき、せめてそれらの諸点については訂正をし、さらに、可能な限りの補充をしたいと思いたち、本書を「補正版」として出版させていただくこととした。五年の間には刑法の一部改正を含めて刑法に関る周辺の法律の改正もあった。今回の補正にあたってはそれらをも射程におさめつつ、現時点で果たせるかぎりの努力を払った積もりである。

文献の検索、校正、索引、その他厄介な作業については、中央大学大学院法学研究科刑事法専攻博士後期課程在籍の中村邦義君（中央大学リサーチ・アシスタント）、同、山本紘之君（中央大学ティーチング・アシスタント）の両君を煩わせた。記して感謝の意を表したい。

今回の補正版の出版にあたっても、土子三男編集部長に大変お世話になった。阿部耕一社長、土子三男編集部長をはじめ成文堂の皆様に心から御礼申し上げる次第である。

平成十六年二月七日

中央大学法学部研究室にて

立　石　二　六

第二版はしがき

本書初版第一刷を公刊してより七年、補正版第一刷を公刊してより二年の歳月が流れた。その間、刑法の一部改正を含めて刑事法をめぐる大きな法改正が行われ、また、重要な学説・判例も数多く登場した。今回本書増刷の機会をいただき、本書の整備、充実という視点から、思い切って本書の第二版を刊行することとした。

本書における改訂についての主なものを以下に記しておこう。第一に、法改正の点については、平成一六年（法律第一五六号）には法定刑に関する改正が、平成一七年（法律第六六号）には人身売買罪の新設を中心とする改正が行われ、平成一七年五月二五日（法律第五〇号）には監獄法をめぐる改正が周辺諸法の新設・改正とともに公布され、それらは公布後一年以内に政令をもって施行日が決定されることになっている。本書では、主として、刑罰論においてこれらの改正に対応した。従って、本書の刑罰論における法令名、条文、専門用語、等は、監獄法改正後のものに適応させていることをご了承いただきたい。第二に、本書の内容の充実という意味において、実行行為、原因において自由な行為、早すぎた構成要件実現、承継的共同正犯、等にスペースを割き、あるいは、説明を加えた。第三に、重要判例の補充という観点の下に、アステリスクを付して若干の判例をとりあげいくばくかのコメントを添えた。第四に、義務の衝突について見解を改めた。第五に、その他の点について細部における表現の修正を施した。

大略以上の諸点が第二版の改訂点であるが、本書の基本的立場については何らの変更もない。第二版の内容は、ささやかながら従前のものより充実したものになったと自負している。今後とも本書をさらに内容のあるものにすべく努力したいと考えている。

今回の改訂にあたっては、同門の後進、中央学院大学法学部山本雅子教授より貴重な助言と多大なお力添えをいただいた。深謝の意を表したい。

また、今回の第二版の出版にあたっても、土子三男編集部長に大変お世話になった。衷心より感謝申し上げる。あわせて、阿部耕一社長、土子三男編集部長をはじめ成文堂の皆様にこころより御礼申し上げる次第である。

平成十八年三月十一日

中央大学法学部研究室にて

立　石　二　六

第三版はしがき

学問は日進月歩深化する。問題を定立し、解決のための思考を重ねて、その思考が純化し行き着くところまで到達すれば、それはあるいは魂の世界にまでたちいたることになるのかもしれない。正確な知見と深い思索に裏打ちされた崇高な学説に接するとき、身震いするような知的喜びを感得し、学問の世界に身をおいた幸せを実感する。ところで、いつの時代にも、どの学問領域にも、オピニオンリーダーと目される幾人かの人がいる。刑法学界における山口　厚教授もそのお一人といえるであろう。山口教授は、『刑法総論〔第2版〕』において、従来の見解を改め、あるいは、幾つかの重要な提言をされた。「原因において自由な行為」もその一項目であった。そこで展開された新しい山口説は旧来の諸他の見解と異なるもので、結論の採否を問わず検討しなければならないものとわたくしには思われた。それ故、わたくしは、このほど、成文堂の了解をえて、山口説に対応するために本書を第三版に改めることとした。勿論、それは、山口説に対立するためのものではなく、山口教授の提言を真摯に受けとめ検討する意図から出たことをお断りしておきたい。そして、この機会に、構成要件概念の説明の仕方を改め、また、学派の争いの箇所に幾ばくかの事柄をつけ加え、さらに、アステリスクを付して最近の重要な判例を追加し、その他、気にかかっていたところに若干の補完をほどこした。本書の基本的立場は従来と異なるものではない。

過日、九州大学名誉教授井上祐司先生より、今年の年賀状のご返事をいただいた。添え書きの一節に、「目下、東欧（ポーランド、ハンガリー）の刑法を勉強中です。」というくだりがあった。齢八十歳を超えてなお井上先生はそのようなご努力をされているのかと驚嘆し、感動した。北九州市立大学法学部に在籍の頃、刑法学会九州部会の研究会で数々のご薫陶を賜った井上先生の深い学識と謙虚な学風をあらためて思い起こし、努力のほかに道はないのだということを再認識した。終生一学徒の心構えでわたくしも精進しなければならないと、いま、切実に思っている。

今回の改訂にあたっても、前回同様、同門の後進、中央学院大学法学部山本雅子教授より、貴重な助言と多大のお力添えをいただいた。深謝の意を表したい。

また、今回の第三版の出版にあたっても、土子三男取締役に行き届いたご配慮を賜り大変お世話になった。衷心より感謝申し上げる。あわせて、阿部耕一社長をはじめ成文堂の皆様にこころより御礼申し上げる次第である。

平成二十年二月七日　六十八歳の誕生日の日に

中央大学法学部研究室にて

立石二六

凡例

一　法令は、平成二〇（二〇〇八）年一月一日現在のものによる。

二　文献は、巻頭に「文献略称」として掲げたが、それらは、わが国の代表的な教科書・体系書、講座・注釈書・判例研究、還暦・古稀祝賀論文集、雑誌、等である。特殊研究に関する著書・論文等については、引用の都度、出典を明記しておいた。なお、わが国の理論と関りの深いドイツの文献で、代表的と目されるものを「文献略称」の後に「ドイツの文献」として挙げておいた。

三　判例は、リーディング・ケースと思われるもの、および、重要なものを引用した。引用にあたっては、次のような略語によっている。

大判明四三・一〇・一一刑録一六輯一六二〇頁
↓明治四三年一〇月一一日大審院判決、大審院刑事判決録一六輯一六二〇頁
最決昭四二・一〇・二四刑集二一巻八号一一一六頁
↓昭四二年一〇月二四日最高裁決定、最高裁判所刑事判例集二一巻八号一一一六頁
名古屋高判昭三七・一二・二二高刑集一五巻九号六七四頁
↓昭三七年一二月二二日名古屋高等裁判所判決、高等裁判所刑事判例集一五巻九号六七四頁

大判（決）	大審院判決（決定）
最判（決）	最高裁判決（決定）
高判	高等裁判所判決
地判	地方裁判所判決
刑録	大審院刑事判決録
刑集	大審院刑事判例集、最高裁判所刑事判例集
裁判例・刑	大審院裁判例・刑法
裁判集刑	最高裁判所裁判集・刑事
特報	最高裁判所刑事判決特報
高刑集	高等裁判所刑事判例集
判特	高等裁判所刑事判決特報
裁特	高等裁判所刑事裁判特報
東時	東京高等裁判所刑事判決時報
下刑集	下級裁判所刑事判例集
刑月	刑事裁判月報
特報	裁判所特報
新聞	法律新聞
評論	法律評論

体系　　判例体系
判時　　判例時報
判タ　　判例タイムズ

四　「注」はすべて本文中の（　）内に記した。
五　巻末に事項・人名索引をつけた。

文献略称

【教科書・体系書等】

青柳　青柳文雄・刑法通論Ⅰ総論（昭五三）
浅田　浅田和茂・刑法総論（補正版・平一九）
板倉　板倉　宏・刑法総論（平六）
井田　井田　良・刑法総論の理論構造（平一七）
井田・総論　井田　良・講義刑法学・総論（平二〇）
市川　市川秀雄・刑法総論（昭四二）
井上　井上正治・刑法学（総則）（昭二六）
植田　植田重正・刑法要説総論（全訂版・昭四一）
植松　植松　正・刑法概論Ⅰ総論（再訂版・昭五六）
内田　内田文昭・刑法Ⅰ（総論）（改訂版・昭六一）
梅崎＝宗岡　梅崎進哉＝宗岡嗣郎・刑法学原論（平一〇）
大嶋　大嶋一泰・刑法総論講義（平一六）
大塚　大塚　仁・刑法概説（総論）（第四版・平二〇）
大野　大野平吉・概説犯罪総論上巻（補訂版・平七）・下巻（補訂版・平七）
岡野　岡野光雄・刑法要説総論（平一三）
大谷　大谷　實・刑法講義総論（新版第4版・平二四）
小野　小野清一郎・新訂刑法講義総論（増補版・昭三一）
香川　香川達夫・刑法講義〔総論〕（第三版・平八）
柏木　柏木千秋・刑法総論（昭六一）
川端　川端　博・刑法総論講義（第3版・平二五）
吉川　吉川経夫・刑法総論（三訂補訂版・平八）
木村　木村亀二・刑法総論（阿部純二増補・昭五三）
木村・新構造　木村亀二・犯罪論の新構造上（昭四一）・下（昭四三）
草野　草野豹一郎・刑法要論（昭三二）
小泉　小泉英一・刑法総論（三訂版・昭四八）
齊藤〔金〕　齊藤金作・刑法総論（改訂版・昭四四）
斎藤〔信〕　斎藤信治・刑法総論（第五版・平一五）
齊藤〔信〕　齊藤信宰・新版刑法講義〔総論〕（平一九）
佐伯　佐伯千仭・刑法講義（総論）（四訂版・昭五九）
佐久間　佐久間修・刑法総論（平二一）
沢登　沢登俊雄・刑法概論（昭四二）
下村・基本的思想　下村康正・犯罪論の基本的思想（昭三九）、同・続犯罪論の基本的思想（昭四〇）
荘子　荘子邦雄・刑法総論（第三版・平八）
正田　正田満三郎・刑法体系総論（昭五四）

鈴木　鈴木茂嗣・刑法総論〔犯罪論〕（平一三）
曽根　曽根威彦・刑法総論［第四版］（平二〇）
高橋　高橋則夫・刑法総論（第2版・平二五）
瀧川〔春〕　瀧川春雄・刑法総論講義（新訂版・昭五〇）
瀧川　瀧川幸辰・犯罪論序説（改訂版・昭四〇）
団藤　団藤重光・刑法綱要総論（第三版・平二）
内藤　内藤　謙・刑法講義総論（上）（昭五八）、同（中）（昭六一）、同（下Ⅰ）（平三）、同（下Ⅱ）（平一四）
中　中　義勝・刑法総論（昭五一）
中野　中野次雄・刑法総論概要（第三版補訂版・平九）
中山　中山研一・刑法総論（昭五七）
中山・概説　中山研一・概説刑法Ⅰ（［第2版］・平一二）
奈良　奈良俊夫・概説刑法総論（新版・平五）
西田　西田典之・刑法総論（第二版・平二二）
西原　西原春夫・刑法総論改訂版〔上巻〕（平六）、同・改訂準備版〔下巻〕（平六）
野村　野村　稔・刑法総論（補訂版・平一〇）
林　林　幹人・刑法総論（平一二）
平野　平野龍一・刑法総論Ⅰ（昭五四）、同Ⅱ（昭五四）
平場　平場安治・刑法総論講義（昭四五）
福田　福田　平・全訂刑法総論（第五版・平二三）
藤木　藤木英雄・刑法講義総論（昭五四）
堀内　堀内捷三・刑法総論（平一二）
前田　前田雅英・刑法総論講義（［第5版］平二三）
牧野　牧野英一・刑法総論上巻（全訂版・昭三三）、同下巻（全訂版・昭三四）
町野　町野　朔・刑法総論講義案Ⅰ（［第二版］平七）
松宮　松宮孝明・刑法総論講義（第3版・平一六）
松村　松村　格・日本刑法総論教科書（平一七）
三原＝津田　三原憲三＝津田重憲・刑法総論講義（第5版・平二一）
森下　森下　忠・刑法総論（平五）
宮本　宮本英脩・刑法大綱（昭一一）
宮本・学粋　宮本英脩・刑法学粋（昭一〇）
山口　山口　厚・刑法総論（第2版・平一九）
山中　山中敬一・刑法総論〔第2版〕（平二〇）

【講座・注釈書等】

刑事法講座　日本刑法学会編・刑事法講座一～七巻（昭二七、二八）
刑法講座　日本刑法学会編・刑法講座一～六巻（昭三八、三九）
現代刑法講座　中山＝西原＝藤木＝宮沢編・現代刑法講座一～五巻（昭五二～五四）
刑法基本講座　阿部＝板倉＝内田＝香川＝川端＝曽根編・刑

注釈刑法　法基本講座一〜六巻（平四〜六）
　団藤重光編・注釈刑法一〜六巻（昭三九〜四五）
総判研（刑）　佐伯＝団藤編・総合判例研究叢書、刑法（昭三一〜三九）
判例刑法研究　西原＝宮沢＝阿部＝板倉＝大谷＝芝原編・判例刑法研究一〜八（昭五五〜五八）
ポケット註釈　小野＝中野＝植松＝伊達・ポケット註釈全書（1）刑法〔第三版〕（昭五五）
大コンメン　大塚　仁＝河上和雄＝佐藤文哉＝古田佑紀編・大コンメンタール刑法第二版一〜一三巻（平一一〜平一六）

［還暦・古稀祝賀論文集］

牧野還暦　牧野教授還暦祝賀・刑事論集（昭一三）
宮本還暦　宮本博士還暦祝賀・現代刑事法学の諸問題（昭一八）
小野還暦　小野博士還暦記念・刑事法の理論と現実、（一）（二）（昭二六）
瀧川還暦　瀧川先生還暦記念・現代刑法学の課題、上下（昭三〇）
木村還暦　木村博士還暦祝賀・刑事法学の基本問題、上下（昭三三）
斉藤還暦　斉藤金作博士還暦祝賀・現代の共犯理論（昭三九）
日沖還暦　日沖博士還暦祝賀・過失犯、(1)(2)（昭四一）
竹田植田還暦　竹田直平博士植田重正博士還暦祝賀・刑法改正の諸問題（昭四二）
佐伯還暦　佐伯千仭博士還暦祝賀・犯罪と刑罰、上下（昭四三）
植松還暦　植松博士還暦祝賀・刑法と科学、法律編（昭四六）
平場還暦　平場安治博士還暦祝賀・現代の刑事法学、上下（昭五二）
井上還暦　井上正治博士還暦祝賀・刑事法学の諸相、上（昭五六）下（昭五八）
団藤古稀　団藤重光博士古稀記念論集、第一巻〜第五巻（昭五八〜昭六〇）
平野古稀　平野龍一先生古稀祝賀論文集、上巻（平二）・下巻（平三）
荘子古稀　荘子邦雄先生古稀祝賀・刑事法の思想と理論（平三）
中　古稀　中　義勝先生古稀祝賀・刑法理論の探求（平四）
八木古稀　八木国之先生古稀祝賀論文・刑事法学の現代的展開、上巻・下巻（平四）
福田大塚古稀　福田　平博士＝大塚　仁博士古稀祝賀・刑法学の総合的検討、上巻・下巻（平四）
吉川古稀　吉川経夫先生古稀祝賀論文集・刑事法学の歴史と課題（平六）
内藤古稀　内藤　謙先生古稀祝賀・刑事法学の現代的状況（平六）

下村古稀　下村康正先生古稀祝賀・刑事法学の新動向、上巻・下巻（平七）

森下古稀　森下　忠先生古稀祝賀・変動期の刑事法学（上巻）・変動期の刑事政策（下巻）（平七）

中山古稀　中山研一先生古稀祝賀論文集、第一巻～第五巻（平九）

西原古稀　西原春夫先生古稀祝賀論文集、第一巻～第五巻（平一〇）

井戸田古稀　井戸田侃先生古稀祝賀論文集・転換期の刑事法学（平一一）

大野古稀　大野眞義先生古稀祝賀・刑事法学の潮流と展望（平一二）

宮澤古稀　宮澤浩一先生古稀祝賀論文集・第一巻～第三巻（平一二）

内田古稀　内田文昭先生古稀祝賀論文集（平一四）

佐々木喜寿　佐々木史朗先生喜寿祝賀・刑事法の理論と実践（平一四）

佐藤古稀　佐藤　司先生古稀祝賀・日本刑事法の理論と展望、上巻・下巻（平一四）

三原古稀　三原憲三先生古稀祝賀論文集（平一四）

齊藤古稀　齊藤誠二先生古稀祝賀・刑事法学の現実と展開（平一五）

中谷傘寿　中谷瑾子先生傘寿祝賀・二一世紀における刑事規制のゆくえ（平一五）

阿部古稀　阿部純二先生古稀祝賀論文集・刑事法学の現代的課題（平一六）

板倉古稀　現代社会型犯罪の諸問題（板倉宏博士古稀祝賀論文集）（平一六）

小田中古稀　小田中聰樹先生古稀記念論文集・民主主義法学刑事法学の展望　上巻下巻（平成一七年）

小暮古稀　小暮得雄先生古稀記念文集・罪と罰・非情にして人間的なるもの（平成一七年）

斎藤古稀　斎藤靜敬先生古稀祝賀記念・刑事法学の現代的展開（平成一七年）

松岡古稀　松岡正章先生古稀祝賀・量刑法の総合的検討（平成一七年）

神山古稀　神山敏雄先生古稀祝賀論文集　第一巻第二巻（平成一八年）

渥美古稀　渥美東洋先生古稀記念・犯罪の多角的検討（平成一八年）

小林佐藤古稀　小林充先生佐藤文哉先生古稀祝賀・刑事裁判論集、上巻下巻（平成一八年）

鈴木古稀　鈴木茂嗣先生古稀祝賀論文集、上巻下巻（平成一九年）

前野古稀　前野育三先生古稀祝賀論文集・刑事政策学の体系（平成二〇年）

立石古稀　立石二六先生古稀祝賀論文集（平成二二年）
福田古稀　福田雅章先生古稀祝賀論文集・刑事法における人権の諸相（平成二二年）
岩井古稀　岩井宜子先生古稀祝賀論文集・刑法・刑事政策と福祉（平成二三年）
村井古稀　村井敏邦先生古稀記念論文集・人権の刑事法学（平成二三年）2011
斉藤古稀　斉藤豊治先生古稀祝賀論文集・刑事法理論の探求と発見（平成二四年）
三井古稀　三井誠先生古稀祝賀論文集（平成二四年）
福井古稀　福井厚先生古稀祝賀論文集・改革期の刑事法理論（平成二五年）
生田古稀　生田勝義先生古稀祝賀論文集・自由と安全の刑事法学（平成二六）
町野古稀　町野朔先生古稀記念・刑事法・医事法の新たな展開、上巻下巻（平成二六）
曽根田口古稀　曽根威彦先生田口守一先生古稀祝賀論文集、上巻下巻（平成二六）

【雑　誌】

刑雑　刑法雑誌（有斐閣）
ジュリ　ジュリスト（有斐閣）
法教　月刊法学教室（有斐閣）
法時　法律時報（日本評論社）
法セミ　法学セミナー（日本評論社）
現刑　現代刑事法（現代法律出版）

目 次

第一編　序　論

第一章　刑法の基礎

第一節　刑法の意義、性格

一　刑法の意義

刑法とは、犯罪と刑罰に関する法である。そこでは、犯罪の要件を定めその効果としての刑罰が定められている。もっとも、刑事政策の近代化に伴い、「刑罰」に代えて、「保安処分」あるいは「保護処分」といった新しい制裁の種類が生じ、それが犯罪と刑罰の対応関係に変化をもたらしていることを見過してはならない。

二　刑法の種類

犯罪と刑罰に関する法が刑法であるとすれば、およそ処罰規定を持っている法は全て広義においては刑法である。その中でよく用いられる典型的な用語例を取り上げておこう。第一に、「一般刑法」として、狭義の刑法がある。それは、明治四〇年に制定された現行刑法典をさす。第二に、「特別刑法」とよばれるものがあるが、それらは、刑法典の付属法的・補充法的性格を有し、規定形式としても刑法典と同様に各犯罪毎に刑罰が定められている。爆発物取締罰則、暴力行為等処罰に関する法律、軽犯罪法、等があげられる。第三に、「行政刑法」とよばれるものがあるが、それらは、本来、行政取締目的のために定立された法規で、部分的に刑罰によって行為の遵守を強制する罰則が定められている。公職選挙法、道路交通法、国家公務員法、その他多数のものがある。

三　刑法・刑事訴訟法・行刑法

実体法としての刑法は、刑事訴訟法・行刑法（刑事収容施設及び被収容者等の処遇に関する法律、少年院法、更生保護法、等）とは区別されるが、これらは、刑法に定められている事柄が裁判および行刑において具体的に実現されて行く過程を示すものとして、「全体としての刑事法」と呼ばれることもある。これら三者は、密接な関連にたちつつ各々の法領域を保持しているが、その根底には「デュープロセス」という基本的な原理が形を変えつつ共通に介在していることを忘れてはならない。

四　刑法と民法・行政法

刑法は「公法と私法」という観点から民法と区別され、「司法法と行政法」という観点から行政法と区別されるといってよい（中山・二頁）。刑法との関りでいえば、民法では不法行為にもとづく損害賠償が、行政法では行政取締違反行為に対する行政罰が考えられるが、それらは、要件・効果とも一般刑法における犯罪と刑罰とは質的に異なるものである。刑法は、民法の物的性格にくらべて倫理的色彩の強いものであり、行政法の合目的性にくらべて法的安定性の要請が強いものといえる。制裁の性格としては、刑法における刑罰が最も重い。したがって、刑罰は、他の社会統制の手段では十分でないとき、あるいは、他の社会統制の手段（リンチなど）が強烈でありすぎるとき、発動すればよい。これを刑法の補充性・謙抑性というが、その結果、刑法の対象となる行為はおのずから断片的なものになる（平野・Ⅰ四七頁）。紛争の第一次的法的処理は民事的解決、行政的解決に委ねるべきであって、刑法は第二次的・補充的解決に奉仕する役割に徹するべきである。この意味において、刑法の「謙抑主義」の原理は今日極めて重要なものとなっていることを銘記しておかなければならない。

五　刑　法　学

刑法を研究する学問が刑法学であることは今更述べるまでもない。しかし、刑法を研究するにあたっては注意しておかなければならないことがある。以下で若干の重要な事柄につき論じたい。

⑴　刑法学の使命

歴史的にみれば、刑法はしばしば時の為政者の治安のための道具であった。後にとりあげる「罪刑法定主義」の原理は、まさしく、そのような状況の中で人民によって人権保障のために勝ち取られたものである。その意味において、人権保障は、刑法学の最も重要な基本原理でなければならない。他方、刑法には、また、社会秩序を維持すべき任務が課せられている。犯罪行為を行った者は自己の行為に対する応報として処罰されるべきであり、犯罪者を適正手続に基づいて処罰することにより社会秩序は維持されなければならない。「刑法」は犯罪成立要件を具備する行為を行った者を処罰する性格をもつ法であるが、「刑法学」は、このようにして、第一に人権保障を、第二に社会秩序の維持を念頭におきつつ、常に両者の調和を追求する解釈論の展開を心がけなければならない。裁判の場では、原告側、被告側双方が納得する論理的理由づけが必要であるが、そのためには、勿論、結論の妥当性が要請される。「罰すべきは罰し、罰すべからざるは罰せず」という刑法観に立って、結論の妥当性ある解釈論を追求することこそ最も重要であるが、その際、「刑法の謙抑性」が前提となっていることは当然のことである。

(2)　体系的思考と問題的思考　刑法学の中心課題は、問題となっている犯罪につき犯罪成否に関する解釈論上の帰結を明らかにすることである。このような任務を担う刑法の解釈を行うに際しては、「体系的思考」と「問題的思考」という二つの考え方があることを知っておかなければならない。まず、体系的思考は、犯罪成立要件を論理矛盾なく「一つの体系」中に整備して、その体系にあてはめて当該犯罪成否の結論を導こうとする立場である。わが国では、団藤博士の立場（定型説）がその代表的見解といえるであろう。次に、問題的思考は、過度の体系的思考を戒め具体的、個別的事案ごとに結論を導こうとする立場である。わが国では、裁判官に働きかけてその活動をコントロールするのが法解釈学の実践的作業であると説かれる平野博士の立場（平野・刑法の基礎二四六頁）がその代表的見解といえるであろう。それぞれに理由のある主張であるが、個別の解釈論レベルでは重要な帰結の相違をもたらさざるをえない。この点については、およそ学問に体系化は不可欠である故、体系的思考を是とし、「体系のための体系」に堕して理論だおれに陥る弊害を避けつつ、論理整合性ある犯罪論体系に従って妥当な結論を得る解釈学の展開を心がけることが肝要であると考える。

(3)　判例と学説　判例は具体的事案における妥当な法的解決を目的とするものであるから、そこでは問題的思考に重点がおかれていることは否定できない。一方、法律学が実践の学問である以上、学説もまた法的に妥当な帰結を導きうるものでなければならないこと論をまたない。そこで、判例の結論と学説とが異なる場合に学説は如何なる態度をとるべきかということが問題となる。平野博士は、共謀共同正犯に関し、「判例は、法を具体化してゆくものであり、学説はそのための参考意見にすぎない。したがって、判例として確立している場合には、是正するとしてもむしろ立法によるべきであって、解釈論としては判例の基本線はそれを前提とせざるをえないこともある」（平野・II四〇三頁）と論じられた。しかし、判例も学説も唯一の正しい解釈を探求すべきものであって、もし、判例に誤りがあれば学説はそれを指摘しこれを正すべき指針を示さなければならない。判例に対する学説の自己規制は、学説の役割と責任を放棄するものといわざるをえない。体系的自己貫徹性を帯有する学説も、法解釈学の担い手として「判旨賛成」・「判旨反対」という形での判例への関与を保持し、自らの存在意義を確立すべきである。

(4)　刑法学の範囲　刑法学は、狭義においては、刑法解釈学を意味するが、広義においては、刑法哲学、刑法史学、比較刑法学、等をも包含する。これらの中では刑法解釈学が最も重要な学問領域であるが、刑法解釈学は現行刑法の規範的意味内容を解釈によって体系的に認識することを任務とするものといわれる（中山・一六頁）。この刑法解釈学を稔り豊かなものにするためには、哲学的・歴史的・比較法的視点の顧慮をおろそかにしてはならない。けだし、これらの学問領域の内容が解釈学の中に取り込まれてはじめて我々は高次の刑法解釈学を展開することができるからである。その意味において、刑法学を学ぶに際しては、刑法哲学、刑法史学、比較刑法学の重要性を十分に認識しておく必要がある。なお、付言すれば、「刑事法」という学問分野は、刑法、刑事訴訟法、刑事政策の三者から成り立っているということもよく説かれる。それらを簡潔に特徴づければ、実体法たる刑法は犯罪と刑罰について思考をめぐらせ、手続法たる刑事訴訟法は刑法を実現するための手続を追及し、刑事政策は犯罪の原因と対策を検討し犯罪なき社会の実現を探求する学問領域である、ということができるであろう。

第二節　刑法の法源

一　制定法と慣習法

「何人も、法律の定める手続によらなければ、その生命若しくは自由を奪はれ、又はその他の刑罰を科せられない」という憲法三一条の規定により、刑罰規定は成文の法律の形式で制定されなければならない。すなわち、ここで、「法律」というのは、国会で法律の形式で制定された狭義の法律を意味する。従って、不文の慣習法は刑法の法源とはなりえない。もっとも、個々の成文規定の解釈に際し慣習が斟酌されるのは別論である。

二　判例の法源性

成文法の規定の範囲内で確立された判例には法源性を認めてよいのではないかということが今日有力に主張されている（例えば、団藤・五一頁、平野・刑法の基礎二三六頁）。確かに成文法の規定の解釈として特に最高裁によって確定されている判例には、後の判例に対する拘束性が認められ、その意味において、実質的には法源性がみとめられていると考えられなくはない。しかし、判例はやはり不文であり、また、最高裁による判例変更もありうるし、加えて、下級審にも最高裁の判例とは異なる判断を下す機会を付与しておかなければ判例の進歩もありえないが故に、判例には法源性を認めるべきではないと思う。

三　政令と条令

法律主義にも例外がある。①まず、「政令」によって罰則を定め得ることを憲法は認めている（憲法七三条六号）。それは、特にその法律の委任がある場合であって、しかも、包括的委任は許されず特定委任だけが認められる（最大判昭二七・一二・二四刑集六巻一一号一三四六頁）。②次に、「条令」によって、条令に違反した者に対し「二年以下の懲役若しくは禁錮、百万円以下の罰金、拘留、科料若しくは没収の刑又は五万円以下の過料」の罰則を定めることができる（地方自治法一四条三項）。これは、憲法（憲法九四条）が地方公共団体に法律の範囲内で条令を制定することができるとしたのをうけている。この種の条令の中には、公安条令、迷惑防止条令、青少年保護条令、等がある。

第三節　刑法の機能

一　刑法の規範

刑法の機能を論ずる前に、「刑法の規範」の問題について述べておかなければならない。殺人罪を例に取り上げてこれをみれば、「人を殺した者は、死刑又は無期若しくは五年以上の懲役に処する」（刑法一九九条）と規定されている。「人を殺した者」という前段部分が法律要件であり、「死刑又は無期若しくは五年以上の懲役に処する」という後段部分が法律効果である。「人を殺した者」という法律要件の中には、「人を殺すな」という禁止を内容とする「行為規範」が含まれ、「死刑又は無期若しくは五年以上の懲役に処す」という法律効果の中には、「違反者には所定の刑罰を適用せよ」という命令を内容とする「裁判規範」が含まれている。そして、国民一般を名宛人とする行為規範と裁判官を名宛人とする裁判規範を合体して刑法規範が成り立っている。その際、「行為規範」は、ある行為が刑法的見地からして無価値であるとする「評価規範」と、個々の行為者に対してかかる刑法的評価に違反する行為をしないよう意思決定すべきであるとする「決定規範」（「命令規範」）の両面から成り立っている。このような規範論は規範の論理構造の分析につきるものではなく、規範を通して社会生活のコントロールを遂行するという意味において、「刑法の機能」論と連結し得るといえるであろう。

二　刑法の規制的機能

規制的機能とは、犯罪行為に対する国家の規範的評価（否定的価値判断）を明らかにすることをいう。規制的機能は、一定の行為を犯罪とし、これに一定の刑罰を科して、当該行為が法的に許されないことを国民に示す機能、および、特定の行為者に対し犯罪行為を行わないよう意思決定すべきことを命ずる機能の両者を有するが、それらは、評価規範、決定規範にそれぞれ対応するものである。

三　刑法の秩序維持機能

刑法の規制的機能は犯罪行為を行おうとする者を犯罪から遠ざける作用を営むが、これは、刑法が一般予防機能を持ち、さらには、犯罪抑止機能を持っていることを意味する。刑法の犯罪抑止機能から、犯罪行為を犯した者を処罰するということにおいて刑法の秩序維持機能が生ずる。そして、刑法がこのような秩序維持機能を持つということは、刑法が法によって保護された利益（法益）を犯罪的侵害から保護するという保護的機能を持つこととなる。法益保護機能については、刑法の機能が法益の保護につきるのかそれ以上のもの（社会倫理や法的情操）の保護をも含むのかが重要な問題となる（中山・一四頁）。この点については、社会秩序の維持のためには、道徳や倫理自体の保護ではなく法益保護が重視されなければならないが、他方、刑法の目的は法益の保護につきるのではなく、社会秩序の維持にもあるのであるから、法益保護を刑法の究極の目的とする立場は妥当とはいえず、刑法の中には道徳も倫理もその必要最小限度のものの保護が取り込まれていると理解するのが妥当であろう。

四　刑法の保障的機能

保障的機能とは、一定の行為を犯罪としこれに一定の刑罰を科すことによって、国家刑罰権の行使を制限し個人の人権を保障する機能をいう。保障機能は「マグナ・カルタ」的機能と呼ばれ、これには、「善良な国民のマグナ・カルタ」、「犯人のマグナ・カルタ」、「受刑者のマグナ・カルタ」があるとされる（木村・八七頁）。刑法の保障的機能と秩序維持機能とは、しばしば矛盾・対立するが、両者の調和こそ肝要である。

第四節　近代におけるわが国の刑法史と刑法改正作業

一　古代から江戸時代までの刑法史略説

①わが国の上代、延喜式の大祓詞には天津罪、国津罪の観念があり、宗教的解除が行われ、刑罰として死刑・罰金・没収・追放なども存在した。②大化の改新の後、中国の律を範とする大宝律（七〇二年）、養老律（七一八年）が制定された。各則的な諸規定のほかに、責任能力・錯誤・共犯、等の総則規定も定められており、刑罰には、正刑・換刑・閏刑・附加刑の四種があり、正刑は、笞・杖・徒・流・死の五種類になっており、連座・縁座の制度もあった。③平安時代の中期以降、律令制度は次第に廃れ、検非違使庁の庁令が重要な意味をもつこととなったが、

庁令刑法の内容は、律に比べて手続を簡素化するとともに、刑を緩和する傾向にあり、自由刑が広汎に行われ、追放刑も採用されたとみられている。④鎌倉時代には、律令法の適用は主として公家法の領域に限られ、これに対し、道理に従い実際に適合することを旨とする武家の刑法が新たに国法の中核となった。北条泰時の御成敗式目（一二三二年）は、当時の武家の慣習法を成文化したものとして著名である。刑罰としては、死刑・流刑・追放刑・自由刑（召籠、召禁）・身体刑（火印、片鬢剃、指切）・職務刑（改易、出仕停止）・財産刑（没収）、等があった。⑤室町時代末期から戦国時代にかけて、幕府法、各分国法ともに、刑罰においては威嚇主義的傾向がみられた。例えば、死刑については、磔・鋸引・車裂・火焙、その他が、身体刑については、耳削・鼻削・等が、行われたといわれる。そして、縁座、連座の制度が拡大され、喧嘩両成敗の法が広く行われた。⑥江戸時代にいたって、武家の刑法は一応完成の域に到達した。特に重要なのは、八代将軍吉宗によるいわゆる御定書百ケ条、すなわち、公事方御定書下巻（一七四二年）である。これは、徳川幕府の刑法判例を集めたものであるが、御成敗式目以来の伝統を継承しつつ、武家の刑法を集大成したものであり、その後における判例法の基礎として重要な意味をもった。そこには、責任能力・故意・過失、等の総則規定も存在し、刑罰には、死刑・身体刑（入墨、剃髪、等）・遠島刑・追放刑・自由刑（永牢、押込、閉門、等）・財産刑（闕所、過料）・身分刑、等があった（大塚・三一〜三三頁）。

二　明治時代初頭の刑法とその性格

①明治維新後の最初の刑法は明治元年の「仮刑律」（一八六八年）であった。この法律は、全国的に統一的な最初の刑法典であったが、内容的には古い律令や徳川の公事方御定書を参考にして急いで作られたもので、公布も施行もされず終った。しかし、法律としての機能を営まなかったわけではなく、地方からの伺に対し中央から指令を発

する場合に、準拠として用いられたといわれている。②次いで作られたのが、明治三年の「新律綱領」(一八七〇年)であったが、日本の伝統的法体系を基礎とする点では仮刑律と変わるところはなかった。この法律は公布・施行されており、その意味では、「知らしむべからず、拠らしむべし」式の封建的な法制とは異なる意味をもったが、その実態においては後述の諸点においてなお著しく非近代的なものであった。③新律綱領も維新により動きだした社会情勢に対応するものとしては十分でなく、すぐに、修正補充の必要が生じ、作られたのが明治六年の「改定律例」(一八七三年)であった。そして、これは、新律綱領と並びそれを補充するものとして両者が併用されたのであり、また、逐条体を採用し、笞・杖・徒・流といった伝統的な刑種に代えて懲役にしたというような点において、ヨーロッパ刑法を取り入れたわが国で最初の刑法典であると説かれる。

これらが、明治初頭の刑事立法であったが、内容上の特色として共通にみられるのは、近代的法典とは評価しがたい封建的性格を保持していたことである。すなわち、仮刑律には、封建的身分の有無による差別待遇を認める制度(「閏刑」)や情理違反による処罰(「不応為罪」)が存在し、新律綱領・改定律例には、これに加えて、律令に正条なき非行について他律の援引比附(類推適用)を許す「斷罪無正条」の規定がおかれていた。

三　旧刑法とその特色

明治政府はこのようにして一応中央集権的な統一的刑法を制定したが、わが国の法典が欧米諸国に比し非近代的なものであることを理由として、安政二年以降オランダをはじめ欧米諸国と不平等条約を結び、領事裁判権を与えなければならなかったので、法制度上の整備を行わなければならなかった(西原・上巻一九頁)。そのような状況下で、日本政府によってパリ大学から招聘されたボアソナードは、わが国の刑法草案作成に従事したが、彼が作成した原案を基礎としてかなりの修正を経た後に明治一三年に公布、同一五年に施行されたのが「旧刑法」（一八八〇年）である。それ故、旧刑法は、ボアソナードを介して、当時のフランス刑法およびその他のヨーロッパ刑法の影響を全面的にうけたわが国最初の近代的な刑法といえるのであり、わが国の刑事制度は、旧刑法によってはじめて封建的制度を形式上一掃しえたと評しうる。

旧刑法の特色は、①明文をもって、「法律ニ正条ナキ者ハ何等ノ所為ト雖モ之ヲ罰スルコトヲ得ス」（二条）とし、また、「法律ハ公布以前ニ係ル犯罪ニ及ホスコトヲ得ス」（三条一項）と規定して、罪刑法定主義を正面から是認したこと、②身分による差別待遇を廃止したこと（閏刑の排除）、③責任主義を支える規定をおいたこと、④犯罪を重罪・軽罪・違警罪に三分し、犯罪類型の明確化・細分化をはかり、刑罰の一般的緩和傾向がみられ、また、すでに、仮出獄の規定をもっていたこと、等にあるといえよう。

四　現行刑法

旧刑法はこのようなものであったが、部分的にはわが国の実情に合わないものもあったため、施行の年からすでに司法省内部に改正の議がおこり、数次にわたる改正案作成の後、明治四〇年（一九〇七年）公布・同四一年に施行された「現行刑法」が成立した。旧刑法がフランス刑法を模範として作成されたのに対して、現行刑法はドイツ刑法（一八七一年）の影響を強くうけて制定されたものであった。

旧刑法に対する現行刑法の特色は、①犯罪類型の数が少なく、法定刑の幅が拡大し、刑の自由裁量の余地が拡大されたこと、②犯罪の重罪・軽罪・違警罪の三分類が廃止されたこと、③執行猶予制度が採用されたこと、④未遂の必要減軽を任意減軽に変えたこと、⑤剝奪公権・停止公権、等の名誉刑を廃止したこと、その他があげられよう。

五　刑法の一部改正

現行刑法はその制定以後すでに一世紀近くの歳月を経ているため、今日に至るまで相当回数の一部改正を受けている。①大正一〇年（一九二一年）の改正（法律七七号）では、業務上横領罪の刑が「一年以上一〇年以下ノ懲役」から「一〇年以下ノ懲役」に改められた。②昭和一六年（一九四一年）の改正（法律六一号）では、労役場留置・没収に関する規定の改正、追徴・安寧秩序に対する罪の章・強制執行不正免脱罪・強制入札妨害罪・談合罪の新設、賄賂罪に関する規定の改正・追加、等が行われた。③昭和二二年（一九四七年）の改正（法律一二四号）は、戦後の新憲法制定に伴う改正で、特に平等主義・人権尊重主義などの観点から行われた。すなわち、執行猶予を付し得る条件の緩和、前科抹消の規定の新設、連続犯に関する規定の削除、皇室に対する罪・外国の元首および使節に対する罪・妻の姦通罪・安寧秩序に対する罪に関する規定などの削除、名誉毀損罪における事実証明の規定の新設、公務員の職権濫用罪・暴行罪・脅迫罪の法定刑の加重、などが行われたのであった。④昭和二八年（一九五三年）の改正（法律一九五号）では、執行猶予の要件の緩和・再度の執行猶予の容認ならびに再度の執行猶予と併せて保護観察に付し得る制度の採用がなされた。⑤昭和二九年（一九五四年）の改正（法律五七号）では、初度目の執行猶予者をも保護観察に付することができるとし、国外にある日本の航空機内の犯罪について国外にある日本の船舶内の犯罪と同様に処置することができるとした。⑥昭和三三年（一九五八年）の改正（法律一〇七号）では、証人威迫罪・斡旋収賄罪・凶器準備集合罪に関する規定が新設され、輪姦罪などが非親告罪とされた。⑦昭和三五年（一九六〇年）の改正（法律八三号）では、不動産侵奪罪・境界毀損罪の規定が新設された。⑧昭和三九年（一九六四年）の改正（法律一二四号）では、身代金要求の誘拐罪が新設され、これに伴い誘拐罪に関する規定が整備された。⑨昭和四三年（一九六八年）の改正（法律六一号）では、激増した交通事犯に対処するため、業務上過失致死傷罪の刑種およびその上限が「三年以下ノ禁錮」から「五年以下ノ懲役若シクハ禁錮」に改められ、併合罪規定に改正がほどこされた。⑩昭和五五年（一九八〇年）の改正（法律三〇号）では、各収賄罪の法定刑が引き上げられた。⑪昭和六二年（一九八七年）の改正（法律五二号）では、コンピュータ犯罪に対応するために、「電磁的記録」の定義規定・電磁的記録不正作出罪・不正電磁的記録供用罪・電子計算機業務妨害罪・電子計算機使用詐欺罪の規定が新設され、また、公正証書原本不実記載罪その他の規定の保護客体に電磁的記録が加えられた。⑫平成三年（一九九一年）の改正（法律三一号）では、刑法各本条の罰金・科料額を直接引き上げるとともに、罰金額を「一万円以上」・科料額を「千円以上一万円未満」とした。⑬平成七年（一九九五年）の改正（法律九一号）では、刑法の表記の平易化が行われ、瘖唖者に関する規定および尊属加重処罰に関する規定の削除がなされた。⑭平成一三年（二〇〇一年）には二つの改正が行われた。第一の改正（法律九七号）では、支払用カードに関る処罰規定が増設され、第一八章の二「支払用カード電磁的記録に関する罪」（一六三条の二～一六三条の五）が追加された。第二の改正（法律一三八号）では、危険運転致死傷罪（二〇八条の二）の規定が新設され、凶器準備集合及び結集罪は二〇八条の三に移置され、二一一条二項が追加された。⑮平成一五年（二〇〇三年）にも二つの改正が行われた。第一の改正（法律一二二号）では、「国民以外の者の国外犯」としていわゆる消極的属人主義の規定が三条の二に設置された。第二の改正（法律一三八号）では、平成一五年に公布された仲裁法が刑法一九七条以下の仲裁人に関する贈収賄罪の規定を取り込んだ結果、刑法一九七条、一九七条の二、一九七条の三から「又は仲裁人」という文言が削除された。⑯平成一六年（二〇〇四年）の改正（法律一五六号）では、法定刑に関する重大な改正が行われた。一、有期の懲役・禁錮については、(a)一月以上二十年以下とし、(b)死刑又は無期の懲役若しくは禁錮を減軽して有期の懲役又は禁錮とする場合にはその長期を三十年とし、(c)有期の懲役及び禁錮を加重する場合には三十年にまで上げ得るものとした。二、個別の犯罪類型については、強制わいせつ、準わいせつ、強姦、準強姦、強姦致死傷、殺人、傷害、傷害致死、危険運転致傷、等の各罪につき法定刑を引き上げ、集団強姦、集団強姦等致死傷の各罪を新設し、強盗致傷の法定刑を引き下げた。⑰平成一七年（二〇〇五年）の改正（法律六六号）では、逮捕及び監禁罪の法定刑を引き上げ、人身売買罪、被略取者等所在国外移送罪を新設し、刑法三十三章の規定を整備した。⑱平成一八年（二〇〇六年）の改正（法律三六号）では、一八条六項を「罰金又は科料の一部を納付した者についての留置の日数は、その残額を留置一日の割合に相当する金額で除して得た日数（その日数に一日未満の端数を生じるときは、これを一日とする。）とする」と改めて、同条七・八項を削り、九五条一項中「又は禁錮」を「若しくは禁錮又は五十万円以下の罰金」に改め、二一一条一項中「五十万円」を「百万円」に改め、二三五条に「又は五十万円以下の罰金」という文言を付加した。⑲平成一九年（二〇〇七年）の改正（法律五四号）では、自動車運転過失致死傷罪を新設し、危険運転致死傷罪の対象が「四輪以上の自動車」から「自動車」に改められた。⑳平成二二年（二〇一〇年）の改正（法律二六号）では、刑の時効制度の見直しが図られ、死刑については時効が廃止された。また、他の刑に関しては期間がそれぞれ延長されている。すなわち、三一条「刑の」を「刑（死刑を除く）の」に改め、それに伴い三二条一号削除、二号中「二十年」を「三十年」に改めてこれを一号とし、三号中「十五年」を「二十年」に改めて二号とし、四号を三号とし、五号から七号までを一号ずつ繰り上げた。同時に、三四条一項中「死刑」が削られた。㉑平成二三年（二〇一一年）の改正（法律七四号）は、主として情報処理の高度化等に対処するためのものであるが、他にも改正点がある。(a)まず第一九章の二「不正指令電磁的記録に関する罪」（一六八条の二・一六八条の三）という新たな章が設けられ、いわゆるコンピュータウイルスの作成・供用等の罪が新設された。(b)また、九六条の要件及び刑の双方に改正が加えられ、(c)さらに、同条関連の犯罪が細分化され独立の規定となっている。(d)一七五条にも「電磁的記録媒体」が加えられ、前・後段共に改まった。加えて二項新設。(e)二三四条の二に二項未遂処罰の規定が加えられた。㉒平成二五年（二〇一三年）には二つの改正が行われた。第一の改正（法律四九号）は、執行猶予の制度に「一部執行猶予制度」を取り入れ、それに伴い、従来の二五条以下の規定に、見出しの変更、条文の移動など大幅な変動が見られる。現行の実刑と執行猶予との中間刑として位置づけられる制度であり、犯罪者を刑期の途中から刑事施設外で生活させることにより社会復帰を促す狙いをもつ。ただし、施行日は未決定である。第二の改正（法律八六号）では、二〇八条の二「危険運転致死傷罪」及び二一一条二項（自動車運転過失致死傷罪）が刑法から削除され、これ等を主軸とする「自動車の運転により人を死傷させる行為等の処罰に関する法律」という新たな特別法が創設された。二六年五月二〇日から施行されている。

六　刑法改正作業

右にみたような数次の一部改正にもかかわらず、現行刑法は、社会変化・思想変遷・刑事政策の進歩、等に対応しきれないものがあったため、すでに早くから刑法の全面改正作業が行われてきた。①現行刑法の全面改正作業が始まったのは、大正一〇年（一九二一年）のことであり、政府からの諮問をうけた臨時法制審議会は、大正一五年（一九二六年）「刑法改正の綱領」四〇項目を答申し、これをうけた司法省内の刑法改正原案起草委員会は昭和二年（一九二七年）に「刑法改正予備草案」を作成した。さらに、刑法並監獄法改正調査委員会は、刑法改正予備草案を仮原案として審議を重ね、昭和六年（一九三一年）に未定稿としての総則編を、昭和一五年（一九四〇年）に未定稿としての各則編を発表したが、昭和一五年一〇月、戦争のため同委員会が廃止され、委員会としての確定案をうることができなかった。この未定稿として発表された刑法草案の総則編・各則編は合体して「改正刑法仮案」と称され、戦後の改正作業においても有力な資料として用いられた。②終戦後、新憲法の制定に基づく思想の変化、学説・判例の進展・集積、用語の平易化、その他の事由から、刑法の全面改正の必要が高まった。昭和三一年（一九五六年）、法務省内に法務大臣の諮問に基づき法務省特別顧問・小野清一郎博士を議長とする刑法改正準備会が設置され、昭和三六年（一九六一年）に「改正刑法準備草案」が公表された。それは、「仮案を奴隷的に踏襲しているのではない」（理由書八六頁）というものであったが、仮案にみられた国家主義・権威主義的傾向を残すもので「仮案の現代版」だとする厳しい批判も存在した。③その後、昭和三八年（一九六三年）、法制審議会に対し法務大臣より「刑法に全面改正を加える必要があるか、あるとすればその要綱を示されたい」という諮問が出され、これをうけて、法制審議会はその内部に刑事法特別部会を設け、同諮問の予備的審議にあたらせることとなった。同部会は、改正刑法準備草案を有力な参考資料としつつ約八年半にわたる審議の後、昭和四六年（一九七一年）に、「刑法に全面的改正を加える必要がある。改正の要綱は当部会の決定した改正刑法草案による」との結論を法制審議会会長に報告した。そこで、法制審議会は、二四回の会議を開いてこれを審議し、刑事法特別部会の草案に若干の修正を加えたのみで、昭和四九年、「刑法に全面改正を加える必要がある。改正の要綱は当審議会の決定した改正刑法草案によるる」との結論に達し、即日これを法務大臣に答申した。これが「改正刑法草案」である。④改正刑法草案に対しては、基本的に「仮案」の思想を引き継いだもので国家主義的・治安主義的であること、日本国憲法の理念に反していること、処罰範囲の拡大・処罰の重罰化がみられること、その他の厳しい批判が展開された。『刑法改正の研究1・2』（平場・平野編）は、改正刑法草案の問題点を総合的に批判・検討したものである。これに対し法務省は、昭和五一年（一九七六年）に『刑法の全面改正について』を公表し、改正刑法草案を基礎とした刑法の全面改正を行うという姿勢を保持しつつ、批判点のいくつかは「代案」として提示した。また、保安処分については、一九八一年に

「保安処分制度（刑事局案）の骨子」として、草案の提案を大幅に修正したものを提示したが、保安処分制度の新設自体につき反対する見解もなお多く存在する。

第二章　学派の争い

一　中世の刑法の特色

キリスト教神学の支配下にあったアンシァン・レジームの刑法および刑法思想の特色は、法と宗教・道徳の不可分的結合、罪刑擅断主義、死刑や身体刑を中心とする刑罰の苛酷性、身分による処罰の取り扱いの相違、等にあるとされる。そこでは、非合理的、擅断的、威嚇的、身分的、宗教的な思想が支配していたといえよう。中世の法学者としては、ヨーロッパ中世のスコラ学派を代表する教父トーマス　アクィナス（Thomas Aquinas, 1225-1274）の名を記憶にとどめておかなければならない。彼は、アリストテレスの考えをカトリック神学と結びつけて発展させたのであって、彼においては、永久法、自然法、人定法、神法が説かれた。スコラ的法学はアンシァン・レジームの支柱となったのであり、やがてこれに反撥して、フランス革命の準備段階としての合理的自然法思想さらに啓蒙思想がおこってくるのである（団藤重光『法学の基礎〔第2版〕』二六七頁〜二六八頁）。

二　近代啓蒙主義の刑法思想

一七、一八世紀、市民生活の向上と共に、人道主義、自由主義、合理主義の気運が高まり、その中で幾多の啓蒙思想家達が輩出した。近世哲学の父デカルト（René Descartes, 1596-1650）は「我思う。ゆえに我あり。」と言い、自然法学の父といわれたグロチウス（Hugo Grotius, 1583-1645）は、その著書『戦争と平和』の中で、初めて教会から離脱した人間の理性に基づく刑法思想を展開し、応報刑思想を採ったし、時をほぼ同じくしてホッブス（Thomas Hobbes, 1588-1679）は、「万人の万人に対する闘争」を説いて、人間は自己保存の本能から、自由意志により国家を作り、その保護を確保するために自己の自由の一部を国家に提供するのだという社会契約説による刑罰観を打ち出し、刑罰の目的は応報ではなく犯人の改善であるとした。また、モンテスキュー（Charles Louis de Secondat, Baron de la Brède et de Montesquieu, 1689-1755）が著した『法の精神』は、三権分立を説き、罪刑法定主義の理論的根拠とされていることであまりにも有名である。このような人間中心主義、合理主義の思潮の中にあって、犯罪の予防思想を打ち出したヴォルテール（Voltaire, 1694-1778）やルソー（Jean Jacques Rousseau, 1712-1778）の名も忘れてはならない。右に略述したような近代刑法学の歩みを経て、とりわけ、注目されるのは、イタリアのベッカリーア（Cesare Bonesana Beccaria, 1738-1794）とその著書『犯罪と刑罰』である。

ベッカリーアは、社会契約説から出発し、国家権力は市民が供出した各自の自由の必要最小限度のものでなければならないから、国家権力の一部である刑法の発動は、市民生活の安全を保障する必要最小限度に止めるべきであり、また、犯罪と刑罰は事前に明確に定められていなければならないとして「罪刑法定主義」を主張し、もし犯罪を犯すものがあれば如何なる身分をもつ者も同様に処罰されなければならず、死刑その他の苛酷な刑罰も市民の感覚が麻痺すると効果が薄いので廃止すべきである、等と主張した。それは、当時の時代状況の中では特筆されるべき歴史的意義をもつものであった。そこでは、中世の刑法思想とは全く異なり、平等主義、合理主義、理性主義、世俗主義、法律主義といった刑法思想の存在が窺える。

ドイツのフォイエルバッハ（Anselm Feuerbach, 1775-1833）は、啓蒙主義の刑法思想を一つの理論体系にまとめたことによって「近代刑法学の父」と呼ばれている。彼は、カント哲学に従って法と道徳を峻別し、犯罪は道徳違反ではなく法違反であることを刑法の領域で明確にし、また、法律なければ刑罰なしという罪刑法定主義の原則を刑法理論体系の中で確立した点に大いなる功績を有する（木村・「フォイエルバッハ」・『刑法学入門』五〇頁以下）。フォイエルバッハの刑法思想としては「心理強制説」が著名である。彼によれば、人間は犯罪への感性的衝動によって犯罪を犯すのである。人間はより大なる快感を得る時にはより小なる快感を断念し、より大なる苦痛を避け得る時にはより小なる不快感を耐え忍ぶ。それ故、犯罪を一般に防止するためには感性的害悪たる「刑罰」をかかげ、この感性的衝動を抑制・防止しなければならない（山口邦夫・『一九世紀ドイツ刑法学研究』二六頁以下）。彼は、従来の刑の執行による威嚇に代えて刑の規定による威嚇を主張したのであった。この心理強制説は後述する罪刑法定主義の思想的基盤の一つとなるのである。

三　旧派の刑法思想

フォイエルバッハの刑法理論は一九世紀前半のドイツ刑法学に大いなる影響を及ぼしたが、その啓蒙主義的側面は後退し主として客観主義的側面が継受されることによって、旧派（古典派）の刑法理論が形成されたのであった。旧派の刑法思想に大きな影響を及ぼしたカント（Immanuel Kant, 1724-1804）は、人間の理性を哲学的に反省し犯罪と刑罰について鋭い洞察を加えた。純粋実践理性を説き、道徳性と合法性を区別するカントは、不法な行為は普遍的法則に従う自由の妨害であるから、これを抑止するために法には強制が伴わなければならないとして、刑罰権を基礎づける。刑罰は決して単に犯罪者自身のためまた公民的社会のために他の善を促進する手段として科されてはならず、常にただその者が罪を犯したという理由で科されなければならない。それ故、科刑の原理は、正義のはかりにおける指針の地位にある均等（Gleichheit）の原理以外にはありえないのであり、同害報復の法（目には目を、歯には歯を）によるべきものとして、絶対主義・応報主義を説いた。他方、ヘーゲル（Georg Willhelm Friedrich Hegel,

1770-1831）は、カントの後をうけてドイツ観念論哲学をその頂点にまで高めたが、彼においては、カントも認めた社会契約説は捨てられ、弁証法的思考方法が主張された。客観的精神そのものの抽象的法から道徳、人倫への弁証法的発展を示し、人倫もまた、家族から市民社会、国家への弁証法的発展を示すとして、カントにおいて分離された法と道徳とは再び統合されるに至った。理性的なものは現実的であり、現実的なものは理性的であって、理性的でないものは仮象にすぎず、やがて否定されて理性的・現実的なものが回復されなければならない。犯罪は法の否定であり、刑罰は法の否定の否定として積極的な意味を認められる。このようにして刑罰に理性的・現実的な意味が認められた。刑罰は実害を加えて犯人を苦しめるものではなく、犯人を理性的に尊敬されたものとして取り扱うのでなければならない。単なる同害報復ではなく、「侵害の価値にしたがった相当性」が考えられるのである（絶対主義的応報主義）。ヘーゲルによれば、フォイエルバッハの心理強制説は、人を犬のように遇するものである（団藤・二三頁）。この旧派の刑法理論においては絶対的応報刑論が特徴的であり、また、罪刑法定主義と罪刑の均衡を含む客観主義的処罰を意図した点に旧派の刑法理論における特色があったといえるであろう。ただ、旧派の陣営に属する学者の見解にも多様性があり、一律に特徴づけることができない点については注意しておかなければならない。

四　新派の刑法思想

一九世紀後半になると、旧派の理論を批判する新しい刑法思想が生じてきた。これが「新派」あるいは「近代派」とよばれる理論である。この理論は、犯罪の増大、特に、累犯・常習犯の著しい増大に旧派の理論が犯罪対策としては無力で対応することができなくなったために、これに代わるべく登場してきたものといわれているが、その登場の背景には、資本主義段階の発展により、人口の都市への集中化、景気の変動による失業、貧困、疾病、アルコール、等々の社会問題が存在し、新派の理論にはそれらに対する実践的対応という時代的性格が随伴していたということが一般に承認されている。「新派」の理論には「犯罪人類学派」（「イタリア学派」）と「社会学派」の二種が存在した。

(1)　犯罪人類学派　「犯罪人類学派」は、犯罪の生物学的原因を重視する学派であって、イタリアのロンブローゾ（Cesare Lombroso, 1835-1909）に始まる。彼は、ダーウィニズムの信奉者でもあったが、犯罪者の頭蓋骨等には一定の身体的特徴があるとし、隔世遺伝説を用いて「生来犯罪人」の存在を主張した。その結論自体は極端にすぎるもので一般に支持されなかったが、犯罪ではなく、それを行った行為者の個体研究の重要性を指摘した点において新派理論の創始者となった。ロンブローゾの門下であるフェッリ（Enrico Ferri, 1856-1929）は、犯罪の原因として必ずしも整然としたものではないが人類学的原因・社会学的原因・物理学的原因をあげ、また、生来犯罪人・慣習犯罪人・機会犯罪人などの犯罪人分類を行いそれに対応する処遇の個別化を主張し、伝統的な「責任と刑罰」に代えて「危険性と制裁」の体系を提案した。同じくロンブローゾの門下であるガローファロ（Raffaele Garofalo, 1857-1934）は、心理学的側面に意を用いつつロンブローゾの思想を法律学的に発展させた。彼は、自然犯と法定犯とを区別し、犯罪人の処遇については、犯罪人の危惧性を顧慮し改善が可能か否かに応じて、改善困難な犯罪人には排害を、改善容易な犯罪人には賠償を科すべきことを主張した。

(2)　社会学派　「社会学派」は、犯罪の生物学的原因に加えて社会的原因にも注目した。この陣営に属する学者としては特にリスト（Franz von Liszt, 1851-1919）に注目しなければならない。リストは、イェーリングの功利主義的目的思想を継承して目的刑主義を提唱し（マールブルク綱領）、実証的方法に基づき特別予防を主張した。そして、犯罪の原因を個人的原因と社会的原因とに分けたが、失業、物価高、売春、アルコール、等々の社会的原因の除去は社会政策によらなければならず、「社会政策は最良の刑事政策である」と説き、また、個人的原因については、機会犯人に対しては威嚇、改善可能な状態犯人には改善（不定期刑）、改善不能な状態犯人には隔離（無害化）を提案し、また「罰すべきは行為ではなく行為者である」ということを強調した。しかし、危険な性格の持ち主であっても犯罪を行う以前にその者の性格を判断することは困難で人権侵害のおそれがあるから、刑を科すのは犯罪者の危険性が犯罪行為という徴表として現れた場合に限られなければならないとし（犯罪徴表説）、この意味において、犯罪を規定した刑法は犯罪者のマグナ・カルタであると説いた。リストが、一方で、徴表説・不定期刑・処遇の個別化、等を説きながら、他方で、罪刑法定主義を説くことにつき矛盾があるのではないかという点については、賛否両論あるが（例えば、団藤博士は、近代派の理論としては内的連関をもたないと批判され〔団藤・四七頁〕、平野博士は、新派は「社会主義的」であることに伴う個人の自由の過度の制限に陥る危険を蔵してはいるが基本的には個人主義的であるとして、矛盾はないと説かれる〔平野・I一一頁〕）、徴表説・不定期刑主義などの思考と罪刑法定主義とは本質的に結びつくとは思えない。

五　新旧学派の争い

このような新派刑法思想の台頭に対し、特にドイツにおける旧派刑法思想に依拠する学者からの理論的反撃が行われ、ここに、刑法における新旧両派の学派の争いが展開されることとなった。この当時の旧派の理論は、規範論を経由して精緻な法実証主義的刑法理論を生み、二〇世紀以降、新カント哲学の影響の下にすぐれて規範主義的な体系的刑法理論として開花したものであった（中山・二八頁）。この当時の旧派の陣営に属する著名な学者としては、ビンディング（Karl Binding, 1841-1920）、ビルクマイヤー（Karl Birkmeyer, 1847-1920）、ベーリング（Ernst Beling, 1866-

1932)、M・E・マイヤー（Max Ernst Mayer, 1875-1923)、メツガー（Edmund Mezger, 1884-1962）等があげられるが、就中、新派刑法学の主張者・リストの論敵として旧派刑法学を擁護したのはビルクマイヤーであった。近時、旧派を前期旧派と後期旧派に分けて論ずる見解が多いが（例えば、平野・I五頁以下、中山・二三頁以下、内藤・(上)六二頁以下、等）、この時代の学説が、後期旧派と呼ばれる理由につき、中山博士は、「これらの学説が後期旧派とよばれて前期旧派と区別される理由は、刑罰の道義的な意味を強調する応報刑論が現実の国家の刑罰権を絶対的に基礎づけることによって、国家主義と権威主義の方向に移行した点に求められる。構成要件論を中核とした犯罪論の客観主義的体系は、自由主義的な保障の側面を反映するものであったといってよいが、自然主義から規範主義への移行は、目的論的解釈とあいまって、事実よりも評価という形で、結果的に裁判官の価値判断の優位をみちびいたのである。それは犯罪、したがって違法を倫理化し、主観化し、規範化する方向であったといってよいが、責任も、絶対的応報刑論と結合することによって、いわゆる『積極的責任主義』としてあらわれ、刑事政策の近代化よりも、むしろ贖罪的責任の追及という方向をたどったものということができるであろう」と述べておられる（中山・二九頁〜三〇頁）（イタリアにおける「学派の争い」については、中村喜美郎『近代イタリア刑法思想の断層面』（駿河台出版）六五頁以下を参照されたい）。

六　わが国における新旧学派の争いについての学者の系譜

わが国においても新旧学派の争いは熾烈に展開された。特に、牧野博士は徹底した新派理論（主観主義刑法理論）を説かれ、これに対する小野博士、滝川博士、等による旧派理論（客観主義刑法理論）の主張者との間で論争が展開されたので、ここで、わが国における新旧両派の学者の系譜にふれておきたい。その際、留意しておくべきことは、明瞭な学派の争いという形態においては、わが国では、最初に新派の刑法理論が現れ、次いで、旧派の刑法理論が現れたという事実である。その理由は、第一に、わが国には、ヨーロッパにおけるような歴史的基盤や思想的変遷に根拠をもつ刑法理論が存在せず、明治初頭以降、急速に外国の思想・理論が吸収された結果、当時の新しい立場であった新派の理論が取り込まれ、これに対して旧派よりの反撃が展開されたという事情によるものと考えることができよう。第二に、当時のわが国刑法学界において占める牧野博士の地位の大きさ・新派刑法学としての理論の徹底さを挙げることができるであろう。

(1)　新派の刑法理論　明治二〇年代に富井政章博士、穂積陳重博士によって新派的理論が主張されたがそれは未だ断片的なものであった。ヨーロッパにおける学派の対立状況をふまえて新派理論を祖述されたのは、古賀廉造博士、勝本勘三郎博士、等であった。しかしながら、この当時はまだこれに対抗する旧派の見解は現れていなかったのである。わが国において真に刑法における学派の争いが展開されるに至るのは明治末期以降といえよう。すなわち、牧野英一博士の登場を待たなければならなかったのである。リストに学んだ牧野博士は、刑法解釈論のすみずみまで新派理論によって貫徹された刑法学説を主張され、リストよりもさらに徹底した新派刑法学の立場を樹立されたのであった。わが国の新旧学派の争いは実に牧野博士を中心として展開したのである。牧野博士の門下に木村亀二博士がおられ、他方、牧野博士と並んで新派刑法学を支えた学者として宮本英脩博士の存在を忘れてはならない。

(2)　旧派の刑法理論　わが国の旧派刑法理論の先駆者としては、ボアソナードに学んだ、それ故、フランス新古典派の折衷主義的刑法理論に拠る宮城浩蔵博士、井上正一博士等が実質的にはあげられるが、本格的な旧派刑法理論は、ビルクマイヤーに学び、客観主義・応報刑論をもって明治末期から大正期にかけ牧野博士に対抗した大場茂馬博士から始まるといえるであろう。そして、大正から昭和にかけて牧野・木村の新派理論に正面から対抗したのは、小野清一郎博士、瀧川幸辰博士であった。

七　新旧両派の理論的争点

新旧両派の理論上の争点は仔細にみれば多岐にわたるが、両派の主張点を極めて図式的に明らかにするとすれば、以下の五項目にわたって検討するのが有益であろう。

(1)　意思自由論（非決定論）と決定論

人間に意思決定の自由はあるか。これは、新旧両派の理論的対立における最も基本的な争点である。①旧派の理論においては、刑事責任は「非難」である。責任能力を有する者が自己の意思決定において犯罪行為を行う点に「自己の行為が許されないということを知りつつそのような行為にでることはけしからぬ」という非難が生ずる。それ故、自由な意思決定の存在は責任非難を為し得る大前提である。嘗ては、人間には無条件にこの意思決定の自由が存在すると考えられていた（絶対的意思自由論）。しかし、今日の意思自由論の立場では、人間には無条件の（形而上学的）意思決定は存在せず、素質と環境に影響されつつその中で主体的に意思決定する自由の存在が考えられている（相対的意思自由論）。②他方、新派の理論においては、人間の行動はすべて素質と環境によって決定しつくされているとする意思決定論が主張される。しかし、そのような決定論を前提とするかぎり、犯罪行為に出る行為者に対しては当該行為に対する応報としての責任「非難」を帰する契機がない。従って、この立場では、結局、「責任」を反社会的性格の持主（社会的に危険な性格の持主）であるが故の負担とし、犯罪者から社会を護るという新派刑法学の理論に帰着することとなる。このような考え方は人権保障を危くする途へとつながり易く、また、責任非難という概念に適応しない。③意思決定論を「固い決定論」としてこれと一線を劃しつつ、「やわらかな（ソフトな）決定論」が登場した。この立場によると、人間の精神構造の中の

「生理的な層」でなく「意味の層あるいは規範心理の層」によって決定されているとき、人間は「わたくし自身」によって決定されているので、自由であるとする。人間はある条件の下ではある行為をせざるをえないが、もし条件がちがっていたら他の行為をすることも可能であったと考えられる。この「他条件のもとにおける他行為可能性」の中に責任の根拠がある。すなわち、もし、違った動因、強い合法的規範意識、違った人格をもっていたら、他行為を為したであろうとする点に責任の根拠があり、違った動因をもつべきであった、強い合法的規範意識をもつべきであった、等の判断の告知が「非難」であると解する。この理論は、他行為可能性を責任非難の根拠にしたが、その非難は表現は異なるけれども、社会的責任論の実態、つまり、危険性の持主である負担と異なるところがなくなる（西原・下巻四四三頁）。もし危険性をもっていることがけしからぬと非難するなら、それは「非難」に値しない。④規範的責任論に立脚して責任を「非難」と考えるならば、非難の前提として意思決定の自由を認めるべきである。その際、絶対的意思自由論は形而上の存在物として容認しがたく、相対的意思自由論をもって妥当とすべきである。

(2)　客観主義と主観主義

「罰せられるべきは行為か行為者か」。これはリストの著名な言葉である。旧派の刑法理論は、処罰の対象を実現された個々の犯罪行為とみる。そこでは、外界における行為に現実的意味が賦与されている（現実説）。刑罰の大小も実現された違法行為の大小に相応するものと考えられるから、旧派の理論は客観主義に親しみ易い。これに対して、新派の刑法理論にあっては、重要視されるのは実現された行為に表れる犯人の反社会的性格（危険性）であり、そこでは、外界における行為には行為者の反社会的性格の徴表という意味しか賦与されない（徴表説）。重要なのは犯罪者の社会的危険性であり、刑罰の大小もその大小に相応するものと考えられるから、主観主義に親しみ易い。純粋にモデル論的にいえば、客観主義は定期刑を、主観主義は不定期刑（絶対的不定期刑）を主張する。

(3)　応報刑主義と目的刑主義　応報刑主義は、刑罰の本質を応報、すなわち、実現された犯罪という実害（悪因）に対する反作用として国家的に科される害悪（悪果）としてとらえる見解をいう。旧派刑法理論の刑罰論であるが、初期には、過去の犯罪に対する贖罪のみを考える見解（贖罪主義）が支配的であったが、後には、例えば犯罪の予防といった目的を刑罰ももつとする見解が生じ、今日にいたっている。これに対して、目的刑主義は、刑罰を科すのは犯罪者から社会を防衛するという目的のためであるという見解をいい、新派刑法理論が主張した。社会防衛論ともいわれる。また、刑罰による社会防衛は、犯人を教育・改善し社会復帰させることによって達成されるという見地から、教育刑主義ともいわれる。

(4)　一般予防主義と特別予防主義　一般予防主義とは、旧派の理論で、刑罰の規定による刑の予告または現実の刑の執行によって一般人を威嚇し将来における犯罪を予防しようという考え方をいう。フォイエルバッハの心理強制説が前者であり、イタリアのフィランジェーリ（Gaetano Filangieri, 1752-1788）の刑罰執行による威嚇主義が後者である。刑罰の執行によって一般人を威嚇するというような残虐なことは今日到底支持され得ない。これに対して、特別予防主義とは、新派の理論が主張するもので、刑罰を科す段階（行刑段階）で犯人を教育・改善することにより、その犯人が将来再び犯罪を行うことのないようにし、犯罪の予防効果をあげようとする考え方をいう。

(5)　道義的責任論と社会的責任論　旧派の刑法理論は、犯罪を理性人の産物として把握する。すなわち、精神障害者でないかぎり、人は一定の年令に達すれば等しく理性人としての判断能力を与えられるものであるから、犯罪行為を行う場合には、道義の立場からする非難が可能であり、その道義的非難は為された違法行為の大小に相応すると説く立場を道義的責任論とよぶ。これは、意思自由を前提とした旧派の責任論である。これに対して、新派の理論においては、意思の自由が否定され犯罪は素質と環境によって決定される産物と考えられるから、旧派のような道義的非難を科することはできない。従って、社会に対する危険性に基因する負担が犯人に帰せられることになる。そこでは、刑罰の大小は犯人の危険性に応じて決定されることになる。このような考え方を社会的責任論と称し、新派の理論によって支持されている。伝統的なこの二つの見解に対して、近時、非難の対象である違法行為を道義（ないし社会倫理）違反としてではなく、法の立場から法益の侵害・危険としてとらえる「法的責任論」が主張されている。この立場は結果無価値論を前提とするが、決定論をとるか非決定論をとるかは、道義的責任論と法的責任論の本質的差異ではないと説かれている。その理由は、他行為可能性としての行為選択の自由を認め、適法行為を選択できたのに違法行為に出たことを刑罰という手段で非難する場合にも、「非難」の対象としての違法行為を法の立場から法益の侵害・危険ととらえるならば法的責任であることに変わりはないからとされる（内藤・(上)一一二頁）。

(6)　私見　新旧両派の理論的争点の主要なものは大略以上の如くであるが、これらの諸点についての私見を簡潔に記しておきたい。責任の本質は、責任能力を有するものが適法行為に出ることもできるのにあえて違法行為にでたことに対する非難であると考え、道義的責任論に従う。その際、犯罪行為者には意思決定の自由が存しなければならない。けだし、意思決定が当該行為者の主体的な決定でなく、素質と環境によって決定されたもの、あるいは、他者から強要されたもの、等であっては行為者に対する非難の契機が欠けるからである。その意味において意思自由論（非決定論）、とりわけ、相対的意思自由論を妥当とすべきである。そして、責任非難の対象とされるのは、犯人によって実現された行為である（現実説）。罰せられるべきは行為であって行為者ではない。このことは「行為主義」と称され、今日、重要な基本原理として措定されている。行為主義をとる故、刑は定期刑を妥当とする。かくして客観主義刑法理論を支持することとなる。刑罰の本質は、実現された犯罪に対する応報である。しかし、刑罰は応報のためにのみあると考えてはならない。刑罰の本質はあくまで応報であるが、行刑（刑罰を科す段階）の目的は犯人の教育・改善である（相対的応報刑主義）。また、刑罰の予告は心理的強制によって一般人に犯罪を犯させないようにする一般的予防効果をもつものであるが（一般予防主義）、行刑段階では犯人を教育・改善することにより社会復帰させ、その犯人が将来再び犯罪を犯すことなきを目的としなければならない（特別予防主義）。

八　新旧両派の理論的対立の終焉

ドイツにおける学派の争いは、新派の刑事政策的提案のいくつかが立法上採用され、両派間にある程度の立法的妥協がなされたことによって、一九二〇年代には次第に下火になっていった。一九三〇年代になると、ナチス・ドイツの全体主義的・国家主義的・権威主義的刑法理論の登場によって、旧派の応報刑論、また、新派の主観主義・社会防衛論、等が一面的に取り込まれる形において、新旧両派の理論的対立は終焉せしめられたのであった。一方、わが国における学派の争いは、基礎理論部分のみならず、未遂論・共犯論、その他の犯罪論のすみずみにまで及んでいて、容易に妥協点を見出しうるものではなかったが、第二次世界大戦直前頃より、わが国における全体主義・国家主義の台頭の中で、理論的対立の意義の鮮明さを失い終戦にいたったのである。ドイツにおいても、日本においても、時代の流れの中で華々しい論争の幕がひかれたことは記憶に止めておかれるべき事柄であろう。

第三章　罪刑法定主義

第一節　罪刑法定主義の意義

一　意　義

罪刑法定主義とは、行為が犯罪として処罰されるためには、その行為が行われる以前に、法律で、その行為を犯罪とし、かつ、それに対応する刑罰の種類・程度が定められていなければならないとする原則で、「法律なければ犯罪なく、刑罰なし」(nullum crimen, nulla poena sine lege) という標語で表される、近代刑法の大原則である。その根底を流れる理念が人権保障であることはあらためて指摘するまでもない。罪刑法定主義の反対概念を罪刑擅断主義という。

二　歴史的沿革

この原則は、歴史的には、不文法主義をとるイギリスの一二一五年のマグナ・カルタにさかのぼる。マグナ・カルタ三九条は、「自由人は、その同胞の合法的裁判によるか、または国法によるのでなければ、逮捕、監禁、差押、法外放置、もしくは追放をうけまたはその他の方法によって侵害されることはない。朕も彼の上に赴かず、また彼の上に派遣しない」と規定した（高木・末延・宮沢編『人権宣言集』〔岩波文庫〕四五頁）。これが、アメリカに渡って、独立宣言（一七七六年）や諸州の権利章典を経て、「何人も・・・法律の定める適正な手続によらなければ、その生命、自由または財産を奪われない」とする合衆国憲法修正五条に結実したとされている（いわゆる「適正手続条項」）。一方、成文法主義をとるヨーロッパ大陸では、一七八九年のフランス革命時の人権宣言八条の、「法律は、厳格かつ明白に必要な刑罰のみを定めなければならず、何人も犯罪に先立って制定公布され、かつ適法に適用された法律によらなければ、処罰され得ない」という規定（高木・末延・宮沢編『人権宣言集』一三二頁）において、初めてこの原則が姿をみせ、その後、ナポレオン刑法典を通じてヨーロッパ諸国に広く導入された。わが国においては、ボアソナードの助言により、旧刑法二条が「法律ニ正条ナキ者ハ何等ノ所為ト雖モ之ヲ罰スルコトヲ得ス」と規定して罪刑法定主義を採用した。さらに、明治二二年の帝国憲法二三条は、「日本臣民ハ法律ニ依ルニ非スシテ逮捕監禁審問処罰ヲ受クルコトナシ」と規定した。現行刑法典には罪刑法定主義の規定がおかれていないが、それは、憲法に規定があるので刑法上あらためて規定をおくまでもないと考えられてのことであったが、刑法上最も重要な原則であるので、刑法典に明文規定をおくべきである。なお、現行の日本国憲法は、三一条で、「何人も、法律の定める手続によらなければ、その生命若しくは自由を奪はれ、又はその他の刑罰を科せられない」とし、三九条で、「何人も、実行の時に適法であった行為・・・については、刑事上の責任を問はれない」として、罪刑法定主義に関する規定をおいている。

三　思想的基盤

ところで、この罪刑法定主義を実質的に支える思想的基盤については、二つのものがある。第一に、三権分立の思想である。犯罪と刑罰に関する法を定めるのは国民が参加する立法府であり、現実に法を実現するのは司法府に属する裁判官であることが制度的に確立されているならば、換言すれば、裁判所が立法府の定めた法律に拘束され、その法律を適用するならば、個人は裁判官の擅断によって人権を侵害されることがなくなるという考え方である。第二は、先に述べたフォイエルバッハの心理強制説である。すなわち、人間はより大なる快感を得る時にはより小なる快感を断念し、より大なる苦痛を避け得る時にはより小なる不快を耐え忍ぶものであるから、あらかじめ、こういう犯罪を犯した時にはこういう刑罰で処罰するということを法律上規定しておけば、いざ犯罪を犯す段になって、犯罪を犯した結果こうむる刑罰によって生ずる大なる不快と犯罪を犯さないことによって感ずる小なる不快を引き比べ、大なる不快を避けるため小なる不快を耐え忍んで犯罪行為に出ないであろうから、事前に犯罪と刑罰を法律で明示しておく必要があるとする考え方である。

第二節　罪刑法定主義の内容

一　伝統的な派生四原則

罪刑法定主義の原則から派生するものとして、旧くから次の四原則が説かれてきた。ここでは、まず、それをとりあげておきたい。

(1)　慣習刑法の排斥　憲法三一条は、「法律」の定める手続によらなければ何人も刑を科せられないとし、刑罰規定は成文の法律の形式で制定されなければならないとしている。ここで、「法律」というのは、国会で法律の形式で制定された狭義の法律をさす故、慣習上存在する不文の刑法というものは、罪刑法定主義にてらして存在しえない。もっとも、例えば、刑法一二三条の水利妨害罪成否の判断に際して参酌される水利権のごときは慣習上存在するものであって、事実上存在する慣習を実体法上の条文解釈に援用することが許されるのは当然である。

(2) 刑罰法規不遡及の原則　犯罪となる行為はその行為が実行される以前に予め法律で定められていなければならないという罪刑法定主義の当然の要請として、刑罰法規はさかのぼって適用されることはない。憲法三九条もこのことを認めている。しかし、刑法六条は、「犯罪後の法律によって刑の変更があったときは、その軽いものによる」と規定する。刑が軽くなった場合は、犯人にとって利益の方向への遡及適用であるので承認されている。

(3) 絶対的不定期刑の禁止　罪刑法定主義が「刑罰」の法定をも要請しているところから、短期も長期も定めのない絶対的不定期刑は認められない。新派の理論では絶対的不定期刑が刑の理想とされたが、行刑段階での教育効果があがらなければ、極論すれば一生社会復帰できない可能性を有するような絶対的不定期刑は、犯人の人権を顧慮しないものとして当然禁止されるべきである。これに対し、短期と長期を定めた相対的不定期刑は、今日、例えば、少年法五二条で採用されている。

(4) 類推解釈の禁止　被告人に不利益な類推解釈は許されない。類推解釈とは、ある事実に対応する刑罰法規が無いのに、別の刑罰法規に規定されている事実との類似性・共通性の存在を根拠として、その事実を刑罰法規を有するものに包括させることをいう（一例をあげれば、看護師が、自己の担当する入院患者の病状を正当な理由なく第三者に漏らした時に、当該看護師を刑法一三四条一項の秘密漏示罪で処罰するのは、同条項に看護師という文言が規定されていないのであるから類推解釈によるものである。）。類推解釈の許容は、本来、処罰されない行為を処罰することになるから、当然、罪刑法定主義に反する。しかし、法文の文言をその日常用語的意味より広く解する拡張解釈は、犯人の利益・不利益を問わず許容されている（通説）。これに対して、「類推は許されないが、拡張は許される」という通説的公式を捨てて、当の解釈が合理的・合目的的に法の真意を理解するものであるかどうか（植松・七二頁）、あるいは、解釈によって得られた結論の妥当性によって決定する（阿部・「刑法の解釈」『現代刑法講座第一巻』一一六頁）という考え方が現れた。そこでは、実質的判断が重要となるが、この立場は処罰を正当化する方向に向かわざるをえないであろうから妥当とはいえない。なお、拡張解釈については、これを犯人の不利益な方向に向けて認めることには刑法の謙抑性にてらして疑義があり、賛同できない。

刑法の解釈について一言付言すれば、条文の解釈にあたっては、まず、法規の文言の文理解釈を用語の正当な意義に従って行い、次いで、目的論的解釈を、犯罪の抑止という目的だけでなく、罪刑法定主義の根底にある人権保障と謙抑主義をふまえつつ、高次の合目的性の次元で展開すべきである（平野・Ｉ七六～七七頁）。そのような解釈を行うに際しては、結論の妥当性を追及する基本姿勢が重要であることはいうまでもない。

二　伝統的な派生四原則以外の内容

嘗ては、罪刑法定主義の内容といえば、派生四原則にふれておけばよしとされた時代もあった。しかし、理論の進化は、罪刑法定主義にさらなる実質的内容を盛った。以下では、それらをとりあげ、整理しておきたい。

(1)　実体的デュープロセスの理論　わが国の憲法三一条はアメリカの適正手続条項に由来する。そこには「適正な」という表現はないが、罪刑の法定が適正でなければならないのは当然の要請と解すべきである。そのことは、手続と実体の双方に及ぶべきであって、アメリカで説かれている「実体的デュープロセス」の要請はわが国においても取り入れられるべきである。その内容としては、第一に、刑罰規定の定立に際しては、処罰の必要と根拠が明白に認められること、第二に、罪刑の法定が適正であるためには、配分的正義に裏打ちされた罪刑の均衡が保持されていること、この二点が重視されるべきである（団藤・五三頁以下、なお、平野・Ｉ八〇頁以下、金沢・「罪刑法定主義の現代的課題」『現代刑法講座第一巻』九八頁）。これらに反する場合は適正手続条項違反として違憲・無効と解すべきである。

(2) 明確性の原則　罪刑が法定されても、その内容が不明確であっては国家刑罰権の濫用とそれに伴う人権侵害の発生が危惧される。従って、刑罰法規は明確でなければならず、不明確な刑罰法規は適正手続条項違反として違憲・無効と解する原則が定着するにいたった。明確性の原則には国民に何が犯罪であるかを的確に告知し、裁判官の恣意的判断を防止し、捜査機関の不当な捜査活動から国民を擁護する、等の機能がある。明確性については、「通常の判断能力を有する一般人の理解において、具体的場合に当該行為がその適用を受けるものかどうかの判断を可能ならしめるような基準が読みとれるかどうか」という基準を示した注目すべき最高裁判例が現れたが（最大判昭五〇・九・一〇刑集二九巻八号四八九頁）、何をもって明確というべきかは容易な問題ではない。明確性の基準については、アメリカの判例に「通常の知性の者が、その意味を推量することを余儀なくされ、かつその適用について見解を異にするほど」不明確なものは無効とするものがあり（芝原・『刑法の社会的機能』一五九頁）、わが国の見解としては、不明確とは、「犯罪の構成要件については、その刑罰法規の適用対象たる国民層の平均人が何が禁止されているかを法規の文言から理解することができない場合」をいうとの見解（金沢・『現代刑法講座第一巻』九三頁）が披瀝されている。

(3) 不利益な判例変更の遡及禁止　あるケースについて、判例、特に最高裁の判例が確立され不動の状態が続いているときには、判例の法源性を認めない立場においても、行為者の予測可能性の問題を考慮する必要がある。アメリカでは、判例を被告人に不利益に変更する場合には、将来の事件に対し適用することとし当該被告人には適用しないという「不遡及的変更」の原則が、判例上確立されている（田中英夫・「判例の不遡及的変更」『法学協会雑誌八三巻七・八号』一頁以下）。わが国においても、憲法三九条・刑法六条の趣旨等を考慮し、「判例上の旧解釈を変更していままで適法とされてきた行為を違法と解し、またはより軽い構成要件に該当すべきものとされた行為を重きに解し、かつその効果を当の行為者におよぼすことは許されない」とする見解がある（小暮・「刑事裁判の規範的効力」『北大法学論集一七巻四号』一二七頁）。わが国では、最高裁の判例変更によってただちに当の事件の被告人に不利益変更を及ぼすが、これは、行為者の予測可能性を侵害する結果となるので、改める必要があろう。それ故、最高裁の確立された判例を変更して、それ以前の判例では無罪もしくは軽い罪になるものを、新たに有罪もしくは重い罪に変更する場合には、判例変更を宣言するにとどめて、被告人には旧判例を適用する制度の確立を考慮すべきであろう。

第四章　刑法の効力

一　総　説

「刑法の効力」をめぐっては、現行刑法の規定がどの範囲まで適用されるかが問題となる。行為が犯罪類型にあてはまれば、一応犯罪は成立するが、しかし、どこで、いつ、誰が、行ったかによって、刑法の適用が制約される場合がある。刑法典は第一編第一章において、これを定めている。以下、場所的効力、時間的効力、人的効力、事項的効力に分けて論述する。

二　場所的効力

場所的効力に関する立法主義には、四種のものがある。第一は、「属地主義」といわれるもので、自国の領域内で犯された犯罪については、犯人の国籍をとわず、自国の刑法を適用する考え方をいう。第二は、「属人主義」といわれるもので、自国の国民が犯した犯罪については、その犯罪地の如何をとわず自国の刑法を適用する考え方をいう。第三は、「保護主義」といわれるもので、犯人の国籍・犯罪地の如何をとわず、自国の利益を保護するために必要である限りにおいて、自国の刑法を適用する考え方をいう。第四は、「世界主義」といわれるもので、犯人の国籍・犯罪地・被害者の如何をとわず、世界各国に共通する一定の法益を侵害する犯罪については、各国が自国の刑法を適用する考え方をいう。以下で、わが国の刑法が定めるところをみておこう。

(1) **属地主義**　刑法一条一項は、「この法律は、日本国内において罪を犯したすべての者に適用する」と規定し、領土主権に基づく刑法の適用を明らかにしている（国内犯）。属地主義の規定である。「日本国内」とは、日本の領土・領海・領空の範囲内をさす。同条二項は、日本国外にある日本船舶・日本航空機内において罪を犯した場合も同様としている（旗国主義）。「犯罪地」が日本であるためには、行為から結果に至る犯罪経過の一部でも日本国内で行われればそれで足りる。

(2) **保護主義**　刑法二条は、何人をとわず、日本国外で、内乱、外患、通貨偽造、文書偽造、有価証券偽造、等の罪を犯したときは、わが国の刑法を適用することを定めている（国外犯）。これは、日本国の重要な国家的法益・社会的法益に対する保護主義を採用したものである。また、刑法四条は、日本国外における公務員による看守者等による逃走援助その他の罪の処罰規定をおき、日本国の公務を保護している。これも保護主義である。

(3) **属人主義**　刑法三条は、放火、強姦、殺人、遺棄、窃盗、強盗、その他の重要な社会的法益・個人的法益に関する罪を日本国民が日本国外で犯したときは、わが国の刑法を適用すると定めている（国民の国外犯）。積極的属人主義の規定である。これに対して、刑法三条の二は、強姦、殺人、傷害、逮捕・監禁、誘拐、強盗、等の個人的法益に関する罪を日本国外において日本国民に対して犯した日本国民以外の者に、わが国の刑法を適用すると定めている（国民以外の者の国外犯）。消極的属人主義の規定である。犯罪地である外国でそれらの罪が犯罪とされていることは必要でない。

(4) **世界主義**　刑法四条の二は、「この法律は、日本国外において、第二編の罪であって条約により日本国外において犯したときであっても罰すべきものとされているものを犯したすべての者に適用する」と規定し、条約上の義務の範囲内で包括的に刑法の適用を認めた。部分的に世界主義を導入したといえるであろう。本条新設の直接の契機となったのは、国際テロリズム対策として締結された「国際的に保護される者に対する犯罪の防止及び処罰に関する条約」、および、「人質をとる行為に関する国際条約」で、外交官等の生命・身体や公的施設を侵害する国外犯に締結国の刑法が適用されることになった（中山・概説二六頁）。

(5)　外国判決の効力　刑法の場所的効力について各国がそれぞれの規定を置いているため、同一の行為につき二国以上の刑法が適用される場合が生じうる。刑法五条は、外国で確定判決を受けた者であっても同一の行為について我が国でさらに処罰することを妨げないとしつつ、犯人が外国で言い渡された刑の全部又は一部の執行を受けたときは、刑の執行を減軽しまたは免除するとした。この場合は、裁判権が異なるから、憲法三九条の一事不再理の原則には反しない（最大判昭二八・七・二二刑集七巻七号一六二一頁）。

三　時間的効力

刑法の時間的効力の問題は、刑法がどの時点からどの時点まで効力を有するかを追及する点にある。

(1)　刑罰法規不遡及の原則　これは、罪刑法定主義の派生四原則の一つにあげられていたもので、刑罰法規はその施行以後に行われた犯罪行為に適用されるものであって、施行以前の犯罪行為に対し適用されてはならないという原則をいう（憲法三九条）。このことは、実行のとき適法であった行為についてのみではなく、行為当時すでに処罰規定が存在したがその刑が事後に加重されたものについても同様でなければならない。

(2)　刑の変更とその効果　①刑法六条は、「犯罪後の法律によって刑の変更があったときは、その軽いものによる」と規定し、行為時法と裁判時法との間で刑の軽重があるときはその軽い方の適用を認めた。中間時法が存在するときには最も軽いものが適用される。ここでは、刑罰法規の遡及が認められているが、その遡及は被告人の利益の方向に向けてのものである故、許される。②「犯罪後」の法律かどうかは、実行行為の終了時を標準とするものと解されている。それ故、実行行為が新旧両法にまたがる時は新法が適用される。判例は、単純一罪についてのみならず、継続犯・包括的一罪・科刑上一罪についても新法の適用を認めるが（最決昭二七・九・二五刑集六巻八号一〇九三頁〔継続犯〕、大判明四三・一一・二四刑録一六輯二一一八頁〔包括的一罪〕、大判明四四・六・二三刑録一七輯一三二一頁〔牽連犯〕）、科刑上一罪については、実質上数罪であることを理由に、学説からは疑問が提起され、分割処理が説かれている（通説）。さらに、大審院は、従犯行為に対する刑法六条の適用は正犯行為を基準とすべきものとするが（大判明四四・六・二三刑録一七輯一二五二頁）、これは、共犯従属性を過度に認め過ぎるもので、共犯については共犯行為自体について考えるべきである。③「刑の変更」については、刑以外の如何なるものをこれに含ませるかについて、実務と学説の間で重要な見解の相違がある。判例は、刑そのものの変更の他は労役場留置期間の変更をこれに含ませるのみである。これに対して、学説には、刑そのものの変更・労役場留置期間の変更に加えて、付加刑のみの変更・執行猶予の要件の変更・刑の時効の変更・公訴時効の変更・親告罪としての性質の変更、等を、処罰上の実質的に重大な意味、あるいは、被告人の利益を考慮して、これに含ませるべきであるとする見解が多い。④法律に変更はあったが新旧両法に刑の変更がなかった場合、行為時法、裁判時法のいずれを適用すべきかについては、学説に対立がある。行為時法説（木村・一〇八頁、団藤・七七頁、福田・四二頁、大塚・七三頁、西原・上巻五一頁、他）は、一般的には罪刑法定主義と刑罰法規不遡及の原則を理由とし、裁判時法説（小野・六六頁、佐伯・一〇四頁、植松・八六頁、下村・続基本的思想・一七頁、中山・九七頁、他）は、法律一般の原則に従って新法を適用すべきであることを理由とする。判例は行為時法説に立っている（大判明四一・一二・一七刑録一四輯一一一一頁）。どちらに立っても効果は変わらないが、裁判所は適用法条を示さなければならない。いずれの見解にも理由があるが、被告人の不利益にならない限り罪刑法定主義に反することもないので、ここでは、法の一般論に立ち戻り、裁判時法説に拠るべきものと考える。

(3) 限時法　限時法とは、一定の有効期間を定めて制定された法律をいう。期間を経過すれば、その法律は当然に効力を失うこととなるが、行為時に存在していた刑罰法規が裁判時に廃止され効力を失ったときには、「犯罪後の法令により刑が廃止されたとき」として、刑事訴訟法上、免訴の判決が言渡される（刑訴三三七条二号）。そうすると、有効期間終了時に近づくにしたがって有効期間中の行為を処罰し難くなり、その法律の実効性は著しく阻害されることとなる。それを回避するために、一般に、例えば、「廃止前の行為に対する罰則の適用については、なお従前の例による」というような規定を付加し、有効期間中の行為の処罰を可能にする措置がとられている。このような場合には有効期間中の行為の処罰は当然に可能であり、この点に関しては全く問題はない。①問題は、このような特別規定がなくても有効期間経過後なお処罰しうるか、の点にある。この点につき、失効間際の行為をも処罰するために有効期間中の行為は廃止後も常に処罰しうるとする見解（小野・七〇頁）、あるいは、動機説とよばれるもので、刑の廃止の立法動機から考慮し、従来処罰されていた事実を法思想の変化により処罰の対象としなくなった場合（例えば、姦通罪）は追及効を認めないが、法の規制を必要とする基礎的事情の変更によりその必要がなくなった場合（例えば、経済統制違反行為）には追及効を認めるとする見解（植松・八四頁～八五頁）がある。これらは、「限時法の理論」と呼ばれる。しかし、廃止前の行為を処罰する旨の特別規定がないのにこれを処罰するのは無理であるし、また、動機説に立って、法の規制を必要とする基礎的事情の変更を考慮するのは、具体的事態の評価に際し判断の確実性を保障し難く、有効期間中の行為を処罰する旨の明文規定のない限り、追及効は認められないと解すべきである（通説）。②限時法に関する判例には変遷がある。大審院の判例は、臨時馬の移動制限に関する法律違反事件について、規則による馬の移動区域の制限の撤廃が刑の廃止にあたるとして免訴を言渡したが（大判昭一三・一〇・二九刑集一七巻八五三頁）、輸出入品等に関する臨時措置に関する法律違反事件については、公示価格の告示が後に変更された場合にも行為時法の追及効を認めた（大判昭一五・七・一刑集一九巻四〇一頁）。最高裁判所は、物価統制令について、告示による統制額の改廃は違反行為の可罰性に影響せず、刑の廃止にあたらないとしたが（最大判昭二五・一〇・一一刑集四巻一〇号一九七二頁）、被占領当時外国とみなされていた南西諸島との間で行われた貨物密輸出入罪につき、南西諸島が日本に復帰した後には刑の廃止があったものとして免訴を言渡した（最大判昭三二・一〇・九刑集一一巻一〇号二四九七頁）。その後、県公安委員会の取締規則によって第二種原動機付自転車の二人乗りの禁止が除かれても、以前の罰則規定は有効であって刑の廃止があったとはいえないと判示している（最大判昭三七・四・四刑集一六巻四号三四五頁）。このような判例の動向をみると、実務は未だ限時法の追及効を否定するところまでいたっているとはいえないというべきであろう。

四　人的効力

場所的効力・時間的効力の問題を充足するかぎり、刑法は、何人に対しても適用され得るはずである。しかし、実際には、国内法上ならびに国際法上、具体的刑罰権の発動を制約する一定の人々がいる。

(1)　国内法上の人的障害　①天皇　天皇については刑法の適用について定めた法は存在しない。しかし、摂政でさえその在任中は訴追されないのであるから（皇室典範二一条）、いったん即位すると退位することのない天皇は終生訴追されない。その理由を人的処罰阻却事由とする見解もあるが（木村・一二三頁、荘子・四六頁、大塚・八一頁）訴訟障害と解するのが妥当であろう（佐伯・一〇一頁、植松・九五頁、中山・一〇三頁）。②国務大臣・国会議員　国務大臣はその在任中内閣総理大臣の同意がなければ訴追されず（憲法七五条）、国会議員も、法律の定める場合を除き国会の会期中は逮捕されず（憲法五〇条）、議院で行った演説・討論・票決について院外で責任を問われない（憲法五一条）。この場合も訴訟障害と解すべきである。

(2)　国際法上の人的障害　①外国の元首・外交使節等　外国の元首は治外法権をもつとされ、外交使節は「外交関係に関するウィーン条約」（一九六四年）によって、刑事裁判権からの免除が定められている。いずれも在任期間中の訴訟障害と解すべきである。治外法権の性格を訴訟障害と解し、外国の使臣・従者は、その地位にある間は訴追されないが、身分を失った後はその犯罪が公訴時効にかからぬ限り訴追し得るとする判例があることに注目すべきである。（大判大一〇・三・二五刑録二七輯一八七頁）。②駐留外国軍隊構成員　日米安保条約によってわが国に駐留する米軍構成員の一定の犯罪については、米軍当局が第一次的裁判権を有し日本国は重ねてこれを裁判し処罰することはできない（地位協定一七条）。これも訴訟障害である。

五　事項的効力

刑法八条は「この編の規定は、他の法令の罪についても、適用する。ただし、その法令に特別の規定があるときは、この限りでない」と規定して、刑法典上の総則規定はその各則規定についてのみならず特別刑法や行政刑法等、他の法令に罰則が付されているものについても適用されることを明らかにした。但書にいう「特別の規定」は、特に、行政法規上よく見受けられるが、その際には、刑法典上の総則規定の適用は当然排除される。「特別の規定」の例としては、例えば、法人の両罰規定（公害罪法四条）、独立教唆罪の容認（破防法四条一号ロ）、その他がある。

第二編　犯　罪　論

第一章　犯罪論の体系

第一節　犯罪の成立要件

一　犯罪の意義

犯罪とは、形式的にいえば、法律によって事前に処罰を予告され、実行すればその刑を科される行為である。具体的には、それは、殺人罪、窃盗罪、強盗罪、放火罪、等々の形となって現れる。犯罪は違法行為であるが、全法秩序違反という視点からみて違法であっても、国会によって法律の形式で立法化されていなければ犯罪とはならない。例えば、「姦通」は、民事的には違法行為で損害賠償の対象となるが、刑事的には姦通罪の規定が存在しないから、犯罪にはならない。このように、犯罪は、徹頭徹尾実定法上の産物である。その点にまた罪刑法定主義の形式的保障がある。

個々の犯罪の規範的解釈は「刑法各論」の任務である。これに対して、「刑法総論」は「犯罪論」と「刑罰論」

とに大別されるが、その内、犯罪論は、各々の犯罪に一般的に共通する犯罪成立要件を研究対象とする。そして、刑法総論においては、「犯罪とは構成要件に該当する違法・有責な行為である」と定義される。この定義は次の事柄を意味する。すなわち、まず、第一に、刑法で問題になるのは人間の「行為」である。人間の行為に還元されない事柄は刑法の世界から放逐される。第二に、その行為は犯罪類型から抽出される「構成要件」に該当しなければならない。何故なら、散歩をする、食事をする、等々無数の人間行為の中から犯罪行為として刑法の対象になるのは、処罰規定のどれかにあてはまるという性質をもった行為でなければならないからである。第三に、構成要件に該当する行為は「違法」でなければならない。違法性の実質については後述するが、例えば、殺人行為を犯す者は違法に行為する場合が多いであろうが、それが正当防衛でなされたときには当該行為の違法性が阻却されて、その殺人行為は適法行為となり、犯罪にならない。第四に、構成要件に該当する違法な行為を行った者に対し「責任」非難が科せられなければならない。適法行為に出ることもできたのに自己の行為が許されないことを知りつつ敢えて違法行為を行った者でなければ、「けしからぬ」という責任非難ができず、犯罪を行ったといい得ないのである。

二　犯罪の現象形態

犯罪の現象形態は決して単純・一様ではなく、むしろ、それは複雑・多様であることを認識しておかなければならない。

(1)　「一人一罪既遂」　これは、犯罪現象の最も基本的な形態であって、一人の人間が（単独犯）一つの犯罪を（一罪）完成させること（既遂犯）を意味する。「犯罪とは構成要件に該当する違法・有責な行為である」との定義は、ここでは、「犯罪とは構成要件を充足する違法・有責な行為である」とする方がより正確であろう。何故なら、犯罪を完成させるということ（既遂）は、「構成要件を充足する」ということであって、「構成要件に該当する」という表現は、実は、既遂・未遂・双方を包含し得るものなるが故である。

(2)「数人数罪未遂」　数人とは「共犯」を、数罪とは「罪数」の取扱い（罪数論）を、未遂とは「未遂犯」をさす。「共犯」は、複数人が犯罪に加担する現象形態で、共同正犯・教唆犯・従犯といった態様をもち、「未遂犯」は、行為者が意図した犯罪を完成させていないのに（例えば、殺人の故意で甲が乙に拳銃を発射したところ、弾丸は乙の身辺を通過したが乙には命中しなかった場合）、法益侵害の現実的危険性が存在する故をもって処罰される犯罪現象で、障害未遂・中止未遂・不能未遂といった態様を有している。このような実体を踏まえて、共犯・未遂犯は、単独犯・既遂犯に対し、「構成要件の修正形式」あるいは「処罰拡張事由」として特徴づけられ、複雑・多様な犯罪の現象形態をもたらしている。他方、「罪数論」は、実現された犯罪の個数を問題にする領域で、本来的一罪・科刑上一罪・併合罪といった問題に関与する。

(3)本書の叙述順序　犯罪を構成する要素につき、法的特徴という観点よりこれをみると、それらは、結局、行為、構成要件、違法性、責任、未遂、共犯、罪数、といった諸問題になって犯罪論上現れてくる。それぞれの範疇で検討されるべきことは多いが、本書では、まず、行為・構成要件・違法性・責任に関し「一人・一罪・既遂」の問題について論じ、然る後に、未遂・共犯・罪数を取り上げ「数人・数罪・未遂」の問題について論ずることとする。

三　犯罪の分類

犯罪はその内容によって幾つかの態様に分類される。以下において、よく現れるその典型的なものを明らかにしておこう。

(1)　結果犯と単純行為犯　①結果犯（Erfolgsdelikte）とは、行為のほかに一定の結果が構成要件の要素とされている犯罪であって、大部分の犯罪がこれに属する。②単純行為犯（einfache Tätigkeitsdelikte）とは、結果の発生を必要とせず、単に行為だけを要する犯罪をいう（例えば、偽証罪。行政犯にその例が多くみられる）。

(2)　実質犯と形式犯　①実質犯（Materialdelikte）とは、保護法益の侵害または危険が構成要件の内容に取り入れられている犯罪をいう。次に述べる侵害犯と危険犯はこれに属する。②形式犯（Formaldelikte）とは、保護法益侵害の抽象的危険の発生をも構成要件上必要としない犯罪をいう（例えば、不衛生食品の単なる貯蔵・陳列〔食品衛生法四条・三〇条〕、等）。結果犯は概して実質犯であるが、単純行為犯の中には行為そのものによって法益の侵害を惹起するもの（例えば、住居侵入罪）とその侵害の危険を生じさせるもの（例えば、偽証罪）とがあるが、これらは実質犯と解するのが妥当である。形式犯は概して単純行為犯といってよい（団藤・一三一頁）。

(3)　侵害犯と危険犯　①侵害犯（Verletzungsdelikte）とは、保護法益の現実の侵害を構成要件の内容とするもの（例えば、殺人罪、窃盗罪）をいう。②危険犯（Gefährdungsdelikte）とは、その侵害の危険の発生を内容とするものをいう。危険犯には、法益侵害の具体的危険の発生を要件とする具体的危険犯（例えば、刑法一〇九条二項の放火罪〔「公共の危険」というような「危険」という文言が条文に規定されているもの〕）と法益侵害の単なる抽象的危険の発生でたりるとする抽象的危険犯（例えば、刑法一〇八条の放火罪〔条文の規定上「危険」という文言は存在しないが、抽象的危険の発生が常にあるものと擬制されているもの＝通説の理解〕）とがある。通説は、抽象的危険犯につき常に抽象的危険の発生があるものと擬制するが、例えば、現住建造物放火罪につき、砂漠の一軒家に放火して公共の危険が発生すると擬制するのは、「危険犯」の本質にてらして無理であり、危険犯が成立するためには、法益侵害の危険が現実に存在するのでなければならない。このような見地からは、抽象的危険犯についても、具体的危険犯に比べてその程度は低くても結果発生の危険を要すと解すべきである。

(4)　即成犯・継続犯・状態犯　①即成犯とは、法益の侵害または危険の発生によって、犯罪事実が完成し同時に終了する犯罪をいう（例えば、殺人罪）。②継続犯（Dauerdelikt）とは、法益侵害の状態が継続する間犯罪事実が継続する犯罪をいう（例えば、監禁罪）。③状態犯（Zustandsverbrechen）とは、法益侵害の結果惹起によって犯罪事実が終了し、それ以後法益侵害状態が継続するがそれは犯罪事実と認められない犯罪をいう（例えば、窃盗罪）。状態犯においては注意すべきことがある。例えば、窃盗犯人が自分が盗んだ品を損壊しても、窃盗以後の違法状態は窃盗罪の構成要件において評価しつくされているので、窃盗罪のほかに別途器物損壊罪を構成することはない。これを不可罰的事後行為（straflose Nachtat）という。ただし、その構成要件によって評価しつくされない新たな法益侵害行為が存在すれば、それが別罪を構成することは当然である。例えば、窃取したナイフでひとを殺害すれば、窃盗罪のほかに殺人罪を構成する。

第二節　犯罪論の体系

一　犯罪論体系の意義

個々の犯罪類型（例えば、殺人罪）はそれを犯罪たらしめる全犯罪成立要件を具備している。そして、それらの犯罪成立要件をどのようなものに分解し、かつ、体系的に整序するかは、刑法学の重要な関心事である。犯罪成立要件を「行為・構成要件・違法性・責任」に分解することについては異論はないが、それらをどのように体系化するかについては争いがある。刑法学においては、論理整合性で貫徹された、それ故、矛盾のない犯罪論体系を樹立することが学者の使命であると考えられていた。それは、ドイツの緻密な理論刑法学を継受したことのある意味では当然の帰結であったともいえるであろう。しかし、この思考を極度に推し進めると「体系のための体系」を志向することとなり、机上の空論に陥る危険がある。「体系的思考」か「問題的思考」かの見解の相違もこの点をめぐるものであった。しかし、他方において、犯罪の成否に関る要件を犯罪論体系の中に組み込むことは、犯罪成否の認定の場における裁判官の恣意的判断から被告人の人権を保障することに資するのであって、理由のないことでは決してない。

犯罪論体系には「範疇論的体系」と「目的論的体系」の二つのものがあるとされる（中山・一一七頁）。前者に拠るものとして、「およそ概念の定義は類に種差を加えて作成さるべきだとの立場から・・・まず犯罪の最外延をなす規定要素として行為を論じ、ついで行為を限定する要素として違法性を論じ、更に違法行為を限定するものとして責任を論じ、最後にそれらのうち特に刑罰をもって予告されているものとして可罰行為を論ずるという仕方である。この方法は犯罪を最も抽象的な概念から具体的概念に限定していく概念法学的体系であり、範疇論的体系である」とする平場説がある（平場・三一〜三二頁）。これに対して、後者に拠るものとして、「犯罪論の『体系』は、裁判官の思考を整理し、その判断を統制するための手段として存在するのである。したがって、体系的にいくらか不斉合であり、各要素の限界が明確でないものであっても、考え方の筋みちを明らかにするものであれば、そのほうがすぐれていることもありうる」とする平野説がある（平野・Ⅰ八八頁）。

犯罪論体系は、訴訟の場における犯罪成否の確定を目的とし、それ故、裁判官の認定作業を助長するとともに、裁判官の恣意的判断から被告人の人権を擁護することをも目的とするものである故、「目的論的体系」に従うべきであると思う。ただし、そのことは、認定論的アプローチをのみ重視して、犯罪の構造論的アプローチを無視するものであってはならない。目的論的体系に範疇論的体系を可能な限り接合する努力が肝要であると考える。

二　犯罪論体系の諸相

犯罪論体系を構成する要素として、行為・構成要件・違法性・責任があげられることについては右で一言したように今日一般に異論はない（もっとも、ドイツでは、①犯罪の客観的要素と主観的要素を区分する見解、例えば、ビルクマイヤーによる犯罪の「客観的構成要件」と「主観的構成要件」、ヘルムート・マイヤーによる「客観的不法」と「主観的帰責可能性」、②行為と行為者に二分する見解、例えば、ラートブルッフによる「犯罪」への「構成要件該当性」と「違法性」、「犯罪人」への「帰責可能性」と「帰責能力」の配分、等が存在した）。ただ、その組合せについては見解の対立がある。以下において、その中の代表的な見解と目される犯罪論体系をあげておこう。

(1)　「行為—構成要件該当性—違法性—責任」

①個々の犯罪要素を、「行為としての犯罪」「構成要件該当的行為としての犯罪」「違法行為としての犯罪」「有責行為としての犯罪」「適合する刑罰威嚇の下に置かれ得る行為としての犯罪」「刑罰威嚇条件を充足する行為としての犯罪」に分類するベーリングの体系がこれにあたる。わが国では、内藤・(上)一三七頁、曽根・四六頁、等がある。この体系は、構成要件該当性を論ずる前段階で「行為」を独立の範疇としてとりあげている。内藤博士によれば、「犯罪の構造の第一の要素は『行為』である。思想や人格それ自体は処罰の対象となることなく、『行為』となって外界に現れたときはじめて処罰の対象となりうることを第一に確認・明示する犯罪論体系は、それによって、近代刑法における行為主義の基本原則と刑法の人権保障機能に適合することができる」と説かれる（内藤・(上)一四一頁）。②なお、牧野博士は、「構成要件の充足」というとき、用語として

は誤謬はないが、同意語反復で、形式的なものたるに止まり、事の実体を明らかにするところがないと論難され（牧野・上巻三四八頁）、個々の犯罪要素を「行為としての犯罪」「侵害行為としての犯罪」「違法行為としての犯罪」「有責行為としての犯罪」に分類された。構成要件論を採用しない見地からの立論であるが、犯罪論体系としてはこの体系に類似する。③ヴェルツェルもこの体系によるが、存在論的見地より、それらの構造上の差異に着目して、故意犯・過失犯・不作為犯に分けて論ずる。

(2)　「構成要件該当性―違法性―責任」　この体系を最初に確立したのは、M・E・マイヤーであった。わが国では、小野・八三頁以下、木村・一二八頁、団藤・九七頁、平野・Ⅰ一〇二頁、大塚・一一五頁、他、通説と目される。この立場は、「行為」に犯罪論上独立の体系的地位を認めず、行為を構成要件の要素として把握する。大塚博士によれば、「行為は、犯罪概念の核心にあるものとして、犯罪成立要件としても当然に考慮されるべきであるが、罪刑法定主義を基本原則とする今日の刑法学上、犯罪は刑罰法規の定める構成要件に該当するものでなければならないから、犯罪の構成要素としても、単なる行為自体ではなく、構成要件に該当する行為こそが問題とされるべきである」（大塚・一一四頁）。小野博士は、かって、構成要件論の前段階におかれた行為論を「裸の行為論」と非難された（小野・『犯罪構成要件の理論』五四頁）。

(3)　「行為―違法性―責任」　この体系は、実在根拠説による不法構成要件概念の創始者であるドイツのメッツガーによって樹立された。ここでは、構成要件は違法性範疇に包含され、犯罪論体系上独立の地位をもたない。わが国では、この体系は、それぞれ独自の構成要件概念の構想をもちつつ、中・五六頁、西原・上巻七七頁、等によって支持されている。構成要件概念の把握の仕方がここでは重要な意味をもつことを十分に留意しておかなければならない。

（4）「行為－違法性－責任－構成要件該当性」　犯罪要素を、「行為としての犯罪」「違法行為としての犯罪」「有責行為としての犯罪」「可罰的不法としての犯罪」の四者に分類するリストの体系がこれである。わが国においては、下村博士が、「構成要件論否認論」の立場より、この体系を採用された。下村博士は、博士が使用される「構成要件概念には、とくに難しい理論もなく、ごく軽い意味で構成要件といっているのであって、敢えて構成要件という言葉を使わずとも、刑法各本条といっても足りるので、従って犯罪の定義は『刑法各本条に該当する有責・違法の行為』という方が、この意義で構成要件を理解する論者にとっては相応しいということになる」と説かれる（下村・基本的思想六五頁）。もっとも、リストは、構成要件該当性という犯罪要素（ベーリングの意味における「類型性」）を承認し、この概念を用いることによって罪刑法定主義を認めているので、下村博士の見解とは異なるものである点に注意しておく必要がある。

（5）私見　刑法は人間の行為を取り扱う。人間の行為に還元されるものでなければ刑法上判断の対象とする必要はない。罰せられるのは行為であって行為者ではないとして行為主義を採用するならば、行為の本質構造をこそまず第一に解明すべきである。そうすることは、また、犯罪の構造論的アプローチと認定論的アプローチを接合する上で有益であるといえるであろう。「構成要件該当性－違法性－責任」という体系を是とする通説は、罪刑法定主義を建て前とする刑法の下では、行為を構成要件の要素となし、構成要件該当性から犯罪論をスタートさせるべきだと説くが、構成要件該当性の前で行為を取り扱っても、刑法上の行為は構成要件該当行為であるとの立場をとる限り罪刑法定主義に反する等ということはあり得ない。このような観点に立てば、犯罪成立要件の第一にまず「行為」を据えるべきである。次に、犯罪成立要素の第二に何を置くべきかについては、刑法上の行為は構成要件該当行為でなければならないから構成要件該当性を置かなければならないが、この点については、「構成要件」概念をどうとらえるかが重要な関りをもつ。その詳細については、構成要件論のところで論ずるが、わたくしは、構成要件を違法性の実在根拠と解するのが最も妥当であると考え、また、実際に構成要件該当性の有無を決定するにあたっては、実質的違法性の存否をあわせ検討しなければならない問題も多く（例えば、不作為犯における作為義務、規範的要素、主観的違法要素、等）、そのような観点よりすれば、構成要件はそれ自体違法性という価値を帯有すべきものと解されるので違法性の範疇に納められるべきである。構成要件と違法性との関係という視点で考える限り、構成要件を違法性とは無関係であると観ることも、違法性の存在を推定するものと観ることも、不十分である。この意味において、犯罪論体系の第二要素は構成要件を内包する「違法性」と解すべきである。そして、最後に、構成要件に該当する違法な行為を行った者に対して責任非難を帰することができるか否かを問題にする「責任」論が、論じられなければならない。かようにして、私見は、「行為―違法性―責任」というメツガーの犯罪論体系に従う。

第二章　行　為　論

第一節　行為論の意義

右でみたように、犯罪論体系上、「行為」(Handlung) はその第一段階におかれるべきである。すでに、早く、メッツガーは、刑法体系の領域における一般的行為概念には二重の意義が付与されるとして、第一に、「刑法のあらゆる現象にとって最高の統一体」という意味における分類的意義を挙げ、行為でないものは犯罪論には決して属さないと述べ、第二に、あらゆる犯罪要素が主体としての行為に添えられる形容詞としてそれに付加される名詞という意味における定義的意義を挙げ、犯罪は行為であるということを定義の第一の要素にする重要性を論じている。人間の行為に還元されないものは刑法の対象となりえないということの指摘において、また、「犯罪とは構成要件に該当する違法・有責な行為である」という犯罪定義から、行為こそ犯罪における最も基本的かつ重要な要因であり、「構成要件に該当する」「違法な」「有責な」という犯罪を特徴づける諸要素は、みな「行為」という名詞を形容することによってその役割をよく果たし得るということの指摘において、メッツガーの説くところは妥当である。

また、マイホーファーは、行為論の機能につき、これを基本要素としての機能、結合要素としての機能、限界要素としての機能の三つに分類した。彼によれば、①「基本要素としての機能」とは、刑法的な判断領域における記述的な確定あるいは規範的な評価として考慮しうるあらゆる賓辞および附加語が、一つの共通の基本概念、すなわち、「行為」という概念に遡らなければならないという論理的な意味をもつものであり、②「結合要素としての機能」とは、刑法の体系化にあたっては、「不法該当的に」「有責に」「可罰的に」といった無価値判断を機能的に連続させるという体系的な意味をもつものであり、③「限界要素としての機能」とは、刑法上まったく重要でない態度方法を初めから刑法的な考察より除外するという実際的な意味をもつものであると説かれた。

第二節　行為論の諸説

一　因果的行為論

ドイツにおいて一九世紀の自然科学の影響下でリストやベーリングによって発展させられた通説的で、かつ、諸種の行為論の先駆となった見解は、後述する目的的行為論の登場以後、「因果的行為論」(kausale Handlungslehre)と呼ばれるようになった。その所以は、この理論によれば、「行為」が、外部的（「客観的」）因果経過と「単に」主観的な意思内容の両者に区分され、行為者の意思内容を顧慮することなく、意欲によって外界で惹起された純粋な因果経過とされた点にあった（ヴェルツェル）。

(1)　自然主義的行為論　リストは、「行為は外界に対する有意的態度である。より正確には、有意的態度による外界の変動、すなわち、（結果の）変動の惹起あるいは不防止である」と定義した。ここでは、「有意性」(Willkürlichkeit)と「有体性」(Körperlichkeit)とが行為の構成要素とされたが、有意性は単なる心理的事象（行為者が何かをしようとしたこと）を意味し、行為者の具体的意思内容（例えば、人を殺すこと、車を運転すること、等）は責任論の故意・過失の問題とされ、外界における行為者の身体活動とそれに伴う外界の変動が行為の中心的要素とみられた。その理解は極めて自然主義的であったといえる。そして、有体性の中には、作為・不作為が含まれると理解されていた。

これに対して、ラートブルッフは、因果的行為論を徹底的に自然主義的に分析し、不作為には意思・所為・両者間の因果関係が欠けるから作為とは共通のものでなく、作為を肯定（a）・不作為を否定（non-a）と特徴づけるならば両者を一つの上位概念の下に包含させることはできないと批判した。これは、因果的行為論にとって極めて厳しい論理的批判であって、作為と不作為とを行為の下で把握できないことになれば、行為概念としては破綻せざるを得なかった。

(2)　価値関係的行為論　このラートブルッフの批判に対して、メツガーは、「この明敏な推論は、可罰的作為と可罰的不作為が外部的事象の単に対立的な概念なのではなく、同時に価値関係的概念であることを見過ごしている。しかし、価値関係的概念として作為と不作為は、現行法上、『共通の積極的要素』、すなわち、両者とも一定の評価された人間の態度である要素を示すのである。それ故に、ここで問題であるのは、単純な肯定（P）と否定（N）ではなく、一定の性質をもった肯定（Pe）と否定（Ne）なのであって、その結果、共通の上位概念（Oe）、まさに、広義の行為が可能になるのである」と述べ、さらに、不作為犯（真正不作為犯・不真正不作為犯）は、単に何もしないのではなく、何かをしないということを意味しているのであり、不作為犯には「期待された行為」が根底に存在すると論じている。不作為は何もしないことをいうと自然主義的に特徴づけたラートブルッフの見解に対して、メツガーは、価値関係的概念の強調によって、不作為は「期待された行為」をしないという見解を導き、作為と不作為の統合を成功させた。作為と不作為を行為という上位概念の下に包摂するためにはメツガーの所説に従うのが最も妥当であると思う。なお、メッガーは、積極的な挙動（作為犯）としての行為には、行為者の意欲と身体的な挙動（身体活動）が必要であり、意欲と身体活動の間には因果関係がなければならないと述べている。

しかし、メッガーの見解に依拠したとしても、それで行為論上の問題がすべて解決できるわけではない。例えば、列車通過時に遮断機を降ろす職務に従事している踏み切りの転轍手が、列車通過時に眠り込んで遮断機を降ろすことを怠った場合（無意識の過失に基づく不作為犯）、これを講学上「忘却犯」というが、メッガーの見解でこの事例を解くと犯罪不成立という結果になる。何故なら、メッガーにおいても行為の要素として有意性と有体性が必要とされているが、この事案においては、眠り込んでいるから行為者には自由な意思活動が存在せず、有意性という要件が欠落して行為が存在しないことになるからである。

(3)　二つの因果的行為論　因果的行為論は自然主義的行為論と同義に用いられることが多い。しかし、わたくしには、因果的行為論に二種のものを認め、メッガーの価値関係的行為論もリスト等の自然主義的行為論と並べて因果的行為論に含めることが妥当であるように思われる。メッガーの理論を社会的行為論に含ませる見解もあるが（例えば、大塚・『刑法講座2』八頁、中山・一三八頁）、行為の要素として有意性と有体性を要求するメッガーの理論は、むしろ因果的行為論にほど近くこれを社会的行為論に含ませるのは無理があると考えられるからである。もっとも、メッガー自身は別の文献で「複合的行為概念」(komplexer Handlungsbegriff) を提唱し、行為者の目的性・法律の目的性・行為の因果的意味の顧慮、等多次元的考察の必要性を説いているが、これは、存在論的思考方法をもとりこんだ後の時代の叙述であることに注意を要する。ちなみに、メッガーを因果的行為論に位置づける学者に、イェシェック、西原博士（西原・上巻八四頁）、上田教授（『現代刑法講座第一巻』二一七頁）がある。

わが国における因果的行為論の論者としては、例えば、瀧川博士は「意志に基く身体の動静」を行為とされ（瀧川・二二頁）、小野博士は「行為は意思の外部的実現として客観的、身體的動静を其の要素とする」とされ（小野・九三頁）、草野教授は「行為とは、意思決定に基く身體の動止である」とされ（草野・四〇頁）、下村博士は「行為とは意思決定に基く身体の運動または静止をいう」とされ（下村・基本的思想七三—七四頁）、山口教授は「意思に基づく身体の動静」とされる（山口・四二頁）。ここでは有意性と有体性が行為の要素として存在しているが、それらは、必ずしも自然主義的・物理的に捉えられてはおらず、むしろ、不作為や過失も包含しうる価値的・規範的なものであったといえるであろう。

二　目的的行為論

一九三〇年代に、ドイツにおいて、存在論的考察方法に基づき従来の行為論を盲目的・因果的行為概念であるとして排斥し、「目的性」を行為の中核として特にヴェルツェルによって強力に推進されたのが、目的的行為論（finale Handlungslehre）であった。

(1)　目的的行為論の骨子　ヴェルツェルによれば、目的性（Finalität）は、一定範囲において因果的な侵害結果を予見し、それによって因果的な侵害を目標達成に向けて計画的に操縦する意思能力に基づくが故に、目標意識的な因果事象を導く意思は目的的行為の背骨である。目標意識的な因果事象を導く意思は、外部的な因果事象を支配決定し（überdeterminieren）、それによって外部的な因果事象を目標に導かれた行為にする操縦因子である。目的的意思は、それが外部的事象を客観的に形成するが故にかつその限りにおいて、不可欠の因子として行為に属する。そして、行為の目的的操縦は、二段階において遂行される。第一段階は、完全に思考上の領域にある。すなわち、①行為者が実現せんとする目標（Ziel）の先取り、②目標達成のために必要な行為手段の選択、③付随結果の顧慮、である。第二段階は、現実世界において遂行される。目的操縦の第二段階は、思考上の領域の手段―目的―決定によって支配決定された現実における因果経過である。行為についてこのような説明をしたヴェルツェルは、刑法学上の行為とは「目的定立的な意思に支配された実在的な意味統一体」であると定義する。

(2)　目的的行為論の短所　目的的行為論は故意犯については注目すべき成果をあげたが、特に、過失犯、不作為犯については問題を残した。①まず、過失犯については、それが行為である以上、故意行為と同様に目的性を持たなければならないが、この点につきヴェルツェルは、はじめ、故意行為には現実的目的性が、過失行為については潜在的目的性があると説いていた。これに対して、存在論的には潜在的目的性はありえないとのニーゼの批判を受けて、後に、ヴェルツェルは、故意行為には構成要件的結果に向けられた目的性があるが、過失行為には構成要件的に重要でない結果に向けられた目的性が存在するとの結論に達した。この結論はわが国の目的的行為論者によって支持されている（木村・一六七頁、福田・六〇頁）。しかし、これに対しては、「法的に無意味な目的性を行為概念にもちこむことも問題である」（団藤・一一一頁）とか、「過失行為とは、日常生活の用語例においても、刑法的意味においても、まさに、落ち度のある人間の行為自体を指すのであって、それは、積極的な目的志向的行為ではない」（大塚・一〇三頁）等の批判が呈されている。過失行為の目的性についてのヴェルツェルの説明は成功しているとは思えない。②次に、不作為犯については、ヴェルツェルは、存在論的にみればそれは行為の不作為であるからそれ自体行為ではないとし、また、不作為は、因果性も（現実的）目的性ももたず、従って、不作為に向けられた実現意思も作為犯の意味における事実的故意もないとしつつ、しかし、行為と不作為は「目的に従って意思を統御しうる能力」つまり「目的的行動力」（finaleTatmacht）という両者に共通の要素によって人間の態度という上位概念に包摂されると説く。存在論的にみて作為と不作為とはその構造を異にするという点は理解できるが、作為と不作為とは本来刑法上の行為として把握すべきであるところ、不作為には目的性がないから行為としては捉えられないというのでは、目的性こそ行為の本質構造であるとするヴェルツェルの基本的見解と相容れない。なお、この点について、忘却犯の事例につき、木村博士は、「構成要件的に重要でない結果を認識した目的（的）行為があったと解すべきである」と述べられた（木村・一六七頁）。ここでも、過失犯の場合と同様の批判を回避することはできないであろう。

目的的行為論の支持者としては、ドイツにおいては、マウラッハ、アルミン・カウフマン等が著名であり、わが国においては、木村博士（木村・一六七頁）、平場博士（平場・三四頁）、福田博士（福田・五九頁以下）、井田教授（井田・総論二四六頁）、等々が知られている。

三　社会的行為論

社会的行為論（soziale Handlungslehre）は、因果的行為論・目的的行為論のもつ欠陥を回避するという方向において発展してきた理論であるといってよいが、この行為論についての学説の内容は多様であって、これを一義的に確定することは困難である。上田教授の言葉を借りれば、「この理論の枠内でも実に多くの差異があることに留意しなければならないが、最大公約数的な共通点を挙げれば、それは意思の法的・社会的意味を追求するという点にあるといえよう。まず最初は意思概念を社会生活という基準にてらして客観化するという方向にはじまり、最近では意思による限定そのものを放棄すべきであるという所説が大胆にうち出されている」（上田・「行為論の課題と展望」『現代刑法講座第一巻』一二二頁）という状況にある。この理論は今日のドイツの通説であり、わが国においても最近支持者が増えている。

この理論の代表的見解をとりあげれば、まず社会的行為論の創始者といわれるE・シュミットは、「行為は社会的外界にむけられた有意的態度である。より正確には有意的態度による外界の変動であって、その変動が作為によって惹起されたか、不作為によって惹起されたかを問わない」と定義した。さらに、「行為とは客観的に目的としうる結果を人間の側から有意的に惹起することである」（エンギッシュ）とか、「社会的に重要な人間の態度」（イェシェック）、「社会的行為概念とは客観的に予見可能な社会的結果へと方向づけられた客観的に支配可能な態度である」（マイホーファー）等がある。わが国の見解としては、「なんらか社会的に意味のある人の態度」（佐伯・一四五頁）、「意思による支配の可能な、何らかの社会的意味を持つ運動または静止」（西原・上巻八九頁／高橋・七六頁）、「社会における外界に影響力を及ぼす方向にある、人の外部的態度」（内藤・(上)一六四頁）、「社会的に意味ある人の外部的態度」（浅田・一〇六頁）、等がある。

忘却犯の問題を解決し、その概念定義にてらして理論的に欠陥のない行為論を志向するならば、社会的行為論が最もすぐれた見解であるかもしれない。しかし、「『社会的』の要素は刑法的評価の段階で考えるべきことであり、評価の対象としての行為にこれを持ち込むのは過多の要求である」という団藤博士の批判（団藤・一一五頁）、また、人間行為の本質を論ずるにあたっては意思による限界づけが社会的行為論のそれよりもう少し重要なのではないかという疑問（社会的行為論中、意思による限界づけを一切放棄する立場は、人間行為の本質解明に益するものとは思えない）等を考えあわせると、社会的行為論にもなお問題は残っているように思われる。

四　人格的行為論

行為を人格のあらわれとみる見解を人格的行為論といい、団藤博士の提唱にかかる。団藤博士によれば、刑法上の行為は「行為者人格の主体的現実化」と認められるものであり、作為・不作為・故意・過失も行為に含まれる。人格はもともと潜在的な体系であるが、それは生（Leben）の活動として現実的に露呈される。かような生の活動が人格の主体的な面に操縦されて行われるとき、それが行為にほかならない。従って、単なる反射運動や絶対的強制による動作は行為ではないが、忘却犯は本人の主体的人格態度と結びつけられた不作為であるから行為である。そして、行為は、生物学的基礎と社会学的基礎をもち、人格と環境との相互作用のうちに行為者の主体的態度によって行われる。生物学的基礎においては、身体の動静・心理作用（身体の動静を制御する意志作用をも含めて）が考慮され、社会学的基礎においては、行為の基礎となる行為環境としての社会・生活歴の上で人格形成に働きかけ影響を与える人格環境という形での社会からの影響が考慮されている（団藤・一〇四頁以下）。

「行為者人格の主体的現実化」という行為定義は魅力的であるが、その実体は不分明である。「主体的」という語は哲学的な語であろうが、犯罪の事実的基礎を示す概念を定義づけるにしては多義的にすぎ、明確でないという批判（内藤・(上)一五五頁）、「主体的」という語の意味は必ずしも明らかでないが、非難できないようなものは「主体的」とはいえないであろうから、おそらく「有責な」というのと同じだと思われ、そうなると行為能力と責任能力の区別がつかなくなるという批判（平野・Ⅰ一〇九頁）、等もあるが、「行為者人格の主体的現実化」の実体はその生物学的基礎との関連で考えれば、結局、意思決定に基づく身体の動静という因果的行為論の考え方と同様にならざるをえないのではないかと思われる（勿論、社会学的基礎における行為環境・人格環境との関連があるから全く同一というわけではないが）。もしそうであるなら、少なくとも、忘却犯を行為に取り込むことはこの立場でも無理であろう。わが国におけるこの理論の支持者には、大塚博士（大塚・一〇四頁）、日沖博士（日沖・団藤古希祝賀第一巻一二一頁）、佐久間教授（佐久間・三四頁）、等がおられる。

五　私　見

およそ、人間は、何かをしようと思うから外界においてその行為に出る。その意味においては、「意思決定に基づく身体の動静」と行為を定義することが最も行為の本質に適っている。「有意性」と「有体性」を行為の要件とした因果的行為論はその限りにおいて正当であったと思う。単なる反射運動・睡眠中の行為・絶対的強制下の行為等には有意性が欠けるからそれらは行為ではない。この点では、行為の限界要素としての機能をこの立場はよく果たしている。勿論、基本要素としての機能、結合要素としての機能についても同様である。①しかし、因果的行為論を正当と考えるとしても、リスト等の自然主義的行為論は採用できない。何故なら、この見解は、ラートブルッフが指摘した如く、作為と不作為を一つの上位概念の下に包摂しえないからである。作為と不作為とは刑法上「行為」の二態様と捉えなければならない。そのような観点に立てば、メツガーの価値関係的行為論を採用すべきこととなる。ただし、メツガーの見解においても「忘却犯」の問題は解決できない。まさしく忘却犯の問題は、ビンディングのいうように、「小さきものの最小なるもの」がここでは「最大の栄誉」をえている。だが、行為を主観・客観の統一体とみて、有意性・有体性をその要素とするのが最も妥当と解する立場に立つときは、忘却犯の問題は行為論の片隅の問題にすぎないのであって、この問題を解決するために行為論の基本構造を変える必要はない。わたくしは、かようにして、メツガーの価値関係的行為論をもって妥当と解する。この立場に立つときは、構成要件該当性に前置された行為概念に価値的性格を賦与することとなるが、行為とは一切の評価を超越した裸のままの自然的事実であるとはいえないのであり（中・五九頁）、刑法学的価値の立場からのしぼりがかけられているもの（下村・続基本的思想・二六頁）であるから、そのような理解は成立しうると考える。②目的的行為論は、存在論的思考に立脚し、故意犯をめぐる諸問題につき端倪すべからざる見解を披瀝したが、特に、過失犯・不作為犯において見過ごしがたい難点を残し、また、行為の主観面を強調しすぎる結果、行為無価値論に過度に傾斜し、採用することができない。③これに対して、社会的行為論は、行為から「意思」の要因を希薄化し、忘却犯の問題を含めて、論理整合性ある行為概念の完成に努めた。しかし、この見解は、目的的行為論とは逆に、行為の主観面を希薄化しすぎ、人間行為の本質構造の把握という視点からは問題を残したように思われる。忘却犯の問題を解決することも理論的には重要であるが、もし、その為にのみ、行為概念が変えられたとすれば、過度に論理の整合性を追及しすぎたものといわざるをえないであろう。④人格的行為論については、人格形成責任論を採用しない立場からはこの理論を採り得ないということは別としても、その「行為者人格の主体的現実化」という行為概念の内容自体が広すぎて不分明であるという疑念を払拭しがたい。魅力的な行為概念ではあるが、この見解も支持することはできない。

六　判　例

下級審ながら行為性を否定した著名な判例（大阪地判昭三七・七・二四、下級刑集四巻七・八号六九六頁）があるので、簡潔にふれておきたい。【事実の概要】被告人は覚醒剤慢性中毒の後遺症として妄想性曲解や妄想性被害念慮に捉われ心的混乱を招き、過度な心的緊張のため事態を正視することが困難になっていたところ、ある夜、自宅で妻とともに就寝したものの不安・焦燥を伴う心的緊張のため熟睡できず浅眠状態で、色の黒い男が三人ほど室内に侵入し被告人を殺そうとして後側から首をしめつけてくる夢をみて、極度の恐怖感に襲われるまま殺されるのを防ぐため先制攻撃を加えるつもりで後に振り向くと同時に男の首を両手で強くしめつけたところ、それが実は側に寝ていた妻であったため、妻を頸部扼圧による窒息のため死亡させた。殺人罪成否が問題となったが、大阪地裁は行為そのものに該当しないとして無罪とした。【判旨】「ある行為が刑罰法規の構成要件に該当するか否かは、右法規によって要求される規範に従って行為者が自らの行動を統制し得る意思の働き即ち規範意識の活動に基づいてなされた行為を対象」とすべきであり、「右の如き任意の意思に支配されていない非自覚的な行動については、その規範意識も活動の余地がなく、これを統制し得る機会も持たないのであるから、かかる行動を刑罰の対象」とすることはできない故、被告人については

「その責任能力の有無を論ずるまでもなく、刑罰法規の対象たる行為そのものに該当しない」。本判決は、行為論の限界機能を判例においてはじめて認めたものとして画期的意義をもつが、そこで示された行為概念は極めて狭いもので多くの学説から批判されている。行為概念についての一般的な見解では、本件事案の如きは責任能力の問題として扱われている。本判決は、控訴審において、行為性を欠如するのでなく責任無能力の行為であるとされた（大阪高判昭三九・九・二九、上田・「行為性が否定された事例」〔平野・松尾編『刑法判例百選Ⅰ総論（第二版）』二頁〕参照）。

第三節　因果関係

一　因果関係の意義と性格

①因果関係とは一般に原因と結果の関係をいい、刑法では、結果犯（殺人罪、窃盗罪、等）において、行為者の外部的態度と生じた結果との間に、原因と結果の関係があるか否かが問題とされる。結果との間に因果関係が存在すれば既遂の問題となり、欠ければ未遂処罰の規定がある限り未遂の問題となる。②次に、因果関係は、発生した結果を行為に還元する「客観的帰責」の問題であり、それを行為者の責に帰する「主観的帰責」とは異なることに注意しておかなければならない。因果関係存否の確認はあくまで事実確定のためのものであり、因果関係ありとされた場合にはじめてこれに対する違法判断・責任判断が行われることになる。③因果関係に関する学説については後述するが、その体系的地位については、行為論においては条件説が、構成要件論においては相当因果関係説が、論じられる。条件関係を前提として相当性のしぼりをかけるという相当説の手法に注意しておかなければならない。因果関係に関する学説としては、条件説、原因説、相当因果関係説、因果関係不要論、客観的帰属論、等が主

張されてきた。以下で、その内容を明らかにしておこう。

二 条件説

条件説（Bedingungstheorie）とは、行為と結果との間に、「その行為がなかったならばその結果は存在しなかったであろう」という条件関係（conditio sine qua non）が存在すれば刑法上の因果関係があるとする見解で、すべての条件を等しく結果に対する原因と解するところから等価説とも呼ばれる。一九世紀後半の自然科学思想に支えられた考え方で、ドイツでは、ブーリによって主張され、ライヒ裁判所・連邦裁判所もこの立場を採用し、わが国の判例上でもまた主流をなしている見解である。因果関係を肯定する範囲が広がり過ぎるという批判もあるが、他面では、因果関係存否の判断に際しどの条件を結果に対する原因にするかという評価を加えないという点では判断の安定性を有するという長所もある。わが国でこの立場を支持するものに、草野・四八頁、齋藤（金）・一〇二頁、日沖・刑事法講座第一巻一八三頁、下村・基本的思想八二頁、岡野・『刑法における因果関係の理論』二一四頁、奈良・一一七頁、等がある。**①因果関係の中断**（Unterbrechung des Kausalzusammenhanges）　条件説を採用すると結果に対する条件をすべて結果に対する原因とみるために、因果関係の成立範囲が必然的に広くなる。これを回避するために考えられたのが因果関係中断論であった。これは、偶然の事情の介入（例えば、軽傷を負った者が医師の重大な医療過誤によって死亡した場合）、あるいは、第三者の故意行為の介入（例えば、甲が山林内で監視員乙に重傷を負わせたところ、密猟者丙が倒れていた乙を見つけて猟銃で撃ったため、乙が死亡した場合）があった場合には、因果関係は中断するというものである。しかし、これに対しては、因果関係はあるかないかであって存在する因果関係が「中断」することはありえないという批判が呈されるのが一般である。条件説では、広すぎる因果関係は責任論における故意・過失（主観的帰責）で刑事責任の範囲を限定すれば実際上の不都合は生じないと説かれているが、条件説の考え方としてはその方がむしろ本筋であろう。ただ、因果関係中断論が志向したところは十分傾聴に値するので、用語の問題として考えれば、「因果関係の遮断」とする方が妥当であったかと思う。②**因果関係の断絶**（Abbruch der Kausalität）　因果関係の中断と異なるものとして、最初から条件関係が存在しないものとして「因果関係の断絶」といわれる場合が説かれている。断絶の例としては、例えば、甲が乙を殺害する目的で毒物を投与したところ、その効果が出ないうちに丙が殺意をもって乙を拳銃で射殺した場合を挙げるのが一般である（中山・一七一頁、川端・一五一頁、他）。

三　原因説

条件説が因果関係を広範囲に認めるのに対し、この説は、諸条件の中から個別的に結果に対する決定的条件を選び出し、それを「原因」とみる見解で、個別化説（individualisierende Theorie）とも呼ばれる。如何なる基準によって決定的条件を選び出すかによって、最終条件説（時間的にみて結果に対する最終の条件）、最有効条件説（結果に対して最も有効な条件）、優越的条件説（結果発生に決定的方向を与えた条件）、決定的条件説（社会的評価の観点からみて結果に対し決定的な条件）、等々がある。諸々の条件の中から決定的条件を選び出しそれを結果に対する原因にしようとする基本姿勢において原因説は評価されたが、他方、決定的条件を選び出す基準が明確でないとの批判を蒙り、今日では支持者をみない見解となった。

四　相当因果関係説

その行為からその結果が発生することが、社会生活上の経験にてらして、通常、一般的であり、相当と認められる場合に因果関係の存在を肯定する見解で、相当説（Adäquanztheorie）とも呼ばれる。条件説によって因果関係ありとされた条件の中から、人類の全経験知識に基づき結果の発生することが一般的であるか否かを判断することによって因果関係の存否を確定しようとするところから一般化説（generalisierende Theorie）とも呼ばれる。相当因果関係説（Theorie der adäquaten Verursachung）は、相当性の有無の判断に際しその基礎としていかなる事情を考慮するか（判断基底の範囲）によって、以下の三説に分かれる。①主観説　行為者が行為当時認識していた事情および認識しえた事情を基礎として判断する見解（クリース、宮本・六四頁）。②客観説　行為当時客観的に存在した事情およびその事情から予測可能であった事情のすべてを基礎として判断する見解（リューメリン、小野・一一二頁、平野・I一四二頁、中山・一八〇頁、内藤・(上)二七五頁、前田・一八六頁、他）。③折衷説　行為当時一般人に認識可能であった事情および行為者が特に認識していた事情を基礎として判断する見解（トレーガー、木村・一八三頁、団藤・一七七頁、大塚・二三一頁、福田・一〇五頁、西原・上巻一一三頁、大谷・二二四頁、野村・一三〇頁、川端・一六五頁、他）。相当因果関係説においては、今日、主観説はその支持者がなく、客観説と折衷説との間で論争がなされているが、折衷説が通説である。

五　因果関係不要論

これは、刑法学上特に因果関係を論ずる必要はないとする見解であり、わが国において二人の学者によって主張された。①まず、瀧川博士によれば、法律上の行為概念は意欲または意欲可能性に基づく態度であり、刑法上因果関係はこの枠内において定められねばならず、しかもそれは、結果の予見または予見可能性を前提とする限りにおいて故意または過失と限界を同じくするから、行為の因果関係の理論は責任の理論のある場面に他ならず、刑法において特に行為の因果関係を論ずる必要はない（瀧川・三八頁）。この見解は、実質的には条件説を採用し責任による限定で処理しようとする見解であるといえるであろう（中山・一七二頁）。②次に、小野博士によれば、刑法における因果関係の問題は構成要件該当性の問題であり、構成要件の解釈適用の問題であって、因果関係論はただその解釈適用に対して指導的思想を与える一般的理論としてのみ意味がある（小野・一一二頁）。小野説は、実は、客観的相当因果関係説を採用しそれを構成要件該当性の問題であるとされるので（小野・一一二頁）、瀧川説とは実体を異にするが、因果関係論を構成要件該当性の問題とするのは因果関係論の価値を否定するものとの見解（木村・一七六頁）、あるいは、端的に、瀧川説・小野説を因果関係不要論とする見解（牧野・上巻三七〇頁）もあるので、学説の分類としては注意しておく必要があろう。わたくしは、小野博士が因果関係の問題は構成要件該当性の問題であるとされる点についてはその通りだと思うが、しかし、構成要件の解釈適用に対して指導的思想を与える一般的理論としてのみ意味があるとされる点については同調し難い。因果関係には、事実確認のための理論としてもっと積極的役割を賦与すべきものと思う。

六　客観的帰属論

客観的帰属論（Lehre von der objektiven Zurechnung）とは、発生させられた結果が行為者の行為の「しわざ」かどうかを問う理論の総称である（山中・二四六頁以下）。この理論は、今日ドイツの通説と目されるものであり、わが国においても、相当因果関係説に代わる理論として、近時、山中教授ほかによって意欲的に推進されている。山中教授によれば、現代の客観的帰属論は三本の柱から成り立つ。第一は、「条件的因果連関」（条件関係の意味における因果関係）で、帰属論の存在論的基礎である。第二は、「危険創出連関」で、行為の時点から行為の結果発生の危険性を問題にし、その規範的評価をも考慮する。第三は、「危険実現連関」で、事後に判明した事情をすべて考慮に入れたうえで、創出された危険が規範の保護目的に含まれる結果に実現されたかどうかを問うものである。第二の「危険創出連関」は、①基本的に、行為客体に対して第三者の行為を介在させずに直接に作用する「直接的危険創出連関」の事例群（1高められた危険の創出、2許されざる危険の創出、3認識可能な客観的危険創出）と、②行為者による行為はそれ自体としては危険状況を創出したにすぎず、危険創出と判断されるためには第三者ないし被害者の行為の介在をあらかじめ考慮に入れざるをえないという「危険状況創出連関」の事例群（1狭義の危険状況創出連関、2促進的危険状況創出連関、3危険状態拡大源設定連関）とに分かれる。第三の「危険実現連関」は、①過失犯および不作為犯における義務違反と結果の関係に用いられる「危険増加連関」と、②通常の「狭義の危険実現連関」（1直接的危険への介入類型、2間接的危険への介入類型、3状況的危険への介入類型、4残存危険への介入類型）とに分かれる（山中・二七九頁以下）。客観的帰属論はこれらの各「連関」に具体例をあてはめて考える理論であるが、この連関の分類・内容は必ずしも明解であるとはいえず、かつ、すこぶる難解である。その意味において従来の因果関係論をよく克服しうるものとは考え難い。この見解は注目すべきものではあるが、私見は、後述のように、折衷的相当因果関係説の立場で因果関係の問題を処理したいと考える（客観的帰属論については以下の文献を参照されたい。山中敬一『刑法における客観的帰属の理論』（成文堂）、小林憲太郎『因果関係と客観的帰属』（弘文堂）、安達光治「客観的帰属論の展開とその課題㈠～㈣」［立命館法学二六八号～二七〇号、二七三号］、等）。

七　私　見

因果関係をめぐる学説状況については、すでにふれた如く、原因説は今日支持者を失い、少数説たる条件説と多数説たる相当因果関係説とが対立し、相当因果関係説内部においては、主観説が支持者を失い、通説たる折衷説と主として結果無価値論の立場より主張される客観説とが対立している。以下で、条件説と相当因果関係説についてとりあげたい。その際、因果関係についてのどの説を採用するかという問題に関しては、視点を移せば、如何なる犯罪論体系をとるか、故意を体系上どこにおくか、といった問題も重要な関りをもつと思う。

⑴　条件説について

まず、条件説については、結果惹起に関る条件を全て等しく結果に対する原因とみて因果関係の存在を認めるのであるから、因果関係の成立範囲は確かに広すぎる。「因果関係の中断」論は成功せず、「因果関係の断絶」論も「因果関係の中断」論との区別が明確でなく、これらの概念では広すぎる因果関係の範囲を限定するには無理がある。そうすると、条件説の立場では、広すぎる因果関係の範囲を限定するのは故意・過失（主観的帰責）であるとするのが最も本来の在り方であるといえよう。これに対しては、二つの方向から批判がある。第一は、故意・過失による限定でたりるかという点である。すなわち、条件関係さえあれば構成要件該当性・違法性が存在することになるが、偶然に、または、異常な経路で結果が発生した場合、これを法が禁止していると解するのは不当であると説く。第二は、故意・過失によって全てを限定しうるかという点である。例えば、甲が乙に瀕死の重傷を負わせ病院に運ばれて医師丙の治療を受け、丙は乙を救うことはできなかったが乙の命を数か月先に延ばした場合、丙が責任を問われないのは、殺人罪・業務上過失致死罪における「殺す」・「死亡させる」とは、生命の短縮を惹起することを意味し、生命を延長することはこれにあたらないからなのであって、主観的帰責によって限定されるからではないが故である（川端・一五二頁）。第一の批判には理由があるが、第二の批判については、例えば、「行為－違法性－責任－構成要件該当性」という体系を採るならば、医師丙の行為に因果関係を認めても、故意・過失が欠けるから責任がないことになり、殺人罪・業務上過失致死罪における構成要件行為の意味内容を論議する必要はなく、主観的帰責による限定は行われていると解されるので、理由がないと思われる。むしろ、この際、注目すべきは、条件説は、構成要件論を採らない犯罪論体系においてのみ採用可能であるという点である。なぜなら、構成要件該当性を論ずるに際しては、社会生活上の経験にてらして、当該構成要件行為から当該構成要件結果が生じたか否かの判断を行わざるをえないのであり、そこでは、当該構成要件における因果関係の有無の相当性が検討されていることになるからである。しかし、構成要件論は罪刑法定主義を支えるためには除去できない刑法における基礎理論である故、これを除去した犯罪論体系をたてること自体に問題があり、従って、そのような体系下での条件説の採用そのものに疑義が残るといわざるをえない。加えて、平野博士は、「刑法は、条件説論者が考えるように、犯罪の条件のすべてを防圧しなければならないものであろうか。そのなかで、結果を発生させることが相当なものだけを処罰すればいいのではないか。そこに刑罰の限界、刑法の謙抑性があるのではないか。これが相当因果関係説の実質的な論理である」（平野・I一四一頁）と述べられたが、因果関係レベルでの思考としては十分に傾聴に値する。

(2)　相当因果関係説について　次に、相当因果関係説三説については、まず、主観説は、一般人には認識可能であったのに行為者には認識できなかった事情を除外することになる点で狭すぎ、客観説は、一般人に認識不可能であっても客観的に存在する事情のすべてを考慮することになる点で逆に広すぎ、折衷説は、行為者の主観を考慮することが客観的帰責たる因果関係の性格に反することとなる、といった批判がそれぞれに呈されている。主観説は今日支持者を失っており、通説である折衷説と客観説との間で論争が展開されているのが現状である。以下で、①行為当時被害者に特殊事情があったため、重大な結果が発生した場合（甲が傷害の故意で乙をナイフで刺したところ、乙が血友病患者であったため出血多量で死亡してしまった場合）、ならびに、②行為後の因果過程に他の事情が介入したため、重大な結果が発生した場合（甲が乙を傷害し救急車で入院して医師丙の治療をうけたところ、丙の医療過誤により乙が死亡した場合）、の二類型につき甲の行為と乙の死の結果の間に因果関係が存在するか否かに関し、三説はそれぞれ如何なる結論にたち至るかをみておこう。①の場合　主観説によれば、乙が血友病であることを甲が知っていたか、知る可能性があれば、因果関係は存在するが、知らなかった、あるいは、知る可能性がなければ因果関係は存在しない。客観説によれば、乙が血友病であることは客観的に存在していた事実であるから、行為当時甲がその事実を知らなかったとしても因果関係は存在する。折衷説によれば、乙が血友病であることは行為当時一般人には認識できないから、行為者が知っていれば因果関係は存在し、知らなかったら因果関係は存在しない。②の場合　主観説によれば、行為時に、丙の医療過誤の発生を甲が知っていたか、知る可能性があれば、因果関係は存在するが、知らなかった、あるいは、知る可能性がなければ因果関係は存在しない。客観説によれば、丙の医療過誤の発生が裁判時の事後的判断として経験的に予測できれば因果関係は存在するが、予測できなければ因果関係は存在しない。折衷説によれば、丙の医療過誤の発生を行為時に一般人または行為者が予測できれば因果関係は存在するが、予測できなければ因果関係は存在しない。

まず、行為者の認識および認識可能性のみを基礎とするのは客観的帰責たる因果関係の範囲を不当に狭めてしまうので主観説は妥当でない。それでは客観説と折衷説のいずれが妥当かということが問題になってくるが、客観説に拠る平野博士より折衷説に呈された著名な批判があるのでそれをここでみておこう。平野博士は、甲は丙が血友病患者であることを知っており乙はそのことを知らなかったことを前提として、甲が丙を殺害する意思で乙を教唆して丙を傷害させ丙が死亡した場合、折衷説によれば、乙の行為と丙の死の間には因果関係はないが、甲の行為と丙の死との間には因果関係があることになるが、因果関係が人によってあったりなかったりするのは奇妙なことで、「因果関係が行為と結果との間の『帰責関係』であるとしても、それは客観的帰責であって主観的帰責ではないはずである。知らなかったから因果関係がないというのは、目をつぶれば世界はなくなるというのに似ている」

（平野・Ⅰ一四一頁）と説かれた。これに対しては、折衷説より、因果関係が犯罪の成否を画する機能をもつものである以上、共犯者各人の認識の違いによって共犯の範囲について結論の違いが出ることは、別段、異とするにあたらないという反論が出されている（大塚・二二九頁、福田・一〇七頁、内田・一五二頁、川端・一六五頁、他）。そして、逆に、折衷説より、客観説は一般人の認識しえない事情まで判断の基礎とするので、とくに結果的加重犯の場合に条件説に近い結論が生じがちであり、相当性の原理を導入した意味が失われるとの批判が呈されている（西原・上巻一一三頁）。私見は、次のような理由で折衷的相当因果関係説を支持したい。思うに、刑法学上の因果関係の認定は、客観的帰責として、ある行為が発生した結果（法益侵害又は脅威）を惹起する支配力・推及力をもった原因であるか否かを確定するための事実確認作業であり、換言すれば、当該結果がその行為者の「しわざ」であるといえるか否かを確定するためのものである。そこでは、結果発生に対する支配力・推及力の存否が問題となろう。折衷的相当因果関係説が、行為時の事情と行為後の事情を通じて（この点は、折衷説中、特に団藤博士によって指摘されており（団藤・二七七頁）、判断基底の中に是非盛り込まれるべきものと思う）、通常人が知りまたは予見しえたであろう一般的事情を判断基底に据えるのは、一般的にみて結果発生に対する支配力・推及力の可能性が存在することを推認しうるからであり、行為者が現に知りまたは予見していた特別の事情を判断基底に据えるのは、行為者の結果発生に対する支配力・推及力を推認するに役立つからだといえると思う。主観的帰責を認めるものでは決してないが、その者のしわざであるということの確定のためには、基準として行為者の事実的故意が相当性の判断基底に組み込まれることには理由があるように思われる（私見は後述のように、事実的故意を主観的違法要素、それ故、主観的構成要件要素であることを容認する）。折衷説と客観説について考えてみると、因果関係を構成要件の範疇におき、構成要件的故意の存在を認める立場に立てば、構成要件該当事実についての表象・認容（行為者が特に知っていたこと）が因果関係存否の際に同時に考慮されることになるのであるから必然的に折衷説となる。これに対して、因果関係を構成要件の範疇に置いても構成要件的故意の存在を認めない立場に立てば、因果関係存否の判断の際に主観的要素が欠けるのであるから、客観説になる。他方、構成要件範疇にではなく、構成要件に先置された行為の範疇に因果関係を置きながら相当因果関係説が採れるかという点については、社会的行為論を採用する立場においてのみ可能であるかと考えられるが、「相当性」の判断を社会的行為論にもちこむことは過多の要請であり、その判断は構成要件該当性の有無の判断（一般的・類型的判断）の場で行う方が妥当であると思う。

八　因果関係認定上の諸問題

因果関係の存否を認定するに際しては留意しておかなければならない重要な問題がいくつかある。「条件関係」と「相当因果関係」に二分して考えておこう。

(1)　条件関係　**①仮定的因果経過**　これは、例えば、死刑執行官が執行のためボタンを押す前に、被害者の父親が復讐のため執行官をおしのけてボタンを押し死刑囚を殺害した場合、父親の行為がなくても執行官が押したであろうという仮定的事情をつけ加えれば、父親の条件関係は否定されるのではないかという問題である。条件関係存否の判断は事実的判断と解されるから、他の行為または事実を仮定的に「付け加えて」判断してはならない（木村・一七八頁、平野・Ⅰ一三五頁、中山・一七五頁、内藤・〔上〕二五一頁、他）。従って、父親の行為と死刑囚の死の間には条件関係はあると解すべきである。これに対して、父親がボタンを押さなかった事態だけを仮定したとしても、そのときには、執行官がボタンを押し、やはり死刑囚は同じ時点で死んだであろうから、条件関係を否定すべきことになるとする見解もある（町野・一五六頁）。**②択一的競合**　これは、例えば、甲と乙とが意思連絡なく独立に殺意をもって致死量の毒物を丙に投与し丙を死亡させた場合に、条件関係の公式（「その行為がなかったならばその結果は存在しなかったであろう」）をあてはめれば、甲・乙いずれにも因果関係が否定されるのではないかという問題である。この択一的競合をめぐっては学説は多様である。(a)甲・乙の行為と丙の死との間の条件関係を否定する学説としては、第一に、行為と結果とが因果律に包摂されうることは行為が結果を支配したことを直ちに意味するものでなく、因果律を利用したことが帰責を基礎づけるのであり、条件関係が存在するときにそれが肯定されるとして、甲が毒物を投与しなくても丙は乙の毒物で死亡したであろうから甲の行為には因果関係はなく、乙の行為にも同様のことがいえるから、甲・乙とも殺人未遂にはなるが、丙の死について責任を負うものはいないとする見解（町野・一五四頁、一五六頁）、第二に、刑事責任の基礎を明確化し限定づける機能を営むためには条件関係の公式が厳守されるべきであり、結局、未遂とすることが残された方途であるとする見解（内田・一四六頁）、第三に、甲・乙それぞれの毒が丙の死に影響したことが証明されない限り、条件関係の公式を適用すれば甲・乙の各行為と結果との条件関係は否定され、このことは、甲・乙がそれぞれ致死量の二分の一を飲ませた場合に条件関係が認められることと対比すればいかにも不当なようにみえるが、「疑わしきは被告人の利益に」の原則上そうなるのであるからやむをえないとする見解（中野・一一三頁）、等がある。(b)これに対して、通説は、条件関係の公式に修正をほどこして、甲・乙両者の行為が全体としてなかったならば丙は死ななかったであろうとし条件関係を肯定する（木村・一七八頁、西原・上巻一一九頁、大谷・二一二頁、川端・一四七頁、他）。(c)場合を分けて考える見解もある。第一に、どちらの毒物が効いたか証明できない場合は甲・乙いずれにも条件関係を否認（いずれも未遂）。第二に、効いた時間に前後関係が証明されれば、あとに効くはずであった方には条件関係を否定し（未遂）、先に効いたことが証明された方にのみ条件関係を肯定する（既遂）。第三に、同時に効いたことが証明された場合は、「結果」を具体的・個別的に把握すれば、甲の行為・乙の行為いずれにも条件関係を肯定（既遂）する（内藤・(上)二五五頁）。妥当な結論の選択という観点より、私見は、通説の立場に従う。

(2) 相当因果関係　①**相当性の程度**　実行行為と結果との間に必要な「相当性の程度」にはどれほどのものを要するかについては考え方の相違がある。すなわち、「高度の蓋然性」（井上正治『判例にあらわれた過失犯の理論』一三八頁、川端・一五六頁）、「ありがちな可能性」（数値的にいうならば五〇パーセント以上の可能性）（内田・一五一頁）、「きわめて偶然的なものを除く」（平野・I一四二頁）、「ありうることだ」あるいは「異常でない」（内藤・(上)二八二頁）、等がある。相当因果関係説は偶然的な結果と異常な因果経過を除去しようとするものであるから、「ありうることだ」あるいは「異常でない」という程度で足りるとする立場が妥当であろう。②**相当性の判断**　相当因果関係説における相当性の基準（判断基底）に則して、主観説・客観説・折衷説は事案の解明に臨むわけであるが、上掲第一類型の場合はともかく、第二類型の「行為後の因果過程に他の事情が介入したため重大な結果が発生した場合」の相当性判断については、判断基底に行為時における行為後の介入事情の予見可能性を置き、それに基づいて相当性判断を行うのでは、行為後の因果経過の流れを的確に把握できないのではないかということが問題とされた。そして、そこでは、「判断基底からは離れて、経過を経過として判断する方法の方がすぐれて」おり、「事件の本質的因果流れを抽出し、その因果流れの一こま一こまを検討して、その全体が経験上通常である」かどうかを考察すべきであるということが主張された（井上祐司『行為無価値と過失犯論』一九〇頁）。これは、傾聴に値する指摘であり、今日の「広義の相当性」と「狭義の相当性」を区別する見解への引金となった。ここに、「広義の相当性」は、行為時に結果発生の蓋然性が存在していたかどうかを問題とし（「結果発生自体の相当性」）、「狭義の相当性」は、広義の相当性を有する行為の危険性が具体的な結果に現実化したといえるかどうかを問題とする（「結果にいたる因果経過の相当性」）。そして、相当性判断の具体的内容については、(a)実行行為に存する結果発生の確率の大小（広義の相当性）、(b)介在事情の異常性の大小、(c)介在事情の結果への寄与の大小、の三点を組み合わせて判断すべきであり、「介在事情が行為時に予測可能か否か」のみで判断すべきではない、と論じられる（前田・一九一頁以下）。しかし、広義の相当性は行為の実行行為性の問題であって因果関係の問題ではないから無用の概念であり（斎藤（信）・一三九頁、大谷・二一八頁）、また、相当性の概念を広狭二義に分けて論ずるのは議論を複雑にする。むしろ、この点については、行為時のみならず行為後の事情をも相当性判断の判断基底の中に組み込んで検討することの方が妥当であるように思われる。

九　判　例

わが国の判例は、大審院・最高裁を通じて条件説採用を主流とするといわれてきたが、他方では相当因果関係説によるものもあり、その評価は必ずしも単純ではない。因果関係が問題となった事案にはいくつかの態様がある。

①行為時に予測しえない事情が存在した場合　被告人が被害者の左眼を蹴りその暴行行為は致命的ではなかったが、被害者が高度の脳梅毒にかかっていたため脳組織の破壊により死亡した場合、「被告人が行為当時その特殊事情のあることを知らずまた予測もできなかったとしてもその行為がその特殊事情と相まって致死の結果を生ぜしめたときはその行為と結果との間に因果関係を認めることができる」とした（最判昭二五・三・三一刑集四巻三号四六九頁）。被害者に特異体質があるようなこの種の場合には、判例は条件説の立場に立ってほとんど因果関係の存在を認めている。

②行為後に特別な事情が介入した場合　これには、自然的事実・被害者・第三者・被告人自身の行為、等の介入の場合がある。(a)**自然的事実の介入**　自然的事実の介入は余病併発の事実としてあらわれるが、被告人が被害者に肉切包丁を投げつけその腰部に命中させ、そこから継発あるいは併発する余病によって死亡させた場合、余病の発生は「常在ノ事実ニシテ希有ノ現象ニ非サルヲ以テ該余病カ死亡ノ主因ナリトスルモ被告人ノ行為ト死亡ノ結果トノ

間ニ法律上因果関係ヲ認ムヘキモノナルコト勿論ナリ」と判示している（大判昭六・八・六刑集一〇巻三六五頁）。相当説的表現が用いられてはいるが、因果関係は肯定されている。(b)**被害者の行為の介入**　被告人は軽傷を負わせたにすぎないのに被害者が天理教信者であって医者にかからず傷口に神水を塗ったため丹毒症をおこした事案につき、「仮ニ被害者ニ於イテ治療ノ方法ヲ誤リタル事実アリトスルモ、苟モ被告ノ所為ニ因リ生シタル傷口ヨリ病菌ノ侵入シタル為丹毒症ヲ起シタル以上ハ、其ノ所為亦同症ニ一因ヲ成シタルコト明白ナレハ両者ノ間ニ因果関係ノ存在ヲ認ムヘキハ当然」として条件説を採用した（大判大一二・七・一四刑集二巻六五八頁）。最近の最高裁判例は、夜間潜水の講習指導中受講生が溺死した事案につき、「被告人が、夜間潜水の講習指導中、受講生らの動向に注意することなく不用意に移動して受講生らのそばから離れ、同人らを見失うに至った行為は、それ自体が、・・・被害者をして・・・でき死させる結果を引き起こしかねない危険性を持つものであり、被告人を見失った後の指導補助者及び被害者に適切を欠く行動があったことは否定できないが、それは被告人の右行為から誘発されたものであって、被告人の行為と被害者の死亡との間の因果関係を肯定」すると判示した（最決平四・一二・一七刑集四六巻九号六八三頁）。結果惹起の「危険性」という文言が判文上現れているが、「経験則上」といった類の相当因果関係説的表現ではない故、これも条件説によるものと解される。(c)**第三者の行為の介入**　まず、被害者は頭部に全治二カ月くらいの傷を負わされたが医師が代診で治療方法が悪かったために脳にうみがたまって死亡した場合、「縦令被害者ノ身体ニ対スル医師ノ診療上其ノ当ヲ得サリシコトカ他ノ一因ヲ成シタリトスルモ、暴行ト傷害致死トノ間ニ因果関係ノ存在ヲ認ムルコトヲ得ヘキ」とし条件説を採用した（大判大一二・五・二六刑集二巻四五八頁）。これに対して、最高裁は、被告人によってはねとばされた被害者が意識喪失状態で被告人の車の屋根上にはねあげられて横たわっていた後、逃走中のその車の助手席にいた同乗者によってアスファルト舗装道路上にさかさまに引きずり落とされ脳クモ膜下出血等で死亡したが、被害者の死の原因が最初の被告人の自動車の衝突によるものか、同乗者による引落し行為によるものか確定しがたい事案（米兵ひき逃げ事件）において、同乗者による引落し行為は「経験上、普通、予想しえられるところではなく」、また、被告人の過失行為から被害者の死の結果が発生することが、「われわれの経験則上当然予想しえられるところであるとは到底いえない」として、因果関係を否定した（最決昭四二・一〇・二四刑集二一巻八号一一一六頁）。ここでは、明瞭に相当因果関係説が採用されている。ところが、最近、最高裁は、被告人が三重県内の自己の営む飯場で被害者に暴行を加え、被害者に内因性高血圧性橋脳出血を発生させ意識消失状態に陥らせて大阪南港の資材置場に運搬・放置して立ち去ったところ、被害者はその生存中何者かによりすでに発生していた内因性高血圧性橋脳出血を拡大させ幾分か死期を早める影響を与える数回の角材での殴打を蒙った後、翌日未明同所で死亡したという事案（大阪南港事件）につき、「犯人の暴行により被害者の死因となった傷害が形成された場合には、仮にその後第三者により加えられた暴行によって死期が早められたとしても、犯人の暴行と被害者の死亡との間の因果関係を肯定することができ」るとの判断を示した（最決平二・一一・二〇刑集四四巻八号八三七頁）。この判例が因果関係に関する何説によるものであるかという点については学説上見解の相違がみられるが、わたくしには条件説的色彩の強い判例と思われる（伊東・『判例評論』三九一号六〇頁）。本件第一審は、被告人に傷害致死罪の成立を認め懲役四年とし、控訴審、最高裁ともこの結論を維持した。しかし、第三者の故意行為介入の場合の相当因果関係説の相当性判断については、これを本件についてみれば、第三者が大阪南港で被害者に与えた「幾分か死期を早める影響」が無視しうるほどのものであったと判断しうる場合に初めて行為者について傷害致死罪の成立を認めてよいのであって（中森喜彦『刑法判例百選Ⅰ総論［第六版］』二三頁）、そうではない本件においては、被告人の暴行と被害者の死の間に因果関係を認めるのは妥当でない。私見は、折衷的相当因果関係説の立場より、本件では傷害罪の成立を認めるべきものと解する。(d)**被告人自身の行為の介入**　殺意をもって麻縄で被害者の首を絞めたところ動かなくなったので死んだと思って海辺の砂上へ運び放置したところ、被害者は砂末を吸引して窒息死したという事案において、大審院は、「之ヲ社会生活上ノ普通観念ニ照シ被告ノ殺害ノ目的ヲ以テ為シタル行為トＩノ死トノ間ニ原因結果ノ関係アルコトヲ認ムルヲ正当トス」と判示し（大判大一二・四・三〇刑集二巻三七八頁）、相当因果関係説の立場に拠っている。

上掲昭和四二年の「米兵ひき逃げ事件」を契機として、最高裁は、条件説より相当因果関係説へと移行したのではないかということが説かれたが、下級審においてはともかく、その後の最高裁は条件説によると思われる判例を繰り返し（最判昭四六・六・一七刑集二五巻四号五六七頁、最決昭五九・七・六刑集三八巻八号二七九三頁、他）、わが国の判例の主流は条件説であって相当因果関係説ではないという従前の評価を変えるには至っていない。

＊被害者の逃走中の事故死と因果関係　被告人四名は、他の二名と共謀の上被害者に対し公園において、深夜約二時間一〇分にわたり間断なく極めて激しい暴行を繰り返し、引き続き、マンション居室において約四五分間断続的に同様の暴行を加えた。その後、被害者は、隙をみて上記マンション居室から靴下履きのまま逃走したが、被告人らに極度の恐怖感を抱き、逃走を開始してから約一〇分後、被告人らによる追跡から逃れるため、上記マンションから約七六三ｍないし八一〇ｍ離れた高速道路に進入し、疾走してきた自動車に衝突され、後続の自動車にれき過されて、死亡した。この事案につき、最決平一五・七・一六刑集五七巻七号九五〇頁は、「以上の事実関係の下においては、被害者が逃走しようとして高速道路に進入したことは、それ自体極めて危険な行為であるというほかないが、被害者は、被告人らから長時間激しくかつ執ような暴行を受け、被告人らに対し極度の恐怖感を抱き、必死に逃走を図る過程で、とっさにそのような行動を選択したものと認められ、その行動が、被告人らの暴行から逃れる方法として、著しく不自然、不相当であったとはいえない。そうすると、被害者が高速道路に進入して死亡したのは、被告人らの暴行に起因するものと評価することができるから、被告人らの暴行と被害者の死亡との間の因果関係を肯定した原判決は、正当として是認することができる」と判示した。判文は「著しく不自然、不相当であったとはいえない」と述べているが、全体の論調からみて条件説にたつものと解して妨げないであろう。本件被害者の逃走のための高速道路への進入は、最高裁のいうようにそれ自体極めて危険な行為ではあるが、被害者が被告人らから蒙った長時間にわたる激しくかつ執ような暴行からの深夜

識可能であり、私見は折衷的相当因果関係説の立場より判旨に賛同したい。

の逃走という観点で考えてみると、高速道路への進入は、被告人らには認識されていなくても、行為当時一般人には認識可能であり、私見は折衷的相当因果関係説の立場より判旨に賛同したい。

＊＊**被害者の落ち度と因果関係**　被告人は外数名と共謀の上被害者に対し頭部をビール瓶で殴打したり足蹴にするなどの暴行を加え、共犯者の一名が底の割れたビール瓶で被害者の後頸部等を突き刺すなどし、左後頸部血管損傷等の傷害を負わせた。被害者の負った左後頸部刺創は頸椎左後方に達し、深頸静脈、外椎骨静脈沿叢などを損傷し、多量の出血を来たすものであった。被害者は受傷後直ちに病院で緊急手術を受けいったんは容体が安定し、担当医は加療期間について良好に経過すれば約三週間との見通しをもった。しかし、その日の内に容体急変し他の病院に転院したが、事件の五日後に上記左後頸部刺創に基づく頭部循環障害による脳機能障害により死亡した。容体急変については、被害者が医師の指示に従わず安静に努めなかったことが治療の効果を減殺した可能性があることは否定できない。この事案につき、最決平一六・二・一七刑集五八巻二号一六九頁は、「以上のような事実関係等によれば、被告人らの行為により被害者の受けた前記の傷害は、それ自体死亡の結果をもたらし得る身体の損傷であって、仮に被害者の死亡の結果発生までの間に、上記のように被害者が医師の指示に従わず安静に努めなかったために治療の効果が上がらなかったという事情が介在していたとしても、被告人らの暴行による傷害と被害者の死亡との間には因果関係があるというべきであり、本件において傷害致死罪の成立を認めた原判断は、正当である」と判示した。本件は条件説に立つものと評価できる。本件においては、被害者本人の治療上の落ち度が介在してはいるが、最初の傷害自体重篤なものであり、加療期間三週間という担当医の見通しも「良好に経過すれば」という条件つきであって確実というわけではない。してみると、最初の傷害段階で被害者の死は一般人に認識可能であったといえるのであり、行為者は特に何事をも認識しているわけではないから、折衷的相当因果関係説の立場からも、判旨に賛意を表し得る。なお、本件は傷害致死罪という結果的加重犯の因果関係に関するものであり、それ故、死の結果発生につき責任主義の見地から過失を要すべきであるが、私見においては、構成要件的過失は後述のように客観的違法要素であって、通常人が相当な注意をすれば結果を避け得たか否かの問題であるから、ここでは「結果を避け得た」という意味で因果関係を認めてもさしつかえない。

＊＊＊**高速道路上に他人が運転する自動車を停止させた過失行為と後続車の追突による死傷事故との間の因果関係**　被告人は某日早朝（午前六時少し前ころ）助手席に女性を乗せ高速自動車国道（片側三車線道路）を走行中、大型トレーラー

（A車）を運転していたAの運転態度に立腹し、自分達に謝罪させようとしてA車に停止を求め、午前六時ころ自車を第三通行帯に停止させ、A車を自車の後方に停止させた。当時は夜明け前で、現場付近は照明設備のない暗い場所であり、相応の交通量があった。被告人とAとの間で暴行の応酬があったが、午前六時七分ころ、現場付近の第三通行帯を走行中のB車及びC車はA車を避けようとして第二通行帯に車線変更したが、C車がB車に追突したため、C車は第三通行帯のA車の前方に、B車はC車の前方に停止した。被告人は午前六時一七、一八分ころ、同乗女性に自車を運転させ、第二通行帯に車線変更して本件現場から走り去った。Aは自車を発車させようとしたもののエンジンキーをズボンのポケットに入れたのを失念してその捜索に時間がかかり、結局所在を思い出して自車のエンジンを始動させたが、自車の前方に停止しているB車、C車に進路を空けてくれるよう依頼するために、自車を降りC車に向かって歩き始めた午前六時二五分ころ、停止中のA車後部に普通乗用自動車が衝突し、同車の運転者及び同乗者三名が死亡し一名が重傷を負った。本件事案につき、最決平一六・一〇・一九刑集五八巻七号六四五頁は、「夜明け前の暗い高速道路の第三通行帯上に自車及びA車を停止させたという被告人の本件過失行為は、それ自体において後続車の追突等による人身事故につながる重大な危険性を有していたというべきである。そして、本件事故は、被告人の上記過失行為の後、Aが自らエンジンキーをズボンのポケットに入れたことを失念し周囲を探すなどして、被告人車が本件現場を走り去ってから七、八分後まで、危険な本件現場に自車を停止させ続けたことなど、少なからぬ他人の行動等が介在して発生したものであるが、それらは被告人の上記過失行為及びこれと密接に関連してされた一連の暴行等に誘発されたものであったといえる。そうすると、被告人の過失行為と被害者らの死傷との間には因果関係があるというべきであるから、これと同旨の原判断は正当である」と判示した。本最高裁決定は条件説の立場にたつものと評し得よう。しかし、折衷的相当因果関係説の立場からみれば、三車線ある高速道路の第三通行帯上に自車及びA車を停止させたからといって、それで直ちにとかくの事情を経由した二五分後、しかも、自分が現場を立ち去った七、八分後に発生する交通事故が、行為当時一般人に認識可能であったとみるには無理があり、被告人自身もかようなことを認識していたわけではないのであるから、本件事案において追突車両の死傷者との間に因果関係を認めるのは妥当でない。

＊＊＊＊自動車後部のトランク内に被害者を監禁した行為と同車に他の自動車が追突して生じた被害者の死亡との因果関係　(1)被告人は、二名と共謀の上、某日、普通乗用自動車後部のトランク内に被害者を押し込み、トランクカバーを閉

めて脱出不能にし同車を発進走行させた後、呼び出した知人らと合流するため、大阪府岸和田市内の路上で停車した。その停車した地点は、車道の幅員が約七・五メートルの片側一車線のほぼ直線の見通しのよい道路上であった。(2)上記車両が停車して数分後、後方から普通乗用車が走行してきたが、その運転者は前方不注意のために停車中の上記車両に至近距離に至るまで気付かず、同車のほぼ真後ろから時速約六十キロメートルでその後部に追突した。これによって同車後部のトランクは、その中央部がへこみ、トランク内に押し込まれていた被害者は、第二、第三頸髄挫傷の傷害を負って、間もなく死亡した。本件事案につき、最決平一八・三・二七刑集六〇巻三号三八二頁は、「以上の事実関係の下においては、被害者の死亡原因が直接的には追突事故を起こした第三者の甚だしい過失行為にあるとしても、道路上で停車中の普通乗用車後部のトランク内に被害者を監禁した本件監禁行為と被害者の死亡との間の因果関係を肯定することができる」と判示した。本決定は条件説に立つものである。折衷的相当因果関係説の立場からは、被害者の死亡は一般人に認識不可能であり、また、行為者が特に認識していたわけでもないから、判旨を支持することはできない。

第三章　違法性論

第一節　違法性の本質

一　総説

犯罪とは違法な行為である。「意思決定に基づく身体の動静」という性質をもつ行為の内、違法なもののみが犯罪になる。その意味で、「違法性」（Rechtswidrigkeit）は「行為」に次いで論じられる第二の犯罪成立要件である。違法性をめぐっては論点が多い。以下では、まず、「違法性の本質」について幾つかの重要問題をとりあげ、次いで、違法性を支える二つの柱である「違法構成要件」と「違法阻却事由」について論じたい。違法性範疇にあって、違法構成要件は違法性の存在を積極的に基礎づけるものであり、違法阻却事由は違法性の不存在を理由づけるものである。両者は共に実質的違法性を帯有するもので、価値的性格に充ちている。

二　形式的違法性と実質的違法性

違法性とは法に違反することであり、法規範に違反することであるというのが「形式的違法性」である。しかし、これだけでは、違法性の実体は把握できない。そこで、違法性の形式ではなく違法性の実質は何かということが追及されることとなる。これが「実質的違法性」の問題である。

違法性の実質についての考え方は二つに大別できる。一つは、「規範違反説」によるもので、ドイツにおけるビンディングの規範説、M・E・マイヤーの文化規範説、等の思考に由来する。わが国でこの系列に属する代表的な見解としては、「国家的法秩序の精神、目的に反することであり、其の具体的な規範的要求に背くことである」（小野・一一九頁）、「法秩序の基底となっている社会倫理的な規範に反すること」（団藤・一八八頁）、「国家的に承認せられたところの社会生活の目的に違反すること」（木村・二四六頁）、「実質的に全体としての法秩序に反すること」であるが、『社会的相当性』(soziale Adäquanz) を逸脱した法益侵害だけが違法」であるとする見解（福田・一四四頁）、等々がある。これらの見解は、法益侵害に加えて、行為者に関係づけられた行為の無価値を違法性の本質と観る立場（行為無価値論）に立っている。

いま一つは、「法益侵害説」によるもので、ドイツにおけるフォイエルバッハ、ビルンバウム、リスト、等の法益論の思考に由来する。わが国でのこの系列に属する代表的な見解としては、違法の内容を「生活利益の侵害（または危険）」とする立場（瀧川・八〇頁）、実質的違法とは「それぞれの国家自身の存立・発展を、または国家の承認した団体または個人の生活利益（すなわち法益）を、侵害・脅威すること」と説く立場（佐伯・一七二頁）、「法益の侵害または危険という客観的な要素が違法性の実質をなす」とする見解（平野・I五一頁）、等々がある。行為者に関係づけられたという視点をはずして、法益の侵害または危険を違法性の本質と観る立場（結果無価値論）である。この考え方は、規範論の背後にある具体的な法益侵害の事実と効果に着目することによって、法の精神ないし社会倫理目的を介しての違法の主観化と規範化を防ぐという意図をもったものということができる（中山・二二六頁）。

行為無価値論・結果無価値論についてはいずれ項を改めて論じたいが、わが国においては、ドイツで主張されたような純粋な行為無価値論は極めて少数説で、規範違反説といえども法益侵害に考慮を払わないわけでは決してない。例えば、規範違反説に拠る西原博士は、「法益を侵害しまたはこれを危険にするような行為があった場合にはじめて違法性を認定することが妥当であり、違法性の実質の外枠は、まず法益侵害説の主張する趣旨においてひかれるべきである。しかし、他方、すべての法益侵害・危害が刑罰に価いするとはいえず、当該時代を支配する社会倫理秩序が一定の方法によるそれを他と比較して著しく無価値なものと考えているとすれば、法益の侵害・危害があった場合にただちに違法性を認定することは正しくない。違法性は、社会倫理規範に違反するような方法と程度で法益の侵害・危害を惹起した場合だけにこれを認定すべきこととなる」と論じられる(西原・上巻一二六～一二七頁)。

違法性の実質に関しては、例えば、「社会倫理規範」とは何を意味するか、「法益」とは如何なる概念か、といった根本的な問題が残されている。そして、これらを解決することは容易なことではない。佐伯博士は、「違法の実質を反社会性にあるといっても、あるいはまた法益の侵害・脅威であるとしても、いやしくもそれが法律問題として論じられる以上、それは、まさにその時その場所を支配している法秩序が体現する現実の具体的な個々の国家の有する歴史的・社会的構造によって根本的に規定されていると考えざるをえない」と論じられた(佐伯・一七二頁)。価値観の多様化した現代社会においては、時間と空間を超えた違法判断における法秩序の統一的基準を設定しようとすることは決して妥当な方策ではない。法律学が実践の学問である以上、我々は常に具体的に妥当な結論を導きうる実質的違法性判断の基準を追及しなければならないのである。

三　主観的違法論と客観的違法論

違法性の本質の把握の仕方については、旧くから主観的違法論と客観的違法論との対立が存在している。これは、犯罪論体系における「違法性」と「責任」の区別に重大な関りを持ち、今日では客観的違法論が通説となっているが、行為無価値論の台頭とともに新たな議論が展開されるに至っている。

(1) 主観的違法論　この理論は、ドイツのメルケル、フェルネック、等の所説に由来するものであり、法規範の本質は人間の意思に向けられた禁令・命令であるから、受命者はその内容を理解できる責任能力者でなければならず、それ故、責任無能力者の行為は動物や自然現象に起因するものと同様違法ではないと説いた。責任能力（行為の是非弁別能力およびこれに基づく制御能力）はすぐれて一身的なものであり、それは本来「責任」範疇に属すべきものであるからこれを「違法性」範疇に持ち込むと、違法性と責任が体系的に区分できなくなり、「違法は客観的に責任は主観的に」という犯罪成立要件の配分が不可能となった。また、この理論は、責任無能力者の行為を違法でないとしたために、正当防衛との関連でいえば、正当防衛は「急迫不正の侵害」（さし迫った違法な侵害）に対してでなければ成立しないので（刑法三六条）、責任無能力者の侵害に対しては正当防衛が許されないということにならざるをえなかった。わが国では、主観的違法論は、宮本博士（宮本・七〇頁）、竹田博士（竹田・『法規範とその違反』三〇二頁～三〇四頁）によって支持された。違法性と責任が体系的に区分できないという点、ならびに、責任無能力者の侵害に対して正当防衛が許されないという点において、主観的違法論を支持することはできない。今日、この理論を支持するものはほとんど見当らない。

(2) 客観的違法論　この理論は、ドイツのイェーリング、メッガー、等の所説に由来するもので、主観的違法論との対決の中で生じた。メッガーによれば、規範には評価機能と意思決定機能という二つの機能がある。規範的に考えれば、「人を殺すような意思決定をするな」と命令する前に、「人を殺すことは悪いことだ」という評価を明らかにしておかなければならない。この評価機能を営む段階の規範（「評価規範」）が違法性に対応し、意思決定機能を営む段階の規範（「決定規範」あるいは「命令規範」）が責任に対応する。決定規範（命令規範）の受命者はその内容を理解できる責任能力者でなければならないが、評価規範の受命者はその内容を理解できてもできなくてもよい。かようにして、違法性と責任は体系的に区分され、責任能力の有無は責任範疇における固有の問題であることが論証された。客観的違法論によれば、責任能力者に限らず責任無能力者の行為もまた違法である。従って、責任無能力者の行為に対しても正当防衛が許されることになる。このようにして、客観的違法論によって主観的違法論の持つ問題点が解決されたのであった。客観的違法論が通説的見解である。わたくしもこの見解を支持する。ただ、注意しておかなければならないことは、問題となっている行為が違法であるかどうかを決定するためには主観的違法要素を併せ考慮しなければならない場合があるということである（例えば、通貨偽造罪における「行使の目的」）。このような場合には「違法は客観的に責任は主観的に」というテーゼに反して、違法性範疇で主観的要素についで検討しなければならないが、しかし、このことは、違法判断の対象として主観的要素を取り込んだだけのことであって、それは決して主観的違法論を採用することにはならない。

(3)　新しい立場　客観的違法論によるメツガーの見解に対して、西原博士は、「違法判断から決定規範を排除し、責任判断から評価規範を排斥したことに問題があるのみならず、メツガーのように故意・過失を違法性の要素でなく責任の形式として責任論に属させていた時代ならばとにかく、故意・過失を構成要件ないし違法性に含ませながら、なお違法判断には意思決定規範は問題にならないと説くことはますます正しくない。現在の支配的な犯罪論体系からすれば、違法判断の段階ですでに、二つの機能をともに営む規範が問題とされると解さなければならない。つまり、規範の本質は、そのかぎりでは主観的違法論の主張者のいうように、命令にほかならない（命令説）」と述べ、「違法性と有責性との区別は、むしろ、当為 Sollen と可能 Können との区別として考えるべきである」と主張される（西原・上巻一二九頁〜一三〇頁）。責任説に立脚し、故意（過失）を責任論でなく構成要件論ないし違法論に置く立場に立てば、西原博士の説かれるように、メッツガーの評価規範と決定規範（命令規範）の分離に賛同することはできないかもしれない。しかし、後述のように、責任説の採用については、違法性の意識と切り離された故意概念の空洞化という批判を避けることができず、責任説の採用自体に問題があるといわざるをえない。他方、故意（過失）の本籍地を責任範疇に置きながら構成要件を違法・責任類型とみて構成要件的故意（過失）を認める立場においてもメッツガーの見解が支持されている（例えば、団藤・一九〇頁、もっとも同様の見地に立ちながら、大塚博士は、違法の面においても責任の面においても、評価規範・決定規範が必要であると論じられる〔大塚・三五九頁〕）。わたくしは、故意を責任範疇に置き、その一部である構成要件該当事実の表象・認容を主観的違法要素として認めるが、その立場から、今日もなおメッツガーの評価規範と決定規範（命令規範）についての思考に妥当性があると考える。

(4)　違法状態　なお、最も徹底した客観的違法論に立脚して「違法状態」を認める立場（瀧川・六九頁、佐伯・一六五頁〜一六六頁、中山・二三一頁、前田・三八頁、他）が有力に主張されているが、刑法は人間の行為を対象にするものである故、「違法状態」の観念は認めるべきでないと思う。

四　行為無価値論と結果無価値論

行為論において目的的行為論を創唱したヴェルツェルは、違法論においても人的不法概念（personaler Unrechtsbegriff）を提唱して、行為無価値論・結果無価値論という深刻な理論的対立状況を創出した。

(1)　人的不法概念　ヴェルツェルは、人的不法概念につき、「行為者人格から内容的に切り離された結果惹起（法益侵害）が不法を汲み尽くすのではなく、違法であるのは特定の行為者の仕業としてのみの行為である。すなわち、如何なる目標設定を彼は客観的行為に目的活動的に与えたか、如何なる考え方から彼はそれをなしたか、如何なる義務がその際彼に課されていたか、これら全てが生ずるかもしれない法益侵害とならんで行為の不法を決定するのである。違法性は常に特定の行為者に関係づけられた行為の否認である。不法は行為者関係的な『人的』行為不法で」あって、「法益侵害（結果無価値）は、刑法的には人的に違法な行為の中（行為無価値内）でのみ意義をもつ」と述べている。人的不法概念の提唱によって、ヴェルツェルは、違法性の中に主観的要素をとりこんで違法判断を行うことを主張したのであり、このような考え方を行為無価値論といい、主観的要素を排除して違法を法益侵害・脅威と捉える見解を結果無価値論という。ここから行為無価値（Handlungsunwert）と結果無価値（Erfolgsunwert）という概念が対立するものとして用いられるようになった。このようなヴェルツェルの考え方は、ヴェルツェル門下で師以上の目的的行為論者と評されたアルミン・カウフマンによってさらに推進され、あらゆる犯罪において違法性は行為の「志向無価値」（Intentionsunwert）に尽きるのであり、結果無価値は単なる客観的処罰条件にすぎないとする徹底した行為無価値一元論の登場をみた（清水・「行為無価値と結果無価値」『刑法基本講座第3巻』一二頁）。

(2)　わが国の実情　わが国においても、ドイツの理論の影響を受けて、行為無価値論と結果無価値論の理論的対立が犯罪論の多くの領域で展開された。ただ、わが国において行為無価値「論」というとき、その大部分の学説が、「法益の侵害・危険」に行為の態様・主観的要素、等を加味して主張しているのであって、法益の侵害・危険を一切除去しているわけではなく、その意味においては、結果無価値と行為無価値を併せて把握しようとするものである（二元的行為無価値論）。従って、純粋な行為無価値論（一元的行為無価値論）とはほど遠いものであることを認識しておかなければならない。逆に、結果無価値「論」については、法益侵害説が自らの立場を結果無価値「論」と称したわけではなく、ヴェルツェルによってそのように命名されたものであることも認識しておく必要がある。その際、一元的行為無価値論の主張者は極めて少数であること（例えば、ツィーリンスキー、増田豊「人格的不法論と責任説の規範論理的基礎」法律論叢四九巻六号一八一頁、等）

も認識しておく必要があろう。

結果無価値論によれば、不法の存否は、客観的に「法益の侵害・脅威」があるか否かを検討することに尽きるとされる。しかし、前述のように、主観的違法要素の如きものは、法益の侵害・脅威存否の判断に際しこれを除去して考えることはできない。通貨偽造罪（刑法一四八条）における「行使の目的」については、その存在を肯定する結果無価値論者もいるが（例えば、平野・Ⅰ一二五頁）、結果無価値論を貫徹する中山博士は、「目的を客観化することによって（行使の危険のある偽造行為）、主観的目的自体の違法要素化をさけうるのではないか」と考えられる（中山・二四〇頁）。しかし、通貨偽造罪においては、「行使の目的」という超過的内心傾向が存在しなければ、「通貨に対する公共的信用ないし取引の安全（第一次的）、および、国家の通貨発行権（第二次的）」という法益侵害・脅威の存否を確定することができない。「行使の目的」を客観化することは著しく困難または不可能である。「正当防衛における防衛の意思」等をも含めて、違法判断の対象から全ての主観的要素を排除することには無理があり、むしろ、結果無価値と行為無価値を併せて把握しようとする二元的行為無価値論に従う方が妥当である。このような立場から、わたくしは、実質的違法性についても、「社会生活の中で歴史的に形成された社会倫理秩序の枠内にある」という意味での社会的相当性を逸脱した法益侵害を違法とする見解に従いたいと思う。

(3) 二元的行為無価値論に対する批判と検討　二元的行為無価値論に対しては、基本的批判として、①刑法の倫理化をもたらすこと、②義務違反性を認めざるをえないこと、③主観的違法論との差異が極めてわずかなものになってしまうこと、等が呈される。**① 刑法の倫理化について**　二元的行為無価値論がヴェルツェルの人的不法概念や彼の見解をそのまま取り入れるものであれば、刑法の倫理化をもたらすことになるという批判もあてはまるかもしれないが、二元的行為無価値論は結果無価値に行為無価値をプラスする立場であるから、必ずしもそのようにはならない。ヴェルツェルによれば、「刑法の任務は、基本的社会倫理的心情―（行為）価値の保護であり、その中にはじめて個々の法益の保護が含まれる」のであり、そこでは、社会倫理的心情―（行為）価値の保護が刑法の第一次的任務とされ、個々の法益の保護は第二次的任務とされており、二元的行為無価値論とは根本的に異なるからである。逆に、もし、結果無価値論が主観的違法要素の存在等をすべて否定するというのであれば、実質的違法性を十分に把握できない状況に陥らざるをえないであろう。私見は、法を第二次社会生活規範として捉えたいが（穂積重遠・『やさしい法学通論（新版）』二六頁）、そのような立場からは、刑法の中にも倫理・道徳の必要最少限度のものは包含されていると解すべきものと思う。②**義務違反性について**　一元的行為無価値論に拠るなら「行為」不法につき純然たる行為者の「主観」のみを考慮することとなり、一定の行為をしてはならない「義務」に違反したという事実のみが意味をもつことになりかねない。これに対し、結果無価値をも違法性の要素にする立場からは、行為者の主観のみを重視するのは妥当でなく、かような二元的行為無価値論に拠る限り、義務違反性との必然的関係は認められない。義務違反性と必然的関係をもつのは一元的行為無価値論の方である（川端・三〇一頁）。③**主観的違法論との差異について**　違法性の範疇に故意（過失）をはじめ、主観的要素を多大に取り込んでくると、主観的違法論との差異が極めてわずかなものになってしまうとの批判がある。わが国における行為無価値論の大勢は、構成要件的故意（過失）・主観的違法要素、等構成要件あるいは違法性範疇に多くの主観的要素の存在を認めている。構成要件の個別化機能を視野に収めて考えればこれも一つの在り方と思われる。そして、違法性範疇に主観的要素が配分されてもそれが違法判断の対象としてのものである限り、主観的違法論とは次元の異なるものと考える。もっとも、責任能力が違法性範疇に取り込まれる場合には別論である。

五　可罰的違法性

「可罰的違法性」とは、刑罰を科するに値する程度の質・量を有する違法性をいう。そして、可罰的違法性が存在しないことを理由に犯罪の成立を否定する理論を「可罰的違法性論」という。可罰的違法性論は、実質的違法性論及び違法性には程度を付し得るという観念を前提としている。

(1)　可罰的違法性論肯定説

可罰的違法性論は、すでに早く昭和初期に宮本博士によって「刑法の謙抑主義」を基礎として主張されていた（宮本・『刑法學綱要』（宮本英脩著作集第一巻・昭六二）八〇頁、四二三頁以下、等）。佐伯博士はこれを受け戦前・戦後を通じて可罰的違法性論を推進され、戦後にいたると藤木博士によっても新たな視点より強力に展開された。佐伯説は結果無価値論に、藤木説は行為無価値論によるものと位置づけられている。

①藤木説　藤木博士は、「一見すると法律・罰則にあたるけれども、当該罰則の予定した類型的な程度の実質的違法性のない行為については構成要件該当性を否定する」というのが、藤木博士の可罰的違法性論の趣旨であるとされ、構成要件の予想する実質的違法性の程度の判断基準としては、法益侵害の軽微性（結果無価値）と社会的相当性からの逸脱の程度の軽微性（行為無価値）の二点を挙げられた（藤木・一一七頁、一二一頁）。この考え方は、構成要件の縮小解釈をもたらすもので、刑法の謙抑性という在り方にもよく適合し得るものとして評価されてよい。ちなみに、藤木説にあっては、構成要件は「社会的相当性を看過することができない程度に逸脱した違法の類型化」と捉えられており（藤木・一二八頁）、判断基準の中に社会的相当性からの逸脱の程度の軽微性が設定されている点に、行為無価値論に立脚する博士の立場がよく現れている。ただ、社会的相当行為は社会倫理的に非難を受けない不法性を伴わない行為であるのに対し、可罰的違法性を欠如する行為は社会倫理的な判断としてはマイナス評価を伴うが刑罰を用いることなく我慢できる程度のものという性質を含んでいる点で異なるものとされている（藤木・一二八頁）。藤木説の立論は

明快であるが、「可罰的違法性のない行為については構成要件該当性を否定する」という事態を「構成要件―違法性―責任」というその犯罪論体系に即して考えるとき、果してその結論を博士の構成要件概念にてらしてよく導き得るかという問題に逢着せざるを得ないであろう。この三分的犯罪論体系における構成要件概念に可罰的違法性が帯有する実質的違法性の内容を盛ることは困難と思われるからである。

②**佐伯説**　佐伯博士は、「可罰的違法性とは、行為の違法性が、刑罰という強力な対策を必要とし、かつまた、それに適するような質と量とをもっているということ」と定義され、量の問題としては、「それぞれの犯罪には、一定の重さの違法性が予定されており、行為が、かりに犯罪類型（構成要件）に該当するように見えても、その違法性がきわめて軽微で（零細な反法行為）、法の予定している程度に達しないときには、犯罪は成立しないとするものである」と述べられ、その効果としては、構成要件該当性がないとして扱われる場合と、構成要件には一応該当するが、例外型としての違法減軽事由あるいは可罰的違法阻却事由がある場合という扱いを受ける場合とがあると論じられ、そのいずれであるかはその構成要件を規定している罰条解釈の問題であると主張される（佐伯・一七七頁～一八〇頁）。そして、質の問題については、例えば、姦通罪を引き合いに出され、「違法性が軽微だとは必ずしもいえないが、その違法行為の質が、刑罰に適しないと考えられている」と説いておられる（佐伯・一七九頁）。藤木説との顕著な相違は、社会的相当性からの逸脱の程度の軽微性という基準がなく、被害法益の軽微性のみが基準として挙げられている点で、結果無価値論の立場に立つこと、ならびに、可罰的違法性が存在しない場合の処理として、ある場合は構成要件該当性なしとされ、ある場合は構成要件該当性はあるが違法減軽事由あるいは可罰的違法阻却事由で処理するという扱いがなされている点である。佐伯説において難解であり、かつ、問題と思われるのは、可罰的違法性が存在しない場合の処理の仕方の点であって、如何なる基準によって、構成要件該当性なしとされ、あるいは、違法減軽

事由もしくは可罰的違法阻却事由で処理するという扱いがなされるのかが不分明であるという点である。

③ **大塚説**　藤木説、佐伯説に問題ありとして、大塚博士は、「可罰的違法性が欠けるということは、構成要件に該当する行為について、実質的違法性が欠如し、刑法上処罰に値しないということである。したがって、可罰的違法性の理論体系的位置は違法性論に置かれなければならない」とされ、「可罰的違法性が欠如するということは、結局、刑法上違法性が阻却されることにほかならない。それは、超法規的に実質的違法性が存在しないことであり、したがってその程度は他の違法性阻却事由に準じて厳格に考えられなければなるまい。その適用が恣意的に流れるときは、刑法の弛緩化を免れないからである。それ故、可罰的違法性阻却事由は、超法規的違法性阻却事由の一種であると解すべきである」という見解を明らかにされた（大塚・三七一頁、三七二頁注(四)）。しかし、大塚説のように、可罰的違法性を構成要件から体系的に分離してしまうと、構成要件該当性の判断レベルにおける「限定解釈」の積極的な意義と可能性が失われるおそれがある（中山・概説八八頁）。

(2) 可罰的違法性論否定説　可罰的違法性論は学説の多数によって支持されている。しかし、他方では、この理論に対する有力な批判が展開され、それは今日も存在しないわけではない。ここでは、木村博士、井上教授の批判をとりあげるが、なお、他にも批判的論者はいる（例えば、内田・一八七頁、香川・一七〇頁、等）。

① **木村博士の批判**　木村博士は違法一元論の立場から、可罰的違法性という言葉について、可罰性は刑法上の違法行為がさらに有責である場合に原則として科せられる刑法的に特殊な法的効果としての刑罰に関連するものであり、これに対して刑法上の違法行為はもちろん、その違法行為を違法行為たらしめる違法性は可罰性の前提条件に関するものであって、可罰性を制約するものではあれ、可罰性によって制約されるものではなく、従って、可罰的違法性ということは概念的混同であって妥当でないと批判された（木村・二三七頁）。形式論理的には確かに違法性は可罰

性の前提条件の一つであるが、目的論的概念構成が重要な意味をもつ法の世界では、可罰性は法的効果としての刑罰を科するに値する犯罪の成立要件の全体をいうのであるから、その成立要件の一つとしての違法性について刑罰を科するに値することを表現するために「可罰的」という言葉を用いることは概念の混同とまではいえない（内藤・(中)六六二頁）。このようにして、可罰的違法性という概念は成立すると解すべきである。

② **井上祐司教授の批判**　井上教授は、かつては可罰的違法性は被害法益の軽微性の問題であったが、時代が下ると、「単に被害法益自体の大いさではなくそれと衝突する法益との較量の上で、『軽微』という観念がみちびかれることになっている。さらに、違法の種別や可罰的違法類型相互の間に『違法の相対性』を認め、そこから『可罰違法』の質の問題をとらえ、そこで公労法違反事件などの問題を解こうとする。そこにはかつての可罰違法の問題領域からの飛躍的な展開が見られる」という認識を明らかにされ、この新しい軽微性という観念について、第一に、違法判断（法益衡突）の問題が構成要件論の中にもちこまれ体系上の混乱があること、第二に、法益衡突という権利と権利との争いが「軽微性」という狭隘な枠の中にはめこまれていること、の二点について、構成要件を「法益侵害」、違法性を「法益衡突」と観る立場より、批判をされた（井上・『争議禁止と可罰違法論』三三三頁〜三三五頁）。井上教授の批判は、可罰的違法性論が「違法であるが可罰的でない」として、権利行使としての正当化（完全な違法阻却）を認めるものではないという意味で妥協的な性格をもつことに対するものであったといえよう。ただ、労働・公安事件等において超法規的違法阻却事由が認められない場合に、違法性は完全には阻却されないが可罰的な違法といえない程度まで阻却されるとして、可罰的違法性が処罰の限定のために持ち得た意義と機能は否定することはできないであろう（内藤・(中)六六三頁〜六六四頁）。実践的にみれば、そこに可罰的違法性論の役割があったといえると思う。

(3) 私見　「刑法の謙抑性」という観点から考えて、可罰的違法性論は支持されるべきものと考える。その際、前田教授の見解と同様に、結果ないし行為態様の軽微性のみで構成要件該当性を否定しうる「絶対的軽微型」とそれのみで可罰性を否定し得るほど軽微ではないが目的・手段等を勘案すれば処罰する必要のない程度に違法性が減少する「相対的軽微型」の二つの類型に区分し得ると思う（前田・「可罰的違法性」『刑法の基本判例』〔別冊法学教室〕二〇頁）。前掲井上教授の第二の批判は事柄の本質に及ぶものとして十分に敬意を表すべきものと思うが、他面では、可罰的違法性は体系的には構成要件論の次元で取り扱うべき場合も存するのであって（絶対的軽微型）、すべてが違法論に位置づけられるべきではないと思う。もっとも、そこでは、構成要件概念が問題となるが（詳しくは後述）、わたくしは、メッツガーが主張した違法性の実在根拠である不法構成要件概念が構成要件概念としては最もすぐれたものと考えている。この概念を採用すれば、構成要件自体が実質的違法性を帯有しているのであるから、可罰的違法性を構成要件範疇で考えても何の不都合もない。可罰的違法性の体系的地位としては、ある場合は構成要件範疇で、また、ある場合には違法性阻却事由範疇で捉える必要があると思う。何故なら、相対的軽微型の場合には、それを構成要件範疇で捉えることはできず、超法規的違法阻却事由として考えざるを得ないからである。その際、可罰的違法阻却事由の判断基準としては、(a)目的の正当性、(b)手段の相当性、(c)法益衡量、(d)相対的軽微性、(e)必要性、等が挙げられる（前田・『刑法の基本判例』二三頁、なお、判断基準の詳細については、前田・『可罰的違法性論の研究』五三一頁以下参照）。

(4)　判例　可罰的違法性に関する判例は膨大な数にのぼる。その淵源は、政府に納入すべき葉煙草七分（約三グラム）価格にして一厘のものを消費してしまった旧煙草専売法違反事件につき、大審院が「共同生活ニ危害ヲ及ホササル零細ナル不法行為」を不問にふした絶対的軽微型の「一厘事件」判決（大判明四三・一〇・一一刑録一六輯一六二〇頁）に遡る。判例上、可罰的違法性という言葉自体は比較的早い時期から用いられていたが、本格的に可罰的違法性を欠くとする無罪判決が登場するのは、昭和三〇年代後半から昭和四〇年代にかけてのことで、その十数年間に百件をはるかに上回る無罪判決がだされたが、昭和五〇年に可罰的違法性を欠くとする無罪判決を破棄した最高裁判決が五件立て続けに出た後、無罪判例はほとんどみられなくなり、その後その状態が続いている。最高裁判例の流れとしては、可罰的違法性の欠如を理由として無罪とした代表的なものとしては、東京中郵事件判決（最大判昭四一・一〇・二六刑集二〇巻八号九〇一頁〔「内在的制約」論〕）、都教組事件判決（最大判昭四四・四・二刑集二三巻五号三〇五頁〔二重の絞り論〕）、札幌市電事件決定（最判昭四五・六・二三刑集二四巻六号三一一頁〔諸般の事情論〕）、等があり、その逆の流れの代表的なものとしては、全農林事件判決（最大判昭四八・四・二五刑集二七巻四号五四七頁）、国労久留米駅事件判決（最大判昭四八・四・二五刑集二七巻三号四一八頁〔「当該行為の具体的状況その他諸般の事情を考慮に入れ、それが法秩序全体の見地から許容されるべきものであるか否か」＝「久留米駅事件判決方式」〕）、名古屋中郵事件判決（最大判昭五二・五・四刑集三一巻三号一八二頁）、マジックホン事件決定（最決昭六一・六・二四刑集四〇巻四号二九二頁）等がある。

六　違法一元論と違法多元論

違法性というとき、全法秩序違反という意味で用いられる「違法一元論」と刑事的違法、民事的違法という意味で用いられる「違法多元論」との区別をしておかなければならない。

(1)　違法一元論　全法秩序違反という意味で用いられるこの概念は、刑法、民法、行政法、といった各法領域ごとの区別を設けず、全ての法領域に共通する違法概念を指すものであって、その意味では、殺人も姦通も債務不履行も無免許運転も等しく違法である。そして例えば、「不法原因給付にかかる物件の横領」という刑法各論（財産犯）上の問題を解明するとき、民事上違法でないものは刑事上も違法でないという理由づけで横領罪不成立とするような場合には、全法秩序で違法性を一つのものとして把握するという考え方が支配している。違法性をこのような視点から捉えるとき、「違法一元論」と称する。

(2)　違法多元論　これに対して、各法領域で違法性の存否を検討しなければならない場合もあり、そのような場合には、民法の領域では、損害賠償責任が発生するか否かが問題となるからそのような視点で民法上の違法性の存否が論じられなければならず、刑法の領域では、刑罰を科す前提としての違法性が問題となるからそのような視点で刑法上の違法性の存否が論じられなければならない。例えば、姦通は民法上は公序良俗違反で違法であるから有責配偶者には民事上の損害賠償責任が生ずるが、刑法上は処罰規定がないから違法でなく処罰されない。このように、各法領域間で違法性が異なる場合を「違法多元論」という。「不法原因給付にかかる物件の横領」の解明の場合にも、違法多元論の立場からは、民法には民法の存在目的があり、刑法には刑法の存在目的があって、民法上は返還請求権のない物については給付と同時に所有権が移転するとされても、刑法上は当該物の所有権は依然として給付者に残っているから横領罪が成立するという結論になる。

(3) 理論の現状　違法一元論と違法多元論の問題について、木村博士は、「刑法的違法行為を違法行為とする違法性の判断は法の見地において成立するものであるから、法全体換言すると全法秩序の見地からなされる。従って、法的無価値性としての違法性は刑法的に特殊なものではなく、法的に一般的なものであることを本質とする」として（木村・二三七頁）、かたい違法一元論を採用され、佐伯博士は、「根本においては、法秩序全体に通ずる統一的なものでありながら…、その発現形式においては、さまざまの種別があり、また軽重の段階がある」と述べられ（佐伯・一七六頁）、また、団藤博士は、「違法性は法秩序の全体を基礎として考えられなければならないが、必要とされる違法性の程度については——刑法、民法、労働法、懲戒法等々の——法域によって目的論的な相対性がみとめられる」として（団藤・二九三頁）、「違法の相対性」を説かれる。個別の法領域における問題解決に際しては、違法多元論による事案の解明の方がすぐれているように思われる。このことは、可罰的違法性論とも密接な関連を有する。生田教授によれば、一般的違法の存在しか認めない違法一元論であれば可罰的違法性は認められず、個別的違法しか認めない違法多元論であれば刑法の適用場面で問題になる違法は可罰的違法（刑法的違法）だけになる。もっとも、違法が多元的だというだけでは個々の法はバラバラに存在することになるから、その点を緩和するためか違法は相対的だとするにとどめる「違法相対性論」が多く、他方では、一般的違法と個別的違法を統一的に捉える「総合説」があり、総合説だと「違法だが可罰的違法性がない」という判断構造をとるが、違法相対性論だと端的に「刑法上違法でない」との判断構造をとることになるとされる（生田・「可罰的違法性」『刑法基本講座第3巻』四二頁）。留意すべき指摘といえよう。

七　許された危険

「許された危険」（erlaubtes Risiko）とは、高速度交通機関、大規模な土木・建築事業、医療行為、等のように法益侵害の危険を不可避的に伴うが、その社会的有用性の故に一定の範囲内において許容される場合をいうとするのが一般的である（福田・一四六頁、中山・三八二頁、大谷・二七一頁、等）。それは本来、行為の社会的有用性と法益侵害の危険性との衡量を基礎としたものであったが、行為態様の社会的相当性が規準とされることによって、結果無価値（法益侵害）はあるが行為無価値がないことから違法性がない場合をさすものとして理解されるようになった（中山・三八二頁）。許された危険の範囲内では、刑法上必要とされる注意義務をつくして行為する限りたとえ法益侵害結果を惹起しても違法でないと解すべきである（大塚・三五七頁）。

第二節　構成要件

一　構成要件の意義と機能

「構成要件」(Tatbestand) という言葉は多義的である。従って、この言葉に接するときにはそれが如何なる意味において用いられているかをしっかり把握しておかなければならない。

(1)　構成要件概念の由来

歴史的には、この概念は、中世イタリアの糾問手続の頃から存在していた訴訟法上の概念であった。当時、糾問手続は、一定の犯罪事実自体を吟味し確定する「一般糾問」と、その犯罪事実を犯した主体を吟味する「特別糾問」との二段階に分かれていたが、特別糾問を開始するためには先ず一般糾問を行わなければならなかった。この一般糾問の段階で何人かによって犯罪が行われたという事実の立証を必要としたのであるが、これを「犯罪の確証」(constare de delicto) といい、これが構成要件のはじめであった。その後近世の初頭になるとこの言葉に代って「罪体」(corpus delicti) という言葉が用いられ、証明された犯罪事実の全体を指すものとして使用され、ドイツに伝わって普通法時代を通じて行われた。corpus delicti という言葉はクラインによってTatbestand というドイツ語に翻訳されたが、これも訴訟法的意義のものであった。Tatbestand はその後、スチューベル、フォイエルバッハ以降実体法的意味に転換させられ、刑罰の前提条件として理解されるようになった。訴訟法上の概念が実体法上のものに転換させられた理由は、結局は法治国的国家観に基づくもので、裁判官の恣意から個人の権利・自由を保護しようとした当時の政治的思想を背景に個人擁護の防壁として用いられたのであった(下村・基本的思想五四頁～五五頁)。

(2)　**構成要件の意義**　構成要件とは、「人を殺す」、「財物を窃取する」というような刑法各則に定められた行為の型ないし枠である（平野・I八九頁）。構成要件概念そのものについては後述するが、この言葉に接するときに特に注意しておくべき若干の事柄がある。

①　**犯罪成立要件の一要素**　「構成要件」は法律効果（刑罰）が発生するための法律要件の全体を指すものとして用いられる場合もあるが、「犯罪とは構成要件に該当する違法・有責な行為である」という犯罪定義からも明らかであるように、犯罪成立要件の一要素である。

②　**犯罪類型と構成要件**　「犯罪類型」とは犯罪の一切の要素を含む全体的類型であり、「構成要件」はその一要素であって刑法各則に定められた行為の型ないし枠であって、両者は異なるものと解すべきである。

③　**法律の条文と構成要件**　法律の条文と構成要件とは異なるものであり、「構成要件は法文そのものではなく、法文に解釈をほどこして得られたところの観念像である」（西原・上巻一五六頁）。

(3)　**構成要件の機能**　構成要件には大別三つの機能がある。

①　**犯罪個別化機能**　構成要件が犯罪行為と犯罪でない行為とを区別する機能をもつことは当然であるが、構成要件は犯罪内部で個々の犯罪行為を個別化し、互いを他から区別するという機能をも担っている。殺人罪、窃盗罪、放火罪、等々の類型的区別がそこから生じてくる。この機能によって、各犯罪類型の内容と処罰の限界が明確になれば、それはまた「保障構成要件」と称されてもよい。個々の犯罪行為を特定し個別化することによって、また、法益の保護と社会秩序維持の機能をも果たすことになるのである。

②　**故意規制機能**　故意が存在するといわんがためには、故意は構成要件の客観的要素を表象・認容していなければならない。故意の表象・認容の対象がどこまで及ぶべきかは故意の射程を定める上で極めて重大な事柄である

が、少なくとも構成要件該当事実だけは如何なる学説においてもその対象として承認されている。

③ **違法推定機能**　わが国の通説は構成要件を違法類型と解しているので、構成要件に該当すれば通常違法性が存在するものと推定される。これを構成要件の違法推定機能という。通説の立場では、構成要件が違法性を積極的に基礎づけると理解されているので構成要件該当性が存在すれば改めて違法性の存在を積極的に検討する必要はないものと考えられている。その際、違法阻却事由（例えば、正当防衛）の存在が後に証明されれば、構成要件該当行為の違法性が存在しないのは勿論である。他方、構成要件を違法・有責な類型と捉えれば、構成要件該当性は違法性・責任の存在を推定することとなる。しかし、構成要件を違法・有責な類型とすることには問題がある。なぜなら、「責任」の構成要素としては、責任能力・故意（過失）・期待可能性の三者が考えられるが、「有責類型」として責任から構成要件範疇に類型化されて入るのは、故意（過失）の一部のみにすぎないのであり（構成要件的故意・過失）、その他の責任を構成する要素は構成要件該当性存否の判断の際には俎上にのぼらず、改めて「責任論」においてそれらの要素の存否を問題としなければならないからである。

二　基本的な構成要件概念

以下において、ドイツの見解を中心としつつ、我が国の見解を加味して、基本的な構成要件概念の推移を眺めておこう。

(1)　ベーリングの見解

構成要件を違法性・責任と並ぶ犯罪成立要件の一要素とする犯罪論体系を最初に提唱し、構成要件論の途を拓いたのはドイツのベーリングであった。

① **『犯罪論』（一九〇六年）における見解**　ベーリングによれば、構成要件とは犯罪類型の輪郭であり、独自の意

味を持たない純粋な概念であって、しかも、純粋に記述的な、規範的なものの結びつかない価値中立的な概念であり、さらに、客観的でおよそ主観的要素とは結びつかないものであった。かようにして、彼の構成要件概念は「客観的・没価値的・純記述的」性格を賦与され、構成要件は違法性・責任とは厳格に区別された並列的範疇にたつものであった。もっとも、注意すべきは、彼が構成要件を違法性のモメントについて明言をもってふれているものとそうでないものとに分類し、後者については、構成要件は通常違法性の存在を示唆するとして違法推定機能を認めている点である（Beling, „Die Lehre vom Verbrechen"［1906］S.110 − 112,147,162,179,usw.）。

しかし、犯罪個別化の観点からは、構成要件の中に主観的な要素、規範的な要素の存在は必然であったし、構成要件自体が刑法上重要な行為の定立という意味で没価値的ではありえなかった。また、すべてについてではないが、構成要件の違法推定機能を認めた点においても、構成要件と違法性との内部的連関の存在は完全には否定され得なかったのである。さらに、ベーリングが、『刑法綱要』において、構成要件は心的種類のモメントをも自らの内に取り込み得ると述べている（Beling, „Grundzüge des Strafrechts, 10.Aufl."［1928］S.23.）ところからすれば、構成要件の客観的把握も破綻しているとみるべきであろう。

②『構成要件論』（一九三〇年）における見解　ベーリングはこの文献において従来区別していなかった犯罪類型と構成要件とを区別し、後者に指導形相（Leitbild）という名称を与えて新たな構成要件概念をたてた。彼によれば、「犯罪類型」は有責・違法な類型であり、「構成要件」はこの犯罪類型の統一を基礎づけ、それなくしてはこの類型の要素としての意味を失わせるような概念形象である。この構成要件は、外部的態度から型にあわせて造られるものではあるが、ひとたび切り離されれば態度の性格をのみ意味するものになる。動物の挙動や落雷による人間の死も構成要件該当性を有することになる。構成要件は犯罪類型から抽出されはするが論理的にはその前段階に位置

づけられ、違法性との関係については、前者が後者に奉仕するという意味での関連はあるが、それ自体は記述的性格のものであって、未だ「違法な」という法的評価は示されていないと述べる（Beling, „Die Lehre vom Tatbestand“,［1930］S.2－4,9－10,usw.)。

『構成要件論』においても、構成要件は記述的・客観的なものとされた。そこでは、観念的には緻密な理論構成が展開されたが、本来、人間態度の類型化であるべき構成要件を動物、落雷に起因する事象にまで拡大し、あるいは、「犯罪類型の輪郭」たる構成要件を「指導形相」という構成要件にまで抽象化した点において、構成要件論としての進化があったかどうか疑義なしとしない。

(2) M・E・マイヤーの見解　M・E・マイヤーは、刑罰法規を二つの部分、即ち、行為を可罰的たらしめる前提と刑罰の種類と程度に関する部分とに分け、前者において、行為は具体的冗長さにおいてでなく概念的尖鋭さにおいて記述されるのであるが、この概念形象が法定構成要件と呼ばれるとする。そして、構成要件該当性は、刑罰前提たる法定構成要件がその中で自らの充足を見出すような行為の特質なのであり、違法性から鋭く区別されなければならない。しかし、構成要件と文化規範との関連からみれば、構成要件該当性は違法性の最も重要な認識根拠であって、両者は比喩的にいえば煙と火の関係にたち、構成要件該当性には違法推定機能が認められる。犯罪は結局「構成要件該当性－違法性－責任」の三段階において考察されるべきである。さらに、マイヤーは、規範的要素、主観的違法要素の存在に気づいており、規範的要素は真正の違法要素であって不真正の構成要件要素であり、主観的違法要素は真正の違法要素であって真正・不真正いずれの責任要素でもないと説いていた（M. E. Mayer, „Der allgemeine Teil des deutschen Strafrechts, 2.Aufl.“［1923］S.3,4,9,10,13,usw.)。

犯罪論上三分的体系を明確に採用し、構成要件該当性に違法推定機能を認めたことは、マイヤーの理論の大きな特色であった。しかし、ベーリングの見解に従い、構成要件と違法性とを概念上鋭く区別しながら、文化規範との関連で構成要件と違法性との内部的連関を認め、構成要件を違法性の認識根拠と観たことは、論理整合性を欠くものというべきであろう。

(3)　メツガーの見解

メツガーによれば、立法者は構成要件創造によって「類型化された不法」としての特別な違法性を創造する。構成要件該当性は違法性の実在根拠（存在根拠）である。構成要件は、それにあてはまる行為はさしあたり不法であるということに関する判断である。特別の違法阻却事由によって行為が正当化される場合には、行為は構成要件該当性にもかかわらず違法ではない。かくして「行為―違法性―責任」という犯罪論体系が展開された。そこでは、構成要件はもはや違法性・責任と並ぶ独立の体系的範疇をもたず、違法性の中におかれて実質的違法性を帯有する価値的概念となった。比喩的にいえば、違法性を火とすれば構成要件も火とされたのであった。その際、不法構成要件と不法阻却事由は違法性範疇における別異の要素である点に注意を要する（Mezger, Vom Sinn der strafrechtlichen Tatbestände [Festschrift für Ludwig Träger, [1926] S.195.; ders. ,,Strafrecht Ein Lehrbuch, 3.Aufl.“ [1949].S.182.)。

メツガーが構成要件と違法性とを端的に結びつけようとした点については団藤博士の批判がある。例えば、団藤博士は、第一に、具体的・非類型的な観念である違法性と類型的（そうしてそのかぎりで抽象的な）観念である構成要件とを同列に置くことは不当であり、第二に、構成要件を単に違法類型とする点で批判を受けなければならず、第三に、犯罪定型の第一次的重要性がかような見解では充分にあきらかにされない、と批判された（団藤・一二〇頁）。しかし、第一の点については不真正不作為犯の場合には、団藤説においても構成要件該当性と本来違法性の要素である作為義務存否の判断は同時に行われなければならないのであるから批判たりえないし、第二の点については、構成要件を違法・有責な類型とみなければならない必然的理由はないし、第三の点については、メッガー説においても、刑法上の判断にあたっては、不法構成要件該当性がまず判断されるのであって構成要件の第一次的重要性は失われておらず、団藤博士の批判は的中しているとは思えない。むしろ、違法阻却事由が存在しない場合に積極的に違法性の存在を基礎づけるのは違法構成要件であることに思いをいたせば、メッガー説に妥当性があるように思われる（Vgl., Mezger, „Strafrecht I.Allgemeiner Teil, 9.Aufl.“〔Kurz-Lehrbücher〕(1960) S.97)。

(4) ラング―ヒンリクセンの見解　ラング―ヒンリクセンは、メッガーの見解に対して、「実在根拠は決して現象の諸要素の一部をのみ包含するものたりえない」との批判を提示して、積極・消極をとわず全ての違法性に関する要素を包含すべき概念として「実在根拠」を用いることを主張した。彼は、「保障構成要件」と「全構成要件」という二種の構成要件概念をたてるが、違法性の実在根拠としての構成要件は全構成要件なのであって、それは、保障構成要件の要素・構成要件補充要素（記述されざる構成要件要素）・行為義務要素・正当化要素の四者から成立する。ラング―ヒンリクセンは、違法阻却事由を含めておよそ違法性に関る全ての要素を包含する全構成要件を違法性の実在根拠と解したのである（Lang-Hinrichsen, Tatbestandslehre und Verbotsirrtum, JR.〔1952〕S.307.)。その構成要件概念は「全不法構成要件」と呼ぶにふさわしいものであり、それは、また、必然的に「消極的構成要件要素の理論」を採用するものに他ならない。晩年のメッガーもまた彼の不法構成要件につき消極的構成要件要素の理論を採用しているが（Mezger, „Strafgesetzbuch, Leipziger Kommentar 8. Aufl.“〔1957〕S.476)、そのことは実在根拠説と消極的構成要件要素の理論との親近性を証明するものといえるであろう。もっとも、その際、メッガーによって「行為構成要件」が併せ主張されていることを忘れてはならない。

構成要件と違法性の関係という視点から観るとき、構成要件概念の価値化は避けられないもののように思われるが、その価値化は、「類型化された不法」という性格づけにとどめるべきであって、「全不法構成要件」にまで進めるべきではない。全不法構成要件概念、即ち、消極的構成要件要素の理論にまで到れば、次の諸点において、構成要件論上解決不能の問題に逢着せざるをえないからである。第一に、正当防衛における殺人と蚊を殺すこととが刑法上同一評価をうけることにならざるを得ず（双方とも構成要件該当性がない）、第二に、構成要件該当性判断が先か違法阻却事由存否の判断が先かが論理的に確定できず、第三に、その存在を否定することができない超法規的違法阻却事由を構成要件の要素にできない、等である。

(5) ヴェルツェルの見解　ヴェルツェルによれば、構成要件とは「禁止の素材」である。この禁止の素材は禁止された態度の実体的・対象的記述（態度の見本）を内包しているのであり、これによってはじめて如何なる態度が禁じられているかが認識されうる。規範は構成要件に記述された態度の実現を禁止するものであるから、構成要件の実現は全て規範違反であるが常に違法であるとは限らない。けだし、法秩序は規範と許容命題から成り立っており、許容命題が介入する場合には禁止構成要件の実現は適法となる。違法性は現実の態度と法秩序との矛盾であり、違法な構成要件は存在せず違法な構成要件の実現のみが存在する。禁止の素材としての構成要件の解釈はその法的重要性のみならず違法性への徴表をも含んでおり、過失犯における社会生活上必要な注意、不真正不作為犯における保障人的地位、等は開かれた構成要件に属する。このようにして、ヴェルツェルは、三分的犯罪論体系に立脚し、構成要件の違法推定機能を承認し、社会的相当性は構成要件の基礎をなし、社会的に相当な行為は構成要件該当性を排除すると考えている（Welzel, „Das Deutsche Strafrecht, 11.Aufl. [1969] S.49－54, 57,61,usw.）。

存在論哲学に立脚して、実在根拠説を批判し三分説によりつつ構成要件の違法推定機能を承認するこの見解は、一見すると構成要件概念価値化に竿さすものとして展開されたかの如くに思われたが、ヴェルツェル自身が、禁止の素材としての構成要件の特徴づけ以上に明白に構成要件が法的価値と関係があることを表現するものはほとんどありえないと述べることによって（Welzel, a.a.O.,S.54）構成要件概念の価値的性格を明言しており、また、社会的相当性が構成要件該当性を排除するという主張並びに開かれた構成要件における裁判官の判断の補充の承認は、構成要件中に実質的違法性判断を持ち込むことになって、ヴェルツェルの立場も価値的性格をもつものにならざるをえなかった。

(6)　山口教授の見解　山口教授によれば、犯罪は処罰に値する当罰的な行為であり、従って、構成要件は法律により定められた当罰的行為の類型である。そして、行為の当罰性は犯罪の実質的成立要件である違法性及び責任により基礎づけられるが、あくまでも構成要件は違法行為類型として捉えられるべきである。何故なら、当罰的な違法行為の類型を形成する際には責任要素も当然考慮されるが、それが一旦構成要件要素として取り入れられた場合には（窃盗罪における不法領得の意思などの）主観的意思の場合を除き、客観的要素として違法行為類型を客観的に画する意味を有するに至り、責任要素としての意味を失うからである。かようにして、山口教授は、構成要件を「当罰的な違法行為類型」と解される。その結果、構成要件には違法推定機能が認められる。故意・過失は、責任要素であり違法要素ではないと解する立場から、違法行為類型である構成要件には属さない。その結果、構成要件は犯罪個別化機能を失うことになるが、犯罪個別化機能は、構成要件該当性と故意・過失を併せた「犯罪類型」という別の概念が担うのである（山口・三二―三四頁）。

山口説は三分説による違法類型説であり、その構成要件は違法性の認識根拠として違法推定機能を保持している。これはわが国に多くみられる見解である。この違法類型説はメツガー説と異なることを銘記しておかなければならない。何故なら、メツガーは二分的犯罪論体系に依拠して構成要件を違法性範疇の中に置き、実在根拠説による違法な構成要件を構想していたのに対して、三分的犯罪論体系の違法類型説は、構成要件を体系的に違法性の前に置き認識根拠説に立って違法と推定される構成要件を考えている。そこには構成要件と違法性の関係の濃淡の差が存在している。メツガーによって主張された実在根拠説による違法類型説の意義がここでは失われてしまっている。さらにいえば、わが国では、認識根拠説と実在根拠説との相違が十分に意識されていないように思われる。違法類型説は「類型化された違法性」というメツガー初期の見解と消極的構成要件要素の理論の両者からなりたつものと考えるのが妥当であって、三分説による違法類型説には問題があると思う。なお、犯罪個別化機能をもたない山口説につきひとこと付言しておくならば、例えば、殺人罪と過失致死罪は、その構成要件においては共通であるが、それに故意・過失が付加されて形成される犯罪類型としては異なることになる。この考え方は結果無価値論としては筋の通ったものであるが、実際には理論上困難な状況をもたらさざるをえない。すなわち、既遂犯、未遂犯をとわず、責任判断にたち至り、故意・過失内容が判明するまでは何罪の構成要件に該当するかを決定することができないからである。

(7) 団藤博士の見解　他方、わが国では、違法・有責類型説が有力に主張されている。ここでは、団藤博士の見解によって、違法・有責類型説の実体を明らかにしたいと思う。

団藤博士によれば、構成要件とは、無数の刑事学的当罰行為の類型から立法者によって法的可罰行為の定型にまで高められた「犯罪定型」であり、それは違法類型であるとともに有責類型である。違法類型面における主な要素は行為の客観的な側面であるが（規範的構成要件要素、不作為犯における作為義務、等）、主観的違法要素（構成要件に取り込まれると主観的構成要件要素）の存在も認められ、故意もその中に含まれる。有責類型面では、故意・過失、犯罪定型を定めるに際して期待可能性の顧慮、行為者人格の評価（例えば、常習性）等がある。そして、比喩的にいえば、構成要件該当性は外面的・形式的な問題、違法性は外面的・実質的な問題で、この三要素はたがいに前者が後者の前提となりながら、最も外面的なものから最も内面的なものにいたるまで立体的に重なりあう関係にある（団藤・一〇〇頁、一一八頁、一二五～一三八頁、一四九～一五二頁、等）。

問題は、構成要件を有責類型とすることの当否にある。責任能力、故意・過失、期待可能性、等につき、責任論でさらに積極的な判断をしなければならないとすれば、構成要件を有責類型と観て構成要件該当性に責任推定機能を認めるのは妥当でなく、むしろ、構成要件を違法類型と観るに止める方が妥当であろう。構成要件的故意・過失を責任の故意・過失から構成要件へ類型化し、犯罪定型を定めるに際しての期待可能性とか常習性等の行為者人格の評価を考慮するという程度では、責任類型を主張するには根拠が薄弱であるように思われる。

(8) 私見　構成要件概念は上述の如き変遷をたどった。右にみたように、違法阻却事由が存在しないとき、違法性の存在を積極的に理由づけるのは違法構成要件であり、その意味で、構成要件概念としては実在根拠説が妥当である。実在根拠説には、「類型化された不法」としての構成要件概念と「全不法構成要件」（消極的構成要件要素の理論）としての構成要件概念の二者があるが、後者には構成要件レベルで解決不能の問題点があるので、私見は、メツガー初期の「類型化された不法」としての構成要件概念を支持する。この構成要件概念は、法益侵害と表裏の関係に立ち、違法性という価値に充ちた実質的概念である。構成要件には犯罪個別化機能が要請されるが、この構成要件概念を採れば、主観的構成要件要素（主観的違法要素）、規範的構成要件要素の承認は容易であり、また、不真正不作為犯における作為義務存否についての構成要件レベルでの判断も可能となる。なお、違法阻却事由が存在する場合には、行為の違法性は失われるが、構成要件該当性そのものまで失わせるものではない。

三　わが国におけるその他の代表的構成要件概念

わが国の構成要件概念も多くはドイツのそれと類似している。しかし、中にはわが国独自の見解もあるので、ここでは、上述以外の構成要件概念を取り上げその内容をみておこう。

(1)　内田博士の見解

内田文昭博士は、犯罪概念を、処罰に値する実体を説明する「実質的犯罪概念」とその実体を誤りなく確認するために形式的な分析と総合の体系化を行う「形式的犯罪概念」とに区分し、構成要件を「犯罪を輪郭づける観念的形象（型）」として、後者に位置づけ、これに事実上の違法推定機能・責任推定機能を付与される。博士によれば、実質的犯罪概念と形式的犯罪概念とは相互補充的機能を営むものであって、構成要件該当性・違法性・有責性を検討するにあたっては、常に法益侵害の有無・大小強弱を忘れてはならず、また、処罰に値する法益侵害の確認は、構成要件該当性・違法性・有責性という論理的な分析と総合の体系的認識をとおして行われなければならないのである（内田・二六頁、八四頁、九一頁）。また、博士によれば、立法者は処罰に値する実質を選別して構成要件定立に踏み切っている。その際には、構成要件に違法・責任が含まれることを要請したであろう。しかし、それは「立法者のプログラム」・「立法者のねらい」としての構成要件であって、実質的犯罪概念における構成要件であり、形式的犯罪概念の「論理的に厳格に基礎づけられた三分体系」の前提となる構成要件ではないのである。かようにして、博士によれば、構成要件は、その「定立の根拠」においては違法性の認識根拠であり、違法性の存在根拠であるといってよいし、違法類型であり、違法・責任類型であるといってよいが、ひとたび定立された構成要件としては、違法・責任から切断され、合法類型と非責任類型とを包含した「犯罪の最外郭形成類型」として捉えられるべきものと説かれる（内田『犯罪概念と犯罪論の体系』四〇頁～四七頁）。

内田博士はわが国におけるベーリング説の支持者として知られている。形式的犯罪概念の強調部分においてはその構成要件は決して認識根拠説ではない。しかし、実質的犯罪概念における構成要件は、認識根拠であっても実在根拠であってもよいといわれる。そのことは、ひとをして混乱せしめる。犯罪概念を形式的犯罪概念と実質的犯罪概念とに区分する必要は果たしてあるのであろうか。構成要件・違法性・有責性といった犯罪成立要件は実質的に把握され得るものであるから、ことさらにこれを区分し、相互補充的機能を担わせる必要はなく、実質的犯罪概念においてこれらを把握すれば足りると思われる。構成要件の概念決定にあたっては、博士のいわれるその「定立の根拠」を見据えた次元で議論するのが肝要であると考える。また、内田博士は、構成要件の「犯罪個別化機能」の視点から、規範的構成要件要素・主観的構成要件要素の存在を肯定される（内田・一一一頁～一一二頁）。しかし、規範的構成要件要素・主観的構成要件要素の存在の肯定は、構成要件の没価値的・客観的性格を保持し難くするものといわなければならない。

(2) 西原博士の見解　西原博士によれば、「構成要件」とは、各種の法律効果に対応する異質な規範違反の行為を抽象的一般的に類型化した観念像であるとされ、違法性は規範違反性だから、結局、構成要件は違法行為を類型化したもの、つまり、違法行為の類型（違法類型）と解することができる。構成要件と違法性との関係をみると、両者は概念的には決して同じではないが、構成要件を違法行為の類型と解する限り、両者は実質的には表裏の関係に立つ。博士によれば、刑法規範は二重構造をなし、各規範には「正当な理由なく」という前段が必ず含まれており、構成要件が類型化するのは規範を構成する要素のうち縦の類型化が可能な部分、つまりたとえば「人を殺すな」という後段の部分だけであるから、構成要件該当性が違法性と表裏の関係に立つのは、正当事由を除いた部分ということになる。構成要件該当性のない違法性はなく、また構成要件に該当する行為は、正当事由の存しないかぎり違法である。構成要件該当性は規範違反性としての違法性を内容的に示したものであり、犯罪概念の中では、独立の概念要素をなすことなく、違法性という概念要素の内部で論ぜられる。のみならず、構成要件の多くは、違法性の判断を抜きにしてその内容・範囲を確定することができない。構成要件は論理的には具体的な違法判断に先行して存在するけれども、実際には決して構成要件該当性を確定してからはじめて違法性の判断に入るというものではなく両者の判断は現実には相互的である（西原・上巻一四五〜一四六頁、一五四〜一五五頁）。

わが国において、メツガーの実在根拠説は、その理由づけにおいて同一ではなく、そして、責任説からではあるが実質的には西原博士によって最も明確に支持されているように思われる（平野博士は、構成要件は「違法行為の類型」だとするメツガーの考え方が比較的妥当であるとされ、犯罪総論は「構成要件、違法阻却事由、責任」という順序で叙述するのが相当であるとされるが〔平野・Ｉ九九頁、一〇二頁〕、メツガーの実在根拠説は、構成要件を違法性範疇に納めて実質的違法性をこれに帯有させている点において、平野博士の見解と相違があることに注意しておかなければならない）。

(3) 中博士の見解

中博士は、わが国における「消極的構成要件要素の理論」の数少ない主張者である。博士は、可罰的違法行為の類型を構成要件と呼ばれ、実在根拠説による全不法構成要件概念を採用して（中・八六頁〜九二頁）、構成要件は違法性を基礎づける諸要素（積極的・消極的）の総体によってなりたつものと説かれた（中・『誤想防衛論』二六六頁）。そして、消極的構成要件要素の理論は、これを構成要件論の次元で考察するかぎり、反対説を克服することは可能でないと率直に述べられつつ、しかし、「構成要件的故意の提訴機能」という視点より、なお、この理論は維持されるべきであるとの確信をもつと論じられた（中・『誤想防衛論』「はしがき」一頁）。中博士は制限責任説に依拠して構成要件的故意の提訴機能を主張されるが、その趣旨は、責任非難の対象としての構成要件的故意は、その表象内容から少なくとも違法性の意識を可能にするという提訴機能を具備しなければならず、故意が真に違法性を意識する可能性の提訴機能を営むためには、違法構成要件に該当し違法阻却事由の不存在を認識していなければならない（中・九〇頁〜九一頁）。その趣旨で、正当化事由を消極的表象内容とする構成要件的故意でなければならないこととなる。

しかし、責任説の採用は構成要件該当事実の認識と違法性の意識を体系的に切り離し、前者を「構成要件」範疇に後者を「責任」範疇に分属させる結果、違法性の意識をもたない故意を構想することとなり、それ故、故意概念の空洞化を招来することとなって賛同し難く、また、全不法構成要件概念を採れば、構成要件論上の難点を回避できなくなる点において、「構成要件的故意の提訴機能」という着想には十分の敬意を表しつつも、中説には従い得ない。

(4)　福田博士の見解　福田　平博士によれば、犯罪とは構成要件に該当する違法・有責な行態であると定義され、犯罪論体系としては、構成要件該当性・違法性・責任という三分的体系が妥当とされる。そして、構成要件は禁止の素材を対象的、実体的に記述したものであり、構成要件該当性は、その行態の刑法上の重要性を確定するものであるから、没価値的＝価値中性的なものではない。このように、構成要件は、刑法上重要な行態とそうでない行態とを選別する機能をもつところから、違法性、責任に先行する独立の犯罪要素としての地位が与えられる。構成要件は特殊化された類型であるから、構成要件該当性は具体的行態の違法性を確定するものではないが、構成要件は禁止の素材を対象的に記述したものであるから、構成要件該当性は、違法性の徴表であり、その認識根拠である。こうした意味から、構成要件を違法類型とされ、構成要件要素については、記述的・客観的な要素はもとより、規範的要素、主観的要素の存在も容認されている（福田・六六頁以下、八二頁以下）。

三分説に立脚し認識根拠説を説くことには理由が無いわけではないが、違法阻却事由が存在せず構成要件該当行為が違法とされる場合には、その違法性を積極的に理由づけるのは構成要件なのだから、そのような見地からすれば認識根拠説では不十分ではないかとの疑念が生じてくる。そこに、実在根拠説の重要な論拠があることを忘れてはなるまい。

(5) 中山博士の見解　中山博士は、犯罪論の体系としては、行為を犯罪たらしめる客観的・事実的基礎から出発して、違法性範疇に、「違法構成要件（可罰的違法類型）」（原則型）と「違法阻却事由」（例外型）を、責任範疇に、「責任構成要件（可罰的責任類型）」（原則型）と「責任阻却事由」（例外型）を配置される。違法論に関していえば、構成要件と違法性との関係については、抽象的判断か具体的判断かではなくて、事実と評価、形式と内容の関係として理解すべきとされる。構成要件が違法類型であることの意味は、それが違法性（可罰的違法性）を徴表する「事実」であるという点にあるのであって、価値や主観がそのままの形で実質的違法性の判断を介して構成要件の中に入ってくることを決して意味しない。実質的違法性を徴表する構成要件の形式を原則型として前面に出し、違法推定機能を破る例外事由を類型化してこれに接合するという方式が採用されており、そこでは、違法性は積極的な要件としては姿をあらわさず、背後にあってこれらの類型化を支える役割を果たすものと考えられている。責任論では、責任構成要件（責任能力、故意・過失）が非難可能性としての責任を推定し、責任阻却事由（期待可能性の不存在）がこれを否定する。ここでも、規範的判断を生み出す事実的前提、つまり、責任（非難可能性）を推定させるような事情の類型化という観点が堅持されている。その間にあって主観的要素は客観化し規範的要素は事実的要素（記述的要素）に還元することが強力に提唱されている（中山・一二七頁、一二九頁、二一四頁、二二四頁、三一八頁）。

違法構成要件について考えてみると、それは違法性範疇に置かれてはいるが構成要件自体は実質的違法性を帯有せず、認識根拠説が採用されている。その根底には、事実が評価を、形式が内容を推定するという思考が一貫して流れているが、そのことは、主観的要素は客観化し規範的要素は事実的要素（記述的要素）に還元するという思考と不可分に連結しているといってよい。中山説におけるこの構想は十分に考えぬかれたものとしてその独創性には率直に敬意を表すべきであるが、例えば、通貨偽造罪における「行使の目的」を主観的違法要素とみないのは実態に即応しない無理があるし、「わいせつ」とか「正当な理由なく」といった規範的要素を事実的要素（記述的要素）に還元することも著しく困難あるいは不可能である。また、可罰的違法性論が中山説においても採用されているが、これを構成要件レベルで考える場合には、当該犯罪類型の予定する量の実質的違法性が構成要件中に流入してこざるを得ず、構成要件の事実的・形式的性格を保持できるかどうか疑義なしとしない。中山博士は、構成要件と違法性は形式的な「事実」と実質的な「評価」との関係と見るべきであって、この点をはっきりさせれば、メツガー流の違法構成要件に徹底することに何らの障害もないと述べられるが（中山・概説六三頁〜六四頁）、メツガーは実質的な違法性を帯有する構成要件を違法構成要件と解しているのであって、中山説とメツガー説との間にはなお大きな隔たりがあることに留意しておくべきであろう。このように考えてくると、構成要件を違法性範疇に置きながら実質的違法性を帯有しない構成要件概念を構想することには問題があるように思われる。

(6)　下村博士の見解　下村博士は、構成要件概念を五種に分析され（①没価値的・客観的・外部的・純記述的構成要件、②違法類型としての構成要件、③違法・有責類型としての構成要件、④刑法各本条としての特別構成要件、⑤犯罪の全成立要件としての構成要件）、各説に関する批判・検討を加えられた結果、「構成要件論否認論」を展開された。そして、博士は、刑法各本条としての特別構成要件の立場を採用され、この構成要件概念には特に難しい理論もなくごく軽い意味で用いられるものとして、犯罪論では、「行為—違法性—責任—刑法各本条の意味における構成要件該当性」の手順で検討すべきであり、始めから構成要件該当性を論じその枠の中へ行為・違法・責任を押し込んで行くのは順序が逆だと思うと論述される（下村・基本的思想五二頁〜七〇頁）。

下村博士の見解は、罪刑法定主義を前提としつつ定型的思考に拘束されず妥当な結論を求めて刑法の弾力的解釈・運用を志向されるものであった。しかし、構成要件論が罪刑法定主義における人権保障に資する機能を有することは否定できず、刑法学における最も重要な基本原理が罪刑法定主義であることに鑑みるとき、構成要件論を採用することは刑法学上不可避のことと考えられる。また、刑事上の違法は構成要件該当性によって限定されるのであって、構成要件該当性なき行為について違法判断を行うことは必要でない。その意味においても構成要件該当性という要件を違法論において採用することには重要な意義がある。同様に構成要件に該当する違法行為にしてはじめて責任判断を行う意義がある。その意味において、構成要件論否認論には問題があるといわざるをえない。

四　構成要件の要素

構成要件中には様々な要素がある。如何なる要素を構成要件の要素に算入するかについては、それぞれの犯罪論体系、行為無価値・結果無価値のいずれによるか、故意の体系上の地位、その他の問題意識によって見解の対立があるが、ここでは、代表的なものをみておきたい。

(1)　実行行為　人間の行為が犯罪となるためには、行為が、「人を殺す」とか「他人の財物を窃取する」というような特定の構成要件に該当しなければならない。散歩をする行為とか、読書をする行為などは構成要件に該当しないから当然のことながら犯罪にはならない。行為は構成要件に該当して初めて刑法上の行為になる。この特定の構成要件に該当する行為を「実行行為」という。その際用いられる構成要件概念として、私見は、右で明らかにしたように、法益侵害と表裏の関係にある実質的違法性を帯有する不法構成要件概念を構想した。そこでは、法益侵害の現実的危険を内包する違法という価値に満ちた構成要件が想定されている。言葉を重ねれば、私見は、実行の着手を論ずるときの実質的客観説の立場で実行行為を把握しているのである。つまり、実行の着手ありといわんがためには、問題となっている犯罪の法益を侵害するにいたる現実的実質的危険性ある行為が開始されなければならない。実行行為というとき、私見は、事柄を形式的に把握するのではなく実質的に把握するものであることを明らかにしておきたい。＊ ＊＊ なお、実行行為は、単独正犯、共同正犯、間接正犯、不作為犯、原因において自由な行為、等々さまざまな犯罪現象につき問題となるが、それらの問題点についてはそれぞれの概念が登場する都度論ずることとしよう。

＊実行行為後の行為による結果の発生　被告人Aは、殺意をもって、妻Bの左胸部等を出刃包丁で数回突き刺したところ、重傷を負ったBが玄関から逃げ出そうとしたのでBを居間につれ戻し、包丁を台所に置きに行った隙に、Bはマンション9階のベランダに逃げ出し、ベランダの手すり伝いに隣家へ逃げようとした。Bをつれ戻してガス中毒死させようとしたAがBに摑みかかったところ、これを避けようとしたBはバランスを崩しベランダから約二四メートル下の地上に転落し激突死した。この事実につき、東京高判平一三・二・二〇判時一七五六号一六二頁は、「被告人の犯意の内容は、刺突行為時には刺し殺そうというものであり、刺突行為後においては、自己の支配下において出血死を待つ、更にはガス中毒死させるというものであり、その殺害方法は事態の進展に伴い変容しているものの、殺意としては同一といえ、刺突行為時から被害者を摑まえようとする行為の時まで殺意は継続していたものと解するのが相当である」とし、「刺突行為から被害者を摑まえようとする行為は、一連の行為」であると判示して、殺人既遂罪を認めた。出刃包丁での刺突行為（第一行為）とベランダのBに摑みかかる行為（第二行為）とは、実質的にみて、一個の殺人故意に担われた一連の殺人の実行行為と解されるから判旨は妥当というべきである。

＊＊被害者を利用した殺人　ホストをしていた被告人は、客であった被害者が遊興代金を返済できないので、風俗店で働くことを強制し少しずつ返済を受けていたが、被害者に多額の保険金をかけ（総額六億円弱）その受取人となり保険金を騙取することを企て、乗車した車ごと海に飛び込むという事故死に見せかけた方法で自殺するよう暴行・脅迫を交えて自分を畏怖していた被害者に執ように迫った。被害者は被告人に言われるように車ごと海に飛び込み、その後、車から脱出して被告人の前から姿を隠す以外に助かる方法はないと考え、そのように決行し、港内に停泊中の漁船に泳ぎ着

き、はい上がって死を免れた。現場の状況は、車からの脱出に失敗する危険性は高く、脱出できても冷水の影響で死亡する危険性は極めて高いものであった。本件事案につき、最決平一六・一・二〇刑集五八巻一号一頁は、「被告人は・・・被害者をして、自らを死亡させる現実的危険性の高い行為に及ばせたものであるから、被害者に命令して車ごと海に転落させた被告人の行為は、殺人罪の実行行為にあたる」とし、被害者には自殺の気持は無くこの点は被告人の予期に反していたが、「被害者に対し死亡の現実的危険性の高い行為を強いたこと自体については、被告人において何ら認識に欠けるところはなかったのであるから、上記の点は、被告人につき殺人罪の故意を否定すべき事情にはならない」と判示して、殺人未遂罪を認めた。判旨は、被害者の行為を利用する間接正犯形態の実行行為を認めた点で注目されるが、妥当な判断と評価する。

(2) 行為の主体・客体・態様・結果・因果関係　犯罪行為の主体、客体、行為態様、行為の結果、因果関係について、留意すべき点をみておこう。

① **行為の主体**　刑法は人間の行為を取り扱うものであるから、犯罪の行為主体は通常「自然人」である。注意しておくべき点が二つある。(a) **身分犯**　犯罪類型によっては一定の身分を有するもののみが行為主体になると定められているものがある（例えば、収賄罪における公務員（刑法一九七条））。これを「身分犯」という。単独犯においては、身分が無い以上当該犯罪行為の主体とはならない。しかし、共犯現象においては身分の無いものが身分ある者の犯罪行為に加功した場合には共犯となる。その詳細については、共犯論で「共犯と身分」（刑法六五条）について論述する。(b) **法人の犯罪能力**　犯罪主体が自然人であることについては争いはないが、法人も犯罪主体になれるか、つまり、法人に犯罪能力はあるかということが問題となった。それは、行政刑法の分野で法人の処罰規定が現れ次第にその数を増してきたことに起因する。当初は法人の犯罪能力を否定する見解が支配的であった。例えば、小野博士は、道義的責任の理念と自由刑を主とする刑罰組織にてらして、法人の犯罪能力を否認された（小野・九六頁）。しかし、行政刑

法上の処罰規定の存在を無視することはできず、法人が個人に代って責任を負うとか（瀧川・一一八頁）、受刑主体になりうるにすぎないとか（植松・一二二頁）、説かれたが、最近では、行政刑法の特殊性により修正された刑事責任を法人が負担するとの見解（福田・七七頁）、あるいは、行政刑法の領域では特別の処罰規定が設けられている場合には法人の犯罪能力を認めるとの見解（大塚・一三八頁）、等も主張されている。これに対して、近年、法人の社会的役割の増大と共にその活動に伴って惹起される法益侵害の防止のためには、法人自体に刑事制裁を加える必要性があるという刑事政策的観点から、法人の犯罪能力肯定説が有力に主張されている（平野・I一一五頁、下村・続基本的思想三八頁、藤木・一一〇頁、西原・上巻九〇頁、内田・九八頁、等）。行政刑法における法人処罰が例外だというにはその数が多すぎる現状に鑑みれば（内田・九八頁）、法人の犯罪能力はこれを肯定すべきであろう。「法人の犯罪能力否定説」の論拠は、第一に、法人には自然人と異なり意思と行為がなく、第二に、倫理的主体性をもたない法人に対しては倫理的非難としての刑罰は科せられず、第三に、現行法上の生命刑・自由刑を中心とする刑罰は自然人でなければ執行できず、第四に、機関たる自然人の行為についてその自然人と法人の双方を処罰するのは二重処罰の禁止に抵触するという諸点にある（平野・I一一四頁）。しかし、第一の点については、代表機関たる自然人の意思と行為が法人のそれと解され、第二の点については、刑罰を倫理的非難でなく社会的非難と解する立場からは法人には社会的非難は可能であるとされ、また、伝統的な倫理的非難を説く立場からも、法人の集団的意思形成に対する非難は可能とされており、第三の点については、現行の刑罰体系は確かに自然人を前提としているが、刑罰がないから犯罪がないと説くのは逆論であって、法人の犯罪能力を認めるならば、例えば、解散、営業（活動）停止、罰金といった法人に見合った刑罰を整備すれば足りるのであり、第四の点については、二重処罰禁止の原則は同一自然人・同一法人については適合しても、同一事件について自然人と法人を罰することはその禁止にふれないと解すべきである。このように考えれば否定説の論拠も克服し得ないものではない。(c) **両罰**　なお、業務主体たる法人の業務に関して使用人たる自然人が違反行為をしたような場合に、その自然人たる行為者を処罰するとともに法人をも処罰する「両罰規定」（例えば、「人の健康に係る公害犯罪の処罰に関する法律」四条）についてふれておきたい。当初はこの法人処罰の根拠は転嫁罰責任と考えられていた。しかし、転嫁罰責任は明らかに責任主義に反する。そこで、今日では、この法人処罰は、業務主体である法人が従業者の違法行為を防止するための選任監督上の注意を尽くさなかった過失の点にあると解されている。そして、この過失に関して、過失擬制説、過失推定説、過失説の三者が説かれているが、責任主義の徹底という観点からは過失説が妥当である（川端・一三〇頁）。判例上、大審院は、基本的には法人の犯罪能力否定説に立っていたが（大判明三六・七・三刑録九輯一二〇二頁、大判昭一〇・一一・二五刑集一四巻二〇号一二一七頁、等）、最高裁は、自然人たる事業主のケースについて、選任監督上の過失の推定をくつがえす無過失の立証による免責の可能性を認め（最判昭三二・一一・二七刑集一一巻一二号三一一三頁）、ついで、事業主が法人の場合に、法人が代表者以外の従業員の選任・監督上の過失を理由として処罰されることを肯定した（最判昭四〇・三・二六刑集一九巻二号八三頁）。

② **行為の客体**　行為の客体とは、犯罪行為が向けられた攻撃の客体であって、例えば、殺人罪における「人」、窃盗罪における「他人の財物」、等である。行為の客体と保護法益は多くの犯罪において一致するが（勿論、厳密にいえば、殺人罪の保護法益は「人の生命」であり、窃盗罪の保護法益は「所有権または占有権」であって、攻撃の客体と保護法益とは完全に同一ではないが、そこには、極めて密接な対応関係が認められる）、犯罪によっては行為の客体と保護法益との間にずれがあるものがある。その典型的な例としては公務執行妨害罪があげられる。公務執行妨害罪においては、攻撃の客体は「公務員」であるが、その保護法益は「公務」である。この点は、何が保護法益であるかを考える際に十分注意されなければならない。

③ **行為の態様**　行為の態様として重要であるのは、「作為」と「不作為」である。犯罪の現象としては、積極的

な身体的挙動による「作為犯」と消極的な身体的挙動による「不作為犯」となって現れる。犯罪現象としては作為犯の方が通常であるが、理論的に困難な問題を抱えるのは不作為犯の方である。不作為犯については、特に、不真正不作為犯を中心として、以下で、別に論ずる。なお、行為の手段・方法等が行為態様として構成要件上規定される場合としては、「暴行又は脅迫を用いて」（刑法二三六条）とか、「人の心神喪失若しくは抗拒不能に乗じ」（刑法一七八条）等がある。

④ **行為の結果**　結果とは行為から生じた帰結を意味するが、その典型的なものは、殺人行為からの死の結果の発生であり、これは結果犯、侵害犯の代表的なものである。行為と結果との間の「因果関係」が問題になるのもこのような場合である。危険犯の場合には、危険発生の積極的な立証が要請される「具体的危険犯」と危険発生の存在が擬制される「抽象的危険犯」の概念上の相違（通説的見解）、および、特に、抽象的危険犯の別様の捉え方（抽象的危険犯においても、危険発生の擬制を認めず、具体的危険犯より程度が低いとしても危険が存在しなければならないとする近時有力になりつつある見解）に注意しておかなければならない。

⑤ **因果関係**　因果関係とは、上述の如く（作為の因果関係については六六頁以下、なお、不作為の因果関係については一三一頁）、結果犯における結果を行為者の行為に還元させることをいう。構成要件の要素として論じられるかぎり、学説は相当因果関係説となるのであり、私見は折衷的相当因果関係説となる。

(3) **主観的違法要素**（subjektive Unrechtselemente）　「違法は客観的に責任は主観的に」という標語が示すように、違法性の要素は、原則的には結果を含めて行為の客観的側面である。しかし、違法性は行為者の主観的要素と決して無関係ではない。例えば、幼稚園児の標本のために精巧な一万円札を偽造してもそれは違法行為にはならない。「行使の目的」をもって通用の紙幣を偽造した場合にはじめてそれは違法行為となり、通貨偽造罪（刑法一四八条一項）を構成する。このように、「行為に違法性の色づけを与える主観的要素——すなわち行為に違法性を与えまたは行為の違法性を強める主観的要素——を主観的違法要素という」（団藤・一三二頁）。また、「主観的違法要素は、ただ、それが存することによって、行為の法益に対する侵害または脅威性（危険性）が、あるいは初めて存在することとなり、あるいは高められる場合にのみ、認められる」（佐伯・一八九頁）とも説かれる。この主観的違法要素が構成要件に取り込まれるとそれは「主観的構成要件要素」となる。主観的違法要素の存在を承認するか否かは行為無価値論と結果無価値論とで結論の分かれるところであって、前者はこれを容認するが、後者は原則的に否認する。主観的違法要素の存在を認めることは違法判断の対象の中に主観的要素の存在を認めるという趣旨であって、客観的違法論と矛盾するものでは決してない。主観的違法要素には次のようなものがある。

①**目的犯**（Absichtsdelikte）　これは、故意のほかに一定の主観的目的の存在が必要とされる犯罪である。これには二種類のものがある（中山・二四〇頁）。(a)第一は、「後の行為を目的とする犯罪」であって、通貨偽造罪（刑法一四八条一項）における「行使の目的」があげられる。ここでは、主観的目的が超過的内心傾向（それに対応する客観的要素が存在しない主観的要素）となっており、主観的違法要素の承認には謙抑的な平野博士も、ここでは主観的違法要素たることを肯定されている（平野・Ⅰ一二四頁）。これに対し、中山博士は、「目的を客観化することによって（行使の危険のある偽造行為）、主観的目的自体の違法要素化をさけうるのではないか」（中山・二四〇頁）として、主観的違法要素たることを否定される。しかし、「目的」を客観化することは著しく困難あるいは不可能であるし、また、客観的要素だけで流通におかれる危険のある偽造とそうでない偽造とを識別することは困難であろう（平野・Ⅰ一二五頁）。(b)第二は、「結果を目的とする犯罪」であって、虚偽告訴罪（刑法一七二条）における「人に刑事又は懲戒の処分を受けさせる目的」があげられる。これに関して、この目的は、処分を受けさせるおそれのある状態の認識として構成すれば必ずしも客観的要素を超

過せず、主観的違法要素を認める必要性はないと説かれる（中山・二四〇頁）。しかし、虚偽告訴罪の客観的構成要件要素は「虚偽の告訴、告発その他の申告をすること」であり、それは構成要件的故意の表象・認容の対象であって、「人に刑事又は懲戒の処分を受けさせる目的」はこの客観的要素とは対応せず、超過的内心傾向たる性格を失わないように思われる。第二の場合も主観的違法要素として承認されるべきであろう。

②**表現犯**（Ausdrucksdelikte）　表現犯とは、行為者の心理的過程または状態の表出とみられる行為が罪とされるもので、その心理的側面と客観的側面とを比較しなければ、その成否が判断され得ない犯罪をいう（団藤・一三三頁）。代表的な犯罪としては偽証罪（刑法一六九条）があげられる。その構成要件行為である「虚偽の陳述」については、陳述内容が客観的真実に反することとする客観説と証人の記憶に反することとする主観説の対立がある。主観説が通説・判例（大判明四二・六・一八刑録一五巻・七三五頁）である。主観説に立つと、「真実だと思っていること」と違う証言をすると偽証罪が成立し、この自己の確信違反が主観的違法要素となる。この場合に、「客観説をとり、客観的事実との相違による刑事司法への客観的危険として構成すれば、主観的違法要素を認める必要はなくなる」とする見解（中山・二四一頁、平野・Ⅰ一二七頁）があるが、妥当とは思えない。なぜなら、証人が自己の記憶に反する事実を陳述すること自体の中に国家の刑事司法作用を危うくする危険が含まれているからである。この意味において、偽証罪においては主観説が妥当であり、自己の確信違反は主観的違法要素と解すべきである。

③**傾向犯**（Tendenzdelikte）　傾向犯とは、行為者の主観的傾向の表出とみられる行為が罪となるもので、その傾向がある場合にかぎって成立する（団藤・一三二頁）。代表的な犯罪としては強制わいせつ罪（刑法一七六条）があげられる。強制わいせつ罪は、行為者のわいせつな主観的傾向の発現として行われることを要する。すなわち、行為者の性欲を刺激興奮させ、または満足させるという性的意図のもとに行われることが必要であり、これは通説・判例（最判昭四五・一・二九刑集

号一頁）となっている。これに対しては、「主観的要素が行為の法益侵害的な性格を変化させるとは思われない」（平野・I 一二七頁）という否定説が展開されている。しかし、外形的には同様の行為であっても、行為者の内心の意図によって違法性を帯びるものとそうでないものとはある。医師が婦人に対し触診行為を行うとき、治療目的であれば正当行為であるが、わいせつ目的であれば違法行為となる。主観的傾向も主観的違法要素として承認されるべきである。これに関して、最高裁の判例中、復讐目的で脅迫を加えて婦女を裸体にし写真撮影した事例につき、強制わいせつ罪が成立するためには、「犯人の性欲を刺激興奮させまたは満足させるという性的意図」が必要で、「報復の意図」では足りないとしたものが注目される（最判昭四五・一・二九 刑集二四巻一号一頁）。現実に被害者の性的自由という法益の侵害はあるが、主観的違法要素たる性的意図が欠落している以上、強要罪その他の犯罪が成立するのは格別、強制わいせつ罪の成立を認めることには無理がある。従って、判旨は相当であると解する。

④ **故意**　故意は構成要件の客観的要素をその表象・認容の対象とする。その限りにおいて、客観的構成要件要素と故意は対応関係にあり、したがって、故意は超過的内心傾向とはならない。それにもかかわらず、故意が主観的違法要素になるのではないかという点がここでの問題である。故意が主観的違法要素であるか否かについては、未遂犯、既遂犯の二点において考察しなければならない。(a) **未遂犯の故意**　(i) 故意を責任要素とされる佐伯博士は、未遂罪の一部において主観的違法要素を認めなければならないとされ、甲が発射した弾丸が乙とその連れていた犬との間を通過した場合を考えてみると、甲が乙を射殺するつもりだったなら殺人未遂だが、単に犬を狙ったとすれば毀棄の未遂は処罰されないから可罰的違法行為はないことになり、この場合には行為者の意思がどうだったかを離れてその行為の法的意味を考えることはできないとして、未遂罪の一部につき故意が主観的違法要素であることを肯定された（なお、佐伯博士は、未遂犯においてもその大部分が行為者の主観的意図を問わなくても、行為が法益

に対する切迫した危険を内含するかどうかは判定できるとされる（佐伯・一八八頁～一八九頁）。また、平野博士も、「未遂の場合、故意（結果の認識）は主観的違法要素だといわれるのは、まさに故意を考慮に入れて、行為の客観的危険性を判断すべきだ、ということなのである」（平野・II三一四頁）と論じられる。これらはいずれも理由のある論述と思われる。(ii) これに対して、主観的違法要素の存在を否定された中山博士は、「未遂犯の故意もこれを客観化して、結果発生の客観的危険とし、故意はその認識および結果への意欲を意味することになる」（中山・二四二頁）とされ、内藤博士は、ほとんどすべての場合はピストルのむけられた箇所（胸か足かなど）、相手との距離などの客観的事実によって判別しうるだろうし、客観的に判別しえない場合は軽い方の構成要件にあたると解すべきであると主張される（内藤・(上)二二一頁）。しかし、故意の客観化は著しく困難または不可能であり、また、客観的に判別しえない場合は軽い方の構成要件にあたると解することは、真の意味の責任主義に背馳する。未遂犯における故意は主観的違法要素であることを容認すべきである。(b) **既遂犯の故意**　未遂犯の故意が主観的違法要素であるならば既遂犯の故意も当然に主観的違法要素でなければならないということが目的的行為論者によって説かれ、それは目的的行為論者以外にも支持された（例えば、西原・上巻一七七頁、中・九九頁、他）。しかし、既遂の故意は客観的構成要件要素を超過するものではなく、それ故、これを主観的違法要素となすことについてはそれなりの理由づけが必要である。団藤博士は、主観的違法要素が客観的構成要件要素の外にはみ出てこれに違法要素としての新しいものをつけ加えるのに反して、故意は客観的構成要件要素の外にはみ出るものではなく、その点で通常の主観的違法要素とは性質が違うことを指摘されつつ、殺人の意図でピストルを発射したが弾丸がそれたため未遂におわった場合を引き合いに出され、行為者が相手にねらいをつけたという主観的要素があればこそ、社会はその行為に危険——保護法益侵害の可能性を感じるのであり、「理論的にいえば、故意という主観的要素が行為そのものに、保護法益侵害の可能性を内在させ、その意味で違法性の色づけをあたえるのである」として、故意が主観的違法要素であることを主張された（団藤・一三四頁〜一三五頁）。これは傾聴すべき見解である。ヴェルツェルの人的不法概念を支持することはできないが、違法性の本質を法益侵害につきるものではないとする立場によるならば、問題となっている行為の違法性は、行為を主観・客観の統一体として観ることによって初めて決定されるのであり、その意味において、故意（事実的故意＝構成要件該当事実の表象・認容）を違法要素でもあるとすることの基礎づけを法益侵害に接合することには充分意義があると思われる（団藤・一三六頁参照）。かようにして、わたくしは、違法論においても故意は機能を営むのであり、既遂犯における故意も上述の意味において主観的違法要素であることを承認したい。未遂犯の故意を主観的違法要素と観る本質的理由もまたこの点にある。なお、つけ加えれば、ここでの故意は、主観的違法要素としての役割と構成要件の個別化機能を担う役割を演ずるにすぎないものであって、責任要素としての故意とは異なるものである。責任要素としての故意は、責任非難に値する故意として確定される必要があり、悪いことを悪いと知りながらあえてこれを行う意思であって（内田・二四三頁）、構成要件該当事実の表象・認容と違法性の意識とから成り立っている。ここでの故意はその一部であるにすぎない。

(4) 記述的要素と規範的要素　構成要件要素には記述的要素と規範的要素の二者がある。(a)**記述的構成要件要素** (deskriptive od. beschreibende Tatbestandselemente) とは、例えば、殺人罪（一九九条）における「人を殺す」のように裁判官による認識的活動がなされれば足りる要素をいう。(b)**規範的構成要件要素** (normative od. ausfüllungsbedürftige Tatbestandselemente) とは、ある事実がそれにあたるかどうかについての裁判官の判断を必要とする要素をいう。例えば、公然わいせつ罪（一七四条）における「わいせつ」といった点についての裁判官による規範的・評価的判断がこれである。刑法は、複雑な社会事象に対処する必要上、あるいは、事柄の性質上、このような規範的要素ないし価値概念を用いることがあるが、これらは、評価に重点がおかれるので、その限界が不明確になり、あるいは、処罰範囲を不安定にするという問題をもっているので、認めるとしてもやむをえない最小限度にとどめるべきである（団藤・一二四頁）。

(5) 構成要件的故意・過失　構成要件の個別化機能を充足するためには、構成要件の要素として、構成要件的故意・過失が必要である。構成要件的故意は、構成要件該当事実の表象・認容として主観的構成要件要素（主観的違法要素）である。これに対して、構成要件的過失は、客観的注意義務違反によって結果を惹起した場合に存在するのであり、ここでは、行為者が相当な注意を払ったか否かではなく、通常人が相当な注意をすれば結果を避け得たか否かの客観的なことがらが問題となっているのであるから、構成要件的過失は客観的違法要素であって主観的違法要素ではない（団藤・一三五頁）。

五　不作為犯

刑法学上、人間の行為に作為と不作為があることについては既にふれた。規範との関りでいえば、禁令違反が作為犯を構成し（例えば、「殺す勿れ」という禁令に違反する人の「殺害」）、命令違反が不作為犯を構成する（例えば、「退去せよ」という命令に違反する「不退去」）のが、原則である。しかし、不作為犯には二種のものがある。すなわち、命令違反の上記の形態を真正不作為犯（echte Unterlassungsdelikte）と称し、禁令違反を不作為で犯す場合（例えば、母親が乳児に授乳しないという不作為によって「殺す勿れ」という禁令に違反して乳児を「餓死させる」場合）を不真正不作為犯（unechte Unterlassungsdelikte）という。そして、不作為犯が成立するためには作為義務違反が存在しなければならない。不作為犯については、特に、不真正不作為犯につき論ずべき点が多い。

(1) 罪刑法定主義と不真正不作為犯　まず、不真正不作為犯を、作為義務違反を介して禁止規範に違反するものとして作為犯に包摂することは、作為犯の規定の類推適用にほかならず、罪刑法定主義違反であるとする批判がある（金沢・「不真正不作為犯の問題性」佐伯還暦〔上〕二三五頁）。作為犯と不作為犯の構造上の差異を明確にし、安易に不作為犯の成立を認めまいとする点にこの見解の積極的な意義がある。しかし、不真正不作為犯の形態における犯罪現象は現実に存在するし、また、その当罰性を否定することも妥当とは思われない。例として右に掲げた殺人罪の構成要件は、むしろ、作為・不作為の両者を含むものと解すべきであろう（平野・I一四九頁、中山・一五九頁、内藤・〔上〕二二六頁）。従って、不真正不作為犯の容認は、作為犯の類推適用でもなく、また、罪刑法定主義違反でもない。

(2) 不作為の因果関係　次に、不作為の因果関係について、不作為は「無」であるから不作為から結果が発生するということはなく、不作為と結果との間には条件関係は存在しないという見解もある。しかし、不作為は、単なる「無」ではなく、「期待された作為をしない」ということであるから、期待された作為をしていたならば結果は発生しなかったであろうという場合には、条件関係はあると考えるべきである。ただ、作為の場合には、因果関係の存在が確定されれば違法判断・責任判断の対象が確定されるという効果を生ずるが、不作為の場合には、結果に対する因果関係を有する人は沢山いる。例えば、母親Aがその子に食物を与えず餓死させた場合、近隣に住むB、C、D、E等についても、その内の誰かが食物を与えれば子供は餓死しなかったであろうから、実際にそうすることができなかった人を除いてもなおその数は多いといえよう。このことは相当因果関係説をとっても同様である。すなわち、不作為の場合には、因果関係が確定されただけでは犯罪の成否についてはわずかのことしか語られていないことになる（平野・I一五〇頁）。この場合、Aだけが不作為犯として処罰されるためには、作為義務の存在が必要ということになる。

(3) 作為義務　①「真正不作為犯」の場合、当該構成要件において、一定の状況下での身体の静止が構成要件的行為として定められているので、作為義務の内容を特定することは容易である。例えば、不退去罪（刑法一三〇条）においては、要求をうけて退去する作為義務が、多衆不解散罪（刑法一〇七条）においては、権限ある公務員から解散命令を三回以上受けて解散する作為義務が、発生する。これに対して、「不真正不作為犯」の場合、刑法は、不作為の形態と作為義務を定めておらず、作為義務の存否は別途判断されなければならない。そして、作為義務の法的根拠としては、一般に以下の場合が考えられている。(a)法令の規定に基づく場合（例えば、夫婦の扶助義務〔民法七五二条〕、親権者の子に対する監護義務〔民法八二〇条〕、等）、(b)契約、事務管理等の法律行為に基づく場合（例えば、契約によって幼児の養育を引き受けた者には食物を与える等して養育すべき義務が生じ、事務管理によって病人を自宅に引き取った場合には、その生存に必要な保護をする義務が生ずる）、(c)慣習または条理に基づく場合（信義誠実の原則ないし公序良俗によって発生する作為義務。例えば、雇い主は雇い人が病気にかかったときはこれを保護する義務を負い〔監護者の地位に基づく作為義務〕、家屋の占有者または所有者はその家屋から出火したときは消火の義務を負い〔管理者の地位に基づく作為義務〕、過失によって出火した者は消火しなければならない〔先行行為に基づく作為義務〕、等）。②これに対して、近時、右の見解を形式的三分説と呼び、民法上・契約上・事務管理上の作為義務違反は、それがそのまま刑法上の不真正不作為犯を成立させる作為義務に転化すると考えるのは適切でなく、また、ここでの作為義務は法的義務であって、慣習・条理から導かれるものではない等として、それに代わる実質的法義務説として、先行行為説（日高義博『不真正不作為犯の理論』一五二頁）、事実上の引受け説（堀内捷三『不作為犯論』二四九頁）、結果原因支配説（山口・八八頁）、排他的支配領域説（西田・一二五頁）、社会制度的遮断機能負担説（伊東・一〇〇頁）、等々の一元的判定基準が主張されるにいたっている。しかし、これらの新説は、それぞれにそれなりの合理性を認めることはできるとしても、そのような一元的基準では、すべての不真正不作為犯について作為義務の適切な判定をなしうるものとは思えない。具体的な作為義務は、多様な社会的事態に応じて右で示したような諸観点から合理的に判定されるべきである（大塚・一五三頁～一五四頁）。刑法上の作為義務は、全法秩序の観点から多元的基準を統合して導き出されるべきもので、それ故、私見は、伝統的な形式的三分説を支持したい。③ところで、この作為義務は法律上のものでなければならず、単なる倫理上・道徳上のものであってはならない。そして、作為義務が存在しても、作為の可能性がなければ不真正不作為犯は成立しない。泳げない母親に溺れている子供の救助を命じても実現不能だからである。法は不可能を強いるものではない。作為義務の存否と共に作為可能性の有無をも考慮する必要がある。また、道路交通法七二条には救護義務の規定があるが、救護しなかった結果被害者が死亡した場合、ただちにこれを不作為の殺人とする根拠にはならない。一定の作為義務違反に真正不作為犯としての処罰規定が置かれているときには、その違反にはその罰則で終らせようという趣旨が認められるのであり、発生結果について不真正不作為犯が成立するためにはより重い義務違反が存在しなければならない。そのためには、その不作為が、法的に当該構成要件に該当する作為と同価値のものと評価されることを要する（構成要件的同価値性）。

(4)　犯罪論上の体系問題　不真正不作為犯の成否を犯罪論体系上取り扱うのは、構成要件該当性の範疇か違法性の範疇かという体系問題は、構成要件概念の内容との密接な関りの下で考慮されなければならない。作為義務は実質的違法性を帯有するもの故、本来的に違法性範疇に属する要素である。従って、犯罪論体系を「構成要件該当性－違法性－責任」という三段階で構築するときは、不真正不作為犯の構成要件該当性を判断するに際しては、作為義務違反の存否を検討するにあたり同時に違法性の存否の判断をも行わなければならないことになる（団藤・一四七頁）。その限りにおいて、実質的違法性が構成要件中に流入することは避けられないのであり、構成要件該当性、違法性、責任は、各々前者が各々後者の論理的前提をなすという三分説の論理構造は崩れることとならざるをえない。

(5)　保障人説　三分説に拠りながらこの点を解決するために、保障人説という学説が登場した。この説は、ドイツのナーグラーという学者によって主張され、わが国においても多くの支持者を得た。もっとも、保障人説にも二説あることを注意しておかなければならない。①当初主張された保障人説によれば、特別の義務をもつ故に保障人とされるものの義務に違反した不作為のみが構成要件に該当するという理論構成がとられ、作為と不作為とを構成要件において同価値とする媒介項として「保障人的地位」が構想され、この地位を有する者のみが結果防止義務をもつとされた（木村・一九六頁、平野・I一五二頁、大塚・一五一頁）。これを「統一説」という。保障人的地位が体系的に構成要件におかれ、構成要件における作為と不作為との同価値性が認められた点に、この理論の意義がある（中山・二四九頁）。しかし、問題は、如何なる場合に保障人的地位が認められるかという点にあるのであって、もし、保障義務（旧来の見解による作為義務）を有するものにして初めて保障人的地位が認められるというのであれば、体系問題も解決されず、統一説の実体は依然として旧来の三分説と異なるところはないといわざるをえない。②これに対して、「保障人的地位」を構成要件要素とし、「保障人的義務」を違法要素とするいわゆる「区別説」が登場し有力に説かれるようになった（福田・九〇頁以下、内藤・〔上〕二二九頁、内田・一三七頁、川端・二三七頁）。ここでは、保障人的地位は保障人的義務を生じさせる事実的・法的事情と説かれている（川端・二三七頁）。「地位」と「義務」との分離は、三分的犯罪論体系の下では、体系の保持、錯誤の取り扱い等をめぐってたしかに得るところ大といえようが、両者の区別は実際上困難であり、かつ、保障人的地位だけでは三分説による構成要件の違法推定機能も不十分であるといわざるえない（大塚・一五一頁）。区別説も成功しているとは思えない。③この点について、結果無価値論の立場から、結果防止との間の因果的関連を基礎として、その上に法益保護のために作為を要求すべき状況とその条件を定立しようとする問題意識から、具体的には結果発生を現実に防止しうるような作為の事実上の「引き受け」に着目する見解が主張されるにいたった（中山・二五〇頁、なお、井上祐司・『争議禁止と可罰違法論』二一頁は「引受」のもつ因果的意味を強調され、堀内・『不作為犯論』二四九頁以下は作為義務の実体を「事実上の引き受け行為」とされ、その認定基準として i 結果条件行為の開始・存在、ii 行為の反復・継続性、iii 排他性の確保の三者をあげられる）。中山博士は保障人的地位の事実的類型化を説いてその要因として「引き受け」を強調されるが（中山・二五〇頁）、その際、「引き受け」と作為義務との関係につき、「引き受け」があれば作為義務の存在が認められるというように密接不可分なものであるならば、統一説との実質的な差はそれほど大きくはない。④犯罪論の体系問題を射程におさめて述べれば、構成要件を違法性範疇で捉える実在根拠説の立場に立てば、構成要件概念そのものが実質的違法性を帯有しているのであるから、作為義務も無理なく構成要件要素となすことができる。従って、体系上何の不都合も生じない。保障人説を採る必要もない。今日、保障義務を有する保障人的地位を三分説の構成要件範疇で認めるのが通説であるという叙述が散見されるが、その見解に対しては、保障義務（作為義務）は具体的・実質的違法要素であって、三分説の構成要件概念になじまないということを指摘しておきたいと思う。

(6)　判例の動向　不真正不作為犯として注目すべき判例は、放火罪・遺棄罪・殺人罪において現れた。以下でその代表的なものを摘示しておきたい。

①　放火罪　放火罪については、三つの著名な判例がある。第一は、義父を殺害した犯人が、格闘中に義父が投げつけた燃木尻の火が住宅内庭の藁に飛散し燃え上がったのを見て、容易に火を消し止めることができたのに、むしろ犯跡隠蔽のため放置し住宅および隣家の物置を焼燬した事案につき、「自己ノ故意行為ニ帰スヘカラサル原因ニ由リ既ニ如上物件ニ発火シタル場合ニ於テ之ヲ消止メ得ル地位ニ在ル者カ其既発ノ火力ヲ利用スル意思ヲ以テ鎮火ニ必要ナル手段ヲ執ラサルトキハ此不作為モ亦法律ニ所謂火ヲ放ツノ行為ニ該当スルモノト解スルヲ至当ナリトス」と判示した（大判大七・一二・一八刑録二四輯一五五八頁）。第二は、一人住まいの家屋の所有者が、神棚に灯明をあげて礼拝した際、ロウソクたてが不完全で点火したロウソクが神符の方に傾いているのに気づいたが、火災が起これば保険金を獲得できると思って外出したため、同家屋階上を全焼させた事案につき、「自己ノ家屋カ燃焼ノ虞アル場合ニ之カ防止ノ

措置ヲ執ラス却テ既発ノ危険ヲ利用スル意思ニテ外出スルカ如キハ観念上作為ヲ以テ放火スルト同一ニシテ同条ニ所謂火ヲ放ツノ行為ニ該当」すると判示した（大判昭一三・三・一一刑集一七巻二三七頁）。第三は、残業中の会社員が股火鉢をしながら執務中、気分が悪くなったので別室で仮眠し、気づいてみると炭火の過熱から自分の机に延焼発熱しているのを発見したが、自己の失策の発覚を恐れて、焼燬の結果の発生を認容しながら立ち去ったという事案につき、「被告人は自己の過失により右原符、木机等の物件が焼燬されつつあるのを現場において目撃しながら、その既発の火力により右建物が焼燬せられるべきことを認容する意思をもってあえて被告人の義務である必要かつ容易な消火措置をとらない不作為により建物についての放火行為をなし、よってこれを焼燬した」と判示した（最判昭三三・九・九刑集一二巻一三号二八八二頁）。作為義務については、行為者が家屋の占有者もしくは所有者であること、直接・間接の先行行為があること、等によってその存在が認められる。判例の結論は妥当である。なお、「既発の危険（火力）を利用する意思」に積極的意義を認める立場からは、第三の事例が「認容」で足りるとした点について、不作為による放火罪の成立範囲を拡大するものとの批判が呈されている（藤木・一三六頁）。他方、この点につき、結果無価値論からは、実際には悪しき意図や動機の考慮によって不作為犯の成立を拡大するものであるとの批判がある（平野・Ⅰ一五七頁、中山・二五四頁）。

② **遺棄罪**　脇見運転の結果歩行者をはね入院加療約三ヵ月の傷害を負わせた者が、歩行不能となっていた被害者を自車に乗せて現場を離れ、降雪中の薄暗い車道上まで運び医者を呼んできてやると偽って被害者を降ろし放置したまま立ち去った事案につき、最高裁は、自動車操縦中に過失により通行人に歩行不能の傷害を負わせた者は「病者を保護する責任のある者」に該当し、刑法二一八条にいう遺棄には単なる置き去りも含まれるから病者を遺棄したものにあたるとして、道交法上の救護義務違反罪のほかに保護責任者遺棄罪の成立を認めた（最判昭三四・七・二四刑集一三巻八号一一六三頁）。

③ **殺人罪**　判例が、最初に不作為の殺人罪を認めたのは、養育義務者が被養育者の生存に必要な食物を与えず餓死させたという事案であった（大判大四・二・一〇刑録二一輯九〇頁）。交通事故との関連では、第一に、高速運転のため、自動車を被害者に激突させ重傷を負わせた被告人が、いったんは意識不明に陥っている被害者を病院へ運ぶため自車に乗せたが、途中で変心、病院へ運ぶ意思を放棄し、二九キロの間救護措置もとらず走行したため、走行中の車中において被害者を死亡させたという事案において、東京地裁は、未必的殺意を認定し殺人罪の成立を認めた（東京地判昭四〇・九・三〇下刑集七巻九号一八二八頁）。第二に、前方注視を怠った過失により歩行者をはね入院加療約六ヵ月の傷害を負わせた者が、被害者を病院に運ぶため自車の助手席に乗せて走行中、変心して、事故の発覚を免れるため人車の交通がない場所の道路脇の窪みに失神している被害者を放置したが、捜しにきた家人に発見されたため死を免れた事案につき、浦和地裁は、未必の故意による殺人未遂を認め（浦和地判昭四五・一〇・二二刑月二巻一〇号一〇七頁）、この認定判断は控訴審でも支持されている（東京高判昭四六・三・四高刑集二四巻一号二九六頁）。特に、浦和地裁の事案は前掲最高裁の事案と酷似したものでありながら、最高裁は保護責任者遺棄罪とし、浦和地裁は殺人未遂と認定判断した。その差を、客観的な作為義務の程度の差として把握すべきであるとの提言が有力に主張されている（平野・Ⅰ一五八頁～一五九頁、中山・二五七頁）。それは傾聴すべき見解であるが、ここでの結論の差は故意内容の相違によるものであったように思われる。*

＊未必的殺意に基づく不作為による殺人罪が成立するとされた事例　被告人は、手の平で患者の患部をたたいて「シャクティ」というエネルギーを通すことにより患者の自己治癒力を高めるという特別の能力を有する者として信奉者を集めていた。脳内出血で倒れ重篤な病状で兵庫県内の病院に入院していたAの息子Bが被告人にシャクティ治療の有効性を尋ねたところ、それまで脳内出血等の重篤な患者につきシャクティ治療を施したことのなかった被告人はBに対し有効であるとの応答をした。その後、Bは被告人の指示に従い、医師の反対を押し切ってAを成田のホテルまで運び、手当てを被告人に委ねた。被告人は、Aに対し、同所において、二日間にわたり合計三回のシャクティ治療を施したが、痰

の除去や水分の点滴等、Aの生命維持のために必要な医療措置を受けさせずに放置し、Aがホテルに運び込まれた翌日、痰による気道閉塞に基づく窒息によりAを死亡させた。この事案につき、最決平一七・七・四刑集五九巻六号四〇三頁は、「被告人は、自己の責めに帰すべき事由により、患者の生命に具体的な危険を生じさせた上、患者が運び込まれたホテルにおいて、被告人を信奉する患者の親族から、重篤な患者に対する手当てを全面的にゆだねられた立場にあったものと認められる。その際、被告人は、患者の重篤な状態を認識し、これを自らが救命できるとする根拠はなかったのであるから、直ちに患者の生命を維持するために必要な医療措置を受けさせる義務を負っていたものというべきである。それにもかかわらず、未必的な殺意をもって、上記医療措置を受けさせないまま放置して患者を死亡させた被告人には、不作為による殺人罪が成立し、殺意のない患者の親族との間では保護責任者遺棄致死罪の限度で共同正犯となると解するのが相当である」と判示した。本件は、不作為による殺人罪の成立を認めた初の最高裁判例である。本件事案において、殺人の未必の故意を認め、被告人を不真正不作為犯の殺人罪に処断したのは作為義務の発生根拠にてらし妥当な判断というべきである。また、殺意のない患者の親族との関係で、保護責任者遺棄致死罪の限度で共同正犯を認めた点も注目に値する。

第三節　違法阻却事由

一　違法阻却事由の実質

(1)　総説　行為は構成要件に該当すると、さしあたり違法という判断をうけるが、当該行為が違法であるか否かは、それが存在すれば行為に違法性という性格を賦与しない要素である違法阻却事由（Unrechtsausschließungsgründe：正当化事由〔Rechtfertigungsgründe〕といわれることもある）の存否を確かめるまで確定できない。行為が違法であるか否かについては、違法構成要件が違法性の存在を理由づける積極的役割を果たし（原則型）、違法阻却事由が違法性を不存在たらしめる消極的役割を果たす（例外型）のである。その意味において、違法構成要件と違法阻却事由とは、違法性を支える二つの柱であり、まず、違法構成要件への該当性の有無、次いで、違法阻却事由の存否が、その順序で判断される。違法構成要件と違法阻却事由とはそれ自体実質的違法性を帯有するものであって、両者は違法という価値に充ちた概念である。違法構成要件該当性は、「法益侵害」と表裏の関係にあり、違法阻却事由は、構成要件該当性によってさしあたり違法とされた行為に対し、違法を阻却するか否かの評価を加えるのである。違法阻却事由が存在する場合には行為の違法性は失われるが、構成要件該当性そのものまで失わせるものではない。ただし、注意しておくべきは、構成要件は社会的に不相当な行為の類型であるから、社会的に相当な行為においては初めから構成要件該当性のないものもありうるという点である（たとえば、外科医の手術行為、死刑執行人の死刑執行行為、等）。違法阻却事由は、現行刑法上、三五条、三六条、三七条の三箇条に規定されているにすぎない。

(2)　違法阻却の一般的原理　違法阻却の一般的原理としては、目的説と法益衡量説との対立がみられる。前者は行為無価値論に後者は結果無価値論に接合する。

①　**目的説**　目的説は、行為が国家的に規律された共同生活の目的達成のための適当な手段であることが違法阻却の一般的原理であるとし、違法性の概念を国家的に承認された共同生活の目的に反することであるという思想の反映であるとみられる（中山・二六三頁）。かつては「公の秩序または善良の風俗」に反しないことといわれたが（牧野・上巻四二五頁）、今日では、「社会生活の中で歴史的に形成されたきた社会倫理的秩序の枠内にある」という意味での「社会的相当性」を違法阻却の一般的原理とするところまで進んできており、法益侵害という結果無価値に行為者の目的や行為態様等をも加味する行為無価値を取り込む立場と理解される。

②**法益衡量説**　法益衡量説は、構成要件該当性は法益侵害ないし危険を有するが故に、その違法性を否定するためには、当該行為がそれを上回る法益の確保のために行われた場合であるか（「優越的利益の原則」）、あるいは、侵害されるべき法益がそもそも存在しない場合であるか（「利益不存在の原則」）、そのいずれかでなければならないと主張する。後者の代表的な例としては被害者の同意があげられる。両者の現れ方は異なるが、そこでは、法益または利益の衡量が行われており、結果無価値論に依拠する立場である。

③**折衷的立場**　目的説や法益衡量説はこのように対立状況にあるが、両説の対立を止揚折衷しようとする立場も存在する。すなわち、一方では、社会的相当性説も法益侵害性を違法性の基礎とすべきであるとし（藤木・七七頁）、他方では、法益衡量説も手段の正当性を常に考慮すべきであると説く（内田・一九三頁）。しかし、行為無価値と結果無価値が決定的に対立する場面では、目的説と法益衡量説との結論は著しく相違することを認識しておかなければならない。

(3)　**超法規的違法阻却事由**　違法阻却事由についての規定は三五条～三七条の三箇条しか存在しない。これに対して、実質的違法性を除去する事由は相当数にのぼっている。実質的内容を異にするそれらすべてをこの三箇条の中に包摂することは実際上不可能である。その意味において、違法阻却事由が明文のものに限定されず、実質的違法論の観点から超法規的なものに及ばざるをえないことは一般に承認されている。問題は、その必要性はこれを承認しつつも安易に超法規的違法阻却事由を認めることなく、認めるとしても、必要性・相当性・妥当性の範囲内に止めることが肝要であろう。自救行為、被害者の承諾（同意）等はその典型的なものといえよう。

(4)　**違法阻却事由の分類**　違法阻却事由は条文上は三箇条しか規定されていないが、その内容は多彩であり（治療行為、安楽死、弁護士の弁護活動、その他）、それらを体系的にどのように位置づけるかは困難な問題である。①正当防衛、緊急避難以外の違法阻却事由をすべて刑法三五条に包含せしめようとする見解も有力であり（木村・二八〇頁、荘子・二二八頁、香川・一九二頁、大谷・二四三頁、他）、それは、超法規的違法阻却事由を一切認めないという点で体系的にはすっきりするが、この見解に対しては、自救行為とか被害者の承諾といった三五条とは性格を異にする違法阻却事由を三五条に含ませることができるかという疑問が残る。②それ故、違法阻却事由としては、条文上の違法阻却事由とそれに包含され得ない超法規的違法阻却事由との二者を認めるのが妥当である（通説）。③なお、「可罰的違法阻却事由」の存在を認めるか否かについては、これを肯定する見解が有力に主張されている（佐伯・一八四頁、中山・二六八頁、内藤・(中)六八三頁、等）。例えば、佐伯博士は、「違法阻却事由」は、「行為を全く違法でないもの、すなわち適法行為とする事情だけを指すもので」、「可罰的違法阻却事由」は、「違法性を全く失わせるのではないが、その程度を低減させもしくは質的に異なるものとし、結局、その犯罪類型の予想する可罰的違法でないものとする『違法減軽事由』」であると説かれる（佐伯・一八三頁、一八四頁）。しかし、可罰的違法性は刑法上の違法性の判断規準であり、可罰的違法性がない以上は刑法上の違法性はないこととなるから、違法阻却事由と可罰的違法阻却事由とを区別する見解は妥当とは思えない（大谷・二四四頁、川端・三〇九頁）。可罰的違法性の不存在によって違法性が阻却される場合には超法規的に実質的違法性が存在しないのであり、それ故、「可罰的違法阻却事由」は超法規的違法阻却事由の一種であると解すべきである（大塚・三七四頁）。④かようにして、超法規的違法阻却事由としては、自救行為、被害者の承諾、義務の衝突、可罰的違法性不存在として違法性を阻却する場合、等に限定されるべきである。

(5)　本書における違法阻却事由の叙述　以下で違法阻却事由について論述するが、最初に緊急状態下の行為として、正当防衛、緊急避難、自救行為について述べ、その後に正当行為、義務の衝突、被害者の承諾について論ずることとする。

二　正当防衛

(1) 総説　急迫不正の侵害に対して、自己又は他人の権利を防衛するため、やむを得ずにした行為は、罰しない（刑法三六条一項）。これを正当防衛（Notwehr）という。「正当防衛は歴史をもたない」（ガイプ）といわれるほど古くから存在している違法阻却事由である。それは、一般に「不正対正」の関係として特徴づけられるが、正当防衛権の根拠については、大略、第一に、正当防衛権は人間の自己保存の本能ということから認められているとするもの（福田・一五三頁、香川・一七一頁、中山・二六九頁、他わが国の多数説）、第二に、正当防衛権は法秩序の侵害の予防または回復を国家機関が行ういとまのない場合における法の自己保存ということから認められているとするもの（団藤・二三二頁、大谷・二七三頁等）、第三に、正当防衛権は自己保存の本能および緊急の場合には法秩序はゆるぎなく存在しているということを示すため（法秩序の防衛〔Rechtsbewährung〕）に認められているとするもの（齊藤〔誠〕・「正当防衛」『刑法基本講座3巻』五六頁）、以上三説がある。自己保存の本能の存在および他人のための正当防衛の許容等にてらして第三説を妥当と解する。

(2) 急迫不正の侵害　正当防衛成立の要件については、まず、急迫不正の侵害が存在しなければならない。①「急迫」とは、法益侵害が極めて間近に迫っていることをいう（最判昭和二四年八月一八日刑集三巻九号一四六五頁）。従って、将来の侵害や過去の侵害に対しては、正当防衛は許されない。将来の侵害との関連では、予期された侵害への防衛について、その侵害が急迫になった時点で効果を発揮するようなものの設置（例えば、忍び返し）は急迫性を失わないとするのが一般であるが、その機会を利用し積極的に相手方に加害行為をする意思で侵害に臨んだときには急迫性は失われる（最決昭和五二・七・二一刑集三一巻四号七四七頁）。他方、過去の侵害との関連では、窃盗等の被害者の現場における被害物件の取り戻し行為が問題となり、これについては、犯罪は既遂に達していても侵害はなお継続しているとして正当防衛を認める見解も有力に主張されているが（瀧川・九五頁、木村・二五八頁、佐伯・二一〇頁、藤木・一六三頁、中山・二七二頁）、侵害行為はすでに終了しているのであるから、正当防衛ではなく自救行為を認めるべきである（団藤・二三七頁、大塚・三八二頁、最判昭和二四・五・一八裁判集刑一〇・二三一頁）。②「不正」とは、違法を意味する。主観的違法論を採用すれば行為者に責任能力の存在が必要とされるが、客観的違法論の立場からは行為者に責任能力の存在は必要でない。客観的違法論が妥当であることはすでに述べた。③「侵害」とは人間の侵害行為をいうと解すべきである。何となれば、刑法は人間の行為を問題にするものだからである。この点に関しては、対物防衛（Sachwehr）、すなわち、動物からの侵害に対する対応をめぐって見解が対立する。「違法状態」を認める立場では、急迫不正の侵害が認められ正当防衛が肯定されるが（牧野・上巻四三九頁、佐伯・二〇〇頁、平野・II二三二頁、中・一三六頁、中山・二七三頁）、違法状態を認めない通説的立場では、飼い主の故意・過失に起因する場合には正当防衛となるが、無過失の行為には緊急避難しか認められない。規範違反説・目的説・社会的相当性説の立場では、違法か否かは人間の行為を前提とせざるをえないので、この結論は不可避である。現実の事態に即しても、無主物の撲殺は刑法上犯罪を構成しないし、飼い主の過失すら存在しないケースは極めて稀であること等を勘案すれば、実際上はそれほど問題は大きくはないといえるのではあるまいか。④なお、ここでは、攻撃・防御が交錯する喧嘩に正当防衛が認められるか否かが問題となる。判例はかつては「喧嘩両成敗」の法理により喧嘩には正当防衛を容れる余地はないとしていた時代もあったが、最近では、喧嘩闘争においても全体的に観察すれば正当防衛の成立する場合があることを認めるに至っている（最判昭三二・一・二二刑集一一巻一号三一頁）。喧嘩にも正当防衛がありうることは当然で、この判例の推移は妥当なものといえるであろう。

(3)　自己又は他人の権利の防衛　①正当防衛では緊急避難と異なり「権利」という文言が用いられているが、ここに権利とは広く法益を意味する。「自己又は他人の」権利とあるのは、必ずしも個人的法益に限らず、社会的ないし国家的法益も含むと解すべきである（公然わいせつ行為に対する正当防衛、公務執行妨害に対する正当防衛、等）。もっとも、最高裁は、昭二二年の二・一ゼネストにおける産別会議議長傷害事件について、「公益のための正当防衛等は、国家公共の機関の有効な公的活動を期待し得ない極めて緊迫した場合においてのみ例外的に許容さるべきものと解するを相当とする」と判示しているが（最判昭二四・八・一八刑集三巻九号一四六五頁）、公益のための正当防衛は濫用の危険が大きいから、判旨は正当と評価されるべきである。②「防衛」行為は、侵害者の法益に向けられなければならず、第三者への関係では緊急避難となる。また、「防衛」は防衛に適した性質のものでなければならず、それ故、授乳しないで乳児を殺害しようとしている母親を射殺するような行為は正当防衛とはいえない。

(4) **防衛の意思**　正当防衛が成立するためには「防衛の意思」(Verteidigungswille) を必要とするか否かは、行為無価値論・結果無価値論をめぐる典型的な論争問題である。けだし、防衛の意思は行為者の主観的要素であり、その存否に正当防衛の成否を依拠せしめることになるからである。結論的にいえば、行為無価値論は必要説をとり、結果無価値論は不要説をとる。①判例は、大審院以来一貫して防衛の意思を必要とする立場にたってきた。すなわち、大判昭一一・一二・七（刑集一五巻一五六一頁）は「元来刑法第三六条ハ加害行為ニ付防衛意思ノ存在ヲ必要トスルモノニシテ」と述べていたが、その後防衛の意思の内容については次第にこれを緩和し、最判昭四六・一一・一六（刑集二五巻八号九九六頁）は「刑法三六条の防衛行為は、防衛の意思をもってなされることが必要であるが、相手の加害行為に対し憤激または逆上して反撃を加えたからといって、ただちに防衛の意思を欠くものと解すべきではない」とし、さらに、最判昭五〇・一一・二八（刑集二九巻一〇号九八三頁）は「防衛に名を借りて侵害者に対し積極的に攻撃を加える行為は、防衛の意思を欠く結果、正当防衛のための行為と認めることはできないが、防衛の意思と攻撃の意思とが併存している場合の行為は、防衛の意思を欠くものではないので、これを正当防衛のための行為と評価することができる」と判示するにいたった。学説の中にも最近のこのような判例の動向を支持するものが少なくない（大塚・三九〇頁、西原・上巻二四〇頁、他）。②学説においては、これを二つに大別することができる。第一は、防衛の意思必要説である。必要説は、行為構造論と違法本質論から主張される。すなわち、行為は主観・客観の統一体であるから防衛の意思がなければ防衛行為といえないとなし、あるいは、違法性の有無の判断は主観的違法要素の存否に依存するという立場に拠り、主観的正当化要素として防衛の意思を肯定する立場である。必要説においては、防衛の意思は、かつては、急迫不正の侵害およびこれに対する反撃行為の認識以上のもの（動機・目的）として理解されていたが、最近では、単に、防衛行為の意識ないし認識で足りるとされるようになってきた。このような立場からは、「防衛の意思は、ほとんど反射的に生じることもありうる」（団藤・二三八頁）、あるいは、「防衛の意思とは、急迫不正の侵害を意識しつつ、これを避けようとする単純な心理状態で足りるもの」（大塚・三九〇頁）、さらには、「自己が急迫不正の侵害にさらされていることを認識し、かつその侵害を排除するために侵害者に反撃を加えることを意識しておれば、防衛の意思を認定することができる」（西原・上巻二四〇頁）、等と説かれている。大塚説を支持したい。なお、初めから反撃行為を利用して相手に害を加えるために侵害行為を誘発したような場合（挑発行為）には勿論正当防衛にはならない。第二は、防衛の意思不要説である。不要説は客観的違法論を強調し結果無価値論を採用する立場から説かれている。結果無価値論は違法判断に際し主観的違法要素の存在を否定し、違法性の存否は客観的にのみ決定されるべきものと説くところから、正当防衛の要件も結果において具備されていればよく、防衛の意思は当然に不要となる。また、必要説に立つと防衛の意思をもつ暇もないような場合（例えば、反射的防衛）には正当防衛を認めることができなくなるとも説かれる。この立場では偶然防衛は正当防衛であるという結論になるが、殺人の故意で殺人の実行行為をおこない殺人の結果を発生させたのに、たまたま正当防衛の要件が客観的に整っていたからといって当該行為が正当防衛を構成するという帰結には到底賛同することはできない。この結論は妥当性を欠く。③ところで、防衛の意思の場合は、主観的要素は客観的要素を超過しておらず、防衛の意思は主観的違法要素（主観的正当化要素）といえないのではないかという疑義が呈されている（平野・Ⅱ二四三頁）。刑法三六条の中で考える限り、正当防衛の客観的事情と防衛の意思との関係は確かに超過的内心傾向の関係にはない。主観的違法要素（主観的正当化要素）は常に必ず超過的内心傾向でなければならないとするならば、ここでの指摘は重要であるが、既遂犯の故意をも主観的違法要素と解した本書の立場からは、「防衛するため」という三六条の文言から必然的に要請される防衛の意思は、主観的性質を保持する正当化要素（特別の主観的違法要素）としてなお容認すべきものと考える。④理論的な争いを別にすれば、防衛の意思要否をめぐる論争の実益は、主観的には専ら侵害の意思でなされた行為が客観的にはたまたま正当防衛の要件を満たしている「偶然防衛」が正当防衛になるか否かの点にある。偶然防衛の法的処理についてこれをまとめておくと、以下の四説に集約できよう。すなわち、第一説は、防衛の意思必要説の立場から既遂犯の成立を認める見解で多数説である（木村・三七二頁、大塚・三九一頁、大谷・二八三頁、川端・三六九、三七〇頁、他）。第二説は、必要説にたちながら結果無価値を欠くから未遂犯とし（中・一三六頁）、あるいは、行為自体の違法性はあるが結果の違法性は欠けるので未遂犯規定を準用すると説く（野村・二二六頁）。第三説は、防衛の意思不要説に立って、行為の違法性は客観的に決まるものとの結果無価値論を徹底し正当防衛の成立を認めて無罪とする（中山・二八一頁、内藤・（中）三四四頁、前田・三八五頁、他）。第四説は、結果無価値論の立場から出発しつつ、偶然防衛においては、正当防衛を構成する客観的事実があるのにこれを認識していなかったというにすぎず、それは死体であるにもかかわらず生きていると思ってピストルで射った場合と同じであって、行為者が違法な結果を発生させようと思ったとしても、「違法な結果」は発生していないのであるから、せいぜい（状況によって）未遂の成立を認めうるにすぎないと説く（平野・Ⅱ二四三頁）。私見は、防衛の意思必要説を採用する立場から、第三説、第四説には与することはできず、また、第二説の未遂犯説にたつと未遂犯と既遂犯との相違が結果発生の有無にあるとする点が没却されることになることから、第一説を支持する。

(5) やむをえない行為　やむをえないとは他に方法がないという意味において「必要性」の要素を包含するが、必要であれば如何なる方法、程度の防衛行為にでてもいいとはいえないし、また、他に方法があっても正当利益を防衛するについて、逃避義務がないかぎり積極的防衛行為に出てはならない理由もない。その意味において「相当性」の見地も加味すべきである（木村・二六二頁）。ここでは、「必要性」によって正当な法益を保全する権利性を明らかにするとともに、「相当性」によって具体的事情に応じた限界設定を行う立場が採用されているといってよい（中山・二七七頁）。指をねじあげられ相手を突き飛ばして治療約四五日間の頭部打撲傷をおわせた事案につき、最高裁は、やむをえないというのは「反撃行為が、自己または他人の権利を防衛する手段として必要最小限度のものであること、すなわち反撃行為が急迫不正の侵害に対する防衛手段として相当性を有するものであることを意味する」とし、反撃行為により生じた結果が侵害されようとした法益より大であっても正当防衛を認めている（最判昭四四・一二・四刑集二三巻一二号一五七三頁）。正当防衛においては補充性と法益権衡の原則は緊急避難ほど厳格に要求されてはいないのである。もっとも、法益権衡判断においては、反撃行為により生じた結果が侵害されようとした法益より大であっても正当防衛にはなるが、両者間に「著しく法益の権衡を失するとき」（団藤・二三八頁）や「たえがたい不均衡」がある場合（平野・II二四四頁）には正当防衛にならないとされている点に注意を要する。この意味において正当防衛は結果無価値でなく行為無価値の問題であるともいわれている（団藤・二三八頁）。

(6) 過剰防衛　防衛の程度を超えた行為を過剰防衛（Notwehrexzeß）といい、もはや正当防衛として違法性は阻却されない。ただし、情状によりその刑を減軽または免除することができる（刑法三六条二項）。かような場合には、違法性の減少や責任の減少が考えられるからである。防衛の程度を超えたか否かは客観的に判断されるべきである。過剰防衛の典型的な事例としては素手で殴りかかってきた者を拳銃で射殺するような場合が考えられる。なお、過剰防衛は正当防衛を前提として成立するものである点に注意をしておかなければならない。

(7)　誤想防衛・誤想過剰防衛　「誤想防衛」とは、急迫不正の侵害がないのにこれありと誤認して防衛行為を行うことをいい、「誤想過剰防衛」とは、急迫不正の侵害がないのにこれありと誤認して防衛行為を行ったところそれが過剰であった場合をいうと一応定義されているが、両者は錯誤の問題であり、かつ、定義においてもその法的処理においても検討すべき点が多大であるので、詳細は錯誤論を叙述する際に譲ることとしたい。

(8)　盗犯等防止法における正当防衛　正当防衛・過剰防衛については、「盗犯等ノ防止及処分ニ関スル法律」一条の「正当防衛の特則」に注意しておかなければならない。①一条一項は、(i)「盗犯ヲ防止シ又ハ盗贓ヲ取還セントスルトキ」、(ii)「凶器ヲ携帯シテ又ハ門戸牆壁等ヲ踰越損壊シ若ハ鎖鑰ヲ開キテ人ノ住居又ハ人ノ看守スル邸宅、建造物若ハ船舶ニ侵入スル者ヲ防止セントスルトキ」、(iii)「故ナク人ノ住居又ハ人ノ看守スル邸宅、建造物若ハ船舶ニ侵入シタル者又ハ要求ヲ受ケテ此等ノ場所ヨリ退去セザル者ヲ排斥セントスルトキ」、の各号を掲げ、それらの場合に「自己又ハ他人ノ生命、身体又ハ貞操ニ対スル現在ノ危険ヲ排除スル為犯人ヲ殺傷シタルトキ」は刑法三六条一項の正当防衛にあたるものとした。法益は特定されているが「やむを得ずにした」という要件が欠けているために正当防衛の成立範囲が拡大されている。しかし、学説・判例とも相当性によるしぼりを必要とし規定どおりの拡大には賛同していないのが現状である。②次に、一条二項は、右の各号の場合において、「自己又ハ他人ノ生命、身体又ハ貞操ニ対スル現在ノ危険アルニ非ズト雖モ行為者恐怖、驚愕、興奮又ハ狼狽ニ因リ現場ニ於テ犯人ヲ殺傷スルニ至リタルトキハ之ヲ罰セズ」と規定した。この場合は期待可能性がないために責任が阻却されるものと解される（団藤・二四四頁、大塚・三九八頁、大谷・二九四頁、川端・三七六頁、他）

三　緊急避難

(1) **総説**　自己又は他人の生命、身体、自由、又は財産に対する現在の危難を避けるため、やむを得ずにした行為は、これによって生じた害が避けようとした害の程度を超えなかった場合に限り、罰しない。ただし、その程度を超えた行為は、情状によりその刑を減軽し又は免除することができる（刑法三七条一項）。これを緊急避難（Notstand）という。正当防衛行為は侵害者への直接反撃行為であったが、緊急避難は、危険の源への直接反撃ではなく、現在の危難を無関係な第三者へ転嫁するという構造をもつので、「正対正の関係」と特徴づけられる。その点に緊急避難の方が正当防衛よりより厳格な要件（補充の原則・法益権衡の原則）を付されている理由がある。緊急避難の事例として、古来、「カルネアデスの板」が説かれている。嵐によって難破・沈没した船の船員Aが板切れにつかまって漂流していたところ、仲間の船員Bが自分もその板につかまらせてくれといって泳いできて板につかまったところ、板の浮力は人間ひとりを支える力しかなく、AとBとの争いとなって、BがAを板からつき放し、Aを溺死させて自分は助かった場合、Bには緊急避難が成立するかという事例である。「緊急は法をもたない」という法格言があるが、緊急避難が処罰されないのは如何なる理由によるものか、すなわち、緊急避難の法的性格については争いがある。①わが国の通説は、他人のための避難が認められていること、もし違法阻却事由でないとすると緊急避難行為は違法行為となりこれに対する正当防衛が認められることになって不合理であること、マイナス（法益侵害）がない限りプラス（優越的利益保護）およびゼロ（法益同等）は違法でない、等の理由で違法阻却事由説をとる（小野・一二六頁、草野・六五頁、団藤・二四六頁、大塚・四〇一頁、平野・Ⅱ二二八頁、西原・上巻二四八頁、岡野・一一九頁、堀内・一六二頁、香川・一八七頁、前田・四〇〇頁、他）。②責任阻却事由説は、緊急避難は第三者の法益を侵害するので違法であり、ただ他の適法行為を期待できない点で責任を阻却すると説く（瀧川・一五六頁、植松・二〇八頁）。しかし、より大なる法益を護る行為はむしろ違法性を阻却すると解すべきであろう。③これに対して、近時有力になりつつある二分説は、より大なる法益を護る場合は違法阻却事由であるが、法益同価値の場合は責任阻却事由になると主張する（佐伯・二〇六頁、中・一四三頁、内藤・(中)四二四頁、四二五頁、中山・二六九頁、荘子・二五六頁、斎藤〔信〕・一九六頁、山中・五一八頁、他）。なお、二分説には、他に、生命対生命又は身体対身体という関係においてそのいずれかを救うためになされた緊急避難の場合に限り責任が阻却され、その他の場合の緊急避難を違法阻却事由と解する木村説（木村・二七〇頁）、及び、緊急避難は原則的に責任阻却事由であるが、衝突する法益間に著しい差がある場合には、例外的に違法阻却事由であるとする森下説（森下・一〇九頁）がある。しかし、木村説については、何故生命・身体の場合のみが責任阻却とされるのかが分明でなく、森下説については、何故衝突する法益間に著しい差がある場合でなければ違法阻却とされないかが理解し難い、という疑問点があって、両説は支持し難い。二分説は、違法阻却事由説の説明に対し、他人のためであっても救助しようとする心理状態は十分責任阻却的たりうるし、避難行為の相手方にはむしろ正当防衛権をみとめるのが当然であり、マイナスがない限りゼロを含めて適法であるとすることは、散歩などという法益侵害のない行為と緊急避難のように法益侵害を伴う場合とを同一視するもので妥当でない、等と述べている。無関係な第三者の同等の法益の侵害を正当化しうる積極的理由づけがなされない限り二分説に従うのが妥当であろう（中山・二六九頁）。

(2)　現在の危難　①「現在」とは、法益の侵害が間近に押し迫ったことを意味するとされ（最判昭二四・八・一八刑集三巻九号一四六五頁）、正当防衛の急迫性と実質的には同一内容を指し示しているといってよい。②「危難」とは、客観的に存在する危険であって、緊急避難を余儀なくする状態をいう。危難の原因については、震火災・風水害・海難・飢饉等のような自然的事実であると、動物の侵害や人間の行為であるとをとわない（木村・二七二頁）。それ故、通説によって正当防衛の対象から外されたものも緊急避難の対象となる。危難は社会関係から生ずることもあり（大阪地判昭二四・一・一二刑事裁判資料二六号一三三頁〔業務管理の事案に緊急避難を認めた事例〕）、自然現象から生じる場合にも危難が社会性を帯びることもある（大判昭八・一一・三〇刑集一二巻二一六〇頁〔浸水によって稲苗が枯死するおそれがあるとき、減水させるために下流の板堰を損壊するのは緊急避難になる」）。

(3)　自己または第三者の法益の保護　三七条では三六条と違って条文上法益が列挙されている。それは、もともと正当防衛の場合よりも範囲を限定する趣旨によるものであろう（団藤・二四七頁）。しかし、通説によって説かれているように、名誉や貞操もこれに準じるべきであり、さらに進んで正当防衛と区別して取り扱わなければならない理由はない。ちなみに、改正刑法草案は両者を区別せず、「自己又は他人の法益」という文言に統一している（草案一四条、一五条）。三六条の「自己又は他人の権利」と三七条の「自己又は他人の生命、身体、自由又は財産」は、同義に把握されるべきである。

(4)　避難の意思　正当防衛において「防衛の意思」を必要とした立場からは、緊急避難においても「避難の意思」を要すると解すべきである。文理的にも「現在の危難を避けるため」とは、「避難の意思」を要するとするのが自然である。

(5)　やむをえない行為　条文上、「やむを得ずにした」という同じ文言であっても、正当防衛と緊急避難とではその内容が異なる。すなわち、まず、緊急避難においては、それが法益保全のための唯一の方法であって、他にとるべき方法がないという趣旨である。これを補充の原則（Prinzip der Subsidiarität）という。判例が「他人ノ法益ヲ害スル外他ニ救助ノ途ナキ状態ヲ必要トスル」（大判昭八・九・二七刑集一二巻一六五四頁）といっているのも同趣旨である。また、行為を全体としてみて、やむをえなかったものと認められなければならないから、避難行為者が自ら危難を招いた場合には、この要件を欠くことが多いであろう（団藤・二四九頁）。次に、避難行為によって生じた害が避けようとした害の程度を超えないことを要する。これを法益権衡の原則（Güterabwägungsprinzip）という。法益の大小の比較は困難な場合が多いが、法秩序全体の精神から合理的に判断するほかはない。緊急避難の場合には必要性も相当性も正当防衛の場合よりより厳しく要請されるが、それは、緊急避難が現在の危難を無関係の第三者に転嫁するという構造をもつことに由来するのであって、優越的利益の論証はそれだけ困難にならざるをえない。

(6)　過剰避難　緊急避難行為がその程度を超えた場合には過剰避難となるが、過剰避難行為は情状によりその刑を減軽し又は免除することができる（三七条一項）。過剰避難の場合としては、補充性の程度を破った場合（自己の身体に対する現在の危難を避けるために隣家の垣根の一部を損壊するほかに方法のない状況で垣根の全体を損壊したような場合）と法益の権衡を失した場合（自己の身体に対する現在の危難を避けるために他人を死亡させたような場合）とがある。刑の減軽又は免除の根拠については、違法性の減少や責任の減少が考えられる。

(7)　誤想避難・誤想過剰避難　「誤想避難」とは、現在の危難がないのにあると誤認して避難行為を行う場合をいい、「誤想過剰避難」とは、現在の危難がないのにあると誤認して避難行為を行ったところそれが過剰であった場合と一応定義されているが、誤想防衛・誤想過剰防衛と同様の問題があるので、これらについても錯誤論であらためて取り扱うこととする。

(8)　業務上特別の義務ある者　業務上特別の義務があるものには緊急避難の規定は適用されない（三七条二項）。「業務上特別の義務があるもの」とは、警察官、消防官、医師、船員、その他業務の性質上危難に赴くべき義務あるものをいい（ポケット註釈・一四七頁）、その義務と相容れないかぎりで緊急避難の規定が適用されないこととなる。なぜなら、かかる義務ある者が他人の犠牲において自己の法益を救うことは許されないからである。これとの関係で注意すべき点が二点ある。すなわち、第一に、他人の法益のための避難行為は許されること（ひしめきあっている群衆が橋から落ちるのを防止するために警察官が警棒で群衆を押し返し軽傷を負わせる場合）、第二に、自己の法益のための避難行為も許される場合があること（消防官が消火作業中に自己の生命の危難を避けるため他人の財産を犠牲にする場合）である

（団藤・二二五〇頁）。

四　自救行為

(1)　総説　法律上の手続によらないで自力によって権利を救済・実現する行為を自救行為（Selbsthilfe）という。緊急の場合、法律上の手続に従っていては時期を失し権利の救済・実現が不可能または著しく困難になる場合には自力による救済が許されてよいのではないかがここでの問題である。

(2)　判例と学説　①判例は自救行為について消極的態度をとってきた。例えば、大判昭一六・五・一二（刑集二〇巻二四六頁）は、「自救行為ノ如キハ各個人自ラ権利ノ救済ヲ実力ニ訴ヘ実現セントスルモノニシテ其弊甚シク整然タル現時ノ国家形態ノ下ニ於テ到底許容セラルベキ権利保護ノ方法ニ非ズ」と述べており、また、戦後、最高裁は、隠退蔵物資の放出強要行為が物資不足の世相にてらし自救行為にあたるか否かの事案につき、「自救行為とは一定の権利を有するものが、これを保全するため官憲の手を待つに違なく自ら直ちに必要の限度において適当なる行為をすること、例えば盗犯の現場において被害者が賍物を取還すが如きをいうのである」と判示し、自救行為の定義づけを与えたが具体的事案については自救行為にあたらないとし（最判昭二四・五・一八体系三〇巻七九九頁）、さらに、自己の建物を増築するために他人の不法建築物の一部を切り取ることも、自救行為として違法性を阻却しないとした（最判昭三〇・一一・一一刑集九巻一二号二四三八頁）。

②これに対して、学説の大勢は、むしろ、自救行為を例外的事情において違法阻却事由と認める必要があるとし、その際、緊急の程度、方法の相当性、法益の権衡、等を総合的に考慮して厳格な要件の下にこれを認めるべきであるとしている（団藤・二五二頁、中山・二八八頁、他）。各論との関りにおいては、なお、盗まれた自己の物を犯人から取り戻す行為、権利行使と詐欺・恐喝、などの点が検討課題となる点に留意しておく必要があろう。

五　正当行為（法令又は正当な業務による行為）

(1)　総説　法令又は正当な業務による行為は罰しない（刑法三五条）。法文上、「法令」と「正当な業務」が掲げられているが、三五条で違法性を阻却するのはこの二者には限られない。例えば、「正当な業務」を取り上げてみると、プロ・ボクサーは相手をノックアウトしてその生理機能を侵害してもボクシングが職業であるから傷害罪にはならないが、アマチュアのボクサーが相手をノックアウトすると職業によるものではないから傷害罪になるというのでは、この結論は明らかに不合理であろう。ここでは、「業務性」ではなく「正当性」の方に重点がおかれているのであり、ボクシングがスポーツとして国民の健康の増進に資するから正当とされているのである。かような意味で三五条は違法性を阻却する「正当行為」の根拠条文とされているのである。そこでは社会的相当行為が三五条の原理として機能しているといえるであろう。そのような観点から体系的議論をすれば、構成要件は社会的に不相当な、それ故、実質的にみて違法な行為の類型であるから、外科医の手術や死刑執行等の適法な行為は構成要件には該当するが違法性を阻却するという二段階的論理構成をとるのではなく、初めから構成要件に該当しないと考えるべきである。それが、構成要件を違法性の実在根拠と解し構成要件を違法性の範疇におくことの論理的帰結であるといえよう。ちなみに、被害者の同意も保護法益を欠如させる場合には、当然に構成要件該当性を欠くものである。では、以下において、法令による行為、正当な業務による行為について個別的に論じよう。

(2)　法令による行為　法令による行為とは、法令又は命令に直接の根拠を有する行為であって、それが法令によって認められている限り法秩序の一部を形成するものとして適法行為であることは勿論である（中山・二八九頁）。問題は労働争議行為を法令による行為に位置づけるか（西原・上巻二六一頁、中山・二九四頁、他）あるいはその他の一般的正当行為の中でとりあげるか（通説）であるが、労働争議行為が憲法二八条に基づくものであることに鑑み、これを法令による行為の中で取り上げ、爾余のものについては多く従来の分類に従い個別に論じたい。

①**職務行為**　公務員による職務行為は法令による行為の典型的なものとされるのが一般である。例えば、被疑者・被告人の逮捕、勾引、勾留（刑事訴訟法五八条、六〇条、一九九条、二〇七条、二一〇条、等）、住居における捜索（刑事訴訟法一〇二条、二一八条、等）、死刑・自由刑の執行（刑法一一条以下）等はその典型的なものである。これらにつき、逮捕監禁罪とか住居侵入罪とか殺人罪等はもとより成立しない。もっとも、職務行為といえども、その限界を逸脱すれば違法行為となるのであり、正当防衛にさらされたり職権濫用罪（刑法一九三条以下）に問われたりする場合もある。また、直接法令に基づくものでなく上官の職務命令による職務行為があるが、上官の職務命令が違法なものであるときには、違法性は阻却されず、期待可能性によって責任が阻却される場合がありうると解すべきである。

②**権利行為**　権利行為としては、私人による現行犯逮捕（刑事訴訟法二一三条）、親権者の子に対する懲戒行為（民法八二二条）等がある。逮捕罪、暴行罪、等は成立しない。私人による現行犯逮捕については、実力行使の限界について、「その際の状況から見て社会通念上逮捕のために必要かつ相当であると認められる限度内の実力を行使することが許され」るとする最高裁の判断が示されている（最判昭五〇・四・三刑集二九巻四号一三二頁）。また、教員の生徒に対する懲戒行為（学校教育法一一条）については体罰は禁じられているが、教員の体罰については、民法上ないし行政法上の責任が生ずるのはともかく直ちに刑法上の暴行罪、傷害罪が成立することにはならないとする学説もあるが（西原・上巻二五九頁、藤木・一八七頁）、「教員の生徒に対する殴打は、懲戒行為としてする場合でも、そのゆえに暴行罪の成立を阻却するものではない」とする下級審判例（大阪高判昭三〇・五・一六高刑集八巻四号五四五頁）が存在することに注意しておかなければならない。

③**個々の法令による違法阻却事由**　母体保護法による人工妊娠中絶の許容（母体保護法一四条）、競馬法における馬券売買の許容（競馬法五条）、等々がある。

④ **労働争議行為**　労働争議行為は、憲法二八条を根拠とし労組法一条二項を通じて刑法三五条に連なる点で、法令による行為であるということができる（中山・二九四頁）。(a)労組法一条二項は、「労働組合の団体交渉その他の行為であって前項に掲げる目的を達成するためにした正当なもの」について刑法三五条の適用があるものとし、また、「如何なる場合においても、暴力の行使は、労働組合の正当な行為と解釈されてはならない」と規定している。それ故、ここでは、正当な争議行為とは何か、および、暴力の行使による制約が問題となる。(i)まず、争議行為が正当なものであるかぎり、暴行罪、脅迫罪、監禁罪、業務妨害罪、住居侵入罪、その他の犯罪が構成要件に該当しても三五条により違法性が阻却され得るのであるから、何が正当な争議行為であるかが問題となる。労組法一条二項における「前項に掲げる目的」とは、使用者と対等の立場に立つことにより労働者の地位の向上をはかることを意味するものであるから（中山・二九四頁）、純粋な政治的目的のための争議行為は少なくとも憲法二八条の関係では正当なものということはできないと解すべきであろう。(ii)次に、暴力の行使による制約については、争議行為の態様として問題となる同盟罷業、怠業、生産管理、ピケッティング、ロックアウト、等があるが、いずれも具体的事情の下に相当とみとめられる限り違法性は阻却される。この内、特に、実務上、ピケッティングの合法性について争われた。「説得の方法」による平和的ピケッティングが許されることについては疑いの余地はないが、判例は諸般の事情を考慮する立場に移行し（最判昭三一・一二・一一刑集一〇巻一二号一六〇五頁〔三友炭坑事件〕）、諸般の事情にてらしても容認されないとするものがなお多いといえよう（例えば、最判昭五〇・一一・二五刑集二九巻一〇号九二八頁〔光文社事件〕）。諸般の事情論も争議権を実質的に保障するために必要な限度において、多少の物理力の行使は許容されるという前提の下で展開されるべきものであろう（中山・二九五頁、吉川・一五五頁、他）。争議行為における有形力の限界については、労組法一条二項但書は実力の行使が合法たりうることを前提にするものであり（内田・二一四頁）、それは労働法規範による市民刑法規範の修正の場面を意味するものであることを銘記してお

く必要がある。(b)公務員の争議行為は許されていないが(国公法九八条二項、地公法三七条一項)、その違反は行政処分や民事上の責任の対象とはなりえても、直ちに可罰的違法性を帯びると考えるべきではない。また、争議行為の共謀、そそのかし、あおり、企てについては処罰されているが(国公法一一〇条一七号、地公法六一条四号)、これらについても、公務員の労働基本権保障の趣旨から限定的に考えるべきであろう。公務員法上のあおり処罰規定につき、都教組事件判決(最大判昭四四・四・二刑集二三巻五号三〇五頁)は、いわゆる「二重のしぼり論」((i)「争議行為自体が違法性の強いもの」であり、(ii)「争議行為に通常随伴して行われる」限度を超えた違法性の強いあおりに限って処罰する)によってあおりに限定解釈を加えたが、全農林事件判決(最大判昭四八・四・二五刑集二七巻四号五四七頁)は、「勤労者を含めた国民全体の共同利益の見地からする制約を免れない」として、これをくつがえした。(c)かつての公共企業体の職員についても争議行為は許されていなかったが(旧公労法一七条)、公務員の場合と違って罰則は設けられていなかったので、それ自体としては不可罰な公労法違反の争議行為が他の刑罰法規にふれた場合に、労組法一条二項の適用があるか否かをめぐって実務上争われた。最高裁は、はじめこれを消極に解していたが(最判昭三八・三・一五刑集一七巻二号二三頁〔檜山丸事件〕)、東京中郵事件判決(最大判昭四一・一〇・二六刑集二〇巻八号九〇一頁)においてこれをくつがえし刑事免責を認める画期的判断を示したが、後、名古屋中郵事件判決(最大判昭五二・五・四刑集三一巻三号一八二頁)において再び消極判決に立ち戻ってしまった。この点については、東京中郵事件判決の基本線を維持しながら違法阻却の基準の明確化をはかるべきであるとする見解が有力である。なお、旧公労法に関する件は多く現在特労法に移行している。

(3)　正当な業務による行為　刑法三五条は「正当な業務」という文言を使用しているが、その正当化の根拠が「業務性」にあるのではなく「正当性」にあることは上述の通りで、ここでは、業務に限らずその他の一般の正当行為も三五条によって正当化されるのである。社会的相当行為もここに包含される。

①　治療行為　医師による治療行為(例えば、外科医による手術行為)が正当な業務行為として違法性を阻却するこ

とは従来一般に認められてきた。しかし、その論拠は必ずしも一様ではない。患者の同意あるいは推定的同意を根拠とする説（団藤・二二二頁、大塚・四二三頁）、優越的利益の保護と病者の意思の尊重を根拠とする説（内藤・(中)五三〇頁、五三二頁）、社会的相当性を根拠とする説（福田・一七三頁、一七七頁）、治療目的を根拠とする説（木村・二八九頁）、等が対立している。かつては多く「専断的治療行為」（同意を欠く治療行為）が行われていたが、今日では、患者の「自己決定権」との関連で、インフォームド・コンセント（informed consent）の原則、つまり、医師は十分説明した上で患者の同意を得て治療を行うべきであるという原則が確立しつつある。これは治療行為をめぐっては妥当な方向であるといえる。これらを勘案しながら、治療行為の合法性の一般的根拠を探れば、資格を有する医師が、医師としての業務の正当な範囲に属する行為を一般に承認された医学の法則に従って行い（佐伯・二一二頁）、しかも、それが、インフォームド・コンセントの要請を充足し、かつ、治療の目的に出たものであることを要すると解すべきであろう。治療行為については検討されるべき幾つかの問題点がある。(a)治療行為の主体は、通常、資格を有する医師であるが、無資格者の行う治療行為もそれが一般に承認された医学の法則に従ったものである限り、無免許医業の違法性が生ずる点はともかく、直ちに傷害罪等の違法性が生ずるわけではない。(b)「治療目的」の要否については、行為無価値に拠るか結果無価値に拠るかによって結論が異なる。治療目的を必要とすると、結果的に治療の実があがっても実験の目的であれば違法性は阻却されないという帰結に導かれる。これに対し、目的や動機などの心理状態によって違法性とその阻却が左右されるのは妥当でないと結果無価値論から説かれるが（中山・三〇一頁）、実験目的で行われる医療行為はそもそも治療行為の範疇を逸脱しており到底許容することはできない。治療行為といわんがためには治療目的の存在は不可欠である。(c)結果無価値論は、治療行為の違法阻却の実質的根拠は「健康の増進」という優越的利益に求められるとする（中山・二九九頁）。そして、徹底した結果無価値論は、医師が危険な外科手術をするにあたって、医学上一般に承認されている手段・方法（レーゲ・アルティス）を守ったが、結果的に患者を死亡させたような場合には、結果的に優越的利益がなく、同意も死の結果にまで及びえないとすれば、「結果」を正当化することは困難といわざるをえないと説く（中山・三〇一頁、もっとも、平野博士等は結果無価値論の立場からこの場合を適法とされる〔平野・I一九九頁〕）。しかし、かような場合の外科手術は社会的有用性に基づく「許された危険」として違法性を阻却すると解すべきである。もし、これを結果無価値の観点から違法とするならば、手術に失敗した外科医には未必の故意による殺人罪か、あるいは、厳格故意説によっても違法性の意識を欠く場合として少なくとも業務上過失致死罪の成立を認めざるを得ず、妥当な結論に到達するものとは解せない。(d)「同意」については、緊急の場合を除いては本人の同意を必要とするのが一般であるが（中山・二九九頁）、緊急状態下で本人の同意を得ることができない場合には、治療行為が治療目的に基づくものであり、かつ、レーゲ・アルティスを遵守したものである限り、社会的相当行為として違法性を阻却するものと解すべきである。

② **安楽死**　治療行為との関連において、まず、安楽死の問題を考えておかなければならない。安楽死がすでにトーマス・モアの「ユートピア」において取り上げられていたことは有名であるが、これが刑法上の問題として登場したのは二〇世紀に入りドイツの学者によってであった（団藤・二二五頁）。(a) **安楽死の概念**　安楽死（Euthanasie）とは、死期が迫っている病者の激烈な肉体的苦痛を緩和・除去して病者に安らかな死を迎えさせる行為をいう（大谷・二六一頁）。分類すれば、安楽死には、(i) 生命の短縮を伴うことのない死苦の除去・緩和措置としての純粋の安楽死、(ii) 死苦の除去・緩和措置の副作用として患者の生命を短縮する間接的安楽死（派生的結果として生命の短縮を伴う死亡介助）、(iii) 安らかな死を迎えさせるために延命措置を中止する消極的安楽死（生命短縮を意図した不作為による死亡介助）、(iv) 安らかな死を迎えさせるために病者を殺害する積極的安楽死（生命短縮を意図した作為による死亡介助）、の四種がある（大谷・二六一頁）。純粋の安楽死は一種の治療行為として刑法上何ら問題とならないが、爾余の安楽死

は病者の死期を早めるところから刑法上殺人罪その他の問題を生ずる。(b)**学説**　これらの安楽死の場合に違法性が阻却されるか否かは重要問題であるが、学説上は、安楽死を違法とする見解（佐伯・二九一頁、中・一八一頁、内藤・(中)五三九頁、曽根・一二七頁、他。〔もっとも、これらの見解は安楽死を期待可能性に関わる責任阻却事由として捉えようとしている〕）と適法とする見解（通説）とに分かれている。安楽死違法説の根底にある思考は、個人の尊厳の基礎にある生命の不可侵性の擁護、他人の手による殺害が「生存の価値なき生命の毀滅」に連結するのではないかとの危惧、等々である（例えば、内藤・(中)五四〇頁）。たしかに、安楽死は生命という法益侵害を惹起するものではあるが、死に直面して堪え難い肉体的苦痛に襲われている状況下で、病者自身の死の選択についての自己決定を尊重することは人道主義に適うものであるから、一定の要件の下に社会的相当性を有するものとして違法性を阻却するものと解すべきである。(c)**判例**　積極的安楽死に関し、安楽死が許容される要件を列挙したわが国の刑事裁判例として著名なものに二件ある。第一は、名古屋高判昭三七・一二・二二（高刑集一五巻九号六七四頁）であって、「(1)病者が現代医学の知識と技術からみて不治の病に冒され、しかもその死が目前に迫っていること、(2)病者の苦痛が著しく、何人も真にこれを見るに忍びない程度のものなること、(3)もっぱら病者の死苦の緩和の目的でなされたこと、(4)病者の意識がなお明瞭のものであって意思を表明できる場合には、本人の真摯な嘱託又は承諾のあること、(5)医師の手によることを本則とし、これにより得ない場合には、医師によりえないと首肯するに足る特別な事情があること、(6)その方法が倫理的にも妥当なものとして認容しうるものなること」の六要件を掲げた。第二は、東海大安楽死事件判決（横浜地判平七・三・二八判時一五三〇号二八頁）で、「①患者が耐えがたい肉体的苦痛に苦しんでいること、②患者は死が避けられず、その死期が迫っていること、③患者の肉体的苦痛を除去・緩和するために方法を尽くし他に代替手段がないこと、④生命の短縮を承諾する患者の明示の意思表示があること」の四要件を掲げた。名古屋高裁判決の(5)・(6)の要件を除外した点について、東海大安楽死事件判決は、「末期医療において医師により積極的安楽死が行われる限りでは、もっぱら苦痛除去の目的で、外形的にも治療行為の形態で行われ、方法も、例えばより苦痛の少ないといった、目的に相応しい方法が選択されるのが当然であろうから、特に右の二つを要件として要求する必要はないと解される」と述べている。東海大安楽死事件判決においては、医師による末期医療に限定しているが、安楽死が問題となる事案において常に医師が介在するとは限らない。名古屋高裁判決の事案では医師は介在していなかったのである。それを前提としていたら、あるいは、東海大安楽死事件判決における要件も若干異なっていたかもしれない。(d) **私見**　私見は以下の要件の下で安楽死が違法阻却事由たることを認めたい。すなわち、(1)病者が現代医学の知見・技術からみて不治の病に冒され死期が切迫していること、(2)病者が耐えがたい極度の身体的苦痛を訴えていること、(3)病者の真意に基づく嘱託があること、(4)病者の死苦を除去・緩和する目的で行われること、(5)病者の死苦の除去・緩和目的を実現するための相当な方法によること（医師の手によることを原則とするが、相当な理由があれば必ずしも医師の行為に限定する必要はない）、以上の五要件である（大谷・『刑法講義総論』（第四版補訂版）三〇五頁～三〇六頁）。

③ **尊厳死**　治療行為との関連では、次に、尊厳死の問題にふれておかなければならない。(a) **尊厳死の定義**　尊厳死（death with dignity）とは、回復の見込みのない末期状態の患者に対して、生命維持装置を取り外し、人間としての尊厳を保たせつつ死を迎えさせることをいう（中山・概説一二七頁）。苦痛も意識もない患者への措置という点で安楽死とは質的に異なることに注意する必要がある。(b) **学説**　尊厳死については、助かる見込みのない患者の利益のために延命医療を止め、人間としての尊厳を保ちつつ自然の死を迎えさせるという人道的観点から違法性を阻却すると説く見解（大谷・二六五頁）、患者自身による事前の真意に基づく嘱託があり回復見込みがない末期状態であれば違法性を阻却すると説く見解（西原・上巻二七一頁）、患者の自己決定権に基づく同意の存在、自己決定できない場合はその代行としての家族の同意の存在、患者の事前の意思表明（living will）の存在を前提として違法阻却を認める見解（内藤・(中)五四四頁以下）、

社会通念として是認されていないから違法性を阻却しないとする見解（団藤・二二七頁）、等々がある。(c)**判例**　東海大安楽死事件判決（横浜地判平七・三・二八判時一五三〇号二八頁）は、傍論ながら、「治療行為の中止」という名目の下に尊厳死が許容される要件をも掲げている。それによれば、(1)患者が治癒不可能な病気に冒され、回復の見込みがなく死が避けられない末期状態にあること、(2)治療行為の中止を求める患者の意思表示が存在し、それは治療行為の中止を行う時点で存在すること（患者自身の明確な意思表示の存在。患者の推定的意思の認定〔事前の文書による意思表示。患者の事前の意思表示がない場合には患者の性格、価値観、人生観等について十分に知り、その意思を適確に推定しうる立場にある家族の意思表示。家族の意思表示による場合には、医師側も患者及び家族をよく認識し理解する適確な立場にあることが必要。患者の意思の推定においては、疑わしきは生命の維持を利益にとの考えを優先させ、慎重さを欠いてはならない。〕）、(3)治療行為の中止の対象となるのは全ての措置であるが、どのような措置を何時中止するかは死期の切迫の程度、当該措置の中止による死期への影響の程度等を考慮して決定されるべきであること、等の要件が挙げられている。傍論ながら尊厳死許容の要件を掲げたわが国最初の判例といえよう。(d)**私見**　尊厳死と安楽死とは次元が異なる問題である。尊厳死は、アメリカの「カレン事件」を契機として、生命維持装置に連結されたいわゆる植物状態の患者に対する治療行為の中止をめぐる問題として登場した。安楽死の場合と違って、患者に耐えがたい肉体的苦痛は存在せず、また、患者の意思の確認には困難が伴う。生命維持治療の中止には、生命維持装置の取り外しの他に、人工透析・点滴・輸血・抗生物質投与・昇圧剤投与の中止なども含まれている（内藤・(中)五四五頁）。私見は、人道的な観点より、以下の要件の下に尊厳死を違法阻却事由と解したい。すなわち、(1)患者が医学的にみて回復の見込みのない不可逆的な意識喪失状態に陥っていること、(2)延命治療中止についての患者の自発的で真摯な事前の文書による意思表示があること、(3)患者の文書による意思示表がない場合には、患者のことをよく理解し真摯に考えている家族の意思表示があること、(4)延命治療中止の措置は医師の手によること、である。

④ **弁護士の弁護活動**　弁護士がその職責を果たすにあたって、弁護士として業務上知り得た人の秘密を漏泄する結果を生じても違法性を阻却して秘密漏泄罪は成立しない(大判昭五・二・七刑集九巻五一頁)。しかし、被告人が使用せんとしている証拠が偽造の証拠であることを知りながら、裁判所又は検事にその取調を求める行為は、弁護人の職責には属さない(大判大七・四・二〇刑録二四輯三五九頁)。弁護士が強盗殺人事件で自己が弁護しているAの無罪を証明するため真犯人が別にいる旨を真犯人を特定して公けにし、名誉毀損で告訴された事案につき、最決昭五一・三・二三(刑集三〇巻二号二二九頁〔丸正事件〕)は、「それが自己が弁護人となった刑事被告人の利益を擁護するためにした正当な弁護活動であると認められるときは、刑法三五条の適用を受け、罰せられないことは、いうまでもない。しかしながら、刑法三五条の適用を受けるためには、その行為が弁護活動のために行われたものであるだけでは足りず、行為の具体的状況その他諸般の事情を考慮して、それが法秩序全体の見地から許容されるべきものと認められなければならないのであり、かつ、右の判断をするにあたっては、それが法令上の根拠をもつ職務活動であるかどうか、弁護目的の達成との間にどのような関連性をもつか、弁護を受ける刑事被告人自身がこれを行った場合に刑法上の違法性阻却を認めるべきかどうかという諸点を考慮に入れるのが相当である」とし、これを本件についてみると、弁護人が弁護活動のため名誉毀損罪にあたる事実を公表することを許容する法令上の具体的定めはなく、また、その行為は、世論を喚起し、無罪とするための証拠収集につき協力を求め、最高裁の職権発動による原判決破棄ないし再審請求の途をひらくためのものであって、その行為は訴訟外の救援活動に属するものであり、弁護目的との関連性も著しく間接的であり、正当な弁護活動の範囲を超えるものというほかはなく、訴訟活動の一環としてその正当性を基礎づける余地はない旨を判示した。再審請求事件に関る弁護活動であっただけに、弁護側の行動にも同情の余地がないわけではないが、名誉を毀

損された被害者の立場等をも勘案するとき、弁護活動に行きすぎがあったことは否定できず、判旨はおおむね妥当と評すべきであろう。

⑤ **新聞報道業務**　(a) **新聞報道**　新聞が事実を報道することを業務とする結果、新聞報道は、しばしば名誉毀損罪との関連にさらされる。新聞といえども、みだりに他人のプライバシーを侵害することが許されないのは当然のことであって、節度ある報道が要請される所以である。かつて、判例は、名誉毀損罪について、およそ事実が真実であることの証明がない以上名誉毀損の罪責を免れることはないとしていたが（最判昭三四・五・七刑集一三巻五号六四一頁）、最高裁は、その後、記事内容が真実であることを証明できなかった事案につき、「行為者がその事実を真実であると誤信し、その誤信したことについて、確実な資料、根拠に照らし相当の理由があるときは、犯罪の故意がなく、名誉毀損の罪は成立しないものと解するのが相当である」と判示して、前記判例を変更した（最大判昭四四・六・二五刑集二三巻七号九七五頁）。さらに、学説上、新聞の有する社会的・文化的機能に鑑み、公益をはかる目的が存在し、公共の利害に関する事項についての報道で、その報道が相当な根拠にもとづくものであるときは、新聞記事については、事実の証明をまたずに正当な業務による行為として違法性の阻却を認めるべきであろうとする見解もあるが（福田・注釈刑法(2)のI一〇七頁）、報道された事実が名誉毀損罪に該当するような場合には要件が緩やかにすぎて疑問である。(b) **新聞記者の取材活動**　担当の女性外務事務官と肉体関係をもち秘密文書を持ち出させた「外務省秘密漏えい事件」に関して、最高裁は、「取材対象者であるHの個人としての人格の尊厳を著しく蹂躙したものといわざるをえず、このような被告人の取材行為は、その手段・方法において法秩序全体の精神に照らし社会観念上、到底是認することのできない不当なものであるから、正当な取材活動の範囲を逸脱している」と判示した（最決昭五三・五・三一刑集三二巻三号四五七頁）。新聞記者の取材活動は、その手段が、暴力、金銭、その他の不当な利益供与による誘惑を伴う場合、その他市民生活上の基本的な道義基準から見てとうて

い耐えがたいと認められる不正な方法を用いる場合には許されないと考えるべきである（藤木・一八九頁）。従って、判旨相当と解する。

六　義務の衝突

(1) 総説

義務の衝突（Pflichtenkollision）とは、複数の法律上の義務が存する場合にその中のあるものを履行しなければならないときに他のものを怠らなければならない場合をいう。例えば、医師が、重症の救急患者を治療するために軽症の患者の即時の治療の申し込みを拒否したような場合がこれにあたる。この場合、医師には双方の患者に対し診療の義務があるからである（医師法一九条一項）。また、弁護士が、自己の現在の依頼人の利益を護るために過去の事件において業務上知り得た他人の秘密を法廷で明らかにした場合もこれにあたる。弁護士には、業務上知り得た他人の秘密を漏らしてはならない義務があり（刑法一三四条一項）、他方で自己の依頼人の利益を擁護する義務があるからである。ここにいう義務は、道徳上あるいは宗教上の義務ではなく、あくまでも法律上の義務をさすものと解する。

(2) 法的性格

義務衝突の法的性格をめぐっては見解の対立がある（緊急避難の特別の場合とする見解、法令による行為とする見解、独自の正当化事由ないし責任阻却事由とする見解、緊急避難の場合と正当行為の場合があるとする見解、等）。緊急避難においては危難を受容して避難行為を行わないこともあるが義務衝突の場合は義務の履行が要求されている点、ならびに、緊急避難は作為によって行われるのに対して義務衝突において放置された義務は不作為である点、にてらして義務衝突は緊急避難とは異なるものであり、また、期待可能性の問題と解すべき場合もあるので、法令による行為と観るのも問題があり、それ故、独自の正当化事由ないし責任阻却事由とする見解をもって妥当と解する。

(3) 解決方法　義務衝突の解決方法については、「(1)より高い義務はより低い義務を犠牲にして履行されるべきである。(2)二つの義務が同価値の場合は、どちらか一つの義務が履行されるべきである」（ビンディング）という義務衡量の原則がある。この原則に従って解決するのが妥当であろう。従って、行為者がより高い義務を果たしてより低い義務を履行しなかった場合は適法であり、逆に、より低い義務を果たしてより高い義務を履行しなかった場合は違法である。これに対して、義務同価値の場合は、どちらか一方の義務を果たせばたりるのであって、他方の義務の不履行は、期待可能性なしとして責任を阻却する。

七　被害者の承諾

(1) 総説　被害者の承諾（Einwilligung des Verletzten）の体系上の地位をめぐっては、これを三五条に位置づける見解が有力であるが（団藤・二二二頁、木村・二八二頁、大谷・二五二頁、他）、これは、被害者が自らの法益保護を放棄するという点で（保護法益欠如の原則）極めて特徴的な違法阻却事由であり、通常の正当行為を規定する三五条の中に収めることには疑義がある。その特異性に鑑みて、被害者の承諾は超法規的違法阻却事由と解すべきである。ただし、被害者の承諾は保護法益の欠如という結果無価値の観点のみによって把握されるべきではなく、その被害者の承諾に基づく行為が法の理念に合致する社会的相当行為であるか否かという行為無価値の視点によっても把握されるべきである。また、被害者の承諾は、国家的法益・社会的法益には関りがなく、個人的法益に関するもので（もっとも、放火罪は社会的法益に属するものであるが、他人の建造物について放火〔一〇九条一項〕に際し所有者の承諾があれば自己所有物への放火〔一〇九条二項〕と同様に取り扱われるということは一般的に認められている）、財産については全面的に効果を有するが身体等については重大な見解の対立が生ずる。

(2) **承諾の効果**　被害者の承諾があったとき、その効果はどのように現れるかにつき検討しておかなければならない。(a) **構成要件上承諾の有無が最初から問題にならない場合**　例えば、一三才未満のものへの強制わいせつ・強姦（一七六条後段、一七七条後段）などは、たとえ被害者の承諾があっても、一三才未満の者にはわいせつとか姦淫の意味が理解できないのでそのような者の承諾には効果がないものとされる。(b) **承諾の有無によって異なる犯罪が成立する場合**　例えば、殺人につき、承諾が無ければ殺人罪（刑法一九九条）、あれば承諾殺人罪（刑法二〇二条）が成立し、堕胎につき、承諾がなければ不同意堕胎罪（刑法二一五条第一項）、あれば同意堕胎罪（刑法二一三条）が成立する。(c) **構成要件該当性が存在しない場合**　被害者の意思と反抗の抑圧が構成要件的行為として要求される強制わいせつ、強姦、強盗などの犯罪グループについては、被害者の承諾の存在は当然にその構成要件該当性を失わせる。被害者の承諾がその構成要件該当性を失わせる場合は、「被害者の承諾のないことが明示的または黙示的に構成要件の内容とされている罪」（団藤・二二三頁）についてまで拡大された。例えば、住居侵入罪（一三〇条）、窃盗罪（二三五条）、逮捕監禁罪（二二〇条）、毀棄罪（二六一条）、等々がそれである。

(d) **違法性を阻却する場合**　被害者の承諾は本来違法阻却事由として理解されてきたが、近時、構成要件該当性不存在とされる場合が多くなってきているのは右に述べた通りである。ところで、被害者の承諾と傷害罪との関りについては、例えば、他人に指をつめてもらうというような場合にその他人の指つめ行為は違法性を阻却するか否かが争われている。これについては、(i) 身体の安全は個人の処分しうる法益であるから常に構成要件該当性ないし違法性を阻却すると説く説（齊藤〔誠〕刑法講義各論Ⅰ〔新訂版〕一七八頁、前田・一〇三頁、三四九頁）、(ii) 国家・社会的倫理規範に照らして相当とみられる傷害行為のみが適法とされるとする見解（大塚・四一八頁）(iii) 特に生命に危険のあるような重大な傷害を除き違法性を阻却すると説く見解（平野・Ⅱ二五四頁、中山・三一三頁）、等の見解が対立している。(i) 説・(iii) 説は身体的法益は個人の処分権の範囲内にあるというところから出発しているが、自損（自傷）行為であれば個人の処分権の範囲内にある行為として是認できても、他人が関与するということになれば事態は異なるのであって、もはやそこでは個人の処分権の範囲内にあるということはいえなくなる。当該行為が社会的にみて相当な行為といえるかどうかをここでの判断基準とすべきであろう。（ii）説をもって妥当と解する。従って、他人の指をつめる行為は違法である。

(3) 承諾の要件と有効性　被害者の承諾が違法阻却事由とされるためには、承諾者が判断能力を備え（それ故、幼児や精神病者は除く）、承諾が真意に出たものであり、その承諾が行為時に存在し、かつ、承諾内容が客観的に是認されうるような社会的に相当なものでなければならないとされるのが一般である（中山・三一一頁）。(a) **真意に出た承諾**　強制や戯れによってなされた承諾が真意に出た承諾といえないことは勿論である。判例上は、暴行・脅迫によって妻を自殺させた事案につき自殺教唆としたものもあるが（広島高判昭二九・六・三〇高刑集七巻六号九四四頁）、追死するとの欺罔により人を死亡させ自分は死なかった場合（偽装心中）には、真意に沿わない重大な瑕疵ある意思は無効として殺人罪に問擬したものがある（最判昭三三・一一・二一刑集一二巻一五号三五一九頁）。(b) **行為時の承諾**　被害者の承諾は行為時に客観的に存在しているだけでは足りず、外部に表示され（意思表示説。大塚・四〇二頁）行為者によってその存在が認識されていなければならない。この認識は「主観的正当化要素」である。同意は存在することで足り外部に表示される必要はないと説く立場もあるが（意思方向説。山口・一五七頁、林・一六八頁、他）、妥当とは思えない。(c) **承諾内容の社会的相当性**　承諾に基づいてなされる行為は、その方法および程度において、国家・社会的倫理規範に照らし是認されるものでなければならない（大塚・四二一頁）。医療行為に関らない同意傷害の如きは（例えば、やくざの依頼を受けてその指をつめる行為）、社会的相当性を欠き違法である。最決昭五五・一一・一三（刑集三四巻六号三九六頁）は、被告人が仲間と共謀の上被害者の承諾を得て保険金騙取の目的でその自動車に自車を追突させ傷害を負わせたという事案につき、「被害者が身体傷害を承諾したばあいに傷害罪が成立するか否かは、単に承諾が存在するという事実だけでなく、右承諾を得た動機、目的、身体傷害の手段、方法、損傷の部位、程度など諸般の事情を照らし合わせて決すべきものである」と判示した。この判例に対しては行為無価値的な傾斜がみられるとの批判もあるが（中山・三一三頁）、基本的には支持しうるものと解する（大塚・四二一頁）。

(4)　推定的承諾　推定的承諾（mutmaßliche od. vermutete Einwilligung des Verletzten）とは、被害者が現実に承諾を与えたのではないが、もし被害者が事情を知れば、行為に承諾を与えたであろうと推定されるような場合をいう。例えば、破損した水道管を修理するため無断で留守中の他人の住居に立ち入るような場合である。被害者が承諾しうる法益に関するもので、その推定的承諾内容を実現する行為が国家・社会倫理的規範によって是認されうるものであるときに、違法性が阻却される。そして、推定的承諾に基づく行為は、現実の承諾があった場合と同様に扱われるのであるから、被害者の個人的な自己決定権を考慮し、被害者の真意を推測してそれに沿うよう行為することが肝要である（大塚・四二二頁）。

第四章　責　任　論

第一節　責任論の基礎

一　責任論の意義と責任主義

すでにみたように、違法構成要件に該当し違法阻却事由が存在しない場合に、はじめて、当該行為は違法となる。しかし、ある行為が法益を侵害しそれが如何に重大なものであったとしても、それだけではまだ犯罪は成立しない。犯罪が成立するためにはさらなる要件の検討が必要となる。

(1)　責任論の意義　「犯罪とは構成要件に該当する違法・有責な行為である」との定義がすでにこのことを明らかにしている。すなわち、犯罪が成立するためには、違法行為の実行が責任非難として行為者に帰せしめられなければならない（主観的帰責）。かような意味において、責任（Schuld）は、違法性（Rechtswidrigkeit）と並ぶ犯罪成立要件の一つであり、そこに、責任論が独立の範疇として論じられる意義がある。責任非難の根拠は、行為の是非を弁別し、それに基づいて行為を制御できる能力（責任能力）のある者が、自己の行おうとしている行為が許されないものであることを知りながら敢えてその行為に出る点にある。その意味において、責任非難の前提として責任能力の存在は不可欠である。また、責任非難の中には、故意責任と過失責任という二つの形式がある。非難の程度は前者が重く後者が軽い。さらに、責任非難を問うためには、行為者に適法行為にでることを期待しうる状況が存在していなければならない。かようにして、責任論においては、責任能力、故意・過失、期待可能性といった要件がそれぞれ検討されることとなる。

(2)　責任主義　①「責任主義」とは、故意又は過失がなければ犯罪は成立しないとする原則をいう（平野・Ⅰ五二頁）。厳密にいえば、これは狭義の責任主義であり、これに対して、責任能力や期待可能性をもとりこむと広義の責任主義となる。概念上、両者は一応区別しておくのが適当と思われる。責任主義は、近代刑法において犯罪成否に関し譲ることのできない大原則である。平野博士は、責任主義を、「責任なければ刑罰なし」とする消極的責任主義と、「責任あれば刑罰あり」とする積極的責任主義とに区分され、責任主義の本来の意味は前者にあると論じられた（平野・Ⅰ五二頁～五三頁）。これは、刑法の謙抑主義にてらして傾聴すべき見解である。ただ、このことを前提としながら、罰すべきは断固罰しなければならないところに刑法の厳しさがあることも弁えておかなければならない。②ここでは、結果的加重犯を例にとって責任主義（狭義）につきふれておこう。**結果的加重犯**とは、基本となる軽い犯罪を犯す故意で実行行為に出たところ予期せざる重い結果を発生させる犯罪形態をいう。典型的な犯罪類型としては、傷害致死罪（刑法二〇五条）があげられよう。傷害致死罪は傷害罪（刑法二〇四条）の結果的加重犯であり、「身体を傷害し、よって人を死亡させた者は、三年以上の有期懲役」の刑で処罰される。傷害罪の刑が「十五年以下の懲役又は五十万円以下の罰金」であるのに対して重く処罰されている。傷害致死罪は、例えば、甲が傷害の故意で乙をナイフで刺したところ、出血多量で乙が死亡してしまったような場合である。わが国の多くの判例は、暴行・傷害の点で故意の実行行為があれば、死の結果との間には因果関係における条件関係があれば足りるとして傷害致死罪を認めている（最判昭三二・二・二六刑集一一巻二号九〇六頁、他）。しかし、因果関係は事実確定のための判断であり、客観的帰責の問題であって、責任の有無に関る主観的帰責の問題とは次元を異にする。この場合には、傷害行為と発生した死との間に少なくとも過失の存在を必要とすると解すべきである（通説）。そのように解してこそ、はじめて責任主義の要請を充たすことができるのである。わが国の判例は、かようにして、結果的加重犯においては責任主義に背馳する立場に立っている。基本たる行為の基礎には故意行為があるから、行為と結果との間に相当因果関係があれば足りるとする学説もあるが（植松・一三五頁、西原・上巻二一四頁、等）、処罰の対象は死という発生した予期せざる重い結果であって、その点に相当因果関係があったとしても、それは所詮客観的帰責の問題であるにすぎず主観的帰責の問題を解明しうるものではないから、この見解は責任主義にてらして疑義がある。

二　責任の本質と意思の自由

責任の基本的な把握の仕方によって、道義的責任論、社会的責任論、法的責任論あるいは社会的（規範）責任論、等が区別される。

(1)　道義的責任論　道義的責任論によれば、責任とは、適法な行為にでることも可能であったのに自己の意思により敢えて違法な行為を行ったことにつき、行為者を道義的に非難することである。そこでは、素質と環境によって相互的に影響されつつ主体的に決定する意思決定の自由が前提とされている。これを図式的に表現すれば、「意思決定の自由―責任―非難―刑罰（応報刑）」ということとなる。この考え方は、規範的責任論の本質を形成する適法行為の期待可能性という要件ともよく適合し得るものであった。これは、古典的な旧派刑法学、すなわち、客観主義刑法理論の考え方である。

(2)　社会的責任論　社会的責任論によれば、反社会的性格の持ち主が有する社会的危険性に対し社会は自己防衛のために一定の措置をとらなければならないが、この立場では、責任とは、この措置を甘受しなければならない地位をいう。そこでは、意思決定の自由は形而上学的なものとされ意思決定論が前提とされている。これを図式的に表現すれば、「意思決定論－危険性－処分（目的刑）」ということになろう。これは、新派刑法学、すなわち、主観主義刑法理論の考え方である。しかし、この立場に立てば、反社会的性格の持ち主であることが責任の基礎ということになり、そこには「非難」の契機がなく、非難を内容とする責任概念に適合し得ないものといわざるをえない。

(3)　法的責任論あるいは社会的（規範）責任論　法的責任論によれば、責任とは、刑罰という手段による法の立場からの非難可能性を意味する。その際、法的責任論は、非難の対象である違法行為を法の立場から法益の侵害・危険としてとらえ、その非難可能性は他行為可能性としての行為選択の自由を前提とするのであり、その自由は、形而上学的なものではなく、人間の行為の多くの部分は素質と環境によって因果的に決定されているが、それにもかかわらず、選択の幅は狭いとしても究極のところでは自己決定の自由が存在すると解されるものである（内藤・(上)一二一頁〜一二三頁）。これを図式的に表現すれば、「他行為可能性としての行為選択の自由－責任－非難－刑罰（応報）」となる（もっとも、ここでの応報は、犯罪防止による生活利益保護の効果をもつものに特定されている（内藤・(上)一二六頁））。なお、平野博士は、社会的（規範）責任論を説かれ、刑法上の責任は、国家が刑罰という苦痛を伴う非難を加えるための要件であるとされ（平野・I六〇頁）、やわらかな（ソフトな）決定論をとられる。いずれの見解も結果無価値論に依拠している。ここでは、新たな立場からの論述が展開されているが、それは結果無価値論によるものであり、その点において賛同し難く、支持しえない。私見は、道義的責任論をもって妥当と解する。

三　責任学説の推移

右とは異なる視点からの「責任」の捉え方において、責任をめぐる学説には歴史的な推移があった。それは、偶然責任（結果責任）論から心理的責任論を経て今日の通説である規範的責任論に至る流れであったといってよい。

(1)　偶然責任（結果責任）論　これは、一定の行為と発生した結果との間に因果関係さえあれば、責任の要素を検討することなく、行為者に刑事責任を認めるもので、偶然にすぎないような結果の発生についても、発生した結果から考え起して責任を論ずる立場である。責任学説としては、旧い時代の考え方で、責任主義が支配する今日の刑法理論においては到底許容できないものである。

(2)　心理的責任論　行為者に責任非難を帰するためには、行為と結果との間に因果関係があるだけでは足りないのであって、発生した結果との間に行為者との心理的連関が不可欠であり、それは、故意・過失という要件であるとする見解を心理的責任論という。この考え方は責任論としては一歩の前進を示すものであったが、しかし、故意・過失という心理的連関を必要とした点で、この立場は「心理的」なものに止まり得ないこととなった。例えば、過失には、不注意（注意義務違反）という単なる心理的要素をこえる規範的要素の介在が必然であったし、また、故意においても、犯罪事実の認識という単なる心理的要素をこえて違法性の意識という規範的要素が必然のものであったからである。心理的責任論は、責任論としては、妥当な方向への歩みを示すものであったが、その内実においてはこのような問題点を抱えるものであった。

(3)　規範的責任論　心理的責任論から規範的責任論への推移は、二〇世紀初頭のドイツにおける期待可能性論の登場とその普及によって決定づけられた。ライヒ裁判所の暴れ馬事件に端を発した期待可能性論は、ドイツのフランク、ゴールドシュミット、フロイデンタール、等々によって学問上の基礎づけを与えられ、刑事責任ありとするためには責任能力、故意・過失のほかに「付随事情の正常性」が必要であるとされるに至った。そこでは、責任の実体は非難可能性にあり、たとえ故意・過失という心理的要素が存在しても、行為者に他の適法行為にでる可能性がなければ責任非難をすることができないという原則が確立されたのである。規範的責任論はわが国においても積極的に導入され支持されるところとなった。それは今日の通説である。そして、規範的責任論の故郷はその内容にてらして道義的責任論であるといってよい（団藤・三二六頁）。

四　今日の責任学説

規範的責任論はわが国の通説であり、今日主張されている責任学説は全て規範的責任論に立脚するものであるが、その中でなお責任の考え方には相違がある。以下で、今日主張されているわが国の責任学説に触れておこう。

(1) 行為責任論　「罰せられるべきは行為である」という客観主義刑法学の立場より出発すれば、責任は違法行為を行ったことに対して行為者に加えられる非難ということになり、個々の違法行為を対象にするという意味で「行為責任」あるいは「個別行為責任」と呼ばれる。それはまた個々の違法行為を行った主観的意思に対する責任という意味で、「意思責任」と呼ばれることもある。これが古典的行為責任論の考え方であって、道義的ないし規範的責任論の出発点をなすものであったということができる（中山・三二二頁）。この見解が妥当である。

(2) 性格責任論　これに対して、「罰せられるべきは行為者である」という主観主義刑法学の立場より出発すれば、現実に行われた行為は行為者の反社会的性格の徴表にすぎないものであって、その現実的意義が否定され、犯罪者の責任は、社会保全の必要から理解されるべき「社会に対するその者の地位」を意味するという考え方となって現れる（牧野・下巻五〇〇頁）。典型的な性格責任論である。しかし、反社会的性格の持ち主であることが責任の基礎であるとするならば、そこには、責任非難の契機はないといわざるを得ず、責任論たるに値しない。

(3) 人格責任論　人格責任論には二種のものがある。一つは、旧派の道義的責任論の立場から人格形成にまで非難を及ぼそうとする「人格形成責任論」の立場であり、いま一つは、行為に現れた限度での行為者の人格ないし環境を考慮して責任の軽重を考えようとする「性格論的責任論」の立場である。

① 人格形成責任論　この立場は、一方で、単なる行為責任論では具体的人間の把握において不十分であり、他方で、性格責任論では非難の要素を欠き主体的な人間性を見失う点で不当であるとする見地にたって、主張される。すなわち、第一次的には行為責任を、第二次的には人格形成責任を考慮し、両者を合一して人格責任と称する。何故なら、行為責任も人格の現実的なものから潜在的なものにわたって行為におけるその人格態度を理解し責任判断を加えるものであって、過去における人格形成の過程を離れて犯行時の人格を了解することはできないからである（団藤・二六一頁）。しかし、この見解にたつと、第一に、行為の背後にある人格形成過程にまで責任非難を及ぼすことは行為責任主義に反するものであり、第二に、人格形成過程のどの部分が非難されどの部分が非難されないかを区別することは実際には不可能であり、第三に、結論的には重い責任非難を正当化することになるのではないかという懸念がある、といった点に問題があって、支持し難い。

② 性格論的責任論　この立場は、刑事責任で問題にしなければならないのは行為当時の人格であるとし、人格を、刑罰を受けいれることのできる層ないし刑罰が作用しうる層とそうでない層とに分け、責任を問うことができるのは前者の異常さに対してだけで、行為がそのような人格に対して相当であるときには、その行為については重い責任を問うことができるとする。この性格論的責任論は、行為の背景として人格ないし性格を考慮するものではあるが、それは行為責任であり、人格形成責任論のようにこのような人格になってはならないと命令するのではなく、

ただこのような行為をするなと命ずるだけであるとし、用語としては実質的行為責任とよぶのが妥当であって、性格論的責任はその一面にすぎないと説く（平野・「人格責任と行為責任」『刑法講座3』一一～一三頁）。この見解にたつと、第一に、責任能力の必ずしも否定されない異常性格者や神経症の持ち主あるいは確信犯人を通常人より重く処罰する結論に到達せざるを得ず、第二に、性格論的責任論は、行為主義を守りつつも、その限度内では「危険な性格」を求めて行為者人格の内面に立ち入るものであり、人格の要素に何を数えるか現在の科学をもってしてもほとんど明らかでないだけに、そのような目的をもって人格に立ち入ることは危険であり、第三に、行為が人格に相当していることが何故その行為についての非難の根拠になるのか必ずしも明らかでない、といった問題点があって、支持できない（西原・下巻四四九頁）。

第二節　責任能力

一　責任能力の本質と性格

責任能力に関しては、刑法三九条（心神喪失と心神耗弱）と四一条（責任年齢）がその不存在あるいは減弱の場合を規定している。特に、心神喪失と心神耗弱は、心理学上の概念でも精神医学上の概念でもなく、法律学上の概念であって、しかも、生物学上の要素のみならず心理学上の要素も問題となるものであるだけに、その認定には困難が伴う。精神医の鑑定は、精神障害という生物学上の要素に限られ、それが心神喪失、心神耗弱にあたるか否かは裁判官によって判断されるのである（中山・三三九頁）。最高裁も、「被告人の精神状態が刑法三九条にいう心神喪失又は心神耗弱に該当するかどうかは法律判断であって専ら裁判所に委ねられるべき問題であることはもとより、その前提となる生物学的、心理学的要素についても、右法律判断との関係で究極的には裁判所の評価に委ねられるべき問題である」と判示している（最決昭五八・九・一三裁判集二三二号九五頁）。責任能力の内容に立ち入る前に、若干の問題にふれておかなければならない。

(1) 責任能力の本質　責任能力の本質をめぐっては、これを「有責行為能力」とみる見解と「刑罰適応能力」とみる見解とが対立している。この対立は元来学派の争いに由来するものであり、前者は意思自由論を前提とする道義的責任論により主張され、後者は意思決定論を前提とする社会的責任論によって主張されたものであった。この間にあって、責任能力とは、およそ何らかの意味で有責に行為する能力があるかどうかの問題ではなく、刑罰で問うに足りる責任（可罰的責任）があるかどうかの問題で、この点を明らかにするために責任能力は刑罰適応性だというのであれば意味がある、とする見解（平野・II二八〇頁）も主張されている。思うに、責任能力が「訴訟能力」や「刑罰執行能力」とは異なるものである以上、犯罪行為の時に存在し行為者に責任を問うために必要とされる能力は、有責行為能力と呼ぶにふさわしいものであるといえよう。この問題は責任の本質論にまでさかのぼる原理的性格のものであるが、一方では、精神医学との関連が問われ、他方では、刑罰か処分かという形での処遇論との関連が問われざるを得ないが故に、単なる論理的な刑法解釈のレベルをこえた刑事政策的判断が不可避であるといわざるを得ないのである（中山・三三四頁）。

(2) 責任能力の性格　次に、責任能力は、責任論内部での体系的位置づけとして、責任の「前提」であるのかあるいは責任の「要素」であるのか、という点が問題となる。前者は、責任能力を個々の行為とは無関係に責任非難を受け得る一般的な行為者の属性として考え、それ故、故意・過失等の判断に先置され責任論の最初に検討される前提と理解する（平野・II二八二頁、藤木・二〇三頁、大谷・三一六頁、等）。これに対して、後者は、責任能力を個々の行為の中で責任非難を受け得る属性として位置づけ、それ故、故意・過失、違法性の意識、期待可能性、といったその他の責任要素とともに当該行為の責任非難に接合させようとする考え方である（団藤・二七六頁、大塚・四五一頁、福田・一九〇頁、内藤・下Ⅰ七九九頁、香川・二一七頁、西原・下巻四五四頁、内田・二三四頁、他）。例えば、前者の立場からは、人格は統一的なものであるから、単一の行為者のある行為につき責任能力を認め他の行為につき責任能力を認めないのは許されないということも説かれるが（大谷・三一六頁、平野・Ⅱ二八八頁～二八九頁）、「部分的責任能力」の場合の如きは、ある犯罪行為については責任無能力でもそれ以外の犯罪行為については責任能力はあるのであるから、そのような場合には人格区分を認めて、責任能力がある犯罪行為については犯罪の成立を肯定すべきである（例えば、好訴妄想を有するパラノイア患者は虚偽告訴罪〔刑法一七二条〕については責任無能力であっても、妄想と関係のない他の犯罪については責任能力の存在をみとめてもよいと解すべきである〔団藤・二八四頁〕）。責任能力を有責行為能力と観る以上責任要素説を採用するのが妥当であろう（西原・下巻四五五頁）。

なお、この問題と関連して、責任能力と故意・過失の判断順序については、一般に、責任前提説に立てば「責任能力－故意・過失」となるが、責任要素説に立てば「故意・過失－責任能力」という順序になる。もっとも、平野博士は、責任前提説に立たれながら「故意・過失－責任能力」という判断順序をとるのが適当であろうとされる（平野・Ⅱ二八二頁）。

(3) **行為・責任同時存在の原則**　責任能力は、実行行為を行う時に同時に存在していなければならない。これを「行為・責任同時存在の原則」という。責任主義をとる以上、この原則を否定することはできない（平野・Ⅱ三〇〇頁）。具体的に問題となるのは「原因において自由な行為」の事案の際であるので、この問題については、原因において自由な行為について論ずる時にあらためてふれることとしたい。

二　心神喪失と心神耗弱

刑法は、心神喪失と心神耗弱について、「心神喪失者の行為は、罰しない」（刑法三九条一項）、「心神耗弱者の行為は、その刑を減軽する」（同条二項）と規定するのみで、心神喪失と心神耗弱の概念内容については条文上規定をおいていない。しかし、判例は、「（心神喪失ハ）精神ノ障礙ニ因リ事物ノ理非善悪ヲ弁識スルノ能力ナク又ハ此ノ弁識ニ従テ行動スル能力ナキ状態ヲ指称シ（心神耗弱ハ）精神ノ障礙未タ上述ノ能力ヲ欠如スル程度ニ達セサルモ其ノ能力著シク減退セル状態ヲ指称スルモノナリトス」（大判昭六・一二・三刑集一〇巻六八二頁）と判示している。改正刑法草案も、「精神の障害により、行為の是非を弁別し又はその弁別に従って行動する能力がない者の行為は、これを罰しない」（一六条一項）、「精神の障害により、前項に規定する能力が著しく低い者の行為は、その刑を軽減する」（一六条二項）として、ほぼ同趣旨の内容を規定している。その内容については、今日のわが国の学説上異論はない。これによると、心神喪失（責任無能力）と心神耗弱（限定責任能力）は、「精神の障害」という生物学的要素と「是非を弁別しこれに従って行動する能力」という心理学的要素とから成り立っており、わが国の責任能力論は、生物学的要素と心理学的要素との混合的方法によって判断されるという構成がとられている。

(1)　**精神の障害（生物学的要素）**　生物学的要素としての「精神の障害」とは何かが、まず、問題となる。精神の障害は、狭義の精神病、意識障害、その他の障害に区分される。①　**精神病**　精神病には、内因性のもの（統合失調症、そううつ病）と外因性のもの（伝染性〔脳梅毒など〕、外傷性〔脳挫傷など〕、中毒性〔アルコール中毒、覚せい剤中毒など〕、身体性〔老人性痴呆、てんかんなど〕）とがある。これらの内、統合失調症は精神障害の典型的なものであり、人格破壊が重大でとくに制御能力を欠くのが通常であるところから、犯行時に被告人が統合失調症に罹患していたと認められる限り、原則として心神喪失を認めるべきである。しかし、統合失調症者であっても、人格破壊には程度差があるから心理学的要素によって限定づける必要があり、同じことはそううつ病や外因性精神病にも妥当する。②**意識障害**　意識障害とは、自己もしくは外界についての意識が明晰でない状態をいう。意識障害には、脳の器質的変化または中毒による「酩酊」のような病的な場合と、催眠状態、激情などによる正常な場合とに分かれるが、重篤なものに限って精神の障害に取り入れられるべきである。③**その他の障害**　その他の障害には、精神薄弱、神経症、精神病質、等がある。(a)精神薄弱とは、先天的または幼児期の原因によって知能の発達に遅滞を生じている者をいう。精神薄弱者は弁別能力・制御能力において劣るのが通常であるから心神喪失とすべき場合が多い。(b)神経症とは、不安・過労・精神的ショックなど主に心理的な原因によって起る精神の機能障害をいうが、弁別能力や制御能力に影響を与えるような生物学的基礎となるかについては疑問がある。(c)精神病質とは異常性格をいい、「精神保健及び精神障害者福祉に関する法律」では「精神障害者」とされているが（五条）、精神病質は精神病の前段階でもなければ精神病でもない。弁別能力や制御能力が劣っているとも必ずしもいえないところがある。精神病質および神経症は意識障害の一因として扱われるべきであり、それ自体としては精神の障害に含ませるべきではないと解する（大谷・三二四頁）。

(2)　弁別能力と制御能力（心理学的要素）　心理学的要素は弁別能力と制御能力とに分かれる。①「弁別能力」（今日では「認識能力」という言葉が多く使われている。自己の行為の違法性を認識しうる能力という意味である。語意の倫理化をさける為という。）とは、行為の是非善悪を知り得る能力、すなわち、行為が法の見地において許されないことを理解し得る能力をいう。これは知的な認識能力であって、その判定は容易ではないけれども、精神障害との関連はある程度判定可能であるとされている（中山・三三八頁）。イギリス及びアメリカの幾つかの州では、この弁別能力だけで責任能力の有無を決しようとする。これをマックノートン・ルールという。この規準によると、精神障害のため、「その行為の性質 (nature and quality) を知らず、または、それを知っていた場合でも、悪をなしていることを知らなかったとき」には責任能力がない。この規準に対しては、「知る」という認識的側面だけを問題にし、意思的・制御的側面を無視しているという批判が加えられている（平野・II二八五頁）。②他方、「制御能力」とは、弁別に従って自己の行為を外界でコントロールできる能力であって、これは、人間の情意的な側面に関るものである。情意的な側面に関るものであるだけに判定の困難さが以前から指摘されている。③アメリカの精神医学者の中には、弁別能力・制御能力の有無というようなことは、経験的には答えられない形而上学的ないし倫理的な問題だとし、この規準にかえて、「その行為が精神障害の産物 (product) であるかどうか」を規準とすべきだとの主張もある。これをドゥラム・ルールという。しかし、この規準には、一方で、精神の障害という概念が不明確で、これに精神病質も含むとすると精神病質の産物である行為はすべて無罪とせざるを得なくなるし、他方で、行為が明らかに精神病の産物であるという場合はその証明は可能であるが、そうでない場合には行為がその産物であるか否かの証明は困難であるという難点がある（平野・II二八七頁）。④弁別能力と制御能力とが責任能力の心理学的要素であることを認めても、その両者の具体的判断においては多大の困難が伴うことを払拭することはできない。

(3)　責任能力判断をめぐる若干の問題　生物学的要素と心理学的要素との関連、ならびに、責任能力の帰趨は決して単純ではない。①「精神病」の場合は「原則として無条件で」責任無能力にすべきであるとの主張があるが（平野・II二九〇頁）、統合失調症の寛解期になされた犯行（五名を殺害、二名に重傷を負わせた事案）につき、最高裁は、一審・二審が責任能力を認めて死刑を言い渡したのに対して、限定責任能力の疑いありとして第二審判決を破棄差戻した（最判昭五三・三・二四刑集三二巻二号四〇八頁、なお、差戻後の控訴審は心神耗弱であるとして無期懲役とし、これに対する被告人の上告に対し、最高裁は差戻後の控訴審の心神耗弱の認定を支持して、上告を棄却した〔最決昭五九・七・三刑集三八巻八号二七八三頁〕）。②また、「病的酩酊」（病的な要素に基礎をおくもので、飲酒により急激に苦悶を呈し、幻覚や妄想を生じ、無差別な躁鬱状態を招き、完全な健忘状態を伴うようなもの）の場合は、原則として責任能力を欠くとすべきだとの見解もあるが（平野・II二九二頁）、わが国の判例はこれにつき責任無能力を認めることには、厳格な態度をとっている。例えば、ある下級審判決は、「気分高揚的異常性格傾向に、軽い知能障害の加重された人格面全般の水準低下の状態において飲酒し、その酩酊状態は飲食前に服用したハイミナールの作用によって増強され、高度の意識混濁と不機嫌状態を伴う強い運動性興奮を呈し、定型的な病的酩酊といいうる状態にあった」という鑑定にもかかわらず、酔余料理店勤務の女性らに乱暴した事案につき、「被害者から強くたしなめられたことに憤慨してなされたものであることが明らかであり、また、本件犯行当時被告人はある程度において、その状況を察知しながら行動をしていたことが十分に認められ、是非善悪を弁別する能力を失っていたものとは、とうてい認めることができない」と判示して、心神耗弱とした（東京高判昭三八・一一・二五下刑集五巻一一・一二号一〇七七頁）。また、病的酩酊、酩酊性もうろう状態との鑑定を退けて、「およそ飲酒による酩酊の結果、犯人が心神喪失の状態にあったというためには、完全な意識障害と道徳的判断力及び抑制力の全く欠如していることを要する」として、心神耗弱を言い渡した判決（札幌高判昭三六・六・一〇下刑集三巻五・六号四一四頁）もある（平野・II二九二頁）。③「覚せい剤中毒」の場合にも、異常な精神状態（妄想や幻覚）が発現するが、なお、疎通性を保持している可能性があるとして、判例は、心神喪失でなく心神耗弱を認める傾向にある（中山・概説一五五頁）。例えば、殺人、監禁、公務執行妨害、その他の犯行を行った覚せい剤使用者の事案につき、第一審は「被告人が覚せい剤使用により心神喪失の状態にあった」との精神鑑定結果を採用せず、被告人に責任能力ありとして無期懲役を言渡したのに対し、その控訴審は、被告人は「その当時覚せい剤使用の影響により異常な精神状態に陥っており、妄想幻覚に影響された異常な行動も多かったのであるから、本件犯行当時、被告人は是非を弁別する能力及びこれに従って行動する能力が著しく減弱した心神耗弱の状態にあったものと認めるのが相当である」とし、原判決を破棄し、被告人を懲役二〇年に処

した（東京高判昭五九・一一・二七判時一一五八号二四九頁）。

三　刑事未成年者

「十四歳に満たない者の行為は、罰しない」（刑法四一条）。刑法四一条は、十四歳未満の者を刑事責任未成年として一律に責任無能力者とみなしている。ここでは、自然年令が絶対の規準であって、心理学的要素は全く考慮されない。しかし、年令については少年法上の規定に注意しておかなければならない。かつての少年法は十六歳未満の者は一切刑事処分に付されないとしていたが、現行の少年法では、二十歳未満の少年であれば相当と認める時は死刑、懲役、禁錮にあたる事件について検察官送致すべきものとし（二〇条一項）、十六歳以上の少年が故意に被害者を死亡させた時は原則として検察官送致決定をすることとした（二〇条二項）。また、十八歳未満の者に対しては、死刑は無期刑に（五一条一項）、無期刑については無期刑を科すか有期の懲役又は禁錮を科すかは裁判所が選択できるものとし、この場合、刑は十年以上十五年以下において言い渡すものとした（五一条二項）。

四　原因において自由な行為

「原因において自由な行為」（actio libera in causa）とは、飲酒・薬物使用等の行為により、自己を責任無能力（ないし限定責任能力）の状態に陥れ、その状態で犯罪行為を行うことをいう。例えば、酩酊すれば傷害行為に出る性癖のある者が、多量に飲酒・酩酊して責任無能力（ないし限定責任能力）の状態に陥り、その状態で他人をビール瓶で殴打し傷害するような場合が考えられる。原因において自由な行為には、故意犯・過失犯、作為犯・不作為犯の形態があり、また、責任主義の見地より、「行為・責任同時存在の原則」（実行行為の時に同時に責任能力が存在していなければならないという原則）が要請される。典型的な原因において自由な行為の形態においては、行為時に責任能力が存在していないのが通常であるから、そのような場合に責任主義にてらして行為者を処罰できるかどうかが大きな問題となる。学説の大勢はその可罰性を認め、判例もまた故意犯・過失犯につき処罰しているが、問題は処罰の理由づけであり、これをめぐって学説も区々に分かれる。

(1) **学説**　通説は、行為・責任同時存在の原則の要請を充足しつつ、原因において自由な行為の可罰性を認めようとするが、行為・責任同時存在の原則の要請を維持しないでその可罰性を肯定する見解もある（佐伯説）。他方では、その可罰性を否定する少数説も有力に存在する。以下で、その理論状況を概観しよう。

① **間接正犯（類似）説**　自己を責任無能力の状態に陥れ、その状態で犯罪行為を行うことは、あたかも間接正犯において他人を道具として利用することと変わりはないとする見解をいう。そして、この立場は、原因設定行為に実行行為性を認めることによって、行為・責任同時存在の原則を満足させようとする（団藤・一六一頁～一六四頁、大塚・一六五頁、植松・二三〇頁、福田・一九七頁、香川・二二三頁、等）。(i) 団藤博士は、定型説の見地からは、その原因行為が実行行為としての定型をもつことが要求されるとし、定型性を認めるためには、第一に、自己を全く弁別能力のない状態におとしいれることが必要であり、第二に、自己の弁別能力のない状態を道具として利用する行為そのものが、構成要件的定型性を具備しなければならないと説かれる（団藤・一六一頁～一六二頁）。しかし、第一の点については、心神喪失状態に陥って犯罪を犯そうとし予定通り心神喪失に陥ったら原因において自由な行為の法理によって処罰されるのに、心神耗弱状態に止まった場合には限定責任能力者として刑が減軽されるとするのは納得し難い。第二の点については、団藤博士も、過失犯（母親が乳房をあてがったまま睡眠したため乳児を窒息死させた場合〔刑法二一〇条〕）や不作為犯（定刻に投薬の必要のある重病者の保護責任者がこれに投薬しない目的で定刻前に飲酒して泥酔に陥る場合〔刑法二一八条〕）については、原因行為に定型性を認めるの

は比較的容易であるが、故意の作為犯（泥酔中に人を殺す積もりで飲酒したという場合）については、その飲酒行為に殺人罪の構成要件該当性を認めるのは無理であると説かれる。なぜなら、もしこれを認めれば、かような目的で飲酒した以上は、人を殺すに至らなかった時でも殺人未遂を認めなければならないことになるからである（団藤・一六二頁〜一六四頁）。(ii) この点につき、小野博士は、構成要件の理論の立場より、単なる飲酒を殺人行為とみるのは無理で、飲酒と飲酒中の行為を全体として観察し現実に乱暴な行為に出たとき、前後の行為をあわせて殺人の実行とみるべきことを説かれる（小野・「原因において自由な行為」『刑法と法哲学』二四六頁〜二四七頁）。全体的観察という点に小野説の特色があるが、傾聴すべき見解である。

② **「行為・責任同時存在の原則」実質的把握説**　(i) この立場の有力な主張者である西原博士によれば、元来、責任能力の判断を含む責任評価は、違法行為そのものでなく、違法行為をなした行為者の意思決定に向けられる。そこで、ある一つの行為がある一つの意思決定に貫かれており、その意思決定が責任能力のある状態でなされた場合には、行為者はその行為全体について責任能力あるものとしての責任を負ってしかるべきことになる。原因において自由な行為の場合、責任能力のあるときの原因設定行為と、それの失われたときの現実の違法行為とは、一つの意思決定に貫かれた一つの行為と考えることができ、その行為の内、通常の犯罪の場合における実行の着手時期に関する標準に従い実行の着手とされる時点以降のものが実行行為とされることになるのであって、原因設定行為は単なる予備行為であって、現実の結果惹起行為が実行行為だということになる（西原・下巻四六二頁〜四六三頁）。(ii) 他方、平野博士は、第一に、原因行為と責任能力との同時存在は必要であるが、その原因行為は必ずしも未遂犯成立の要件である実行行為である必要はなく、したがって、「実行行為」と責任能力との同時存在は必ずしも必要ではない。また、結果行為が限定責任能力の状態で行われた場合にも、原因において自由な行為の法理を適用する場合もありうる。

そして、原因において自由な行為には二つの形態があり、第一の形態は、原因行為者の意思といわば不連続的に結果行為の意思が生じる場合（例えば、飲酒・酩酊すれば、酩酊状態が原因となって殺傷の意思が生じる場合）であって、犯意の発生と飲酒行為との間に相当因果関係があるとはいい難い場合が多く、第二の形態は、はじめから殺傷の行為をする故意があるような、意思が連続している場合（例えば、殺傷行為をするについて勇気づけのため酒を飲み計画どおりの行為をして相手を殺傷したが、殺傷行為の時には酔いがまわって、責任無能力あるいは限定責任能力の状態であったという場合）であって、このように、責任能力の状態での犯意がそのまま実現されたときは、実行行為のときに責任能力がなくとも、発生した結果について責任を問うことができる。実行行為のとき、限定責任能力であった場合には、第一形態においては、原則として原因性を否定すべきであり、第二形態においては、完全な責任を問うことは可能である（平野・II三〇二頁～三〇五頁）。(iii) 山口教授は、(a)「構成要件モデル」と「責任モデル」に分け、構成要件モデルは現在多数説の支持する立場で、構成要件的結果を惹起した結果行為を、結果惹起についての問責の対象となる原因行為＝実行行為に由来する因果経過の一事象として捉えるものといえ、従って、結果行為自体は問責の対象から除外されることになると説かれる。他方、責任モデルでは、実行行為に対する責任非難は実行行為時の事情のみに基づいてなされるべきもの（実行行為との同時的な非難）か、それともそれ以前に遡り、実行行為時以前の事情に基づいて行うこと（実行行為よりも事前的な非難）も可能なのか、が問題となる。構成要件モデルと責任モデルは、一方を採用すると他方が採用できないという意味で相互排他的なものではない。それ故、問題となる事案に即して可能かつ適切なモデルを採用し、それに基づいて可罰性を肯定することは可能である。ただ、二つの解釈モデルの適用範囲という点では、責任モデルがより重要である。(b)原因において自由な行為の法的構成については、過失犯は容易であるので、故意犯について検討する。(ア) 結果行為が非故意行為の事例においては、構成要件モデルに基づき、原因行為による、結果行為を介した構成要件的結果惹起支配を肯定しうるかが問題となる。故意犯の責任を問うためには、完全な責任能力を備えた原因行為の時点において、構成要件的結果（構成要件該当事実）惹起の認識・予見である故意の存在が必要となる。そして、原因行為には構成要件的結果惹起の認識・予見のみならず、結果行為時に故意が失われることなどの認識・予見が必要となり、かかる内容の「二重の故意」が要求される。（イ）結果行為が故意行為の事例の場合には、構成要件的結果を物理的に惹起した結果行為自体を実行行為と捉え、それに対する責任非難の可能性を考えるほかはない。このような責任モデルを採る場合には、まず、結果行為はたとえ心神喪失状態でなされたとしても、それを行為者自身が行ったという事実に意味があること、次に、完全な責任能力が備わった原因行為は、実行行為である結果行為に対する責任非難を可能とする行為としてもっぱら問題となるのである。ここでは、二重の故意は不要である。なお、責任モデルにおいても、構成要件的結果惹起について故意責任を問うためには、非難をなす原因行為時に構成要件的結果を惹起する意思（故意）が必要である（山口・二五四頁〜二六二頁）。

（iv）下村博士は、行為・責任同時存在の原則を維持しつつ、事態を規範的に考察するかぎり、自らの無責状態を利用したり、利用することになったことにつき責任があるかぎり、実行行為性を考えるにあたってそれらの事情を引用しての抗弁は許すべきものではなく、刑法規範的には、たとえ事実上責任無能力になったとしても、刑法上責任能力あるものと断じて、一般行為の場合と同様に解すべきであること、たとえば、強盗殺人罪において犯人がまず被害者を殺害し、ついでその財物を奪取した場合に、殺人罪と事後被害者に占有なきのゆえをもって占有離脱物横領罪を認めることなく、死亡した被害者になお占有状態の存続を認めて、ことを論ずるのと同様である、と述べられる（下村・「原因において自由な行為」藤木編『刑法I「総論」』一五三頁）。

③**「行為・責任同時存在の原則」不要説**　行為・責任同時存在の原則は原因において自由な行為の場合には維持さ

れなくてよいとする佐伯博士の見解。佐伯博士によれば、原因において自由な行為の場合においては、行為の時と責任のある時とが明らかに異なっている。責任と行為の同時存在というドグマを守る学者は、極度に酩酊して乱暴し人を傷つけたような場合における傷害行為は、酔って人を傷つけた行為そのものでなく、むしろ素面で酒を飲み始めたことをそれと見做すべしと説くのであるが、これは詭弁というほかない。むしろ、率直に、行為は無能力の状態で行われるのであるが、行為者は、それが自己の責に帰すべき事由により惹起されたと考えるかぎり、その責任を免れないのだというべきである。すなわち、行為者が行為について責任を負うためには、責任、特に責任能力がその行為の瞬間に備わっていることは、必ずしも必要でないのである（佐伯・二三五頁～二三六頁）。

④**「原因において自由な行為」無罪説**　「行為・責任同時存在の原則」および「構成要件の厳格性の原則」を維持することと、原因において自由な行為を個々の構成要件の罪として広く処罰を認めることとの間には矛盾があり、両者は両立しない。「同時存在の原則」は責任主義の絶対的要請であり、解釈によっても立法によっても否定・修正することはできず、罪刑法定主義は「構成要件の厳格な解釈」を要求するもので、処罰のためにそれを緩和することは許されない。理論的混乱を犯してまで処罰のための論理を組み立てることは刑法学の任務ではない。もっとも、処罰すべきであるのに処罰しえない原因において自由な行為については、立法的解決を図るべきである（平川・「原因において自由な行為」『現代刑法講座第二巻』二七七頁以下。浅田・二九三頁）。

(2)　私見　①原因において自由な行為とは、飲酒・薬物使用等の行為により、自己を責任無能力ないし限定責任能力の状態に陥れ、その状態で犯罪行為を行うことをいう。定型説の説くように、限定責任能力にとどまった場合を除外するのは妥当ではない。けだし、故意犯の場合の如きは、責任能力がたとえ著しく減弱していたとしても、故意の存在は責任能力が存在していたときから限定責任能力の時期まで連続していて、むしろ、結果発生の蓋然性は責任無能力に陥った場合よりも高いと考えられるからである。加えて、責任無能力に陥れば完全な犯罪として処罰されるのに、限定責任能力にとどまれば必ず刑を減軽される（三九条二項）のは、不合理だからである。また、責任能力が自然主義的にみて存在する時期の原因設定行為に実行の着手を認めるのは妥当ではない。なぜなら、泥酔中に人を殺す目的で飲酒を始めたところ、眠り込んでしまって殺人の実行行為に取りかからなかったとしても、この立場では、飲酒行為自体を殺人行為と観なければならない結果、殺人未遂としなければならなくなるからである。そこに、わが国の通説的見解と目される間接正犯（類似）説の欠陥がある。②原因において自由な行為を処罰すべきでないとする見解もあるが、その結論は妥当とは思えない。そこには、当罰性も可罰性も存在するのであって、解釈によって処罰する途を探求すべきである。③原因において自由な行為を処罰するにあたって「行為・責任同時存在の原則」を維持しない見解もあるが、行為・責任同時存在の原則は責任主義より導かれる大原則であるので、この原則は墨守されなければならない。④このように考えてくると、「行為・責任同時存在の原則」実質的把握説に立つこととなるが、その際、同時存在の原則は実行行為（結果行為）と責任能力との間に認められなければならないのであって、これを認めない西原説、平野説は失当であり、また、「構成要件モデル」・「責任モデル」というう本来異質なものを、相互排他的でないとして適宜採用し、それに基づいて可罰性を肯定する山口説には疑問があって、わたくしは、下村説に従いたい。自己を責任無能力ないし限定責任能力に陥れて犯罪行為を行う者については、全体が一つの故意に担われた一つの行為である以上、自然主義的にみれば実行行為の時には完全な責任能力は存在していないけれども、そのような状態にたち至った自己を利用する場合には、刑法的評価の次元では責任能力があると考えて妨げない。下村博士も説かれたように、強盗殺人罪において、被害者を先に殺してその後に財物を奪取する場合、死者には占有は無いが、加害者・被害者の関係においては、なお占有の存在を認めて加害者に強盗殺人罪の成立を認めるのは通説・判例の支持するところである。そこでは、自然主義的思考ではなく規範的・価値的思考が展開されている。原因において自由な行為の場合にも、このような規範的・価値的評価を行って妨げないものと解する。この立場に立つならば、実行行為は現実に犯罪行為に出た時に認められるのであって、原因設定行為はせいぜい予備行為と観られるに止まる（山本雅子教授は、下村説を「実行行為時規範的考察説」と命名し、支持される『実質的犯罪論の考察』（成文堂）一二五頁）。

(3) 判例　原因において自由な行為に関しては、すでに、故意犯、過失犯、限定責任能力に止まった場合について、最高裁判例が出ている。①故意犯については、旧麻薬取締法（昭和二三年法一二三号）四条四号が「麻薬中毒のため公安をみだし、又は麻薬中毒のため自制心を失うこと」を処罰していたが、これにつき、最高裁は次のように判示した。すなわち、「されば、ここに禁止および処罰の対象となるものは行為であるから、『麻薬中毒のため自制心を失うこと』というのは、麻薬の連続使用により麻薬中毒の結果自制心を失った行為がなされることを意味するものと解するを相当とする。そして、右自制心を失った行為の当時には被告人に責任能力がなくとも、麻薬を連続して使用する際被告人に責任能力があり、且つ麻薬の連続使用により麻薬中毒症状に陥ることについての認識（未必の故意）があれば、いわゆる原因において自由な行為として、処罰することを得るのである」（最決昭二八・一二・二四刑集七巻一三号二六四六頁）。刑法犯については、下級審ながら、ヒロポン中毒患者となったが医療を受けいったんは治癒した被告人が、姉の結婚先に寄寓中、塩酸エフェドリンの水溶液を自己の身体に注射し、その結果中枢神経が過度に興奮し幻覚妄想を起こし自己及び一家が世間から怨まれて復讐されるが如く思惟して生甲斐なく感ずるとともに厭世観に陥り日頃最も敬愛する姉を殺害して自殺しようと決意し姉を短刀で刺し、死に致した事案につき、「薬物注射により症候性精神病を発しそれに基く妄想を起し心神喪失の状態に陥り他人に対し暴行傷害を加へ死に至らしめた場合に於いて注射を為すに先だち薬物注射をすれば精神異常を招来して幻覚妄想を起し或は他人に暴行を加へることがあるかも知れないことを予想しながら敢えて之を容認して薬物注射を為した時は暴行の未必の故意が成立するものと解するを相当とする」（名古屋高判昭三一・四・一九高刑集九巻五号四一一頁）とした高裁判例がある。②過失犯については、飲食店で飲食の後同店の使用人達とトラブルを起こし憤慨して傍らにあった肉切包丁で使用人の一人を刺殺した事案につき、最高裁は、「本件被告人の如く、多量に飲酒するときは病的酩酊に陥り、よって心神喪失の状態において他人に犯罪の害悪を及ぼす危険ある素質を有する者は居常右心神喪失の原因となる飲酒を抑止又は制限する等前示危険の発生を未然に防止するよう注意する義務あるものといわねばならない。しからば、たとえ原判決認定のように、本件殺人の所為は被告人の心神喪失時の所為であったとしても（イ）被告人にして既に前示のような己れの素質を自覚していたものであり且つ（ロ）本件事前の飲酒につき前示注意義務を怠ったがためであるとするならば、被告人は過失致死の罪責を免れ得ないものといわねばならない」と判示した（最大判昭二六・一・一七刑集五巻一号二〇頁）（近時、過失犯に「原因において自由な行為」を認める必要はないという主張が有力になされているが、判例の整理という視点からみて適切でない。）。③限定責任能力と原因において自由な行為については、ビールを二〇本位飲んだ後、心神耗弱状態において、他人所有の自動車を乗り出し、酒酔い運転をし、途中で乗車させた人物より金品を喝取した事案につき、最高裁は、「（なお、本件のように、酒酔い運転の行為当時に飲酒酩酊により心神耗弱の状態にあったとしても、飲酒の際酒酔い運転の意思が認められる場合には、刑法三九条二項を適用して刑の減軽をすべきではないと解するのが相当である。）」と判示した（最決昭四三・二・二七刑集二二巻二号六七頁）。

第三節　故意

一　総説

刑法三八条一項は、「罪を犯す意思がない行為は、罰しない。ただし、法律に特別の規定がある場合は、この限りでない」と規定して、故意犯処罰が原則であり、例外的に過失犯が処罰されることを明らかにした。故意（Vorsatz）は過失より重い責任形式である。ところで、故意の本質については、以前から、表象説（認識主義、観念主義）（Vorstellungstheorie）と意思説（意思主義、希望主義）（Willenstheorie）とが対立してきた。表象説は、単に犯罪事実の認識・予見だけでたりるとし、意思説は、犯罪事実の実現を意欲し又は希望することを要するとする。表象説からは、行為者が犯罪事実の実現される蓋然性の程度を相当高度のものとして表象した場合に故意を認めようとする蓋然性説（Wahrscheinlichkeitstheorie）が生じ、意思説からは、事実の表象という知的な要素とともにこれを敢えて行おうとする意思的要素も必要であるが、意思的要素は必ずしも犯罪の実現を意欲し希望することまでは必要でなく、犯罪実現についての認容があればたりるとする認容説（Einwilligungstheorie）が生じた（大塚・一八三頁）。故意の要件としては、知的要素と意思的要素の双方を必要と解すべきであろう。けだし、故意においては、犯罪事実に対する積極的態度が必要であって、そのためには意思的要素が不可欠のものと思われるからである。もっとも、その意思的要素については、意欲とか希望の程度までは必要でなく認容でたりると解する。かくして、故意には、犯罪事実の表象・認容が必要となる。これを前提としても、さらに、故意の構造をどのように考えるか、故意を体系的にどこに位置づけるか、といった問題については、理論状況は極めて錯綜していてその理解は必ずしも容易ではない。以下で、故意についての学説、故意の種類、等について、明らかにして行こう。

二　故意概念の諸相

故意概念をめぐっては、今日、故意説と責任説が存在し、前者は、厳格故意説・制限故意説・準故意説に、後者は、厳格責任説・制限責任説・修正責任説に、区分される。故意説は、犯罪事実の表象・認容と違法性の意識を切り離すことなく、故意の本籍地は責任であるとするのに対して、責任説は、犯罪事実の表象・認容と違法性の意識の可能性を構成要件と責任とに分離し、故意を事実的故意として構想する。なお、その間にあって自然犯・法定犯区別説、違法性の意識不要説も主張されている。期待可能性の体系的地位の問題を除外して（これについては後述する）、ここでは、それらの学説について概観しておこう。

(1)　厳格故意説　厳格故意説は、犯罪事実の表象・認容と違法性の意識を故意の要件とする（小野・一五四頁、瀧川・一二七頁、植松・二四五頁、柏木・二二六頁、大塚・四六一頁、中山・三五二頁、岡野・一八〇頁、内田・二四四頁、他）。その根底には、自己の行う行為が許されないものであることを知りつつ敢えてその行為に出るのが故意であるという思考が存在し、原則的には妥当な故意概念であるといえる。しかし、この説に立つときには、確信犯、激情犯において違法性の意識を持つことができず、規範意識が鈍麻した常習犯においては通常人の持つ程度を下回る違法性の意識しか期待できない、という理論的短所を克服することができない。

(2)　制限故意説　制限故意説は、犯罪事実の表象・認容の他に、違法性の意識の可能性を故意の要件となす（団藤・三一七頁、井上・一四四頁、藤木・二一二頁、他）。この見解に立つと、厳格故意説にむけられた批判は回避できるが、この見解に対しては、違法性を意識して敢えて行為した場合と、その意識の可能性はあったが現実には意識を欠いて行為した場合とでは、人格態度として異なった評価を受けるべきで、この点を端的に同一視していることは疑問であるとの批判

（大塚・四六一頁）、あるいは、この立場は違法性の意識の可能性で足りるとするが、可能性には蓋然性に近いものもあればほとんど可能性のないに近いものまであって、可能性の低い場合にもこれを故意犯として処罰することになると厳格になりすぎはしないかとの批判（下村・基本的思想一二六頁）が呈されている。

(3)　準故意説（違法性の過失説）　準故意説は、故意の成立には、犯罪事実の表象・認容と共に違法性の意識を要するとし、違法性の意識を欠いたことにつき過失があるときは（違法性に関する過失）故意に準じて取扱うとする。けだし、事実性に関する過失の場合には、罪となるべき事実の認識がないからその違法性の意識も欠けることとなるが、違法性に関する過失の場合には、罪となるべき事実の認識はありながら、その違法性を意識しない点において事実性に関する過失より規範的に観て非難されるところ大なるが故である。違法性の意識を欠いたことにつき過失があるときは、刑法三八条三項にてらして原則として故意犯と同一に取扱うべきものとする。すなわち、過失の大なるときは故意犯と同様に取り扱い、それが軽微なるときは三八条三項で刑を減軽し、さらに軽微なるときは三八条三項と法的性格を同じくする三六条二項により刑の免除を認め、過失が無いときには故意犯としては遇しない（草野・八二頁、八九頁、斉藤〔金〕一八一頁、下村・基本的思想一二六頁、なお、佐伯・二五三頁、二七八頁）。準故意説に対しては、どうしてこの場合の過失だけを故意と同視するのかが明らかでないとの批判がある。

(4)　厳格責任説　厳格責任説は、事実的故意と違法性の意識の可能性とを区別し、前者を「構成要件」の要素とし、後者を「責任」の要素とする。そこでは、故意は構成要件範疇におかれて、構成要件該当事実の表象・認容とされ、構成要件的故意（事実的故意）と称される（福田・一〇九頁、二一〇頁）。この説に対しては、故意・過失を責任の領域から放逐する点が根本的に疑問であるとの批判があり（団藤・三一九頁）、また、違法性の意識から切り離された故意概念には、自己の行為が許されていないのに敢えてその行為に出るという要因が消失して、道義的非難の対象となる故意概念の空洞化を招くという問題点が生ずるように思われる。

(5) 制限責任説　制限責任説も、事実的故意と違法性の意識の可能性とを区別し、前者を「構成要件」の要素とし、後者を「責任」の要素とする。その意味では両者は共通の発想に基づくが、決定的な相違は、厳格責任説が「禁止の素材」としての構成要件概念を採用し三分的犯罪論体系によるものであるのに対し、制限責任説は「全不法構成要件」概念を採用し、二分的犯罪論体系による点である。その結果、制限責任説の故意の表象・認容の対象は、三分説のいう「構成要件」と「違法性」に属する全ての客観的要素となり、必然的にこの理論は、消極的構成要件要素の理論となる（中・九一頁）。中博士は、責任非難の対象としての構成要件的故意は、その表象内容から少なくとも違法性の意識を可能にするという提訴機能を具備しなければならないとして（構成要件的故意の提訴機能〔Appelfunkution des Tatbestandsvorsatzes〕）、正当化事由の事実的前提を消極的構成要件要素とされた（中・九〇頁、一七〇頁）。「構成要件的故意の提訴機能」という構想は卓越した着想であったが、すでに触れた如く制限責任説の構成要件概念を採用するときは、構成要件論レベルで解決不能な理論的欠陥を露呈するものである点でこの理論には賛同し難い。さらに、また、厳格責任説に呈された批判がそのままこの理論にもあてはまる。

(6) 修正責任説　これは、平野博士の見解の呼称であるが、平野博士は、故意・過失を「原則的な責任要素」とされ、違法の意識の可能性がない場合、期待可能性がない場合、責任能力がない場合を「責任阻却事由」とされる。博士は、構成要件的故意を認めず責任故意のみを構想されるが、その認識対象は、構成要件該当事実、違法阻却事由、客観的責任要素である（平野・I一五九頁、一六一頁〜一六七頁）。この場合、犯罪事実の認識は違法性の意識を喚起できるが、「動機説」に立たれるならむしろ違法性の意識は原則的な責任要素に組み込まれるべきではないか、という疑念が生ずる。また、最近では、この平野説を「修正責任説」と呼ぶことが定着してきているが、元来、責任説というのは、事実的故意と違法性の意識の可能性とを体系的に分離し、前者を構成要件に、後者を責任に位置づける見解を称してきたのであって、平野説は、たしかに事実的故意と違法性の意識の可能性とを分離するものではあるが、体系的にはそれは「責任」内部で行われているものであるので、むしろ、従来の学説分類からすれば、これは故意説の修正型と理解して「修正制限故意説」と称する方が妥当であるように思われる。

(7)　自然犯・法定犯区別説　この説によれば、自然犯においては、一定の行為が犯罪であることはいわゆる前法律的なものであるが、法定犯においては、一定の行為は法律においてこれを犯罪とするが故に犯罪となる。それで、犯罪と社会の通念との関係を考えて、自然犯については故意の成立要件として違法性の意識は不要であるが、法定犯については必要であるとする（牧野・下巻五九〇頁）。しかし、この説に対しては、第一に、自然犯と法定犯の区別自体が困難であり、第二に、自然犯においても犯罪事実の認識が違法性の意識を喚起しないことがありうる、等の批判がある。

(8)　違法性の意識不要説　この説によれば、故意には、責任主義から、「非難可能なだけの事実の認識」が要求される。現在のわが国の「故意」という言葉のもつ国語的意味に加えわが国の刑事司法実務の現状を基礎に判断すると、「一般人ならばその罪の違法性の意識を持ち得る犯罪事実の認識」が、故意非難を基礎づける主観的事情だと考えられる。一般人ならば当然犯罪だと考える事実、例えば人を殺すことを認識していながら、国家のために殺すことは「犯罪ではない」と信じて行為した者には、故意非難を向け得るはずである。たしかに、行為者本人にとってみれば、正しいと信じている以上なぜ非難されるのか了解不能であろう。しかし、非難可能性とは、国民一般が納得し得る内容のものであれば足りるのであって、国民の全員が完全に了解する必要はない。故意にとって決定的なのは「認識」であり、「意欲」「動機」等の意思的要素は付随的なものとして「責任の量」を左右する機能を有するのである。そして、制限故意説が多くの支持を得てきたのは、違法性の意識の可能性が、故意責任の核心部分だからである。ただ、事実の錯誤と法律の錯誤の限界の混乱を回避し、実践的に有用な理論とするには、違法性の意識の可能性判断を、「当該犯罪の違法性を意識し得る事実の認識」という実質的故意論に解消すべきなのである（前田・二二〇頁）。この見解に対しては二点にわたり異議がある。第一に、故意には「認識」と「意思」とが不可欠であり、認識のみに重点を置くことには賛同し難い。殺人についてみれば、ひとは殺そうと思うから殺人を犯すのである。故意から意思的要因を除去することは妥当とは思えない。第二に、違法性の意識の可能性が故意にとって説かれるほど重要な要素であるならば、端的に、違法性の意識の可能性を故意の要件として掲げるべきであって、その判断を「当該犯罪の違法性を意識し得る事実の認識」の中に含ましめ実質的故意論と称するのは、いささか技巧的であるように思われる。もっとも違法性の意識の可能性という概念には蓋然性の程度から小なる可能性の程度まで幅がありすぎて、これを故意の要素とすることにも問題が残ることを忘れてはならない。

(9)　私見　故意の故意たる所以は、自己の行おうとする行為が法上許されないことを知りつつ敢えてその行為に出るところにある。それ故、故意は、構成要件該当事実の表象・認容とともに違法性の意識を併有するものでなければならない。①その際、故意の表象・認容の対象として、通説は、構成要件該当事実ならびに違法阻却事由を構成する事実を挙げる。故意の表象・認容対象として犯罪事実（違法な事実）を掲げるならばこの両者に違法な事実としては径庭はないというのがその理由である。そこでは、構成要件該当事実を表象・認容し違法阻却事由を表象しないのでなければ、違法性の意識あるいはその可能性は生ぜず規範の問題に当面しないと考えられている。しかし、構成要件は違法行為を類型化する機能をもち、その内容は禁止あるいは命令であるが、違法阻却事由は構成要件該当行為を適法化する機能を有し、その内容は許容である。構成要件と違法阻却事由とのこの性質差を看過して両者を同一視すべきではない。故意の表象・認容の対象は構成要件該当事実に限定すべきである。構成要件該当事実は違法な事実であるから、これを表象・認容すれば進んで通常違法性の意識は生ずるもので、規範の問題に当面すると観るべきである。②構成要件該当事実の表象・認容（構成要件的故意）というとき、そこでは、違法構成要件に該当する事実がその対象として予定されている。その点について注意すべき若干の事柄にふれておこう。(a)構成要件の主観的要素（例えば、通貨偽造罪における行使の目的）は、その性質上対象から外される。主観的な要素を構成要件的故意という主観的な要素で表象・認容することはできないからである。(b)客観的処罰条件も、犯罪成立要件の外におかれるもの故、故意とは関係がない。(c)構成要件的行為と結果は対象に含まれるが、結果的加重犯については基本となる行為から発生する重い結果は含まれてはならない。これを故意の対象とすると、発生した重い結果の故意犯にならなければならないからである（但し、例外として、強姦致死傷罪（一八一条）、強盗強姦致死罪（二四一条）等の場合には、故意ある結果的加重犯を認めなければならない場合もある。）。(d)因果関係は当然対象になるが、因果関係の経路に多少の齟齬があっても通常予想しうる範囲内のものであれば故意を認めるのが通説・判例の立場である（因果関係の錯誤）。(e)規範的構成要件要素（例えば、わいせつ）の場合には、「意味の認識」をもたなければならない。それは「裁判官におけると同様な厳格な法律判断」ではなく、その「一般的、社会的意味」をわきまえていれば足りる（中山・三六五頁）。③故意はすぐれて主観的・一身的なものである故に、故意の体系上の本籍地は「責任」でなければならない。このような観点から故意を捉えるならば、違法性の意識不要説、自然犯・法定犯区別説、責任説、等を採用することはできず、結論的には、故意説を採用することとなる。そして、故意説中、制限故意説には違法性の意識の可能性で足りるとする点に上述の問題があるのでこれを採用することはできず、厳格故意説か準故意説に拠ることとなる。しかし、厳格故意説には、確信犯人、激情犯人の場合には違法性の意識がなく、また、規範意識の鈍麻した常習犯人の場合には通常人のもつ程度を下回る違法性の意識しか期待できない。となれば、厳格故意説のこれらの短所を克服し得る準故意説が最も妥当ということになる。④ところで、準故意説に対しては、本質的に過失犯であるものが何故に故意犯になるのか、違法性の意識のないものを結果的にもせよ故意犯として取り扱うという主張は故意の中に違法性の意識を含ませこれを故意の本質的特徴とする根本主張と相容れない、という批判が呈されている（西原・下巻四七六頁）。これは鋭い批判である。しかし、準故意説の意図するところは、構成要件該当事実（違法な事実）を表象・認容すれば進んで違法性の意識をもつべきところ、不注意にも違法性を意識しない「違法性に関する過失」は過失ではあるが、構成要件該当事実の表象・認容のない「事実性に関する過失」より重く非難されて然るべきであるという規範的評価の重要性を説く点にある。留意しなければならないのは、違法性に関する過失はあくまで過失であって故意ではないが、その責任非難の度合はむしろ故意のそれに近いので故意と同様に処罰するという点である。このようにして私見は準故意説を支持したい。自己の行為が違法であることを知りつつ敢えてその違法行為に出るところに故意の故意たる所以があるのであって、その意味で違法性の意識を故意の要件とする見解の妥当性を肯認しつつ、厳格故意説の理論的短所を救済し得る途は準故意説しかないと考えるのである。

⑽ **判例**　わが国の判例は大審院、最高裁を通じて一貫して違法性の意識不要説に立っている。その代表的なものを掲げれば、大審院は、「法定犯ニ付テモ所謂刑事犯ト同様ニ犯意ノ成立ニハ違法ノ認識ヲ必要トセサルモノト解スルヲ相当トス」と判示し（大判昭六・一・一九刑集一〇巻一頁）、最高裁も、「所謂自然犯たると行政犯たるとを問わず、犯意の成立に違法の認識を必要としないことは当裁判所の判例とするところである」と判示している（最判昭二五・一一・二八刑集四巻一二号二四六三頁）。

三　故意の体系的地位

故意の体系的地位をめぐっては様々な見解が存在する。故意概念との関りで現れる見解については右でみた通りである。これに対して、例えば、団藤博士は、制限故意説に立ち、故意の本籍地は「責任」であるとされつつも、「違法性」において主観的違法要素としての故意を肯認され、「構成要件」において責任の類型化としての構成要件的故意を認めて、「構成要件」「違法性」「責任」それぞれの範疇において故意の存在を肯定される（団藤・一三四頁、一三七頁。なお、大塚博士も、構成要件的故意、違法故意、責任故意を認められる〔大塚・一七八頁、三六三頁、四五七頁、等〕）。しかし、構成要件を有責類型と観ない立場においては、責任の類型化としての構成要件的故意を認めることは妥当でない。私見は「行為－違法性－責任」という体系に拠るが、故意の体系的地位については次のように考える。(a)故意の犯罪論体系上の本籍地は「責任」である。その故意は、構成要件該当事実の表象・認容と違法性の意識によって構成される。構成要件該当事実の表象・認容がありながら、過失によって違法性の意識を欠いた者に対しては、これを故意に準じて取り扱い、過失の程度によって段階的処罰を考える（準故意説）。(b)これに対して、違法性範疇においても主観的違法要素としての故意（構成要件該当事実の表象・認容）を認めなければならない。それは、違法構成要件の要素として構成要件的故意となる。責任の故意が本来の故意であり、違法性範疇の故意は主観的違法要素としてのそれであり、かつ、構成要件の個別化機能に奉仕するものである。

四　故意の種類

故意を取り扱う場合には、確定的故意と不確定的故意、侵害故意と危険故意、事前の故意と事後の故意、等に分けて説明するのが一般である。従来のその区分に従って故意の種類を整理しておきたい。その際、未必の故意については、その重要性に鑑み特別に取り上げることとする。

(1)　確定的故意と不確定的故意　①**確定的故意**（dolus determinatus）とは、行為者が犯罪実現を確定的なものとして表象・認容する場合をいい（例えば、甲が乙を殺害する意思で拳銃を発砲する場合）、②**不確定的故意**（dolus in-determinatus）とは、行為者が犯罪実現を不確定的なものとして表象・認容する場合をいう。不確定的故意は三種に分けて説明される。(a)**択一的故意**（dolus altanativus）とは、二個の客体のうちいずれかに結果が発生することは確実であるが、そのいずれに発生するかが不確定な場合である（例えば、甲、乙二人の内どちらか一方を殺害する意思で拳銃を発砲する場合）。(b)**概括的故意**（dolus generalis）とは、一定範囲内のどれかに結果が発生することは確実であるが、その客体、個数が不確定な場合である（例えば、群衆の中に誰が何人死のうと怪我しようと構わないと思って爆弾を投げ込む場合）。(c)**未必的故意**（未必の故意）（dolus eventualis）とは、結果の発生自体が確実ではないが、発生するかもしれないことを表象し、その発生を認容する場合である（例えば、道幅の狭い道路を人が歩いているときに、もしかしたらその人をはねるかもしれないが、はねるならはねてもよいと思って大型の自動車を走らせる場合）。

(2)　侵害故意と危険故意　①**侵害犯の故意を侵害故意**（Verletzungsvorsatz）という。侵害故意は、一定の法益侵害結果を表象・認容することを要する（例えば、刑法一九九条の「殺人」の表象・認容）。②**危険犯の故意を危険故意**（Gefährdungsvorsatz）という。危険故意は、法益侵害の危険の存在を表象・認容することを要する（例えば、刑法一〇九条二項の「公共の危険」の表象・認容）。具体的危険犯においては、危険性が明確に表象されなければならないが、抽象的危険犯においては、単に漠然と表象されればたりる。

(3)　事前の故意と事後の故意　①**事前の故意**（dolus antecedens）とは、行為者がある行為を既遂にまで実現したと思い、罪証湮滅あるいはその他の目的でさらに別個の行為を行ったところ、その段階で初めて最初に意図した行為の結果が発生した場合をいう（例えば、殺人の故意で首を絞めたところぐったりして動かなくなったので死亡したものと思い、死体遺棄の故意で被害者を海岸の砂浜に遺棄したところ、被害者は砂末を吸引して死亡した場合）。これは、通常、因果関係の錯誤の問題として取り扱われるが、ウェーバー式概括的故意と称されることもある。因果関係の錯誤については、後に論ずる。②**事後の故意**（dolus subsequens）とは、行為者がある行為に取りかかった後、初めて故意を生じ、行為を自然の成り行きに任せたため犯罪結果が発生した場合をいう（例えば、医師が外科手術の行為を始めた後、殺意を生じ、爾後の医療行為を中止したため、患者が死亡した場合）。ここでは不作為が問題となる。

(4)　未必の故意　故意と過失の分水嶺に位置する故意概念として未必の故意がある。故意と過失を論ずるに際しては、確定的故意・未必の故意（故意）、認識ある過失・認識なき過失（過失）の四者が論じられ、「確定的故意」は明確な故意として、また、不注意の結果犯罪事実を表象することなく結果を発生させた「認識なき過失」は明白な過失として承認されているので、ここでは、犯罪事実発生の可能性の表象がある点で共通している「未必の故意」と「認識ある過失」との区別が問題となる。

①　**学説**　この点についての学説には四説ある。(i) まず、認識主義から生じた「蓋然性説」は、単に結果発生の可能性を表象して行為にでた場合には過失であるが、その蓋然性を表象して行為に出た場合には故意であるとする（牧野・下巻五五六頁、前田・二二三頁〜二二四頁、斎藤〔信〕・一〇七頁）。この説は、知的要素のみを重視し意思的要素を顧慮しない点で故意の本質を正当に把握するものといえず、また、蓋然性と可能性との区別は必ずしも明確とはいい難く故意と過失の限界を画する規準としては妥当とはいえない。(ii) 次に、意思主義から生じた「認容説」は、表象した結果が発生しても「構わない」「やむをえない」として「敢えて」行為に出た場合は結果発生の認容があるとして故意を認めるが、その認容がない場合には過失に止まると主張する（小野・一五三頁、団藤・二九五頁、大塚・一八四頁、二一五頁、福田・一一三頁、西原・上巻一八三頁、内田・一二二頁、他）。知的要素と意

思的要素を踏まえて主張されている点で認容説が妥当である。今日の通説である。認容説に対しては、結果は「発生してもよい」とする積極的認容のほかに、「無関心であった」ことも消極的認容として含むとすれば、未必の故意の成立範囲は不明確となり、微妙な心理的判断からかえって故意の範囲が広くなるという問題も生ぜざるをえないように思われるという批判が呈されているが（中山・三五六頁）、「無関心」というのは、意思的・情意的側面の欠落であるから、消極的認容ということは認容説では考え難い。また、認容といわれるものは「情緒的な附随物」であって意思的なものではないという批判もある（平野・I一八五頁）。しかし、例えば、結果が「発生するならしてもよい」と行為者が思うとき、その認容は希望や意欲よりは弱められているけれども、意思的性質をもつことは否定できないように思われる。(iii) 近時有力になりつつある「動機説」は、認識説の立場からも（平野）認容説の立場からも（井上）主張されうるものであるが、行為者の認識ないし認容が動機形成過程に与える影響を重視しようとするもので、結局、結果発生の認識が否定されなかったかどうか（平野・I一八五頁）、その表象が行為動機となったのかどうか（井上・『過失犯の構造』一九七頁）によって決すべしとするのである（中山・三五六頁、荘子・三四九頁、大谷・一五八頁）。だが、動機説には、それが行為者の内心の動機形成過程を問うものであるだけに、立証の困難性が伴う点を注意しておかなければならない。(iv) 最後に、「客観的動機説」は、動機形成過程を客観的に判断すべきだとし、また、許された危険の法理が未必の故意の限界を画す機能をもつことを肯定する（藤木・一四三頁）。しかし、故意を客観化することは、主観的な心理過程を不当に一般化する点で原則的な疑義がある（中山・三五七頁）。

②**判例**　わが国の判例は、故意は基本的に未必の故意で足りるとする立場に立っている（篠田公穂・大コンメン第二巻五五五頁）。しかし、判例が未必の故意の学説の内どの立場に立っているかということは必ずしも明確ではない。ただ、「結果発生を認容（あるいは容認）して」とか、「敢えて」という表現を用いているものが比較的多くみられるところから、判

例の主流は認容説に立っているといっても過言ではないように思われる。未必の故意で足りるとされた事案には、殺人罪、自動車運転による死傷事故、放火罪、盗品等に関する罪、その他がある。それらの各々につき、代表的な判例を掲げておこう。(a)殺人罪については、「殺人罪ニ付故意アリトスルニハ殺人ノ手段タル行為ニ因リテ死ノ結果ヲ発生セシメ得ヘキコトノ認識アルヲ要スト雖其認識ハ確定的ナルコトヲ必要トセス不確定ナルモ殺人罪ニ付未必ノ故意アリト謂フヲ妨ケス」（大判大一二・二・一六刑集二巻九七頁）とする大審院判決や、「自己の行為が他人を死亡させるかも知れないと意識しながらも敢えてその行為に出た場合が殺人罪のいわゆる未必の故意あるばあいに当たることは言うまでもない」（最判昭二四・一一・八裁判集刑事一四号四七七頁）とする最高裁判決がある。(b)自動車運転による死傷事故については、飲酒酩酊のため正常な運転ができない虞があり、かつ、前照燈の故障のため無燈火で暗夜の道路上を運転し、折から帰宅途上にある盆踊り帰りの多数歩行者に自動車を衝突させる危険のあることを十分認識しながら、酒の勢に駆られ、そのような結果の発生を何等意に介することなく敢えて貨物自動車を運転して、歩行者一〇人につぎつぎと自動車を衝突させ、その内三名を死亡させ、七名に重軽傷を負わせた事案につき、「自己の運転する貨物自動車を突き当てて同人等を転倒させ或いは跳ね飛ばすことにつき、いわゆる未必の故意があったものと認むべきである」（広島高判昭三六・八・二五高刑集一四巻五号三三三頁）とする高裁判例がある。(c)放火罪については、昇給の金額が少ないことに憤慨し、診療所に放火する決意をした被告人が、入院患者の病室を廻り患者を戸外に出そうとしたが、患者のほとんどは外に出る様子はなく、看護婦を戸外に追い出したものの患者らが外に出たかは確認しないまま、同診療所を全焼させ、一名を焼死、一名を火傷により死亡させ、八名に傷害を負わせた事案につき、「被告人は犯行前患者らを戸外に避難させようという努力を試みてはいるものの、患者らが被告人の意図を察知せず戸外に出ようとしなかったにもかかわらず、多量のガソリンをまいて点火するという危険性の高い方法で放火しているのであるから、被告人は死傷の結果の発生を認容したものであって、被告人には殺人および傷害の未必の犯意があったものといわざるを得ない」（福岡高判昭四五・五・一六判時六二一号一〇六頁）とする高裁判例がある。(d)盗品等に関する罪については、盗品を有償で譲り受ける罪の「故意が成立する為めには必ずしも買い受くべき物が贓物であることを確定的に知って居ることを必要としない。或は贓物であるかも知れないと思いながらしかも敢えてこれを買受ける意思（いわゆる未必の故意）があれば足りるものと解すべきである」（最判昭二三・三・一六刑集二巻三号二二七頁）とする最高裁判例がある。(e)その他については、例えば、虚偽告訴罪について、「誣告罪が成立するためには、その主観的要件として申告者がその申告した事案につき、その虚偽なることを確定的に認識していたことを必要とするものではなく、未必的な認識があれば足りるものと解するを相当とする」（最判昭二八・一・二三刑集七巻一号四六頁）という最高裁判例がある。また、傷害致死罪について、「薬物注射により症候性精神病を発しそれに基く妄想を起し心神喪失の状態に陥り他人に対し暴行傷害を加へ死に至らしめた場合に於て注射を為すに先立ち薬物注射をすれば精神異常を招来して幻覚妄想を起し或は他人に暴行を加へることがあるかも知れないことを予想しながら敢えて之を容認して薬物注射を為した時は暴行の未必の故意が成立するものと解するを相当とする」（名古屋高判昭三一・四・一九高刑集九巻五号四一一頁）とした高裁判例も存在する。

第四節　錯　　誤

一　総　説

錯誤とは、表象と実在の不一致をいう。錯誤は、従来、事実の錯誤（error facti; Tatirrtum）と法律の錯誤

(error juris; Rechtsirrtum) とに区分されてきた。前者は、行為者が表象した事実（表象事実）と現実に発生した事実（発生事実）とが一致せず、故意が阻却される場合をいい、後者は、行為者がその行為が法的に禁止されていることを知らず、あるいは、許されていると誤信して行為に出、故意が阻却されない場合をいう。これに対して、目的的行為論の台頭以降、事実の錯誤と法律の錯誤という錯誤対概念に代えて、構成要件的錯誤（Tatbestands-irrtum）と禁止の錯誤（Verbotsirrtum）という錯誤対概念が使用されるようになってきた。これは、厳格責任説、制限責任説によって主張された概念で、故意の体系的地位の変動が錯誤論に及ぼした帰結の一つといえる。ここでは、構成要件該当事実についての表象事実と発生事実の食違いの場合には故意が阻却され、それ以外の錯誤は、禁止の錯誤として故意を阻却しないものとする。両者の相違は特に誤想防衛において顕著に現れるので注意を要する。

二　事実の錯誤

刑法三八条二項は、「重い罪に当たるべき行為をしたのに、行為の時にその重い罪に当たることとなる事実を知らなかった者は、その重い罪によって処断することはできない」と規定し、錯誤があった場合、重い罪の故意で処罰できないことを定めている。ところで、行為者は犯罪事実を表象・認容して実行行為に出なければならないから、その事実につき誤認があった場合には、故意そのものが阻却される可能性を生ずる。その意味で、事実の錯誤論は、故意の成立にとって必要な事実認識の内容と範囲をいわば裏側からフォローし再認識する役割を果すもので、裏がえされた故意論といってよい。従って、事実の錯誤論の射程は、故意のそれに対応する（中山・三五九頁）。その際、留意しておくべきは、故意論でかたのつくものは故意論で処理するべきで、故意論で決着がつかないとき初めて錯誤論を登場させるということである。

(1)　事実の錯誤で用いられる概念　事実の錯誤を解明するにあたっては色々な専門用語が用いられる。まず、最初に、それらを整理しておきたい。(a)　**具体的事実の錯誤と抽象的事実の錯誤**　同一構成要件内の錯誤を具体的事実の錯誤といい（例えば、甲を殺そうとして拳銃を発砲したところ、弾丸は乙に当たって乙を死亡させた場合）、異なった構成要件間の錯誤を抽象的事実の錯誤という（例えば、犬を連れて散歩中の甲を殺そうとして拳銃を発砲したところ、弾丸は犬に当たって犬を死なせた場合）。(b)　**客体の錯誤**　行為者が攻撃の客体を取り違え意図しなかった別個の客体に結果を発生させた場合を客体の錯誤（error in objecto）という（例えば、甲を殺害するつもりで待ち伏せをしていたところ、一人の人物が歩いてきたので、それを甲だと思って射殺したところ被害者は乙だったという場合）。(c)　**方法（打撃）の錯誤**　行為者の攻撃方法の誤りから攻撃した客体とは別個の客体に結果が発生した場合を方法（打撃）の錯誤（aberratio ictus）という（例えば、向こうに立っている甲と乙の内、甲を射殺しようとして拳銃を発砲したところ弾丸は乙に命中して乙を死に致した場合）。(d)　**因果関係の錯誤**　行為者が意図したのとは異なる因果の経路で結果が発生した場合を因果関係の錯誤という（例えば、橋上から甲を突き落とし溺死させようとしたところ、甲は橋げたに激突して死亡した場合）。(e)　**一所為一故意の原則**　行為者が特に別個の故意をもっていない限り、一個の行為には一個の故意しか存在しないという原則を「一所為一故意の原則」という。事実の錯誤の具体的処理にあたり、故意の個数をめぐって問題となる。

(2)　事実の錯誤に関する学説　事実の錯誤の解明のためには従来さまざまな解決法が明らかにされてきた。そこで、以下において、それらの学説を整理・検討しておこう。

①　**具体的符合説**　具体的符合説とは、表象事実と発生事実とが具体的に符合したか否かを問題にするが、方法の

錯誤と客体の錯誤で取り扱いを区別する。すなわち、方法の錯誤の場合には、表象事実と発生事実とが具体的に符合すれば故意既遂を認め、具体的に符合しなければ、表象事実については未遂、発生事実については過失を認めその観念的競合とする。他方、客体の錯誤の場合には、表象事実と発生事実との間に食違いはあっても、意図した対象に結果が発生しているのであるから故意既遂を認めると説く（荘子・三六〇頁、三六七頁、平野・一七五頁、中・一一七頁〜一一八頁、中山・三六〇頁、三六二頁、内藤・〔下〕Ⅰ九〇四頁〜九〇五頁、斎藤〔信〕一四〇頁、他）。近時、有力に主張されている見解である。しかし、この説には、第一に、方法の錯誤と客体の錯誤でその取り扱いを異にする点で問題がある。表象事実と発生事実とが具体的に符合しない以上、客体の錯誤の場合にも、既遂ではなく、未遂と過失の観念的競合を認めるのが首尾一貫した理論的帰結であると思われ、第二に、この説によると、方法の錯誤において、未遂も過失も処罰されていない場合に処罰の間隙が生ずる（例えば、器物損壊罪）といった欠陥がある。

② **法定的符合説** 法定的符合説は、具体的符合説の欠陥を救済する理論であり、今日、構成要件的符合説、罪質符合説、不法・責任符合説、の三者に大別することができる。

(i) **構成要件的符合説** 構成要件的符合説は、表象事実と発生事実とが構成要件の範囲内で一致していれば故意の成立を認める。そこでは、構成要件的重なり合いが重視されている。そのことから、具体的事実の錯誤の場合には、客体の錯誤、方法の錯誤、双方について故意既遂を認め、これに対して、抽象的事実の錯誤の場合には、表象事実について未遂、発生事実について過失の成立を認めその観念的競合とするが、その際、同質的で重なり合う構成要件間の錯誤については、重なり合う限度で軽い罪の故意を認める（例えば、他人の占有する財物を占有離脱物と誤信して持ち去る場合は占有離脱物横領罪の故意を認める）と説く（団藤・二九八頁〜二九九頁、大塚・一九七頁、福田・一二二頁、大谷・一七六頁〜一七七頁、川端・二七四頁、他）。今日の通説・判例である。しかし、この説に対しては、例えば、甲が犬を連れて散歩中に犬を殺す目的で発砲したところ、弾丸は甲に当たって甲を死に致した場合の擬律についてみると、器物損壊罪（犬は刑法では器物）の未遂と過失致死罪の観念的競合となり器物損壊罪に未遂処罰の規定が存在しない結果、過失致死罪として五〇万円以下の罰金ということになる。予定通り犬を殺していれば器物損壊罪として懲役三年以下で処罰されるのに、犬より重大な法益である人間を殺した結果五〇万円以下の罰金では刑の権衡を失することとなるという批判、あるいは、死体遺棄の故意で単純遺棄を行った場合、あるいは、その逆の場合、いずれも未遂、過失の処罰規定が無い結果不処罰になるという批判、等が呈されている。

(ii) **罪質符合説**　罪質符合説とは、表象事実と発生事実が構成要件を同じくする場合は勿論、同じくしない場合でも、法定的に罪質を同じくするかぎり、客体の錯誤、方法の錯誤いずれも故意を阻却しないが、罪質を異にするときは故意を阻却すると説く（西原・上巻二二〇頁、小野・一六一頁、奈良・二一〇頁、二二二頁）。この説によれば、故意は一定の法益侵害に向けられたものであるが、その法益も精密な法的概念である必要はなく、一般人がほぼ同意義に考えるようなものどうしについては符合を認めてよく、法益の符合の範囲は、犯罪の被害法益や犯行方法・態様などを考慮した「罪質」を規準として画すべきであって、構成要件の重なり合いという規準を用いるのは適切でないと説かれる。従って、窃盗の故意で占有離脱物横領を行った場合には占有離脱物横領罪の成立が、麻薬不法所持の故意で覚せい剤不法所持を行った場合には覚せい剤不法所持罪の成立が、また、死体遺棄の故意で単純遺棄を犯した場合には、構成要件も異なるし厳密な法的意義での法益も異なるが罪質同一の範囲内にあるとみて故意の成立が、認められるのである（西原・上巻二二〇頁、二二七頁）。この見解は、構成要件的符合説よりも符合の範囲を拡大するものであって、その意味において構成要件的符合説の欠陥を補塡するものであるが、死体遺棄の故意で単純遺棄を犯した場合の取り扱い等については、罪質同一の範囲内にあるといえるか否か疑問の残るところであり、この見解に関しては罪質符合の程度・限界につきなお疑義なしとしない。

（iii）**不法・責任符合説**　この説は、構成要件的符合説をとるならば構成要件概念の弛緩化という不当な結論を不可避的にもたらさざるを得ないと批判し、刑法三八条一項には構成要件の故意規制機能を認める文言は存在せず、構成要件の故意規制機能が必然でないならば、構成要件の符合がなくても故意を肯定することは可能であるとして、「構成要件に該当する客観的事実」（法が不法・責任内容を表示するために用いている具体的概念に該当する事実）の認識がなくても、当該構成要件の規定する不法・責任内容の認識があれば、故意を認めることができると主張する（町野・『警察研究』五四巻五号八～九頁）。つまり、表象事実と発生事実とが構成要件的に符合しなくても、各構成要件の不法・責任内容において符合が認められる範囲で故意犯の成立を主張するのである。例えば、他人の占有下にある財物を領得する意思を有する者には「占有を離れた他人の物」の認識はないが、占有離脱物横領罪の構成要件の内容をなす不法性についての認識に欠けるところはない。また、窃盗罪と毀棄罪とは所有権その他の本権の侵害であるという不法内容においては符合しているが、毀棄罪には不法領得の意思という責任要素（町野教授は不法領得の意思を責任要素と捉えられる）は不要であるので、両罪は責任内容において符合しないので、他人の小鳥を逃がすことを教唆したところ被教唆者がそれを領得したとき、器物損壊罪の成立を認めることはできない（町野・『警察研究』五四巻五号九頁、一一頁）。この見解に対しては、構成要件の内容をなす不法・責任の認識があるというためには、少なくとも構成要件該当事実の認識が必要なのではないか、そうでなければ、その認識の内容は、構成要件に該当する客観的（外部的）事実という手がかりを失った任意に設定可能な不明確なものになるとの批判（内藤・(下) I九八〇頁）が呈されている。たしかに、「当該構成要件の規定する不法・責任内容の認識」ということについては、この見解は、その内容の明確性を担保することはできないであろう。

③抽象的符合説　抽象的符合説には、牧野説、宮本説、草野説の三説があるが、牧野説・宮本説と草野説との間には顕著な相違があることを注意しておかなければならない。

(i) **牧野説**　(a)軽い甲罪の故意で重い乙罪を実現した場合には、軽い甲罪の既遂と重い乙罪の過失との観念的競合をもって処断し、(b)重い甲罪の故意で軽い乙罪を実現した場合には、重い甲罪の未遂と軽い乙罪の既遂を合一して考えその重きに従って処断する（牧野・『重訂日本刑法』二三二頁、二三四頁）。すなわち、器物損壊の故意で人を死亡させた場合には、器物損壊罪の「既遂」と過失致死罪との観念的競合となり、殺人の故意で器物損壊の結果を生じた場合には、殺人罪の未遂と器物損壊罪の「既遂」を合一して考えその重きに従って処断する。この説の特徴は、故意の抽象化を認めて常に軽い罪につき故意既遂を認め、(a)の場合を観念的競合とし、(b)の場合を合一して扱う点にある。

(ii) **宮本説**　(a)軽い甲罪の故意で重い乙罪を実現した場合には、軽い甲罪の未遂と重い乙罪の過失と重い乙罪の既遂の三命題を想定し刑法三八条二項の限度において処断する。(b)重い甲罪の故意で軽い乙罪を実現した場合には、重い甲罪の未遂と軽い乙罪の過失と軽い乙罪の既遂の三命題を想定し刑法三八条二項の限度において処断する（宮本・一六六頁〜一六七頁）。すなわち、器物損壊の故意で人を死亡させた場合には、器物損壊罪の未遂と過失致死罪と殺人「既遂罪」を想定し、罪名は殺人既遂罪となるが刑は器物損壊罪の限度において処断する。次に、殺人の故意で器物損壊の結果を生じた場合には、殺人罪の未遂と器物損壊罪の過失と器物損壊罪の「既遂」を想定し、殺人未遂罪で処断する。この説の特徴は、故意の抽象化を行い発生事実についてつねに既遂を想定し、(a)の場合には発生事実の既遂を罪名としながら刑は表象事実の限度で処断するという点にある。

(iii) **草野説**　(a)軽い甲罪の故意で重い乙罪を実現した場合には、軽い甲罪の未遂を認める外、重い乙罪につき過失犯が存在するときは、甲罪と乙罪との観念的競合とし、もし乙罪についての過失犯が存在しない場合には、専ら甲罪の未遂をもって処断する。(b)重い甲罪の故意で軽い乙罪を実現した場合には、重い甲罪の未遂を認める外、軽い乙罪につき過失犯が存在すれば、甲罪と乙罪との観念的競合とし、もし、乙罪につき過失犯が存在しない場合には、専ら甲罪の未遂をもって処断する。ただし、重い甲罪の未遂を罰する明文がない場合には、その責任を乙罪に対する故意犯の刑の限度に止める（草野・九五頁〜九六頁）。すなわち、器物損壊の故意で人を死亡させた場合には、器物損壊罪の未遂と過失致死罪との観念的競合で処断される。その際、器物損壊罪のように未遂処罰の明文がないものに未遂処罰を認めるのは刑法四四条を無視することになるという批判に対しては、「刑法第四十四条は全然無害なる未遂を処罰するには明文を要すと云ふだけの意味と解すべきである」（草野・九四頁）と説かれている。この説の特徴は「未遂を罰する場合は、各本条で定める」という刑法四四条の解釈の点にある。そこでは、他に有害な結果が発生している場合には（事実の錯誤においては常に表象事実とは異なる犯罪事実が発生している）、未遂処罰の明文規定は不要であるとの巧妙な解釈が展開されている。この解釈は、法定的符合説が陥った処罰の間隙を埋めるためになされたものではあるが、有罪方向へ向けてのものであるだけに、罪刑法定主義に反するのではないかとの批判に常に逢着しなければならなかった。なお、草野説は、抽象的符合説とされているが、その学説の内容を観れば、抽象的符合説の最大の特色である「故意の抽象化」を行わず、未遂は未遂とし、過失は過失として取り扱っているものであるが故に、わたくしには、法定的符合説、特に、構成要件的符合説の修正説であるように思われる。

④ **私見**　事実の錯誤の解決にあたっては上述の如く見解は多様である。そして、すでに観たように、各説にはそれぞれ長所短所があり理論の帰趨を決するのは容易なことではない。思うに、事実の錯誤で論じられる行為の根底には犯罪意思がある。自ら行おうとした犯罪行為を実現できず、意図しなかった結果を引き起こした場合がここで問題となっている事態である。刑法の最大の任務が人権保障にあり、そのために刑法の謙抑主義が重要であること

を十分に弁えつつ、理論的に妥当な結論を求めて事柄の解明にあたらなければならない。そのような視点を基礎に考えると、(i) まず、具体的符合説については、客体の錯誤と方法の錯誤においてその取り扱いを異にする点で賛同し難い。両者の取り扱いの区分は具体的符合説の基本原理と相容れない。(ii) 次に、法定的符合説中の罪質符合説は、構成要件的符合説の処罰の間隙を埋めるべく考案され、死体遺棄の目的で単純遺棄を犯した場合、日常生活の実態からすれば、少なくとも生きているのか死んでいるのか明らかにし難い状態の人を遺棄するという意思が認められその段階にある限り、それは死体にも生体にも共通しうるとして、厳密な法的意義での法益も異なるが罪質同一の範囲内にあると説く(西原・上巻二二七頁)。しかし、そこまで罪質同一の範囲が拡大されるのであれば、その罪質同一の程度・限界は一義的であるとはいえず、現実に生起する様々な事態の解明にあたっては恣意的判断の介入を回避することはできなくなろう。よってこの立場にも従い得ない。(iii) さらに、不法・責任符合説については、故意の表象の対象について基本的な疑念があり、支持し得ない。故意の表象対象は、当該構成要件の規定する不法・責任内容では足りず、構成要件に該当する客観的事実でなければならない。(iv) 抽象的符合説の牧野・宮本説については、「故意の抽象化」が行われている点において妥当なものとは評し難い。殺人の故意で実行行為に出て犬を殺すとき、牧野・宮本説では器物損壊罪の「既遂」が認められるが、行為者の故意内容は「殺人」であって「器物損壊」ではない。そうであれば、器物損壊罪に故意既遂を認めることは、行為者の故意内容を抽象化して、ある犯罪事実の故意があればおよそ発生した事実についての故意もあるということになるのであって(牧野説では表象事実と発生事実の内軽い方の犯罪の故意が認められる)、かような故意内容の抽象化は罪刑法定主義にてらして容認し難いものといわなければならない。(v) 抽象的符合説の草野説は、刑法四四条につき独特の解釈を展開して、構成要件的符合説の処罰の間隙を救済しようとする。草野説に従う限り、事実の錯誤の具体的解決にあたっては、具体的事実の錯誤はもとより抽象的事実の錯誤においても結論の妥当性は常に確保できる。その点に草野説の解釈論上の巧みさが看取される。下村博士は、「草野説は、反規範的な心意と結果との符合をあくまでも罪刑法定の範囲内で論じ、結局、刑法規定の範囲内で、犯罪成立の範囲を定めんとするものであって、罪質同一の範囲に限定しない代わりに、刑法規定を越えてこの範囲を拡大することもなく、刑法第四四条の解釈を通じて最も妥当な結論に到達せんとするものなのである」（下村・基本的思想一六四頁）と論じられた。他方、西原博士は、草野説の刑法四四条の「解釈論は、他の抽象的符合説の行う故意の完全な抽象化、および既遂概念の拡張を避けながら法定的符合説の欠陥を修正している点ですぐれたものをもっているが、刑法第四四条のそのような解釈は、処罰範囲を拡張する方向のものであるだけに、罪刑法定主義の上からいって疑義がある」（西原・上巻二二六頁）と述べておられる。草野説における刑法四四条の解釈が罪刑法定主義の範囲内のものであるか否かについてはこのように見解の対立があるが、草野説の刑法四四条の解釈は、処罰範囲の拡大に向けてのものであるだけに、その解釈論上得られる結論の妥当性には十分の敬意を表しつつも、罪刑法定主義の見地において疑義があるものとして、これを支持することはできない。(vi) かようにして、構成要件的符合説が支持されるべきである。もとより、構成要件的符合説にも、抽象的事実の錯誤において、表象事実についての未遂、発生事実についての過失の処罰規定が存在しないときには不処罰になるという解釈論上の欠陥はある。例えば、保護責任者遺棄の故意で行為に出たところ死体遺棄の結果を発生させた如き場合には、未遂・過失の処罰規定がないことをもって不処罰とせざるを得ないという帰結は、あるいは、一般人の法感情に合致しないかもしれない。しかし、それは、法の不備であって、立法によって解決されるべき問題である。換言すれば、立法者が処罰していないものを、解釈によって処罰するということは罪刑法定主義の見地において許容されないと観るべきである。

(3) 事実の錯誤に関する判例　判例は法定的符合説（構成要件的符合説）に立つが、その代表的と目される判例をとりあげておこう。①**具体的事実の錯誤について**　具体的事実の錯誤については、客体の錯誤と方法の錯誤の場合をそれぞれ取り上げよう。(a) **客体の錯誤の場合**　被告人らがAを殺害することを共謀し、その内一人がBをAと誤認し拳銃でBを狙撃した事案につき、大審院は、「犯意トハ法定ノ範囲ニ於ケル罪トナルヘキ事実ノ認識ヲ云フモノナレハ、行為者カ被害者ヲ誤認シ殺意ヲ以テ暴行ヲ加ヘ他人ヲ殺傷シタル場合ニ於テモ、行為者ノ認識シタル犯罪事実ト現ニ発生シタル事実トハ、法定ノ範囲ニ於テ一致スルヲ以テ、行為者ハ現ニ発生シタル事実ニ付認識ヲ欠クモノニ非サルヤ論ナク」（大判昭六・七・八刑集一〇巻七号三一二頁）と判示した。(b) **方法の錯誤の場合**　Aを殴打しようとしてこれを制止しようとしたAの内妻Bを殴打した事案につき、最高裁は、「いやしくも、人を殴打する意志をもって人を殴打した以上暴行罪は直に成立しその殴打されたものが殴打せんとした者と異っても暴行罪の成立に必要な故意に影響するものではない。されば被告人がAを殴打せんとして、これを制止せんとした同人の内妻Bを殴打した以上、同女に対する暴行の故意がないものとはいえない」（最判昭二四・六・一六体系三〇巻一〇二一頁）と判示した。②**抽象的事実の錯誤について**　共犯者間の錯誤に関し、「犯罪の故意ありとなすには、必ずしも犯人が認識した事実と、現に発生した事実とが、具体的に一致（符合）することを要するものではなく、右両者が犯罪の類型（定型）として規定している範囲において一致（符合）することを以て足る」（最判昭二五・七・一一刑集四巻七号一二六一頁）とした最高裁判例がある。

(4) 事実の錯誤の諸事例　事実の錯誤の事案として具体的に検討しなければならない問題が幾つかある。それらを基本的事例と併発事実発生の事例とに分け、ここで検討しておこう。

① **基本的事例**　(i) **具体的事実の錯誤について**　(a) **客体の錯誤の場合**　むこうから一人で歩いてくる人を甲だと思って甲を殺す故意で射殺したところ、人違いで乙を死なせてしまった場合。どの説によっても乙に対する殺人既遂

罪になる。ただし、この結論は、具体的符合説については疑問が残る。(b) **方法の錯誤の場合**　むこうから甲、乙が歩いてくるのを見て、甲を射殺するつもりで発砲したところ、弾丸は乙にあたって乙を死亡させた場合。この場合は見解は分かれる。（イ）具体的符合説によれば、甲に対する殺人未遂と乙に対する過失致死との観念的競合として処断される。しかし、この場合、弾丸は甲に当ることなく、しかも、「殺人」の故意は充足されているのであるから、乙に対する殺人既遂を認めるべきであろう。（ロ）この場合、甲か乙かという被害者の特質は問題でなく、およそ人を殺そうとしておよそ人が死んだのであるから乙に対する殺人既遂一罪を認めるべきである（抽象的符合説・法定的符合説の通説）。そこでは、甲に向けられた殺人の故意が乙に転用されている。けだし、この場合、殺人の行為に殺人の故意は一個しかなく、意図された結果にではなく発生した結果にその故意を振り向けなければならないからである（一所為一故意の原則）。（ハ）構成要件的符合説の少数説によれば、この場合は甲に対する殺人未遂と乙に対する殺人既遂の観念的競合と解される（団藤・三〇四頁、藤木・一五三頁）。しかし、未遂犯は故意犯である故、一個しかない故意を甲、乙双方に差し向けるこの考え方は「一所為一故意の原則」に反し、不当である。(ii) **抽象的事実の錯誤について**　客体の錯誤としては、夜中、酔って庭の植物の陰にうずくまっている人を隣家の犬と誤信して殺害したような場合が考えられ、方法の錯誤としては、犬を連れて散歩している人がいるとき、その犬を殺す目的で犬を狙って発砲したところ弾丸は人に命中して人を殺害したような場合が考えられる。（イ）方法の錯誤の場合、具体的符合説、法定的符合説、草野説では、表象事実についての未遂、発生事実についての過失の観念的競合とされる。この見解が妥当であるが、表象事実について未遂処罰の規定が存在しない場合でも未遂を認める草野説には問題がある。（ロ）抽象的符合説の牧野説では、この場合、器物損壊の既遂と過失致死罪との観念的競合で、また、宮本説では、器物損壊の未遂と過失致死と殺人既遂が認められ、罪名は殺人既遂罪だが刑は器物損壊罪の限度において処断される。いずれも、故意の抽象化を行う点で妥当でない。（八）抽象的事実の錯誤については注目すべき判例がある。覚せい剤を麻薬と誤認して所持した事案につき、最高裁は、「両罪は、その目的物が麻薬か覚せい剤の差異があり、後者につき前者に比し重い刑が定められているだけで、その余の犯罪構成要件要素は同一であるところ、麻薬と覚せい剤との類似性にかんがみると、この場合、両罪の構成要件は、軽い前者の罪の限度において、実質的に重なり合っているものと解するのが相当である。被告人には、所持にかかる薬物が覚せい剤であるという重い罪となるべき事実の認識がないから、覚せい剤所持罪の故意を欠くものとして同罪の成立は認められないが、両罪の構成要件が実質的に重なり合う限度で軽い麻薬所持罪の故意が成立し同罪が成立するものと解すべきである」（最決昭六一・六・九刑集四〇巻四号二六九頁）と判示した。本決定に対し異論を唱える学説はほとんどなく、構成要件的重なり合いが承認されているが、かような重なり合いを認める実質的規準としては、「法益及び構成要件的行為の共通性」（福田〔平〕・判例評論三三七号二一二頁）を設定するのが妥当であろう。判旨相当と解すべきである。

②　併発事実発生の事例　事実の錯誤を検討するにあたっては、様々なケースが想定される。特に、行為者が意図した結果を発生させ、さらに別の結果をも発生させた場合（併発事実の発生）の取り扱いは複雑である。ここでは幾つかの重要な事案について個別的に取り上げておきたい。その際、以下の事例は、すべて、甲がAを殺す意思でAに向かって拳銃を発射した場合に想定される結果としたい。

（i）　**Aが死亡しBも死亡した場合**　(a)この場合には、Aに対する殺人既遂とBに対する過失致死との観念的競合とする立場が通常である。行為者の意図した結果が発生した以上そこに故意既遂を認めるべきで、予定外の併発事実については錯誤論は関りがなく、発生事実につき余剰結果として過失責任を問えば足りると考えられるからである。(b)構成要件的符合説の一部では、Aに対する殺人既遂とBに対する殺人既遂の観念的競合とされる

（例えば、団藤・三〇四頁）。判例もまたこの立場に立っている。すなわち、最高裁は、「被告人が人を殺害する意思のもとに手製装薬銃を発射して殺害行為に出た結果、被告人の意図した巡査Aに右側胸部貫通銃創を負わせたが殺害するに至らなかったのであるから、同巡査に対する殺人未遂罪が成立し、同時に、被告人の予期しなかった通行人Bに対し腹部貫通銃創の結果が発生し、かつ、右殺害行為とBの傷害の結果との間に因果関係が認められるから、同人に対する殺人未遂罪もまた成立し・・・、しかも、被告人の右殺人未遂の所為は同巡査に対する強盗の手段として行われたものであるから、強盗との結合犯として、被告人のAに対する所為についてはもちろんのこと、Bに対する所為についても強盗殺人未遂罪が成立するというべきである」（最判昭五三・七・二八刑集三二巻五号一〇六八頁）と判示した。しかし、この見解は、行為者には一個の故意しかなかったのに、A、B両者に強盗殺人未遂罪の成立を認める点で、一所為一故意の原則に抵触するものとして疑問がある。観念的競合だから罪数論上の処理をすれば最終的には一個の行為で処罰することになるとしても、その判断の過程において故意が一個しか存在しない場合はそれなりの論理の筋立てに従うべきである。(c)さらに、また、構成要件的符合説の立場より、この場合には、一個の殺人罪と一個の過失致死罪が成立するが、それがAとBのどちらかは問う必要がないとする見解も主張されている（金沢・「打撃の錯誤について」『広島法学五巻三・四合併号』四六頁）。しかし、Aを殺害する故意で現実にAを殺害しておきながら、Bをもあわせ死に致したとき、Aに過失致死、Bに殺人既遂を認めてもよいとするのはいささか奇異の憾を払拭し難い。本来の故意が意図した客体に結果を発生せしめた場合にはもはや錯誤論を用いる必要はないと解すべきである。

(ii)　**Aが負傷しBが死亡した場合**　(a)Aに対する殺人未遂とBに対する殺人既遂の観念的競合と解する説（団藤・三〇四頁）については、上述の如く、故意の個数の処理につき問題があって支持し得ない。(b)Bに対する殺人既遂一罪を認める見解（福田・二一一頁）に対しては、場合によっては、Aが瀕死の重傷を負っていることも考えられるのであるから、Aが負傷していることを考慮しない点で問題がある。「人」一人を殺そうと意図して攻撃した結果、一人を殺しもう一人を傷害したのであるから、負傷の事実について別に構成要件評価が行われる必要があろう。(c)この場合、Bに対する殺人既遂罪とAに対する過失致傷罪の観念的競合を認める見解（大塚・「構成要件的錯誤(二)」『演習刑法総論』五一頁〜五二頁）は、Aに対する傷害を不問に付することなく取り扱っている点で評価できるが、殺害の故意が向けられた相手に現実に傷害結果が生じているのにこれを過失致傷と解するのは如何にも技巧的かつ不自然であって、疑義なしとしない。(d)この場合には、Aに対する殺人未遂とBに対する過失致死の観念的競合を認める見解（下村・「併発事実と錯誤理論」『刑法総論の現代的諸問題』一二九頁〜一三〇頁、香川・「結果的加重犯と錯誤」『学習院大学法学部研究年報一四』五二頁〜五三頁）が妥当である。これに対しては、A負傷の事実は犯人の意図がまだ達成されていない状態なのだから、事実の錯誤の問題解決の基礎たる発生結果とみることは許されず、この場合もB死亡という一個の結果が発生しているのであるから、錯誤の問題として解決せざるをえないであろうとの批判もあるが（正田・「具体的法定符合説の真義」『大東法学八号』五頁）、意図した客体に法益侵害結果を直接発生させた場合に故意未遂の成立を否定する理由はないように思われる。これは、錯誤論の問題ではなく故意論の問題である。錯誤論から故意論が導かれるのではなく、故意論の欠陥なり不足なりを補足し補完するところに錯誤論の意味が存在すると考えるべきである（下村・『刑法総論の現代的諸問題』一二八頁〜一二九頁）。

(5)　因果関係の錯誤　因果関係の錯誤とは、行為者が意図した結果は発生したが、その因果の経路が行為者の予期したところとは異なる場合をいう。①典型的な事案としては、橋上から被害者を川中に突き落とし溺死させようとしたところ、被害者は橋げたに激突して死亡したような場合が考えられるが、この場合には、行為者の予見した因果経過と現実に発生した因果経過とは同一構成要件の範囲内において符合しているから、故意の殺人既遂罪が認められる。②問題となるのは、ウェーバー式概括的故意（事前の故意）の事案の場合である。ウェーバー式概括的故意の事案については著名な判例がある。すなわち、被告人が麻縄で熟睡中の被害者Aの首を殺意をもって絞扼したところ（第一の行為）、間もなくしてAが動かなくなったので死亡したものと思い、犯行の発覚を防ぐ目的で麻縄を解かないままAを背負い、十数町離れた川尻の海岸砂丘に運び放置して帰宅したところ（第二の行為）、Aは、海岸の砂末を吸引し、遂にAを頸部絞扼と砂末吸引とによって死亡させ殺害したという事案につき、大審院は、「被告ノ殺害ノ目的ヲ以テ為シタル行為ノ後被告カAヲ既ニ死セルモノト思惟シテ犯行発覚ヲ防ク目的ヲ以テ海岸ニ運ヒ去リ砂上ニ放置シタル行為アリタルモノニシテ此ノ行為ナキニ於テハ砂末吸引ヲ惹起スルコトナキハ勿論ナレトモ本来前示ノ如キ殺人ノ目的ヲ以テ為シタル行為ナキニ於テハ犯行発覚ヲ防ク目的ヲ以テスル砂上ノ放置行為モ亦発生セサリシコトハ勿論ニシテ之ヲ社会生活上ノ普通観念ニ照シ被告ノ殺害ノ目的ヲ以テ為シタル行為トAノ死トノ間ニ原因結果ノ関係アルコトヲ認ムルヲ正当トスヘク被告ノ誤認ニ因リ死体遺棄ノ目的ニ出テタル行為ハ毫モ前記ノ因果関係ヲ遮断スルモノニ非」ず（大判大一二・四・三〇刑集二巻五号三七八頁）と判示した。この場合、第一説（通説）は、犯行の発覚を防ぐ目的で被害者を海岸砂丘に運び放置した第二の行為は、殺人行為の一過程とみるべきであるから全体を一個の行為と解し、その間の因果経過が相当因果関係の範囲内にある限り、最初の故意が実現されているのであるから故意の殺人既遂一罪が成立すると解している（小野・一六〇頁、団藤・三〇一頁、福田・一二〇頁注(五)、大塚・一九四頁、他）。これに対して、第二説（少数有力説）は、第一の行為と第二の行為は別個独立のものであるから、殺人未遂罪と過失致死罪との併合罪であるとする（中山・三六五頁、香川・二六四頁、岡野・『刑法における因果関係の理論』二三五頁）。思うに、犯跡隠蔽の目的で死体遺棄の故意をもってAを海岸砂丘に運び放置した死体遺棄行為の介在によって、殺人行為は遮断されているのであって、これを殺人行為の一過程とみることは、行為を主観・客観統一体としてみることを放棄するものであり、妥当なものとは解せない。ここでは、行為は二個に分離して把握されるべきであり、殺人未遂罪と過失致死罪との併合罪で処断すべきである（念のために触れておくと、死体遺棄行為については、死体遺棄の故意で単純遺棄（もしくは保護責任者遺棄）を犯したという事実の錯誤があり、両罪については未遂も過失も処罰されていないから、不処罰となる。）。この意味において、ウェーバー式概括的故意の存在もこれを肯定することはできない。

(6)　規範的構成要件要素の錯誤　構成要件要素として規範的要素が存在する場合には、故意ありといわんがためには「意味の認識」が必要となる。例えば、わいせつ文書販売罪（刑法一七五条）についてみると、販売する文書の存在を表象しているだけでは足りず、その文書のもつ社会的意味をも表象していなければならない。それは、販売しようとする文書が刑法一七五条にいう法的意味における「わいせつ」にあたるという「専門家的認識」である必要はないが、一般人が性的好奇心を抱くような意味をもった内容の文書であるという程度の「素人的認識」は必要となるという趣旨である。この認識を、裁判官の判断と平行した素人の評価という意味で「素人仲間の平行的評価」という。この意味の認識についての錯誤は構成要件要素の錯誤となるので、錯誤があれば故意を阻却するが、自己が販売しようとしている文書は刑法一七五条のわいせつな文書ではない（あてはめの錯誤）から販売しても許されると錯誤した場合は、法律の錯誤となって故意は阻却されない。意味の認識は同時に価値評価とも関連するので、実際には法律の錯誤との限界が微妙なものとならざるをえない。この点についての判例の実態をみておこう。

①刑法犯の事例　まず、封印等破棄罪（刑法九六条）につき、「民事訴訟法其ノ他ノ公法ノ解釈ヲ誤リ被告人カ差押ノ効力ナキニ至リタル為差押存セスト錯誤シ又ハ封印等ヲ損壊スルノ権利アリト誤信シタル場合ニ於テハ本罪ノ犯意ヲ阻却スルモノナリト謂ハサルヘカラス」（大決大一五・二・二二刑集五巻九七頁）とし、次に、公務執行妨害罪（刑法九五条）における職務行為の適法性についての錯誤につき、大審院は、市会議長Ａが議員３の「日程変更ノ動議ヲ上程スヘカラスト採決シタルコトヲ認識シテ為シタルコト原判決ノ明ニ示ストコロニシテ既ニ右認識アリト為シタル以上被告人ニ公務執行妨

害ノ犯意アリタルコトノ判示トシテ欠クルトコロナク」（大判昭七・三・二四刑集一一巻二九六頁）と判示して法律の錯誤であって故意を阻却しないとし、他方、公正証書原本不実記載等の罪（刑法一五七条）については、連合国最高司令部の覚書により寺院規則が失効したものと誤解し、旧規則によらないで総代を選任し、新寺院規則を決議させ、寺院登記簿に所属宗派、教義の大要を変更登記させた被告人に対し、変更登記事項が虚偽不実であっても、被告人はその認識を欠いたことにおいて刑法一五七条一項の罪の構成要素たる事実の錯誤を生じ犯意を阻却するとした（最判昭二六・七・一〇刑集五巻八号一四一一頁）。また、器物毀棄・窃盗事件につき、警察規則を誤解した結果、飼犬証票をつけていない犬は無主犬とみなされると誤信し他人の犬を撲殺した事案につき、事実の錯誤の疑いがあるとして原判決を破棄差戻した（最判昭二六・八・一七刑集五巻九号一七八九頁）。

②**行政犯の事例**　行政犯（法定犯）の場合には事実の錯誤と法律の錯誤との限界はより微妙で不明確とならざるをえない。代表的判例としては、たぬき・むじな事件とむささび・もま事件とがある。前者につき、たぬきとむじなは別物であると誤信し、むじなを捕獲する故意で禁猟獣たるたぬきを捕獲した被告人に対し、大審院は、たぬきとむじなの名称は古来併存しわが国の習俗も両者を区別してきたのであるから、法律で捕獲を禁じたたぬきであるという認識を欠いた被告人は事実の錯誤で故意を阻却するものと判示した（大判大一四・六・九刑集四巻三七八頁）。これに対し、後者において、むささびの捕獲は法律によって禁じられているがもまはむささびとは別物であると思ってもまを捕獲した被告人に対し、大審院は、むささびともまとが同一物であることを知らず、むささび即ち「もま」を「もま」と知って捕獲したもので、法律の錯誤であって故意ありと判示した（大判大一三・四・二五刑集三巻三六四頁）。学説には、この結論を支持するもの（平野・Ⅰ一七三頁、藤木・二二一頁、中山・三六七頁、大谷・一六六頁、他）、両方とも事実の錯誤とするもの（草野・『刑事判例研究五巻』二二三頁以下、西原・下巻四七一頁、萩原・「事実の錯誤と法律の錯誤の限界」『現代刑法講座第二巻』三四九頁、他）、両方とも法律の錯誤とするもの（木村・三三〇頁、福田・二一五頁、他）、等見解の対立がある。思うに、たぬき・むじな事件とむささび・もま事件とは同種の事案であり、その意味で判例の結論は支持し得ない。両者は「あてはめの錯誤」で

あり、法律の錯誤であって故意を阻却しないものと解すべきである。なお、最近のものとしては、公衆浴場法八条一号の無許可営業罪における無許可営業の故意が認められないとされた判例（最判平元・七・一八刑集四三巻七号七五二頁）がある。

三 法律の錯誤

刑法三八条三項は、「法律を知らなかったとしても、そのことによって、罪を犯す意思がなかったとすることはできない。ただし、情状により、その刑を減軽することができる」として、法律の錯誤（error juris; Rechtsirrtum）の根拠規定をおいた。自己の行為が許されないのに許されると誤信するところに、法律の錯誤として故意を阻却しない所以がある。法律の錯誤としては、法の不知、あてはめの錯誤、誤想防衛、誤想過剰防衛、等が考えられる。以下でそれらの問題を取り扱いたい。

(1) 法の不知　自己の行為が法上処罰されることを知らなかったとしても、それを犯罪不成立の根拠として抗弁することは許されない。刑法三八条三項はこのことを正面から規定した。「法の不知は害する」（Ignorantia juris nocet）、あるいは、「法律の不知は何人をも許さない」（Ignorantia legis neminem excusat）といった法格言で示されるのもこのことである。

(2) あてはめの錯誤　刑罰法規の存在は知っているが、その法規の解釈を誤り、自己の行為はその刑罰法規に該当せず許されると誤信することを「あてはめの錯誤」（Subsumtionsirrtum）という。例えば、わいせつ文書販売罪（刑法一七五条）において、自己が発売しようとしている文書は刑法一七五条のわいせつ文書には当らないから販売しても大丈夫と思って販売したところ、裁判官によってわいせつ文書に当ると判断されたような場合である。あてはめの錯誤は、法律の錯誤として故意を阻却しない。

(3) **誤想防衛**　誤想防衛（Putativnotwehr）とは、急迫不正の侵害が存在しないのにこれあるものと誤信し防衛行為に出ることをいう。誤想防衛については、その概念の確定及びその理論的解決の仕方が問題となる。通説は誤想防衛を事実の錯誤と解するが、私見においては法律の錯誤となるので、ここで取り扱うこととする。

①**誤想防衛の概念に関する学説**　ひとくちに「誤想防衛」といっても学説上用いられている概念は多義的である。誤想防衛概念の多義性は、それぞれの故意概念、誤想防衛と過剰防衛との関連の理解の仕方、誤想過剰防衛の捉え方、等と密接に関りあっている。(i) 第一説は、誤想防衛とは、急迫・不正の侵害がないのにこれありと誤信して防衛行為をする場合となす見解である（瀧川・九八頁、宮本・九七頁、草野・六三頁、齋藤(金)・一三三頁、下村・続基本的思想九八頁、西原・上巻二四六頁、香川・一八三頁、野村・二三五頁、他）。これを誤想防衛とすることには各説とも異論はない。(ii) 第二説は、誤想防衛とは、急迫・不正の侵害がないのにこれありと誤信して防衛行為をする場合、及び、急迫・不正の侵害に対して相当な防衛行為をするつもりで不相当な防衛行為をする場合となす見解である（大塚・三九五頁、福田・一六一頁及び一六三頁注(四)、等）。これに対しては、「誤想防衛」は急迫・不正の侵害のない場合の問題であり、急迫・不正の侵害のある場合の防衛行為は「過剰防衛」の問題になるのではないかという点が根本的な疑問として生じてくる。両者の質的相違を無視することは妥当とは思われない。従って、急迫・不正の侵害のない場合と急迫・不正の侵害のある場合とを、ともに誤想防衛とすることには概念の混乱があって妥当な見解とは為しがたい。後者は「過剰防衛」と解すべきである。(iii) 第三説は、誤想防衛とは、正当防衛の要件にあたる事実が存在しないのにその事実が存在すると誤認（誤想）して防衛的反撃行為をした場合をいうとし、(イ)「急迫・不正の侵害の誤認」・(ロ)「防衛行為の誤認」・(ハ)「急迫・不正の侵害の誤認と防衛行為の誤認との重なり」の三類型を認める見解である（内藤・(中)三五三頁）。その際、(ロ)の「防衛行為の誤認」の点については、第二説に対して展開された批判が妥当するであろう。(ハ)の「急迫・不正の侵害の誤認と防衛行為の誤認との重なり」について

は、二つの方向からの検討が必要であろう。第一に、第三説では、上述のように、誤想防衛とは、正当防衛の要件にあたる事実が存在しないのにその事実が存在すると誤認（誤想）して防衛的反撃行為をした場合をいうと定義された。そこでは、たとえ、誤想したものであったとしても、行為者が正当防衛事実を認識しており、違法性という否定的価値判断を基礎づける前提事実の認識がない場合は、行為者はいまだ規範の問題に直面しておらず、結局、違法性を基礎づける事実の認識がないものとして、故意を阻却するとなす思考が根底におかれている。構成要件該当事実も違法阻却事由を構成する事実も共に違法性存否に関する事実としては径庭はないとし、故意には違法な事実の表象・認容を要するとなすのが、わが国の通説的見解であるから、第三説の主張は、通説的立場からすれば、あるいは当然の考え方であるといえるかもしれない。しかし、構成要件該当事実は法益侵害事実であり、法益侵害は違法性を意味することに思いを致せば、構成要件該当事実を表象・認容すれば、もはや、自己の行為が許されるものであるか否かを注意深く検討せよとの規範問題に直面しているのであって、正当防衛事実の存在を誤認した場合に規範の問題に直面していないといいきれるものではない。構成要件と違法阻却事由のもつ概念差を十分に押さえて議論しなければならないであろう。第二に、第三説については、規範の問題の他に、なお、誤想防衛として、三類型が同等の資格・強度をもってその存在を肯認されるべきか否かに問題があることを考えてみなければならない。正当防衛を構成する事実を三つに分類し、そのいずれかに錯誤があるという意味では同様であっても、三者間には質的相違があるのではないか。まず、「急迫・不正の侵害」の有無は、正当防衛になるか否かを左右する問題であるから、正当防衛を構成する事実中もっとも本質的なものであり、それ故にこそまた、この点についての錯誤を誤想防衛とするについては、学説上異論をみないといえよう。次に、「防衛行為の誤認」については、上述の如く、誤想防衛と過剰防衛との相違を前提とすべきであって、急迫・不正の侵害が存在すれば、これに対する反撃行為が防衛の程度を超えればそれは過剰防衛となるのであり、その際、防衛行為の誤認は情状問題として処理すべきもので、急迫・不正の侵害についての誤認と同様に、故意の阻却まで認めるべきものではなく、それ故、この類型に関する錯誤は誤想防衛とする必要のないものである。さらに、「急迫・不正の侵害の誤認と防衛行為の誤認との重なり」については、誤想防衛を事実の錯誤と解し、かつ、誤想過剰防衛につき二分説を採用する見地においては必要となるかもしれないが、誤想防衛の理論的解決にあたり、誤想防衛を法律の錯誤と解し、特別に誤想過剰防衛という概念をたてる必要を認めない見地においては、この類型を誤想防衛に含ましめる必要はない。（iv）第四説は、正確にいえば、誤想防衛は、急迫・不正の侵害の事実の誤認のほかに、防衛行為についての誤認のばあいを考えなければならないとし、第一は、防衛行為じたいにつき、防衛のために相当な行為をするつもりで、誤って不相当な、ことに防衛の程度をこえる行為をしたばあいであり、第二は、行為そのものとしても相当な行為であったが、誤った客体に結果を生じたばあいで、こまかくいえば客体の錯誤と方法の錯誤とを考えることができるとする見解である（団藤・二四二頁）。第一は、これまで論じてきた「防衛行為の誤認」の問題でこれについては上述したところと同様の問題点があることを指摘するに止めたい。その二は、急迫不正の侵害が実在し、かつ、相当な防衛行為も行われたが、誤った客体に結果を生じた場合であるが、ここでは、むしろ、正当防衛か緊急避難かという議論が中心となるべきものであって、それを錯誤論である「誤想防衛」概念に取り込むことは妥当とは思えない。（v）このようにして、私見は、「誤想防衛」概念としては、「急迫・不正の侵害がないのにこれありと誤信して防衛行為をする場合」となす第一説を妥当と考え、これを支持するものである。

②誤想防衛の概念に関する判例　判例上現れた著名なものとしては、「急迫不正の侵害」の誤認の場合と「防衛行為の相当性」に関する誤認の場合とがある。（i）まず、「急迫不正の侵害」がないのにあると思った場合を誤想防

衛としたものとしては、被害者が右手をオーバーのポケットに突込んだので凶器をとり出し自己に立ち向かってくるものと誤想し、やむなく有り合わせの木刀を振って相手を数回殴打した事案（広島高判昭三五・六・九高刑集一三巻五号三九九頁）、違法な写真撮影行為と誤信しカメラ取り上げのため有形力を行使した事案（東京高判昭四五・一〇・二高刑集二三巻四号六四〇頁）、被害者が暗がりの旅館玄関内で罵声を浴びせて近づいてきたのを、短刀をもって切りつけてくるものと錯覚し、刃物を振りまわして傷害を負わせた事案（新潟地裁長岡支判昭五〇・一〇・一四刑月七巻九・一〇号八五五頁）、等がある。(ii) 次に、「防衛行為の相当性」に関する誤認を誤想防衛としたものとしては、急迫不正の侵害に対し相当な防衛行為（死に致さない程度に頸部を絞める行為）を行いつつあったときに予期せざる死の結果を惹起させた事案（盛岡地裁一関支判昭三六・三・一五下刑集三巻三＝四号二五二頁）がある。もっとも、棒様のもので打ちかかられた被告人が、その場にあった斧を斧と気づかずなにか棒様のものとのみ思い、これを手にして反撃を加え、それで相手を数回殴りつけて死亡させた事案において、最高裁は、誤想防衛を認めず、過剰防衛と判示した（最判昭二四・四・五刑集三巻四号四二一頁）。(iii) このような判例の状況に鑑みると、「急迫不正の侵害」に関する誤認は誤想防衛と解されているが、「防衛行為の相当性」に関する誤認については、なお、今後の判例の動向を見定める必要があるといえよう。

③ **誤想防衛の理論的解決**　誤想防衛は、錯誤論の中で最も難解なものとして旧来議論されてきたが、それは、いまなお決着をみていない。そこでは、構成要件概念、故意概念、行為無価値論・結果無価値論、等々の諸問題が複雑に関り合っている。学説としては、現時点では、以下の五説に分けて整理しておくのが便宜であろう。

(i) **事実の錯誤説**　この説によれば、故意には違法な事実の認識（認容説では表象・認容）が必要であるが、その違法な事実の認識には「構成要件該当事実の認識」と「違法阻却事由の認識の不存在」とが必要であるとされる。誤想防衛では後者が問題となるが、そこでは、たとえ誤認であったとしても、「急迫・不正の侵害」の存在を認識すると、行為者において自己の行為は許されているとの意識に達し、故意に必要な違法な事実の認識が欠如し、従って、行為者は規範の問題に当面せず、結局、違法性の意識ないしその可能性が生ぜず、故意の成立が否定されることとなる。誤認につき過失があるときは過失犯が成立する（勿論、過失犯処罰規定があるときに限る）。その理由づけは厳格故意説、制限故意説、制限責任説（消極的構成要件要素の理論）、修正責任説、等々学説上多様である。しかし、すでに述べた如く、構成要件は禁止・命令を、違法阻却事由は許容を類型化しているのであるから、両者はこれを区別すべきであるし、構成要件は違法類型であるから、構成要件該当事実を表象・認容すれば進んで違法性の意識は生じ、行為者は規範の問題に当面するのである。事実の錯誤説はわが国の通説的見解であるが、右に述べた理由でこの説に従うことはできない。

（ii）**法律の錯誤説**　この説によれば、構成要件該当性判断と違法阻却事由存否の判断は機能上別異の性格をもつのであり、前者は、構成要件に定められた法益侵害事実の存否に関るもので、後者は、その存在が構成要件該当事実を適法ならしめるものであるから、構成要件該当事実を表象・認容して行為に出る以上、そこでは、すでに、行為者は規範の問題に当面していると解される。すなわち、故意の認識対象は構成要件該当事実で足るのであって、違法阻却事由に関する事実の誤認は法律の錯誤として故意を阻却しない。事実の錯誤説との基本的・本質的相違はその点にある。法律の錯誤説をもって妥当と解する。この説の中にも、準故意説と厳格責任説とがあるが、故意概念のところで明らかにした如く、私見は準故意説に従う。

（iii）**第三の錯誤説**　これは「独自の錯誤説」とも呼ばれる。この見解に立脚する大塚博士は、「厳格故意説」の論者ではあるが、構成要件該当事実と違法阻却事由を構成する事実との質的相違を率直に認め、後者の錯誤を、構成要件的錯誤でも違法性の錯誤でもない第三の錯誤と位置づけ、その法的処理において、責任故意の要件である違法性に関する事実の表象が欠ける場合にほかならないから、犯罪事実の表象を欠く場合である構成要件的錯誤が構成要件的故意を阻却するのと同様の意味において、責任故意を阻却するとし（構成要件的故意は阻却されない）、過失が認められるときは過失犯の成立があるとされる（大塚・三九五頁、四六五頁）。この説については、しかし、誤想防衛の場合には、構成要件的故意の存在によって一旦故意犯と分類されながら、責任論に至って卒然過失犯に転ずるということとなるが、そのことは構成要件の個別化機能を無力化し、かつ、故意犯・過失犯の体系矛盾を導くこととなって、妥当な帰結とは解せない。これに対して、大塚博士は、行為者の刑法的義務に違反する態度としては、故意は過失よりその程度が強いから、構成要件的故意および違法故意の中には、規範的には、構成要件的過失および違法過失が包摂されていると解することができようと述べられるが（大塚・四七二頁）、もしそうだとすると、構成要件レベルでの故意犯と過失犯との個別化機能が失われることとなり、そうなると定型説の崩壊へと通ずるように思われる。

(iv) **正当防衛説**　この見解は、「制限故意説」を採用しつつ行為無価値論に立脚する藤木博士によって主張された。藤木博士によれば、正当防衛が違法性を阻却されるのはそれが私人の権利だからであり、権利行使をなしうる場合か否かは事後判断によってではなく、行為に先立つ行為者自身の事実認定に基づくべきであるとして（藤木・「誤想防衛と違法性の阻却」『法学協会雑誌八九巻七号』七五三頁、七六九頁）、そのような観点から、誤想防衛の場合、行為者は急迫・不正の侵害に対し権利防衛のため侵害排除を行う、という法律上許された意思内容をもって行動しているのであるから、その際に事実を誤認してなされた法益侵害行為は、故意の結果惹起行為としての違法性はなく、正当行為をするにあたって要求される注意を欠いたため予期しない被害を生ぜしめた、いわば正当行為に際しての偶然的事故とみるべきものであって、行為の構造として、故意行為ではなく、せいぜい過失行為が認められるに止まるものである。従って、誤想防衛は、急迫・不正の侵害ありと信じたことに客観的な合理的理由があって無過失と認められる場合は正当防衛そのものであり、過失が認められる場合は過失犯に問われるに止まるべきであると説かれた（藤木・一七三頁）。ここでは、誤想防衛は錯誤問題として処理されず、行為無価値論に立脚した見解が披瀝されている。しかし、正当防衛が認められるためには、急迫・不正の侵害の存在が大前提であり、それを欠く場合に正当防衛の成立を認めるのは解釈論的に言って無理がある。その意味でこの説は支持できない。

（v）**二元的厳格責任説**　ここに二元的厳格責任説というのは、アルミン・カウフマンの見解であり、わが国では、川端教授によって支持されている。川端教授によれば、この説は、「厳格責任説」をとったうえで、違法阻却事由の客観的要件の存在について、事前判断、つまり行為時を基準とする判断を要求することによって、一般人の見地から事実的前提の錯誤が避けられなかったばあいには正当防衛として違法阻却をみとめ、避けえたばあいには厳格責任説と同様に故意犯の成立を肯定する。川端教授によれば、刑法は違法性の次元で一般人を名宛人とする行為規範として機能するのであり、行為規範という観点を強調すると行為時基準判断（事前的判断）をとるのが望ましく、一般人にとって不可能であることを行為規範が個々の行為者に要求していると解するのは妥当ではなく、この場合には端的に行為の違法性阻却を認めてよいと説かれる（川端・『正当化事情の錯誤』二〇頁、二五頁〜二六頁）。この説については、第一に、行為者に急迫・不正の侵害の存在について誤認がある場合、一般人にとってもその誤認が避けられなかったならば、正当防衛を認めてよいとする点について疑念がある。すなわち、「急迫・不正の侵害の存在についての誤認」はあくまで錯誤の問題であり、「急迫・不正の侵害の存在」は正当防衛成立のための客観的要件存否の問題なのであって、後者について言えば、たとえ、行為時基準判断（事前的判断）をとるとしても、その存否は客観的に判断すべきものである。「人的」違法か「物的」違法かでそれが変動すべきものとは思えない。第二に、責任説がもつ上掲故意概念の空洞化という問題点が、二元的厳格責任説にも当てはまるであろう。

④**誤想防衛についての判例**　（i）「急迫不正の侵害」がないのにあると思った場合については、広島高判昭三

五・六・九（高刑集一三巻五号三九九頁）は、「正当防衛の成立に必要な客観的条件たる急迫不正の侵害がないのに、これが存するものと誤信して権利を防衛する意思を以てした行為、すなわち、講学上いわゆる誤想防衛行為と解すべき」であって、犯意の成立が阻却され犯罪不成立と判示し、また、東京高判昭四五・一〇・二（高刑集二三巻四号六四〇頁）は、「右有形力の行使は、被告人においてHの写真撮影が違法な行為であると誤信し、これが被告人G等の権利を侵害し、又は侵害する現在急迫の危険があり、これを排除して自己の権利を防衛するためフイルムの引渡を求めるのはやむをえないところと信じてなしたものと認められ、同人がその状況下においてかく信じたのは無理からぬところと考えられるので、その所為はいわゆる誤想防衛等に該当し、暴行罪の故意責任を欠くもの」と判示し、さらに、新潟地裁長岡支判昭五〇・一〇・一四（刑月七巻九・一〇号八五五頁）は、「急迫不正の侵害がないのにこれがあるものと誤信して防衛意思のもとにした行為というべく、いわゆる誤想防衛行為と解すべきであり」、結局犯罪は成立しないと判示した。（ii）「防衛行為の相当性」に関する誤認が問題となった事例については、盛岡地裁一関支判昭三六・三・一五（下刑集三巻三＝四号二五二頁）は、「被告人は防衛のため相当な行為をするつもりで誤ってその程度を超えたものであって、いわゆる防衛行為の誤認に外ならず、急迫・不正の侵害事実についての誤認と同様に、講学上は誤想防衛の一場合として論ぜられるところのものである。従って被告人に防衛の程度を超えて死の結果を齎らしたことについての過失責任を問うことは格別、これをもって結果に対する故意責任を問うことはできない」と判示した。これに対し、最判昭二四・四・五（刑集三巻四号四二一頁）は、棒様のもので打ちかかられた被告人が、その場にあった斧を斧とは気づかずなにか棒様のものとのみ思いこれを手にして反撃を加え、それで相手を数回殴りつけて死亡させた事案において、誤想防衛を認めず過剰防衛と判示した。（iii）このように、判例の現状においては、下級審では、「急迫不正の侵害」に関する誤認は誤想防衛として故意を阻却するとされているのが多数と思われるが、「防衛行為の相当性」に関する誤認ついては、下級審に誤想防衛で故意阻却としたものもあるが、最高裁に誤想防衛を認めず過剰防衛としたものもあるのであって、今後の判例の動向を見極める必要があろう。

(4) 誤想過剰防衛　「誤想過剰防衛」とは、一般に、急迫不正の侵害がないのにこれありと誤信して防衛行為に出たところ、それが誤想した侵害の程度に比して過剰であって、行為者に、過剰であることの認識がある場合と相当であるとの誤信にもとづく場合との両者があるとされている。この問題は、実務において発生し、理論的解決が学説に対し迫られた事案であった。最高裁に既に二つの判例があり、また、下級審には相当数の判例がある。

① 最高裁判例　(a)まず、最決昭和四一・七・七（刑集二〇巻六号五五四頁）は、被告人の長男がまだなんらの侵害行為にも出ていないKに対しチェーンで殴りかかり、包丁を擬したKと対峙していた際に、右の如き事情を知らず、長男がKから一方的に攻撃されているものと誤信し、その侵害を排除するためKに猟銃を発射し散弾の一部をKに命中させた被告人に対し、「原判決が被告人の本件所為につき、誤想防衛であるがその防衛の程度を超えたものであるとし、刑法三六条二項により処断したのは相当である」と判示した。誤想過剰防衛に関する最初の最高裁判例である。もっとも、その理由づけは十分なものであるとは到底いえない。この最高裁決定については、船田調査官による次のような評釈が出された。すなわち、「誤想防衛の場合においても、違法性を基礎づける事実の認識を欠く（あるいは行為を適法とする事実の認識がある）として故意を阻却するのは、犯人の認識（誤信）する、行為を適法とする事実（急迫不正の侵害）に対し、防衛行為が相当性をもつかぎりにおいて故意を阻却するものと解すべきであって、右の相当性を欠くに至れば、もはや故意は阻却せられないと解すべきことは、正当防衛との均衡からいっても当然であろう。しかしながら、右の相当性を欠くに至った場合においても、それを直ちに通常の犯罪の成立と同じく処罰することは、正当防衛に関し、その防衛の程度を超えた場合に、刑法三六条二項により刑を減軽又は免除するこ

とができることとの均衡からみて妥当ではない。誤想防衛に関しても、前述の意味において相当性がないため、故意が阻却されない場合においては、刑法三六条二項に準拠して処断すべきものと解するのが相当である」（船田・『最高裁判所判例解説・刑事篇昭和四一年度』一一〇頁〜一一一頁）。この見解は調査官によって披瀝されたものゆえに、最高裁決定の理解に多大の影響を及ぼすものであった。(b)次いで、最決昭和六二・三・二六（刑集四一巻二号一八二頁）は、空手三段の腕前を有する被告人（在日英国人）が、夜間帰宅途中の路上で酩酊した女性Mとこれをなだめていた H とが揉み合ううち同女が倉庫の鉄製シャッターにぶつかって尻もちをついたのを目撃して、HがMに暴行を加えているものと誤解し、同女を助けるべく両者の間に割って入った上、同女を助け起こそうとし、次いでHの方を振り向き両手を差し出して同人の方に近づいたところ、同人がこれを見て防衛するため手を握って胸の前辺りにあげたのをボクシングのファイティングポーズのような姿勢をとり自分に殴りかかってくるものと誤信し、自己及び同女の身体を防衛しようと考え、とっさにHの顔面付近に当てるべく空手技である回し蹴りをして、左足を同人の右顔面付近に当て、同人を路上に転倒させて頭蓋骨骨折等の傷害を負わせ、八日後に右傷害による脳硬膜外出血及び脳挫滅により死亡させた事案につき、「本件回し蹴り行為は、被告人が誤信したHによる急迫不正の侵害に対する防衛手段として相当性を逸脱していることが明らかであるし、被告人の所為について傷害致死罪が成立し、いわゆる誤想過剰防衛にあたるとして刑法三六条二項により刑を減軽した原判断は、正当である」と判示した。

②**故意の成否**　誤想過剰防衛の理論的解決について、まず、故意の成否の問題を取り上げよう。故意の成否について、学説は四説に大別される。

(i)**故意犯説**　誤想防衛を法律の錯誤と解する立場にたてば、誤想防衛自体が故意を阻却しないのであるから「誤想過剰防衛」についても、過剰事実の誤認の有無にかかわらず故意を阻却することはない。厳格責任説によれば錯誤が避け得られなかった場合には故意犯の責任が阻却されることになる（例えば、福田・二〇九頁）。一方、準故意説によれば、誤想防衛の如く違法性を意識しなかったことにつき過失の存する場合には故意犯と同様に取扱い、過失が軽微であるときは刑を減軽する。

（ii）**過失犯説**　誤想防衛は故意を阻却する事実の錯誤であるとの立場を出発点としながら、「急迫不正の侵害の存在を誤認して、誤認なく防衛の程度を超える行為をした場合」を「誤想過剰防衛」と概念定義し、従って、誤想過剰防衛も概念定義上は誤想防衛の一形態とみられるから、それは過失犯としての性格をもつ故、誤想過剰防衛については、その前段階における誤想の点を重視して過失犯としての性格を貫くとともに、あとの過剰の点については裁判官の量刑に委ねるとする見解である（例えば、石原・「殺人未遂罪につき誤想過剰防衛が認められた事例」『法学論叢八一巻一号』一〇三頁、庭山・「誤想過剰防衛」『法セミ一八四号』四七頁、他）。

（iii）**船田説**　誤想防衛は事実の錯誤であって故意を阻却するとの立場より発し、誤想防衛として故意を阻却するのは、犯人の誤信する急迫不正の侵害に対し、防衛行為が相当性をもつかぎりにおいてであって、右の相当性を欠くに至れば、もはや故意は阻却されないとする見解である（船田・『最高裁判所判例解説・刑事篇昭和四一年度』一一〇頁）。

（iv）**二分説**　誤想防衛は故意を阻却する事実の錯誤であると解する立場から出発しつつ、「誤想過剰防衛」について、（イ）故意を阻却する類型と（ロ）故意を阻却しない類型との二者に区分する見解である。それぞれの理論構成と分類は必ずしも同一ではないが、近時次第に有力化しつつある見解といえよう。二分説によれば、まず、（イ）故意を阻却する類型については、急迫不正の侵害を誤認して防衛的反撃行為をしたが、自己の行為が防衛の程度を超える事実（過剰事実）であることを認識していなかった場合は、違法性を基礎づける過剰事実について行為者に認識がないから、故意の成立を認めることはできず、過剰事実を相当な事実と誤認した点に過失があれば、過失犯が成立する。次に（ロ）故意を阻却しない類型については、急迫不正の侵害を誤認し、自己の行為が過剰である事実を認識して防衛的反撃行為に出る場合には、防衛行為の相当性を基礎づける事実を誤認しているわけではなく、違法性を基礎づける事実を認識しているから、故意の成立が認められる（内藤・(中)三七四頁〜三七五頁、大塚・三九七頁、奈良・二二二頁、他）。

（v）**私見**　（イ）「過失犯説」については、急迫不正の侵害がないのにあると思った錯誤を事実の錯誤として故意を阻却する過失犯とし（第一段階）、それに基づく防衛行為の過剰性を行為者が認識してそこに故意が認められても（第二段階）、第一段階の過失犯としての性格がその誤想過剰防衛行為全体の性格を決定して過失犯とする、となす点に問題があって支持できない。すなわち、過剰事実について認識があった場合について考えると、そこでは違法性を基礎づける事実を認識しているのであるから、その事実を第一段階の誤認に基づく過失犯的性格に解消することはできないし、また、誤想過剰防衛の内、過剰事実について認識があった場合を過失犯とすると、誤想に基づかない通常の過剰防衛が故意犯となることと比較して均衡を失することになるからである。（ロ）「船田説」によれば、防衛行為が犯人の誤信する急迫不正の侵害に対する相当性を欠けば故意は阻却されないとされたが、そこでは、防衛行為の過剰性についての行為者の認識の有無は全く問題とされておらず、故意（錯誤）概念からの逸脱が看取されるのであって、支持できない。（ハ）「二分説」は近時有力な見解であるが、急迫不正の侵害の有無に関する錯誤（誤想防衛）を事実の錯誤とみる点で私見と根本的に齟齬する見解である。幾度も論じてきたように、構成要件と違法阻却事由とはその性質を異にする。構成要件が禁止・命令を、違法阻却事由が許容を類型化する以上、構成要件該当事実の認識があればそれだけで違法性を意識することは可能であり、行為者は規範の問題に当面している。故意を阻却する事実の錯誤とは構成要件該当事実をさすのであり、違法阻却事由を構成する事実の錯誤は法律の錯誤として故意を阻却することのない錯誤である。この意味において、私見は二分説を支持できない。

（ニ）「誤想過剰防衛」は違法阻却事由に関する錯誤であって法律の錯誤である。それは、特別の理論によって解決する必要のないもので、誤想防衛の考え方で解決すれば足りるものである。法律の錯誤説には厳格責任説と準故意説の立場があるが、私見は準故意説に与する。その理由もまたこれまでに縷々述べたところであるゆえ、ここでは割愛する。

③ **刑の減免の可否**　次いで、誤想過剰防衛における「刑の減免の可否」について考えてみよう。誤想過剰防衛の場合には、急迫不正の侵害という正当防衛の要件が存在しないが、その場合、刑法三六条二項を適用もしくは準用して刑を減軽又は免除することができるか、それがここでの検討課題である。過剰防衛における刑の減免の根拠についての考え方によっても結論に差が出よう。

(i) **不適用・不準用説**　過剰防衛について違法減少説を採用される町野教授は、ともかくも急迫不正の侵害者の法益を侵害することによって正当な者の利益が維持されたという防衛効果が生じたという点で違法減少が認められるのだから、急迫不正の侵害が存在しないとき、あるいは侵害行為が防衛行為と無関係であるときは、過剰防衛とはならないとされ、誤想過剰防衛においては、急迫不正の侵害が存在せず違法減少の前提が欠けるから、刑法三六条二項の適用・準用いずれも認められないと説かれる（町野・『警察研究』五九七号五二頁～五四頁）。しかし、恐怖、驚愕等の異常な心理状態で正当防衛状況を誤認して過剰行為に出ることもあるから、行為者のそのような心理状態を責任減少面で考慮する途を閉ざすことには疑問があろう（内藤・〔中〕三七九頁）。

(ii) **適用説**　平野博士は責任減少説を徹底して、正当防衛要件の客観的存在を誤想ししかも過剰行為に出た場合、行為者の責任という観点からすると、誤想した場合も現実に存在した場合と同じ責任しか問うことはできないから、過剰防衛を適用すると説かれるが、誤想したことにつき過失があった場合は、刑の均衡上当該過失犯の刑よりも軽く処罰することはできないとされる（平野・II二四六頁～二四七頁）。しかし、過剰防衛は正当防衛を前提とするものであるから、急迫不正の侵害の存在を要するのであって、誤想過剰防衛の場合にはそれを欠くのに刑法三六条二項を「適用」すると解することには無理がある。

(iii) **準用説**　責任減少説、違法・責任減少説に立脚する学説の多数によって、その理由づけは多様ながら準用説が支持されている。例えば、大塚博士は、具体的情状上、その過剰行為が行為者の恐怖、驚愕、興奮、狼狽などにもとづくことにより、適法行為の期待可能性が低減するとみられる事態も十分ありうるのであって、そのような場合には、過剰防衛についての責任減軽事由を定めた刑法三六条二項を準用するとされ（大塚・「誤想過剰防衛」『刑法論集(1)』一八〇頁～一八一頁）、内藤博士は「過剰事実について認識のない場合」につき、(イ) 急迫不正の侵害の誤認には過失がなく防衛行為の誤認について過失があるときは、刑法三六条二項を準用、(ロ) 急迫不正の侵害の誤認と防衛行為の誤認の両者について過失があるときは、急迫不正の侵害がないのにあると誤認して防衛反撃行為をした典型的な誤想防衛の過失犯より軽く処罰することはできないが、恐怖等の異常な心理状態からみるとき、その限度までは減軽できるとされ、「過剰事実について認識のある場合」につき、(イ) 急迫不正の侵害の誤認について過失がないときは、刑の減軽、免除をなし得、(ロ) 急迫不正の侵害について過失があるときは、典型的な誤想防衛の過失犯より軽く処罰することはできない、と説かれているが（内藤・(中)三八〇頁～三八二頁）、これらは、いずれも、想定される具体的事例解決の均衡を図りつつ、刑法三六条二項の準用あるいは期待可能性論による法的処理を追究する努力の現れであるといえよう。

(iv) **私見**　「誤想過剰防衛」という新しい錯誤の類型をたてるかどうかは別にして、「誤想防衛」と「過剰防衛」は観念的には区別できても実際には容易に判別しがたいことに思いをいたし、かつ、誤想防衛の場合といえども防衛者において恐怖、驚愕、興奮、狼狽等を伴うことも少なからざることを思料すれば、「誤想過剰防衛」を法律の錯誤とみる立場においても、運用の実際においては刑法三六条二項の準用を考えておくことが相当であるように思われる。

(5) 誤想避難 現在の危難が存在しないのに、行為者がこれありと誤信して避難行為を行った場合を誤想避難という。これは、違法阻却事由（正当化事由）の事実的前提に関する錯誤である。それ故、誤想防衛と同様の理論的解決を考えなければならない。誤想避難については判例もほとんど見当らない状況である。

(6) 誤想過剰避難 誤想過剰避難とは、現在の危難が存在しないのに存在すると誤信して避難行為を行う場合に、過剰な避難行為を行うことをいい、過剰性は、避難行為が補充の原則や法益均衡の原則を破った場合に認められる。(a)誤想過剰避難の理論的解決は、誤想過剰防衛の場合と同様になされなければならない。私見は、誤想過剰防衛について述べたと同様に、「誤想過剰避難」は違法阻却事由に関する錯誤であって法律の錯誤であり、誤想避難と同様の考え方で解決すれば足りるもので、理論的には準故意説の立場に立って法的処理を行いたい。なお、誤想過剰避難をめぐる学説の詳細については、誤想過剰防衛で述べたところを参照されたい。(b)誤想過剰避難については下級審のものながら次のような判例がある。すなわち、被告人は、天王寺ステーションビル一階国鉄天王寺駅構内中央コンコースで仕事を世話してやるといって酒を飲ませてくれたやくざ風の男とその仲間から、身体に危害を加えられるという危難が間近に切迫しているものと誤信し、これを避けるため護身用の器具が必要と思ったところから、同ビル地下一階の理容室より、同危難を避けるためやむを得ない程度をこえて、散髪バサミ一丁を窃取したという事案につき、被告人が現在の危難を誤想してこれを避けるため本件行為に出たものといえるが、階段から地上に出て二人の男から逃避することや警察に救助を求めることもできたのにそうしなかったことについては、被告人が本件の四日前に大阪に出てきて地理が判らないことや誤想に基づく当時の被告人の心情を考慮するとそのような方法をとることは困難な面があったとみられる故、大阪簡裁は、「右のような状況下でなされた被告人の本件所為は現在の危難の誤想に基づく避難行為といえても止むを得ない程度をこえた過剰避難であるといわざるを得ない」と判示し、法令の適用にあたって、誤想過剰避難であるから刑法三七条一項但書、六八条三号により法律上の減軽をして被告人を懲役四月に処した（大阪簡判昭六〇・一二・一一判時一二〇四号一六一頁）。

第五節　過　失

一　総　説

刑法三八条一項は、「罪を犯す意思がない行為は、罰しない。ただし、法律に特別の規定がある場合は、この限りでない」との規定をおいているが、ただし書き以降が過失犯処罰の根拠規定である。過失（Fahrlässigkeit）は故意と並ぶそして故意より軽い責任形式（責任条件）である。昭和三〇年代以降自動車台数が増えそれと共に交通事故が増大して、業務上過失致死傷罪が頻発するようになり、わが国では実務上過失の認定規準を模索せざるを得ないこととなり、そのことが犯罪論上の過失犯をめぐる問題意識と相俟って、過失犯論を発展させる契機となった（西原・「過失論の展望」『刑法の争点〔新版〕』九二頁）。①過失は構成要件の個別化機能に奉仕するものとして構成要件要素ともなるが、犯罪論体系上の本籍地は「責任」である。過失は、不注意によって、構成要件該当事実の表象・認容をもたないものであるが、それは、概念上予見可能性と注意義務（Sorgfaltspflicht）に区分され、「過失犯の構造」をめぐる立場によってそれらの内容が決定される。それ故、過失犯の構造をめぐる見解の対立は重大な意味をもつ。②ところで、過失を論ずるにあたっては、その処罰には「特別の規定」を要することになっているが、その点にすでに行政刑罰法規をめぐって判例上問題があることに注意しておかなければならない。すなわち、行政刑罰法規に関しては、過失犯処罰の明文規定がなくても処罰し得るのではないかということが争われてきたのである。大審院時代には、飲食物用器具取締規則に関し、取締目的を達成するために明文なき過失犯処罰を肯定する判例（大判大二・一一・五刑録一九輯一一二一頁）と明文規定を要するとして否定する判例（大判大七・五・一七刑録二四輯五九三頁）とに分かれていたが、最高裁は、「取締る事柄の本質」に鑑みて明文なき過失犯処罰をも認めている（最決昭二八・三・五刑集七巻三号五〇六頁〔外国人登録証明書不携帯罪〕、最判昭三七・五・四刑集一六巻五号五一〇頁〔古物営業法の記帳義務違反罪〕）。学説にも肯定説はあるが、刑法三八条一項、刑法八条の法意にてらして、明文なき過失犯処罰はこれを認めるべきではない。

二　過失犯の構造とその体系的地位

過失犯の構造論については、極めて図式的にいえば今日三つの基本的な考え方が存在するといえる。もっとも、実際には、その三つの考え方を規準として様々な過失犯の構造論が学説上存在している。そして、その実態は、容易に整理できないほど多様にのぼっていることも承知しておく必要があろう。

(1)　旧過失論（伝統的過失論）　伝統的な犯罪論体系の思考方法によれば、「違法は客観的に責任は主観的に」というテーゼで表されるように、犯罪成立要件の客観的なものは違法論で、主観的なものは責任論でとりあげるというのが基本的発想であった。そして、過失は、不注意な内心的態度として主観的性格を帯びるものであり、それ故、故意と並べて「責任」におかれるべき犯罪成立要件であった。そこでは、注意義務の内容は結果予見義務（結果発生を予見するよう精神を緊張させる義務）であり、結果予見義務が存在するためには主観的予見可能性の存在が必要とされたのである。

(2)　新過失論　新過失論は、「許された危険」の法理（現代生活には高速度交通機関の運行、大土木・建築事業、その他それ自体に法益侵害の危険をはらんだ行為が沢山あるが、行為の社会的有用性の故に、「社会生活上必要な注意義務」

をつくして行為するかぎり法益侵害結果を惹起しても違法ではない、とする法理）を媒介として登場し、過失の体系的地位を責任から違法性あるいは構成要件へと移行させ、過失犯における注意義務は結果回避義務（犯罪事実の実現を回避するよう配慮する義務（西原・上巻一九八頁））であり、結果回避義務ありとするためには客観的予見可能性の存在が必要であるとする。

(3)　新・新過失論（危惧感説）　新・新過失論は、過失犯における注意義務を結果回避義務とし、その犯罪論体系上の地位を違法性ないし構成要件に移行させ、予見可能性については、旧過失論、新過失論がいずれも具体的予見可能性を必要としていたのに対し、結果発生にいたる具体的因果経過の予見まで必要でなく、一般人なら少なくともその種の結果の発生があり得るとして具体的に危惧感を抱く程度のものであれば足りると説く（藤木・二四〇頁）。

(4)　注意義務の内容と標準　**①注意義務の内容**　注意義務の内容について、第一説は結果予見義務と解し（平野・I一九一頁、井上（祐）・『因果関係と刑事過失』一三二頁、等）、第二説は結果回避義務と解し（西原・上巻一九八頁、藤木・二三八頁、等）、第三説は結果予見義務と結果回避義務と解する（木村・二四八頁、大塚・二〇九頁以下、団藤・三三三頁、等）。第一説は、旧過失論に立脚し過失を責任範疇でのみ把握する立場であるが、認識ある過失の場合予見義務は尽くされていることになるからこれを過失犯とすることを得ず、問題が残る。他方、第二説は、新過失論に立脚し過失を違法性範疇でのみ把握する立場であるが、過失は本来行為者の内心の緊張という主観的・一身的性質をもっているものであるから、これを責任範疇から全く放逐してしまうことには問題が残るように思われる。このように考えてくると、結局、行為者は注意力を緊張させることによって結果を予見し、結果発生を回避しなければならないと考えるのが最も当を得た見解であるということとなろう。注意義務は、結果予見義務か結果回避義務のいずれか一方のみに収斂されるべきでなく、両者が互いに結び合わさって過失犯の注意義務を形成するのであり、それぞれの義務が尽くされることによって初めて注意義務が遵守されることになると考えるべきである。その際、かつて、結果回避義務を違法性に、結果予見義務を責任に配する見解が主張されたが（井上〔正〕・『過失犯の構造』六一頁、八一頁）、結果予見義務と結果回避義務の両者は互いに結び合わさって違法性、責任に配されるべきである。

②**注意義務の標準**　注意義務の標準については、通常人の能力を標準とする客観説（牧野・下巻五六四頁、木村・二五〇頁、植松・三〇九頁）、行為者の能力を標準とする主観説（瀧川・一三九頁）、両者の折衷説（小野・一七四頁、団藤・三四三頁、齊藤〔金〕一七九頁、他）の対立がある。思うに、客観説に立つときは、通常人より注意能力が劣る行為者にも注意義務違反が問われることとなり、行為者に不能を強いることとなって妥当でない。他方、責任主義の観点からすれば、行為者の能力を標準とする主観説が一見妥当なようにみえるが、この場合には、注意能力が通常人より高い行為者には苛酷な結果となる。法は通常人以上のものを要求すべきでないから、注意義務の上限は通常人の能力で切るべきであり、折衷説が妥当である。すなわち、行為の際の具体的事情のもとで、行為者本人の能力として十分の注意――もしその能力が通常人より高いときは通常人としての相当の注意――をしたならば、犯罪事実を表象することができ、その行為および結果を回避することができたであろう場合に過失があるということができるのである（団藤・三四三頁）。そして、違法性においては通常人を標準に、責任においては上限を通常人標準で修正された行為者を標準に、注意義務違反を決定すべきである。③**予見可能性と回避可能性**　注意義務違反が存在するためには主観的予見可能性が存在しなければならない。それは、行為者が構成要件的結果の発生を予見できる程度に具体的なものでなければならない。そうでなければ行為者が自己の行為から発生する構成要件的結果を表象（予見、認識）できないからである。危惧感説は予見可能性を抽象化してしまうため、過失犯成立の範囲を拡大するものであって、妥当ではない。なお、結果回避の可能性も必要である。

(5)　私見　私見は、上述の如く、過失の体系上の本籍地はあくまで「責任」であるが、構成要件の個別化機能に奉仕する意味で違法構成要件の要素でもあるとの立場に立っている。それを前提として、過失犯につき、若干の事柄を論じたい。①**構成要件的過失**　(a)まず、行為者が構成要件該当事実の表象・認容を欠如することを要する。行為者がそれを表象・認容すれば、故意になる。(b)次に、行為者に客観的注意義務違反が存在しなければならない。構成要件的過失が認められるためには、行為を行為としてみた場合に、それが客観的な注意義務（結果予見義務と結果回避義務）に反する場合にはじめて構成要件該当性が認められる。裁判官が注意義務を定めるにあたっては、「社会生活上必要な注意」（im Verkehr erforderliche Sorgfalt）という観念が基準とされるべきであろう。客観的に要求される相当の注意を払ってもなおその事実の発生を回避できなかったような場合には、社会的相当性のゆえに違法性がないと考えられるのであり（団藤・三三八頁）、構成要件該当性そのものを欠くのである。その意味で過失も構成要件要素となり、構成要件の個別化機能に奉仕するが、ここでは、行為者が相当の注意を払ったかどうかではなく、通常人が相当な注意をすれば結果発生が避けられたかどうかという客観的な問題であるから、この過失は客観的違法要素であって主観的違法要素ではない（団藤・一三五頁）。(c)客観的注意義務違反が認められるためには、客観的予見可能性及び回避可能性が存在しなければならない。両者は、通常人の注意能力を標準として構成要件的結果の発生が予見可能であり回避可能である場合に存在する。②**責任過失**　(a)行為者が構成要件該当事実の表象・認容を欠如しなければならない。構成要件該当事実の表象すら欠く場合を「認識なき過失」（unbewußte Fahrlässigkeit）といい、構成要件該当事実の表象はあるが認容のない場合を「認識ある過失」（bewußte Fahrlässigkeit）という。後者については上述の如く未必の故意との限界が問題となる。そこでは、認容の有無が故意と過失を区別することとなる。(b)注意義務の内容は、構成要件的結果を予見しなければならないという結果予見義務を根幹としながら、また、予見された事実の発生を回避するために必要な作為・不作為をなさなければならないという結果回避義務でもなければならない。その意味において、結果予見義務と結果回避義務の両者を必要とするのである。そして、責任における注意義務の標準は、すでに観た如く、通常人標準説によって修正された行為者標準説でなければならない。(c)主観的注意義務違反が認められるためには、さらに、主観的予見可能性及び回避可能性の存在が必要となる。

(6) 判例　①まず、過失の意義につき、最決昭四二・五・二五（刑集二一巻四号五八四頁〔弥彦神社事件〕）は、結果の発生を予見することの可能性とその義務及び結果の発生を未然に防止することの可能性とその義務が認められなければならないと判示しているが、ここでは、結果予見義務、結果回避義務、結果の予見可能性、結果の回避可能性の四者が過失犯成立のための要件とされている。また、注意義務の標準について判例は客観説に拠っている（大判昭四・九・三裁判例三－刑二七）。②次いで、予見可能性については、何事かは特定できないがある種の危険が絶無であるとして無視するわけにはいかないという程度の危惧感であればたりるとした判例（徳島地判昭四八・一一・二八判時七二一号七頁〔森永ドライミルク事件〕）もあるが、危惧感説を採用した判例は少数で、例えば、結果発生の予見可能性は内容の特定しない一般的・抽象的な危惧感ないし不安感を抱く程度では足りず、特定の構成要件的結果及びその結果の発生に至る因果関係の基本的部分の予見可能性を意味するとなす判例（札幌高判昭五一・三・一八高刑集二九巻一号七八頁）の方が多数を占めている。なお、貨物自動車の運転者による過失により後部荷台の同乗者が死亡した場合において、「右のような無謀ともいうべき自動車運転をすれば人の死傷を伴ういかなる事故を惹起するかもしれないことは、当然認識しえたものというべきであるから、たとえ被告人が自車の後部荷台に前記両名が乗車している事実を認識していなかったとしても、右両名に関する業務上過失致死罪の成立を妨げない」とする最高裁判例がある（最決平元・三・一四刑集四三巻三号二六二頁）。しかし、後部荷台に二人の人物が乗っていることを運転者が認識していなければ、運転者の無謀運転と二人の同乗者の死亡の間には相当因果関係が存在せず、業務上過失致死罪の成立を認めるのは無理である。*

＊トンネル火災事故の予見可能性─近鉄生駒トンネル火災事件　被告人は、Ｎ電設の代表取締役として電力ケーブル接続工事等に従事する者であるが、生駒トンネル内の電力ケーブル接続工事を施工するにあたり、Ｙ分岐接続器六個に接続銅板（接地銅板）を取り付けるよう設計されていたのにこれを怠った過失により、同電力ケーブルに二万二〇〇〇ボルトの電圧が課電されあるいは同電圧による電流が通電された結果、新生駒変電所・Ｙ分岐接続器間の電力ケーブル六本の各遮蔽銅テープに誘起された電流を大地に流す導電路が断たれ、同電流が同接続器内部の半導電層部に漏えいして、徐々にこれを加熱、炭化させた上、アーク放電を発生させ、遂に、半導電層部を炎上させ、電力ケーブルの外装部に燃え移らせた。その結果、電力ケーブル等ケーブル一一本を焼燬し、トンネル内に濃煙及び有毒ガスをまん延させ、もって公共の危険を生ぜしめるとともに、同電力ケーブルの地絡により、き電停止の事態を招来させ、折から生駒トンネル内に進入してきた列車（乗客約七〇名）をトンネル内に停止するに至らせ、その間、同列車の乗客及び乗務員に、煙及び有毒ガスを多量に吸引させ、一名を死亡させ四二名に傷害を負わせた。被告人は業務上失火と業務上過失致死傷の罪で起訴されたが、本件の中心的問題となった「炭化導電路の形成」という現象は当時学術的な報告例もない未知の現象であったところから、第一審の大阪地裁は、結局、被告人には本件火災発生についての具体的な予見可能性はなく過失責任は成立しないとして（刑集五四巻九号一一八五頁）、無罪を言い渡した。これに対して、第二審の大阪高裁は、炭化導電路の形成が因果の経路の基本的部分を構成するとした一審判決は首肯し難いとして（刑集五四巻九号一二一七頁）、予見可能性を認め、被告人を禁錮二年六月、執行猶予五年の有罪とした。これに対して、最決平一二・一二・二〇刑集五四巻九号一〇九五頁は、「被告人は、右のような炭化導電路が形成されるという経過を具体的に予見することはできなかったとしても、右誘起電流が大地に流されずに本来流れるべきでない部分に長期間にわたり流れ続けることによって火災の発生に至る可能性があることを予見することはできたものというべきである。したがって、本件火災発生の予見可能性を認めた原判決は、相当である」と判示した。しかし、「炭化導電路の形成」は本件過失犯における因果関係の主要部分であり、それを具体的に予見できなかった以上、本件火災発生の予見可能性の存在はこれを否定すべきであり、まして、炭化導電路の形成という現象が当時学術的な報告例もない未知の現象であったことを斟酌すると、本最高裁決定には到底賛同し得ない。

三　過失の種類

過失を論ずるに際しては、過失の種類に留意しておかなければならない。既に論じたものもあるが以下にそれらを取りまとめて整理しておこう。

(1) 単純な過失（認識なき過失と認識ある過失）　構成要件該当事実の表象すら欠く場合を「認識なき過失」といい、構成要件該当事実の表象はあるが認容のない場合を「認識ある過失」という。後者は、特に、故意と過失の分水嶺として「未必の故意」と境を接し、「認容」があれば故意、なければ過失へと分類される。

(2) 業務上の過失と重大な過失　刑法二一一条一項は、「業務上必要な注意を怠り、よって人を死傷させた者は、五年以下の懲役若しくは禁錮又は百万円以下の罰金に処する。重大な過失により人を死傷させた者も、同様とする」という規定をおいて、単純な過失傷害（刑法二〇九条）や過失致死罪（刑法二一〇条）より重く処罰した。それ故、その理由を明らかにしておかなければならない。① **業務上の過失について**　業務概念につき、判例は、「刑法二一一条にいわゆる業務とは、本来人が社会生活上の地位に基き反復継続して行う行為であって・・・、かつその行為は他人の生命身体等に危害を加える虞あるものであることを必要とするけれども、行為者の目的がこれによって収入を得るにあるとその他の欲望を充たすにあるとは問わないと解すべきである」（最判昭三三・四・一八刑集一二巻六号一〇九〇頁）と判示した。学説の中には、業務概念の拡大を危惧し立法論としては重大な過失に吸収させることを主張する見解のあることに留意しておく必要があろう（西原・二一二頁）。業務上過失の加重根拠については、業務者に対しては高度の注意義務が課せられているとするもの（小野・一七五頁、団藤・三四五頁、大谷・一九四頁、最判昭二六・六・七刑集五巻七号一二三六頁）、予見範囲の広さから責任非難が重いとするもの（佐伯・二六三頁）、注意義務違反の程度が違法性を高めるとするもの（福田・一三六頁、西原・二二二頁）、それが違法性・責任両者を高めるとするもの（大塚・二三一頁）、過失を責任要素と解する立場から責任非難の重さを理由とするもの（中山・三七六頁）、等があるが、業務者に対し高度の注意義務が課されているから重く処罰されるとする見解が妥当であろう。最高裁判例に、狭隘な道路を進行する大型貨物自動車の運転者としては、前方を走行中の自転車が自車の警笛に応じて道路端に避譲して走行した場合であっても、その自転車はブロック塀に接する安全走行に適しない有蓋側溝上を走行しており、運転者が老齢であったなどの状況下においては、自転車転倒の危険を予測して追抜きを差し控えるべき業務上の注意義務がある、と判示したもの（最決昭六〇・四・三〇刑集三九巻三号一八六頁）がある。②**重大な過失について**　重大な過失とは通常の過失に比して注意義務違反の著しい場合をいう。換言すれば、極めてわずかな注意を払えば結果を表象することができ、結果を回避しえたような場合をいう。重大な過失の場合に何故重く処罰されるかについては、違法性の高さにその根拠を求めるもの（木村・二五〇頁、福田・一三七頁）と責任の重さにその根拠を求めるもの（団藤・三四七頁）、違法性と責任の重さにその根拠を求めるもの（大塚・二一八頁）とがあるが、責任の重さに根拠を求める見解を妥当と解する。ただ、実際には、業務上過失の概念が広いため重大な過失は業務上の過失と重なることが多く、独立に問題にされる場合はむしろ少ないといえよう。最高裁の判例としては、盛夏晴天の日、ガソリン給油場内で、ガソリンがさかんに揮発しているガソリン缶の至近距離で、ライターに点火したことにより火災が発生した事案につき、重過失失火罪にあたるとしたものがある（最判昭二三・六・八体系三二・三七一頁）。

(3) 事実性に関する過失と違法性に関する過失　「事実性に関する過失」とは、不注意によって構成要件該当結果を表象していない場合であり、「違法性に関する過失」とは、構成要件該当結果を表象してはいるが、不注意にも自己の行為の違法性を意識しなかった場合をいう。違法性に関する過失の場合、同じく故意に違法性の意識を要するという立場でも、厳格故意説では過失犯となるが、準故意説では故意と同じように取り扱われるという点、注意を要する。

四　信頼の原則

過失犯の問題を論ずるにあたっては、「信頼の原則」にふれておかなければならない。「信頼の原則」（Vertrauensgrundsatz）とは、「行為者がある行為をなすにあたって被害者あるいは第三者が適切な行動をするのが相当な場合には、たといその被害者あるいは第三者の不適切な行動によって結果が発生したとしても、それに対しては責任を負わない」（西原・『交通事故と信頼の原則』一四頁）という原則をいう。この原則は、元来ドイツの交通事故に関する判例の中で生成したものであったが、それがわが国の実務にも導入され、今日では交通事故のみでなく、複数者が職務を分担するチーム医療等についても適用されるようになり、判例上定着している。学説上、この原則はナチスの交通政策とナチス法思想の一端を担って登場したものであるとの厳しい批判もあるが（井上祐司『行為無価値と過失犯論』七九頁）、今日、学説の大勢もこの原則を容認している。信頼の原則は、関与者がルールを守って行動するものであるという相互信頼を前提とした「危険分配の法理」を内容とするものであるといえよう。

①判例の状況　自動車事故について初めてこの原則を採用した最判昭四一・一二・二〇（刑集二〇巻一〇号一二一二頁）は、「本件のように、交通整理の行なわれていない交差点において、右折途中車道中央付近で一時エンジンの停止を起こした自動車が、再び始動して時速五粁の低速（歩行者の速度）で発車進行しようとする際には、自動車運転者としては、特別な事情のないかぎり、右側方からくる他の車両が交通法規を守り自車との衝突を回避するため適切な行動に出ることを信頼して運転すれば足りるのであって、本件Aの車両のように、あえて交通法規に違反し、自車の前面を突破しようとする車両のありうることまでも予想して右側方に対する安全を確認し、もって事故の発生を未然に防止すべき業務上の注意義務はないものと解するのが相当」であると判示した。その後、最高裁は、被告人に交通法規違反がある場合においても信頼の原則を拡大適用し（最判昭四二・一〇・一三刑集二一巻八号一〇九七頁）、また、チーム医療のように複数の行

為者が参加する場合にも信頼の原則の適用が認められている（札幌高判昭五一・三・一八高刑集二九巻一号七八頁〔北大電気メス事件〕）。しかし、前者については、信頼の原則は自己が法規を遵守している場合に他者の適切な行動を信頼してよいとなすのが筋であって、被告人に交通法規違反がある場合には信頼の原則不適用となすべきであろう。

② 過失概念における信頼の原則の地位　過失犯の構造との関りの中で、信頼の原則の位置づけについては学説は多彩である。すなわち、(a)客観的注意義務を定める規準とする見解（大塚・二〇六頁、板倉・二八八頁）、(b)予見可能性とは一応別に、予見義務そのものの範囲を制限する規範的な標準と解する見解（金沢・『刑法の判例第二版』七七頁）、(c)結果回避義務の認定の規準とする見解（藤木・二四九頁）、(d)事実的自然的予見可能性の中から刑法的予見可能性を選び出すための原理とする見解（西原・上巻二〇五頁）、(e)客観的予見可能性の問題として処理するとなす見解（鈴木〔享〕・『交通事故判例百選』一九三頁）、(f)「客観的予見可能性」の有無を判断資料としつつ、究極においては、本人の主観的予見可能性が否定されて責任を阻却すると説く見解（内藤・〔下〕I一一五〇頁）、等々がある。思うに、過失犯の構造と信頼の原則との関りの中で考えるならば、結果についての予見可能性は常にあるともいいうるのであって、信頼の原則が機能するのはむしろ注意義務の領域であり、過失の本籍地を責任となし注意義務は結果予見義務と結果回避義務の両者から成り立つと解する立場からは、信頼の原則は責任要素たる主観的注意義務を免除するものと解するのが妥当であろう。

五　監督過失

過失犯を論ずる上で、近時、「監督過失」が議論されるようになってきた。これは通常の過失犯の理論と異なる原理で過失を捉えようとするものではないが、その犯罪形態に注目してこのように呼称される。監督過失は一般に狭義の監督過失と管理過失とに区分される（大谷・一九六頁、斎藤〔信〕・一五八頁、松宮・『刑法判例百選I総論〔第四版〕』一一八頁、等）。

(1) **監督過失（狭義）**　狭義の監督過失とは、結果を直接発生させる過失行為を行った行為者（直接行為者）を指揮・監督すべき地位にある者（監督者）が、その過失を防止すべき義務を怠ったことによる過失責任を問われることをいう。例えば、上級者が現場の作業員に対する適切な指揮・監督を怠った結果、作業員が機械の操作を誤り事故を発生させたような場合である。判例としては、例えば、液体塩素を工場の貯蔵タンクに受入れる作業に従事中の未熟練技術員が単独で受入れバルブを閉めようとし、一緒に受入れ作業に従事中の熟練技術員がこれを了承したため、未熟練技術員が誤ってパージバルブを開け、大量の塩素ガスを大気中に放出させて付近住民等に傷害を負わせた事故については、未熟練技術員を配置した製造課長と班の責任者にも、事前に双方の技術員に対し、未熟練技術員が単独でバルブ操作をしないよう留意すべき旨の安全教育を行い、少なくとも配置の際にその旨の指示を行うべき注意義務を怠って、未熟練技術員を配置した過失があり、業務上過失傷害罪が成立するとしたものがある（最判昭六三・一〇・二七刑集四二巻八号一一〇九頁〔日本エアロジル工場塩素ガス流出事故件〕）。監督過失の場合にも予見可能性や信頼の原則が問題となるが、予見可能性については、危惧感ではなく具体的な予見可能性を問題とすべきであり、信頼の原則については、現場作業員のレベルで適切な処置がとられていたら事故は発生しなかったであろうという場合が多いので、その適用は原則としてなく、被監督者の過失は特別の事情がないかぎり監督者の監督過失を構成すると解すべきであろう（大谷・一九七頁）。

(2) **管理過失**　管理過失とは、従業員等の行為という中間項を介さずに、管理者等の物的・人的設備、機構、人的体制等の管理の不備自体が過失を構成することをいう。例えば、自動火災報知設備を正常に作動する状態におくよう管理すべき義務を怠ったために、火災によって多数の死傷者を出したような場合に管理過失が問題となる。管理過失においては、被監督者に対する指揮・監督の不適切さということよりも、結果回避のために適切な管理をしなかったという不作為、特に、安全体制確立義務が重要となるから、不真正不作為犯の成立要件から管理過失を把握することが肝要となろう（大谷・一九八頁、川端・二三一頁）。判例としては、例えば、ホテルの客室から出火し、スプリンクラー設備やこれに代わる防火区画が設置されておらず、従業員らにおいても適切な初期消火活動や宿泊客らに対する通報、避難誘導等ができなかったため、多数の宿泊客らが死傷した火災事故において、ホテルを経営する会社の代表取締役社長として、ホテルの経営、管理事務を統括する地位にあり、その実質的権限を有していた者には、スプリンクラー設備又はこれに代わる防火区画を設置するとともに、防火管理者を指揮監督して、消防計画を作成させて、従業員らにこれを周知徹底させ、これに基づく消防訓練及び防火用・消防用設備等の点検、維持管理等を行わせるなどして、あらかじめ防火管理体制を確立しておくべき注意義務を怠った過失があり、業務上過失致死傷罪が成立するとしたものがある（最決平五・一一・二五刑集四七巻九号二四二頁〔ホテルニュージャパン事件〕）。なお、ビル火災に関する判例としては他に、川治プリンスホテル事件（最決平二・一一・一六刑集四四巻八号七四四頁）、千日デパートビル事件（最決平二・一一・二九刑集四四巻八号八七一頁）、大洋デパート事件（最決平三・一一・一四刑集四五巻八号二二一頁）、等がある。

第六節　期待可能性

一　総説

行為者に対する非難可能性を判断するためには、責任能力、故意・過失の存在の確認のみでは不十分であって、具体的な事情の下で行為者にその行為をしないことが期待できないような場合には、もはやその行為者を非難することができないこととなる。この意味において、期待可能性（Zumutbarkeit）は責任の有無を判断する最終的要素となったのである。期待可能性が論じられるきっかけとなったのは、ドイツにおける「暴れ馬」事件（一八九七年）

であった。尻尾を手綱にからみつけて馬車の制御を邪魔する悪癖をもった馬〈Leinenfänger〉というあだ名があった）を馬車馬として走行していた馬車の御者は、いつ事故を発生させるかわからないこの危険な馬を他の馬と交換してほしいと望んでいたが、雇主が御者の申し出に応じずその馬の使用を命じ、御者は職とパンを失うことをおそれてその命令に従っていたところ、ある日通行人に怪我をさせてしまったという事案において、ライヒ裁判所は他の適法行為に出ることは期待できなかったとしてこの御者を無罪にした。これを契機として、ドイツでフランクにより「附随事情の正常性」が説かれ、さらに、ゴールドシュミット、フロイデンタール等々の学者によって発展させられたのが期待可能性の理論である。今日、期待可能性の思想は通説の支持を受け規範的責任論の中核とされていることについては既にみたところである。期待可能性は刑の減免効果を与えられている実定法規として刑法上現れる場合もあるが（例えば、三六条二項、三七条一項但書、盗犯等防止法一条二項、一〇五条、二五七条、等）、学説上は超法規的責任阻却事由としてこれを位置づけるのが一般である。

二　期待可能性の体系上の地位

期待可能性の犯罪論体系上の地位については見解の対立がある。第一説は、犯罪事実の表象・認容、違法性の意識の可能性と並ぶ故意の第三要素とする（団藤・三二四頁）。第二説は、期待可能性を責任能力、故意・過失と並ぶ責任の第三要素とする（柏木・二五一頁、大塚・四七七頁）。第三説は、責任説に立って、期待可能性を責任能力、違法性の意識の可能性と並ぶ責任の要素とする（木村・三〇五頁、西原・下巻四七八頁）。第四説は、期待可能性の不存在を責任阻却事由とする（佐伯・二八三頁、平野・II二五八頁、大谷・三五三頁、前田・四一四頁）。第一説は、故意・過失は責任形式である故、非難可能性の要素を含まなければならないという理由で、期待可能性を故意・過失の要素とし、期待可能性を欠くときは故意責任・過失責任そのものが阻却されるとする

（団藤・三二四頁）が、期待可能性は客観的責任要素であって、主観的責任要素である責任故意・責任過失とは区別して独立に取り扱うのが妥当である。第三説は、責任説の採用自体に疑義がありその結論を支持することはできない。第四説に対しては、期待可能性は単に責任の存否だけではなく責任の軽重にも重大な影響を及ぼすものである故、これを単に責任阻却事由とのみ観るのは妥当ではないという批判もあり（大塚・四七八頁）、支持し難い。期待可能性は責任能力、故意・過失と並ぶ責任の第三要素と解すべきである。

三　期待可能性の標準

期待可能性の有無を判断する標準としては三説ある。第一説は、卑怯者でも英雄でもない通常人を標準とする平均人標準説である（小野・一六六頁、木村・三〇六頁、植松・二〇六頁、西原・下巻四八〇頁、藤木・二二六頁、東京高判昭二三・一〇・一六高刑集一追録一八、他）。第二説は、行為者標準説（大塚・四七九頁、吉川・二二七頁、内田・二五四頁、曽根・一六一頁、野村・三一五頁）である。第三説は、歴史的な現実の国家の基本構造または理念に帰着するという国家標準説（佐伯・二九〇頁、中・一八〇頁）である。平均人標準説は、通常人には期待可能でも行為者には期待不可能なときには非難できないという欠陥があり、国家標準説には、期待するのは国家の側でも期待が可能かどうかは行為者について考慮されるべきでその点で妥当でなく、行為者を標準に考えるというのが基本でなければならない。ただ、法規範は通常人に期待される以上のものは期待しないはずであるから、その上限は通常人によって画されるべきで、その意味において通常人標準説によって修正された行為者標準説をもって妥当と解すべきである（団藤・三二九頁、大谷・三五五頁）。

四　期待可能性の錯誤

期待可能性を阻却するような事情がないのにあると誤信する場合を期待可能性の錯誤という。期待可能性を基礎づける事情は客観的責任要素であって構成要件該当事実ではないから、その錯誤は故意を阻却しない。従って、錯誤に陥ったことについて期待可能性がない場合には、期待可能性の不存在によって責任が阻却されると解すべきである。

五　わが国の判例

期待可能性についてのわが国の判例には大審院時代と最高裁におけるものとの間に相違がある。(a)大審院時代のものとしては、第五柏島丸事件（大判昭八・一一・二一刑集一二巻二〇七二頁）が注目される。これは、定員の五倍余の乗客を乗せて運航中の発動機船が他船の追波を受けるなどの理由によって沈没し多数の死傷者を出した事案において、原審が禁錮六月に処していたのを大審院が罰金三〇〇円に処した事件であったが、この大審院の量刑判断には期待可能性の考慮が働いていたと評価されている。(b)戦後下級審において期待可能性なしとして無罪判決を出す判例が登場するようになったが、これに対し、最高裁は、その主張を認めてはいない。最高裁判例には期待可能性について好意的なものとそうでないものとがあるといえよう。そして、初めはむしろ好意的であったが、次第にそうでなくなって行った。すなわち、最判昭三一・一二・一一（刑集一〇巻一二号一六〇五頁〔三友炭坑事件〕）においては、「期待可能性の不存在を理由として刑事責任を否定する理論は、刑法上の明文に基づくものではなく、いわゆる超法規的責任阻却事由と解すべきである。従って、原判決がその法文上の根拠を示すことなく、その根拠を条理に求めたことは、その理論の当否は別としても、なんら所論のような違法があるものとはいえない」と判示していたが、最判昭三三・七・一〇（刑集一二巻一一号二四七一頁〔東芝川岸工場事件〕）は、「判文中期待可能性の文字を使用したとしても、いまだ期待可能性の理論を肯定又は否定する判断を示したものとは認められない」という受け取り方をしており、さらに、最判昭三三・一一・四（刑集一二巻一五号三四三九頁）は、「刑法における期待可能性の理論は種々の立場から主張されていて帰一するところを知らない有様であるが、仮に期待可能性の理論を認めるとしても、被告人らの行為が苟も犯罪構成要件に該当し、違法であり且つ被告人らに責任能力及び故意、過失があって法の認める責任阻却事由がない限りは、その罪責を否定するには首肯するに足りる論拠を示さなければならないことはいうまでもない」とするにいたっている。こうして、最高裁は、期待可能性論に対して明確な判断を避けているが、正面からこれを否定したわけでもなく、その後の判例理論がむしろ可罰的違法性論による処理に傾斜していく中で、慎重な留保をふしたままにとどまっているのが現状である（中山・三九三頁）と説かれた時代もあった。

しかし、判例が可罰的違法性論で無罪とすることがなくなった今日、超法規的要素である故、裁判官としては安易に適用することはできないかもしれないが、真に必要な場合には、期待可能性論を積極的に運用して無罪判決を出すことが、実務に要請されているといっても決して過言ではないであろう。

第五章　未遂犯論

第一節　未遂犯の概念と本質

一　総説

前章までは、一人の行為者が一つの犯罪を既遂にまで実現する犯罪形態について述べてきた。しかし、犯罪には結果が発生しなくても処罰される場合があり、また、複数の行為者が一つの犯罪に関与する場合がある。前者が「未遂犯」の問題であり、後者が「共犯」の問題である。未遂犯と共犯とは、単独犯の既遂形態（基本的構成要件）を基準としこれに一定の修正と変更を加えて創出された犯罪形態という趣旨で、「構成要件の修正形式」（修正された構成要件）と称される（小野・一七九頁、団藤・三五一頁、佐伯・一二七頁、大塚・二五〇頁、大谷・三五八頁、他）。他方、「修正」というと、未遂犯・共犯の方が正しい構成要件であるかのような誤解を生むおそれもあるとして、「拡張された構成要件」と呼ぶ見解もある（平野・II三〇七頁）。

二　犯罪の発展段階

未遂が既遂構成要件の修正形式であるとしても、それが、「陰謀－予備－未遂－既遂」という犯罪の発展段階における特徴づけであることを忘れてはならない。①**陰謀**　「陰謀」（Komplott）とは、二人以上の者が一定の犯罪を実行することにつき合意に達することをいう。現行刑法は陰謀罪として、内乱陰謀罪（七八条）、外患陰謀罪（八八条）、私戦陰謀罪（九三条）の三箇条をのみ規定している。陰謀を予備の一種とする見解もあるが（木村・四〇六頁）、陰謀は予備に先行する心理的な準備行為をさすものと解すべきである（西原・上巻三一五頁、福田・二二七頁、中山・四〇八頁、他）。そうすれば、予備には心理的準備行為は含まれず、予備は物的準備行為に限定されることになる（西原・上巻三一五頁、中山・四〇八頁）。② **予備**　「予備」（Vorbereitung）とは、犯罪の実行を準備することをいう。現行刑法は予備罪として、内乱予備罪（七八条）、外患予備罪（八八条）、私戦予備罪（九三条）、放火予備罪（一一三条）、通貨偽造等準備罪（一五三条）、支払用カード電磁的記録不正作出準備罪（一六三条の四）、殺人予備罪（二〇一条）、身の代金目的略取等予備罪（二二八条の三）、強盗予備罪（二三七条）、以上九箇条の規定をおいている。なお、予備罪については、自己予備と他人予備との区別がある。「自己予備」とは、自らが行う犯罪行為の準備をいい、「他人予備」とは、他人に犯罪を実現させる目的で行う準備行為をいう。予備は本来自己予備を意味するが、通貨偽造等準備罪（一五三条）についてはこのことは妥当せず、通説・判例（大判大五・一二・二一刑録二二輯一九二五頁）ともに他人のための準備行為もこれに含まれるとして他人予備を認めている。問題はこれがその他の予備罪にも及ぶのかという点についてであり、判例（最決昭三七・一一・八刑集一六巻一一号一五二二頁）は他人の殺人行為のため青酸ソーダを準備した者を殺人予備罪の共同正犯としており、他人予備を認める方向にあるようにみえるが、殺人予備は「第百九十九条の罪を犯す目的で」と規定されているので、自己予備に限られると解すべきであって（平野・II三四〇頁）、安易に他人予備を認めることは妥当とは思えない。③ **未遂**　「未遂」（Versuch）とは、犯罪の実行に着手したがこれを完全に実現しないことをいう。未遂については以下で論ずる。④ **既遂**　「既遂」（vollendetes Verbrechen）とは、実行行為によって犯罪が完全に実現されることをいう。結果犯においては構成要件的結果の発生を要し、挙動犯においては構成要件的行為が完全に行われることを要する。

三　未遂犯の処罰根拠

未遂犯の場合には法益侵害結果が発生していないのに行為者は処罰されるが、その処罰の根拠は何かが問題となる。ここでは、主観主義と客観主義の考え方の相違が基本的に対立する。①**主観的未遂論**　第一は、主観主義の未遂論への反映である主観的未遂論の考え方であって、客観的行為は行為者の主観的意思の徴表にすぎず（徴表説）、処罰の根拠となる未遂犯の危険は、「行為者の主観的な或るもの」（牧野・下巻六二三頁）、「性格に基づく実行反復の危険」（宮本・一八〇頁）、等と説かれる。もっとも、主観的未遂論も、犯罪意思の危険だけで未遂犯を処罰しようとするものではなく、その意思内容が一定の客観的行為となって外界に現れたときに処罰せんとするものである。②**客観的未遂論**　これに対して、客観主義の未遂論への反映である客観的未遂論は、客観的行為そのものに結果発生の現実的危険性を認めようとする（現実説）。客観的未遂論は、行為無価値論による立場と結果無価値論による立場とに区分される。(a)通説である行為無価値論による立場では、未遂犯の処罰根拠は、「犯罪構成要件を実現する現実的危険性」（福田・二二九頁）、あるいは、「法益侵害に対する客観的危険性」（西原・上巻三二一頁）、等と説かれるが、未遂犯の故意を主観的違法要素となし、行為を主観・客観の統一体と捉えるところより、行為者の目的や計画を取り込んで危険性判断を行うこととなる。(b)結果無価値論による立場では、未遂犯の処罰根拠は、「法益侵害的結果惹起の可能性」（佐伯・二九八頁）、あるいは、「法益侵害の危険の発生」（平野・Ⅱ三一一頁）と説かれるが、法益侵害の具体的危険の判断にあたって、主観的要素がどのように機能するかという点については、佐伯説では部分的に（佐伯・二九九頁）、平野説では故意は主観的違法要素として取り込まれるが、その場合、「犯意は、行為の客観的危険性の有無を左右する一つの要素として考慮されるにすぎない」（平野・Ⅱ三一〇頁）とされている。平野説に対しては、既遂犯の場合には故意は主観的違法要素でないのに、未遂犯の場合には主観的違法要素となるのはおかしいという疑問も呈されているが、そこに、平野博士の問題的思考が現れているということができよう。なお、中山博士は、結果無価値論を徹底して未遂の処罰根拠としての客観的危険から一切の主観を排除するという見解を表明されている（中山・四〇三頁）。③私見　違法性論においてすでに論じた如く、未遂犯の故意は主観的違法要素（主観的構成要件要素）として把握されなければならない。けだし、そうでなければ、構成要件該当性を決するにあたり何罪の未遂構成要件に該当するのか明らかにならないし、また、例えば、殺人未遂と過失致死では殺人未遂の方が違法性の程度が重いが、それは故意の内容が明らかになっていないと判明しないことである。未遂の処罰根拠を検討するにあたっては、当該行為の現実的危険性に着目すべきであって、その意味において行為に行為者の主観の徴表的意味しか認めない主観的未遂論は妥当でなく、また、未遂犯における客観的危険判断から一切の主観を排除するという見解も支持することはできない。未遂犯の処罰根拠は、行為無価値論による立場で理由づけられるべきであり、具体的には、法益侵害に対する現実的危険性ある場合、すなわち、第一に、基本的構成要件についての構成要件的故意があり、第二に、構成要件に該当する行為またはこれに接着した行為が行われたときに、未遂犯は処罰されるべきものと解する。

四　未遂犯の態様と処罰

未遂犯の態様と処罰に関しては幾つかの視点の下に分説しておく必要があるように思われる。①刑法四三条は、「犯罪の実行に着手してこれを遂げなかった者は、その刑を減軽することができる。ただし、自己の意思により犯罪を中止したときは、その刑を減軽し、又は免除する」と規定している。すなわち、犯罪の実行に着手しこれを遂げない場合を通常の「未遂犯」（障害未遂）といい、刑は減軽してもしなくてもよく（任意的減軽事由）、犯罪の実行に着手した後自己の意思により犯罪を中止したときを「中止犯」（中止未遂）といい、刑は必ず減軽または免除される（必要的減免事由）。なお、刑法に規定はないが、結果発生がおよそ不可能なために未遂に終る場合を「不能犯」（不能未遂）というが、そこでは、未遂犯として処罰されるか否かが問題となる。いずれの未遂についても後に論ずる。なお、刑法四四条は、「未遂を罰する場合は、各本条で定める」と規定して、未遂犯が処罰される場合を明らかにした。②通常の「未遂」（障害未遂）において、「着手未遂」と「実行未遂」とが概念上区別される。着手未遂とは、実行に着手したが実行行為そのものが終了しないままに中絶した場合をいい（例えば、殺人の故意で今まさに拳銃の引き金を引かんとしたときに、第三者によってその手を押さえられ引き金を引くことができなかった場合）、実行未遂とは、実行行為は終了したが結果が不発生に終った場合をいう（例えば、殺人の故意で拳銃を発砲したところ、弾丸は被害者に命中したが、被害者は死亡せず傷害を被った場合）。いずれも未遂であることに変りはないが、解釈論上は中止犯をめぐって概念区別の実益があることに注意を要する。③「実行の着手」の前段階は「予備」であり、実行の着手後は「未遂」と「既遂」に区分される。その意味で、実行の着手は未遂論において重要な意義を有する。この問題については後に取り上げる。④過失犯に未遂があるかは一つの問題である。過失犯にも実行行為が認められる以上、理論的には未遂を認め得るとする見解が近時有力となってきているが（木村・三四二頁、団藤・三五七頁、平野・Ⅰ一九九頁、大塚・二五五頁、中山・四〇五頁、大谷・三七〇頁、等）、過失犯は結果が発生することによって初めて犯罪として成立するのであるから、その未遂はないと解すべきである（植松・三一八頁、香川・三〇四頁、野村・三二三頁、他）。なお、現行刑法上、過失犯の未遂を処罰する規定はない。⑤結果的加重犯については、加重結果について故意がある場合に、基本たる行為は未遂たると既遂たるとを問わずその加重結果が成立しなかった場合を結果的加重犯の未遂と解する見解もあるが（木村・三七二頁、団藤・三五七頁）、加重結果について故意があればそれは加重結果についての故意犯であって、結果的加重犯を構成しない。結果的加重犯を基本たる犯罪の故意犯と加重的結果の過失犯との複合体と構成するかぎり、結果的加重犯に未遂はないとするのが首尾一貫した結論である（もっとも極めて例外的には「故意ある結果的加重犯」を認める必要がある）。⑥不作為犯に関しては、結果犯たる不真正不作為犯については未遂の成立は争われないが、真正不作為犯については見解の対立がある。すなわち、これを単純挙動犯とみて未遂の可能性を否定する説（香川・三〇三頁、なお、団藤・三五七頁、等）と、作為義務違反とその遂行に必要な時間の経過中はなお未遂を可能とする説（木村・三七一頁、植松・三一九頁、大塚・二五六頁、大谷・三七〇頁、等）である。具体的には、不退去罪（刑法一三〇条）の未遂があり得るかという形で争われるが、この場合、退去を要求された者が退去するのに必要な時間の経過が必要であって、それ以前に家人によって突き出されたような場合には、未遂犯の成立を認めて妨げないであろう。

第二節　実行の着手

一　総　説

犯罪の実行に着手しこれを遂げないことが「未遂」の要件である。すなわち、「実行の着手」の存在が認められれば、それ以降は未遂あるいは既遂の犯罪段階に至ることとなる。その意味で、実行の着手は、予備と未遂を分かつものである。予備が処罰されないで未遂が処罰されている犯罪については、実行の着手の存否は犯罪の成否に関るという重大な実際的意義を有している。

二　学　説

実行の着手（Anfang der Ausführung）をめぐっては、すでに旧くから見解の対立があるが、それらは、主観的未遂論と客観的未遂論に由来するものであるといえよう。もっとも、今日では、違法性論における行為無価値・結果無価値の対立状況をここで十分に留意しておく必要がある。

(1) 主観説　行為者の意思の危険から説き起こすもので、実行の着手が認められるのは、「犯意の成立がその遂行的行為に因って確定的に認められるとき」（牧野・下巻三五九頁）、「犯意が飛躍的に表動したとき」（宮本・一七九頁）、「故意の存在が二義を許さず一義的に認められる行為のあるとき」（木村・三四四頁）、「外部的行為によって、遂行的犯意が確定的に識別し得るとき」（八木（國）・『新派刑法学の現代的展開』一〇七頁）、等と説かれる。主観説に対しては、「『遂行的行為』というような観念を持ち込まなければならないところに、すでに主観説の破綻がみられる。犯意の飛躍的表動――犯罪のルビコンを渡ったとき――というのは、これを避けたものであるが、そのかわり、はなはだ明確を欠き、法的安定性を害するといわなければならない」（団藤・三五四頁）という批判が呈されている。法益侵害の具体的危険という視点を除外して行為者の危険という視点から実行の着手を捉えるならば、未遂犯処罰の範囲が広がりすぎるものとなろう。そこに主観説の問題点があるといわなければならない。

(2) 客観説　客観説は行為の危険性を問題とするが、何をもって行為の危険性ありとなすかについて、形式的客観説と実質的客観説とに区分される。

① **形式的客観説**　形式的客観説によれば、「実行」とは基本的構成要件に該当する行為であり、基本的構成要件に該当する行為の少なくとも一部分が行われたことが必要であり、かつ、それで十分であると説かれる（団藤・三五四頁～三五五頁）。この立場は、客観主義的な見解にそうものであり、今日においても有力に支持されている（小野・一八二頁、滝川・一八二頁、他）。構成要件の一部分が行われれば実行の着手ありとするこの形式的客観説は、一見明白性を担保するものの如く思われるが、例えば、窃盗罪における実行の着手の時期の問題を取り上げてみても、そこにはすでに重大な問題点がある。何となれば、窃盗罪における実行の着手の時期は一般に物色行為に入った段階と理解されており、

形式的客観説もこれを否定しないが、「物色行為」というのは、目的物に手を触れている段階からまだ手も触れていない段階までをも含みうるのであり、特に、後者については、目的物に接触もしていないのであるから、他人の財物の奪取という窃盗罪の構成要件の一部を実行するものとは到底いえない。「全体としてみて定型的に構成要件の内容をなすと解される行為であれば、これを実行の着手と解してさしつかえない」（団藤・三五五頁）として、物色行為を形式的客観説において実行行為に取り込むとすれば、それはもはや厳格な意味での構成要件該当行為の一部の実現とはいえず、また、これを実行行為の一部に取り込むために伸縮自在の定型たる構成要件を認めるならば、それはもはや形式的客観説とはいえないこととなろう。なお、形式的客観説においても、構成要件の一部実現と同時に構成要件的故意の存在が合わせ考慮される結果、実行の着手は、客観的にのみではなく主観的にも判断されていることに注意しておかなければならない（小野・一八二頁、団藤・三五五頁、等）。

②**実質的客観説**　実質的客観説によれば、法益侵害の危険性が現実的、実質的に把握される。そこでは、構成要件的行為の一部が行われたかどうかではなく、結果発生の実質的危険の存否が重要な視点とされている。未遂犯は具体的危険犯であり、その危険が切迫したところに未遂が予備から区別される実質的理由があるのであって、「構成要件に該当した行為またはこれに接着した行為」で結果発生の切迫した危険を持つものが実行の着手だとする見解（平野・II三一三頁～三一四頁）や、「犯罪構成要件の実現にいたる現実的危険性を含む行為を開始することが実行の着手である」とする見解（大塚・一七一頁）が、この立場をよく示している。そして、この行為の危険性の判断にあたっては、行為者の主観（故意）を取り込むか否かについて、肯定説（平野・II三一四頁、福田・二二九頁、大塚・一七一頁、大谷・三六六頁、他）と否定説（内藤・〔上〕二三一頁、中山・四一二頁、他）との対立があるが、肯定説をもって妥当と解すべきである。けだし、着手未遂において、拳銃を向けただけでは、殺人罪の未遂か傷害罪の未遂かは故意内容が判別しなければ確定できないし、発砲したが命中しなかった実行未遂において

も、同様に、殺人未遂か傷害未遂かは故意内容が判別しなければ確定できないからである。その意味において、未遂犯の場合、故意は主観的違法要素だとされるのは、故意を考慮に入れて行為の客観的危険性を判断すべきだということになるのである（平野・II三一四頁）。このような考え方に対しては、「もし、行為者の主観面をも考慮した上での総合的判定を予想しているのだとすれば、それは、もはや、すでに、客観説には属しえない」（西原・上巻三二五頁）という批判があるが、法益侵害の危険性を実質的に把握するに際して、行為者の主観を考慮したからといって客観説に属しえないとまではいえないであろう。けだし、この見解は、行為者の危険性ではなく行為の危険性を根底において実行行為を捉えようとしているのであり、また、行為を主観・客観の統一体として捉える以上は、故意を実行行為の構成要素とみることは可能であって、そう解したからといって客観説たる性質を失うものとは思えないからである。行為者の主観を考慮することが直ちに折衷説を採用しなければならないということに論理必然的になるわけのものでもない。私見は、故意を取り込んだ実質的客観説をもって妥当と解する。

(3)　折衷説　折衷説は行為者の主観面（特に行為の具体的な計画）と行為の法益侵害の危険性とを併せて標準とすることによって実行の着手の時期を確定しようとする見解であって、主観説を基礎とする主観的客観説と客観説を基礎とする個別的客観説とに区分される（野村・三二九頁、川端・四七八頁〜四七九頁）。

①主観的客観説　この説によると、行為者の「全体的企図」(Gesamtplan) を基礎として当該構成要件の保護客体に対して直接危殆化に至るところの行為の中に犯罪的意思が明確に表現せられた時に実行の着手があると解される（木村・三四五頁）。そして、主観説と主観的客観説との相違は、前者が行為者の犯罪的意思において認識した事情の下に行為者の見解において構成要件の実現に至ると考えられる行為をなした場合に実行の着手があるとするのに対して、後者は行為者の犯罪的意思において認識した事情の下に、行為者の見解においてではなく、客観的に直接法益

侵害の危険がある行為をなした場合に実行の着手があるとする点にあるとされる（木村・三四五頁）。この説に対しては、木村説を念頭におく限り、主観的客観説の適用から生ずる実際的帰結は、着手時点を一般に著しく早める方向に作用するといわざるをえないとの批判が呈されている（中山・四一二頁）。

②**個別的客観説**　この説によれば、行為者の計画全体に照らし法益侵害の危険が切迫したことをもって着手となすが、この説は客観説のように行為の外部的側面からのみ事を論ずるのではなく、また主観説のように行為者の内部的側面のみに着目するのでもなく、行為の危険性を主観客観両側面から個別的に判定するものであると説かれる（西原・上巻三二三頁、野村・三三三頁、川端・四八一頁）。しかし、この見解に対しては、「行為者の計画全体」は容易に立証されず立証されなければ未遂犯は成立しないこととなるであろうし、また、行為者のみが存在すると誤信したような事情についてもその存在を認めることとなって不都合ではないか、といった疑問を払拭し難い。未遂犯成立のための主観的要件としては、「行為者の計画全体」までは必要ないのであって、基本的構成要件に向けられた故意の存在で足りると解するのが妥当であろう。このことは、主観的客観説に対しても同様に当てはまる。

三　判例

実行の着手をめぐる判例の動向について、以下で、窃盗罪、強姦致傷罪、殺人罪、等について概観しておこう。

①**窃盗罪**　刑法犯の中で実行の着手の時期が特に争われるものとしては窃盗罪があげられる。判例は、「他人ノ財物ニ対スル事実上ノ支配ヲ犯スニ付密接ナル行為ヲ為シタルトキハ窃盗罪ニ着手シタルト謂フヲ得ヘシ」（大判昭九・一〇・一九刑集一三巻一四七三頁）として、「構成要件に該当する行為」についてのみならず、これに「密接する行為」を行うことを実行の着手としてきたが、「物色」段階で実行の着手があるとしているものが多く（例えば、最判昭二三・四・一七刑集二巻四号三九九頁）、金品物色のため

簞笥に近寄った時点ですでに着手ありとしたものもある（大判昭九・一〇・一九刑集一三巻一四七三頁）。最高裁判例にも物色段階より早く、電気器具商の店舗内において金員窃取の目的でレジスターのある煙草売場の方へ行きかけた時点で着手を認めたものがある（最決昭四〇・三・九刑集一九巻二号六九頁）。従来の判例は密接行為説に立ち物色行為はその一例と解されるが、煙草売場の方へ行きかけた時点で着手を認めた最高裁判例の実状に鑑みると、判例は実質的客観説に従うものと解される。実質的客観説の着手時期は、主観説よりは遅いが、形式的客観説よりは早くなる点に注意をしておかなければならないであろう。②**強姦致傷罪**　結合犯たる強姦致傷罪につき、判例は、二人の男が女性をダンプカーに引きずり込み強姦目的で他の場所に連行して姦淫した事案において、ダンプカーに引きずり込む際の暴行で女性に全治一〇日の傷害を負わせた場合、女性をダンプカーに引きずり込もうとした段階ですでに強姦に至る客観的な危険性が明らかに認められるから、その時点において強姦行為があったと解するのが相当との判断を示し、強姦致傷罪を認めている（最決昭四五・七・二八刑集二四巻七号五八五頁）。結合犯においては、通説は、一般に手段たる行為への着手を結合犯の着手と捉えるが、形式的に考える限りダンプカーに引きずり込もうとする場合の暴行を強姦罪における構成要件該当性ありとすることには無理がある。しかし、判例は、この暴行の段階で「すでに強姦に至る客観的な危険性が明らかに認められる」としているのであるから、判例の立場は実質的客観説に立つものと評価しうる。本件の如き場合、自動車という閉鎖的空間への引き込みにより法益侵害の危険性が切迫しているものとして、私見は実質的客観説の立場より判例の結論を支持したい。③**殺人罪**　自動車運転者が自動車操縦中過失により通行人に入院加療六カ月を要する意識不明の重傷を負わせ、救助のため病院に運ぶべく一旦は自車に乗せたものの途中変心して、深夜寒気厳しい農道上に至り殺害についての未必の故意をもって被害者をたやすく人に発見されにくい陸田に放置したが、翌早朝被害者が救助されたという交通事故に伴う不真正不作為犯における殺人未遂罪につき、判例は、着手の時期は作為義務を放棄した時点であるとし、具体的には、被害者を車外にひきずりおろした時点に着手の開始を認めることができ、同人を放棄して逃走した時点を実行の終了と解すべきものとした（浦和地判昭四五・一〇・二二刑月二巻一〇号一一〇七頁）。不作為犯においては、学説上、一般に、作為義務違反の開始をもって実行の着手ありとされ、また、本件事案においては、殺人の未必の故意も存在し、かつ、具体的にみて法益侵害結果発生の切迫した危険も存在するものと解されるので、ここでも、私見は判例の結論を支持したい。

四　特殊な犯罪形態における実行の着手

若干の犯罪形態については、実行の着手の時期が特に問題になる。以下で、それらの問題点を取り上げ、論じておこう。

(1)　結合犯　結合犯とは、単独でも犯罪を構成する二個以上の構成要件的行為を結合し一個の犯罪類型とする形態をいい、例えば、強盗罪（刑法二三六条）は暴行・脅迫と財物奪取の、強盗殺人罪（刑法二四〇条）は強盗と殺人の、結合犯である。結合犯の場合には、手段たる行為を開始した時点で結果発生の現実的危険が発生するから、その時点で実行の着手が認められる。例えば、強盗の故意で暴行・脅迫行為に出たときに強盗罪の実行の着手が認められるのである。

(2)　不作為犯　不作為犯の実行の着手は、作為義務が発生しているのに故意に当該行為に出なかったときに認められる。例えば、不退去罪のような真正不作為犯の場合には、退去の要求を受けて退去しない時点である。これに対して、不真正不作為犯の場合には様相を異にする。例えば、自動車事故で通行人に重傷を負わせ、一旦は救助のため病院へ運ぶべく被害者を自車に乗せたが、途中で変心し、その死を未必的に表象・認容しながら被害者を道路上に放置して逃走した結果、幸いにも被害者は救助されたような場合には（殺人未遂）、実行の着手時期は作為義務を放棄した時点、すなわち、具体的には、被害者を車外にひきずり降ろした時点と考えられる。

(3)　間接正犯　間接正犯とは、情を知らない他人を道具のように利用して自己の犯罪を実行することをいう。間接正犯については、共犯論において詳述する。間接正犯における実行の着手に関する見解については、（i）利用者が被利用者を犯罪に誘致する行為を開始した時とする利用者説（木村・三四九頁、瀧川・二四四頁、草野・一〇二頁、植松・三二〇頁、団藤・三五五頁、大塚・一七四頁、野村・三三八頁、他）、（ii）被利用者が実行行為を開始した時とする被利用者説（松宮・二二三頁、大判大七・一一・一六刑録二四輯一三五二頁〔殺害目的で毒物混入の砂糖を小包郵便で送付した事案につき、「毒物ヲ其飲食シ得ヘキ状態ニ置キタル事実アルトキ」に毒殺行為の着手ありとした離隔犯の事例〕）、（iii）利用者説による場合もあれば被利用者説による場合もあるとする個別化説（西原・下巻三六七頁、藤木・二七九頁、大谷・三六七頁、川端・五四七頁、斎藤〔信〕・二六五頁、三原＝津田・一一六、一一七頁、他）、に大別される。多くの場合被利用者の行為の時点に認められるが、被利用者の行為が利用行為と時間的に接着しており、しかも、その遂行が極めて確実な場合には、利用行為の時点に認めることもできるとも説かれるが（西原・下巻三六七頁）、法益侵害の危険の発生の切迫を実行の着手と解する実質的客観説によるならば、被利用者説が妥当である。

(4)　離隔犯　離隔犯とは、例えば、殺人の故意で毒入りウイスキーを郵便小包みにして友人宅に送り届ける場合のように、行為者の行為と構成要件的結果の発生との間に場所的・時間的隔たりがある犯罪形態をいう。学説は、（i）郵便小包み発送時に実行の着手を認める発送時説（団藤・三五六頁、大塚・一七六頁、中・一八七頁、梅崎＝宗岡・三一七頁、他）、（ii）相手方が受領して飲食しうる時点で実行の着手ありとする到達時説（松宮・二二三頁、大判大七・一一・一六刑録二四輯一三五二頁）、（iii）発送時と到達時の双方あり得るとする個別化説（平野・Ⅱ三二〇頁、西原・下巻三六七頁、大谷・三六八頁、川端・四八六頁、他）、の三説に分かれている。法益侵害の危険の発生の切迫を実行の着手と解する実質的客観説によるならば、ここでも、到達時説によって実行の着手時期を定めるべきであろう。

(5)　原因において自由な行為　原因において自由な行為についてはすでに述べたが、「行為・責任同時存在の原則」を自然主義的に墨守して実行の着手の時期を定めようとすれば、自己を責任無能力（あるいは、限定責任能力）状態に陥れる時点をもって実行の着手時期としなければならないであろうが、それでは、結論において妥当でない場合が生じる。けだし、酩酊状態に陥った自己を利用してある人を殺害せんとしたところ、飲酒酩酊して眠りこんでしまい殺人の実行行為に出なかった場合には、実行の着手ありとして殺人未遂としなければならなくなるが、この結論は明らかに不合理だからである。原因において自由な行為の場合には、自然主義的には実行行為時に責任能力がなくても、規範的・価値的視点より責任能力あるものと解し、実行の着手の時期は、行為者が現実に法益侵害行為に出た時となすのが妥当である。

五　早すぎた構成要件実現

早すぎた構成要件実現とは、例えば、まず、棒で相手を殴って気絶させ（第一行為）、次に、毒薬を注射して相手を殺害しよう（第二行為）と考えて、相手を殴ったところ、その段階で相手が死亡したような場合をいう。ここでは、この加害者の刑事責任をどのように考えるかが問題となる。

この問題をめぐって、近時、最高裁に興味ある判例が現われた。事案は次のようなものであった。すなわち、被告人Aは夫甲を事故死に見せ掛けて殺害し保険金を詐取しようと考え、被告人Bに夫甲の殺害を依頼した。Bは報酬欲しさからこれを引受け、他の者に殺害させようとしてC、D、E（実行犯）を仲間に加えた。BはC、D、E運転の自動車を甲の自動車に衝突させ、甲をクロロホルムで失神させ（第一行為）、車ごと崖から海中に転落させて沈め（第二行為）でき死させるという計画をたて、C、D、E三名は第一行為を実行、Bは後から来て第二行為を三名とともに実行した。甲は死亡したが、死因はでき死に基づく窒息であるか、クロロホルム摂取に起因するものであるか特定できず、第一行為による死亡の可能性があるとされたのであった。Aは殺人の実行方法についてはBらにゆだねていた。この事案について、最決平一六・三・二二刑集五八巻三号一八七頁は、「実行犯三名の殺害計画は、クロロホルムを吸引させて甲を失神させた上、その失神状態を利用して、甲を港まで運び自動車ごと海中に転落させてでき死させるというものであって、第一行為は第二行為を確実かつ容易に行うために必要不可欠なものであったといえること、第一行為に成功した場合、それ以降の殺害計画を遂行する上で障害となるような特段の事情が存しなかったと認められることや、第一行為と第二行為との間の時間的場所的近接性などに照らすと、第一行為は第二行為に密接な行為であり、実行犯三名が第一行為を開始した時点で既に殺人に至る客観的な危険性が明らかに認められるから、その時点において殺人罪の実行の着手があったものと解するのが相当である。また、実行犯三名は、クロロホルムを吸引させて甲を失神させた上自動車ごと海中に転落させるという一連の殺人行為に着手して、その目的を遂げたのであるから、たとえ、実行犯三名の認識と異なり、第二行為の前の時点で甲が第一行為により死亡していたとしても、殺人の故意に欠けるところはなく、実行犯三名については殺人既遂の共同正犯が成立するものと認められる。そして、実行犯三名は被告人両名との共謀に基づいて上記殺人行為に及んだものであるから、被告人両名もまた殺人既遂の共同正犯の罪責を負う」と判示した。

判旨は第一行為に殺人の実行の着手を認め殺人既遂としているが、これに対し、着手未遂の場合、本来の既遂構成要件が修正・拡張されているので、その該当事実の認識をもってしては既遂犯の故意として十分でないと批判し、第一行為に殺人未遂罪の成立を説く見解がある（林幹人「早過ぎた結果の発生」判時一八六九号三頁以下）。しかし、本来、実行の着手は、既遂、未遂をとわず実行行為の開始時点を明らかにし、結果が発生すれば既遂、結果が発生しなければ未遂とするものであって、着手未遂の場合と実行未遂の場合とで故意を区別すべきものとは思えない。この見解には同調し難い。次に、クロロホルムを吸引させて甲を失神させるのは予備であり、故意は自動車ごと海中に転落させるという点に向けられているのだから、本件では、殺人予備罪と（重）過失致死罪に問擬すべきであるとの批判がある（浅田・三七七頁、山中敬一『ロースクール講義刑法総論』〔併合罪〕）。しかし、この処罰では、刑が軽すぎ妥当な結論とはいい難い。甲はクロロホルムを吸引・失神させられてしまうと、自動車ごと海中に突き落とされることを免れることはできないのであるから、第一行為と第二行為とは極めて密接な関りにあるというべきであり、第一行為の段階ですでに生命に対する切迫した法益侵害の危険を認めざるをえないのである。加えて、被告人らの故意は終始殺人にむけられていたのであるから、実質的客観説の立場に立つ以上第一行為の時点で殺人罪の実行の着手ありとみて妨げないものと思う。判旨は相当である。なお、付言すれば、Aに共謀共同正犯が認められるとする点についてはAが如何なる「共謀」を行ったのか疑義がある。Aは殺人罪の教唆犯で処罰されるべきであり、実務における共謀共同正犯の認定に疑問を覚える。

第三節　中止犯

一　総　説

中止犯（Rücktritt vom Versuch）とは、犯罪の実行に着手したが「自己の意思により犯罪を中止したとき」をいい、その刑は減軽又は免除される（刑法四三条但書）。通常の未遂犯（障害未遂）と中止犯（中止未遂）とは、犯罪の実行に着手したが、自己の意思によって中止したか否かによって区別される。自己の意思によらない場合の未遂は「障害未遂」でその刑は任意的減軽に止まるが、自己の意思による場合の未遂は「中止未遂」でその刑は必要的減免事由とされる点に顕著な相違がある。

二　中止犯の法的性格

自己の意思によって止めた場合にのみ何故刑の必要的減免が認められるのかということが問題になるが、中止犯を特別に取り扱う理論的根拠については、学説上、見解の対立がある。①刑事政策的考慮によるとする「政策説」は、一旦犯罪の世界に足を踏み入れた者に「引き返すための黄金の橋」をかけるものと説く（リスト、木村・三六九頁、中野・一三二頁、他）。②「法律説」は、違法減少説と責任減少説の二説に区別される。違法減少説は、犯罪行為の中止によって違法性が減少すると説き（平場・一四〇頁）、責任減少説は、犯罪行為の中止によって責任が減少すると説く（団藤・三六二頁、中山・四三三頁、香川・三〇七頁）。③また、違法減少説と政策説を結合する見解（平野・II三三三頁、西原・上巻三三三頁、大谷・三八四頁）と責任減少説と政策説を結合する見解（植松・三二四頁、前田・一六八頁）とに区別される「結合説」がある。④さらに、違法減少説、責任減少説、政策説のすべてを総合する「総合説」もある（柏木・二六二頁、大塚・二五七、二五八頁、藤木・二六二頁）。⑤このように、学説は多彩であるが、まず、政策説は、立法理由としては注目すべき見解であるが、ドイツで無罪とされるのに鑑みればその恩典は少なく、また、中止犯の規定の存在を知らない者には効果がないといった理由より、この立場を主張するとしても、今日では法律説を補充するものとしてしか意義は認められないものと思われる。次に、法律説の責任減少説については、決意の撤回ないし中止行為がなされた以上非難可能性は減少ないし消滅することとなるから、理論的には未遂・既遂をとわず中止犯を認めるべきであり、未遂犯についてのみ中止犯を認める現行刑法の解釈としては妥当性を欠くものと解される。従って、責任減少説を認めて他の説との結合を説く見解および総合説を支持することはできない。一旦実行に着手したものの、事後に故意を放棄しあるいは自ら結果の発生を防止した者は、結果発生の現実的危険および行為の反社会的相当性を事後的に減少させるものとして、違法減少説を採用するのが基本的には妥当である。もっとも、寛大な処罰をすることによって犯罪の完成を未然に防止する政策説の主張にも理由のあるところから、違法減少説に政策説を結合させる結合説をもって妥当と解する（大谷・三八四頁）。

三　中止犯の成立要件

中止犯が成立するためには、犯罪の実行に着手した行為者が、「自己の意思により」、「犯罪を中止」しなければならない。

(1)　「自己の意思により」の意義

自己の意思により中止した場合だけが中止犯となるが、自己の意思によったか否かをめぐっては、主観説、限定主観説、客観説、等の対立がある。①**主観説**　外部的障害の表象が中止したことの動機となったかどうかで自己の意思によるか否かを区別する立場を主観説という。主観説は、「たとえできるとしても、なしとげることを欲しない」ときが自己の意思による場合、「たとえ欲したとしても、なしとげることができない」ときが自己の意思によらない場合、と区別するフランクの公式を援用する（滝川・一八九頁、大塚・二五九頁、平野・II三三四頁、曽根・二三〇頁、他）。この説は、限定主観説と違って、広義の後悔が存在する場合以外にも中止犯の成立可能性を認めようとするもので、違法減少説に対応しやすいものといえよう。②**限定主観説**　行為者の広義の後悔により中止する場合を自己の意思による場合とする立場を限定主観説という（宮本・一八四頁、佐伯・三二三頁、中・一九一頁、中山・四三五頁、他）。この説は、責任減少説に対応しやすい。しかし、中止犯の規定は広義の後悔を要求していない点を考慮すると、妥当なものとはいい難い。③**客観説**　実行の中止に至った原因たる動機の内容が一般の経験上意思決定に対して強制的影響を与えると考えられる場合を障害未遂とし、それ以外の場合を中止未遂とする立場を客観説という（木村・三六二頁、牧野・下巻六二八頁、草野・一〇八頁、植松・三二一頁、川端・五〇〇頁、前田・一七一頁、他）。客観説が従来の通説であるが、客観説の特色は、自己の意思によって中止したかどうかという主観的問題を、「経験上一般」という客観的基準によって決定しようとする点にあるといえるが、そのような考え方は行為者の意思内容を問わないものであって、「自己の意思により」という法規上の文言と適合せず、妥当とはいえないであろう。④私見はフランクの公式を援用する主観説を妥当と解する。フランクの公式には、その「できる」「できない」という言葉の意味があいまいであるという批判がしばしば呈されるが、具体的事態における一般人の心理を標準として客観的に理解するときは、適用に格別の困難はないはずである（大塚・二五九頁）。⑤**判例の動向**　大審院の判例には、「経験上一般ニ犯罪ノ遂行ヲ妨クルノ事情」かどうかという点で客観説によったものもあるが（大判昭一二・九・二一刑集一六巻一三〇三頁）、「中止犯タルニハ外部的障碍ノ原因存セサルニ拘ラス内部的原因ニ由リ任意ニ実行ヲ中止シ若ハ結果ノ発生ヲ防止シタル場合」という如く（大判昭一二・三・六刑集一六巻二七二頁）、むしろ、主観説に準拠しているものが多かった。これに対して、最高裁の時代に入ると、強姦の際、電車の前燈に照らされた自己の手に被害者の血が付着しているのを見て驚き目的を遂げなかった事案につき、「驚愕の原因となった諸般の事情を考慮するときは、それが被告人の強姦の遂行に障礙となるべき客観性ある事情である」として中止犯でなく障害未遂と判示し（最判昭二四・七・九刑集三巻八号一一七四頁）、客観説を採用した。また、自殺を決意した被告人が生き残る母親の行末が不憫であるので母を殺害しようと考え、電灯を消して就寝中の母の頭部を野球用バットで力強く一回殴打したところ同女がうめき声をあげたので早くも死亡したものと思い、隣の自室に入ったが、間もなく同女が被告人の名を呼ぶのを聞いて再び現場に戻り電灯をつけると、母が頭部より血を流して痛苦していたので驚愕恐怖し殺害行為を続行できなかった事案につき、「右のような事情原因の下に被告人が犯行完成の意力を抑圧せしめられて本件犯行を中止した場合は、犯罪の完成を妨害するに足る性質の障がいに基くものと認むべきであって、刑法四三条但書にいわゆる自己の意思により犯行を止めたる場合に当らないものと解するを相当とする」と判示した（最決昭三二・九・一〇刑集一一巻九号二二〇二頁）。この判例がどの学説に依拠するものかの評価をめぐっては見解の対立があるが、私見は客観説による判例と解したい。このようにみると、最高裁に入ってからは、客観説が採用されているものと解される。

(2)「犯罪の中止」と諸問題　中止犯が成立するためには、自己の意思により、「犯罪を中止」しなければならない。すなわち、中止行為によって結果発生を防止しなければならないのである。

①中止行為の態様　中止行為の態様は着手中止と実行中止とで異なる。「着手中止」の場合には、実行中の行為を将来に向かって中止すれば足りる（例えば、殺人の故意で相手に狙いを定め、今まさに拳銃の引き金を引かんとした段階で引き金を引くことを中止した場合）。これに対して、「実行中止」の場合には、自己の行為の結果発生を防止する積極的行為を行わなければならない（例えば、殺人の故意で拳銃を発砲して弾丸を命中させた者は、被害者に死の結果が発生しないよう手段を講じなければならない）。

②実行行為の終了時期　連発銃を使用するような場合の取り扱いを明確にするために、実行行為の終了時期が問題となる。この点についての学説は、（i）行為者の意思を基準とする主観説（牧野・下巻六三四頁、宮本・一八五頁、瀧川・一八八頁、佐伯・三二五頁）、（ii）行為の外部的形態を基準とする客観説（植松・三二九頁）、（iii）行為者の意思と行為の外部的形態とを総合して基準とする折衷説（大塚・二六一頁注（三）、福田・二三九頁）、三説に分かれる。思うに、行為は主観・客観の統一体であるから、第三説をもって妥当と解する。連発銃を使用する場合の取り扱いについて、三説の考え方に触れておくと、一発目が当たらなかったときの処理は次のようになる。主観説によれば、例えば、甲が一発の弾丸で乙を射殺する意思であった場合には、一発目を発射した時点で実行行為は終了しており二発目を発射しなくても中止犯とはならないが、二発の弾丸で射殺する意思であった場合には、二発目の発射を止めれば中止犯となる。客観説によれば、一発目を発射した段階で実行行為は終了し、その後は中止犯は成立しない。折衷説によれば、一発目が命中しなかった場合に、二発目を発射しうる状況にあったのに任意に発砲を止めたときには中止犯となる。

③真摯な努力　（i）実行中止について、結果発生防止のための真摯な努力が必要とされている。判例は、放火罪につき、他人の助力を得てもよいが、「自ラ之ニ当ラサル場合ハ少クトモ犯人自身之カ防止ニ当リタルト同視スルニ足ルヘキ程度ノ努力ヲ払フノ要アルモノトス」とし、放火の後よろしく頼むと叫びながら走り去った場合には中止犯とは認められないとしている（大判昭一二・六・二五刑集一六巻九九八頁）。（ii）真摯な努力はなされたが、行為者の防止行為と結果不発生との間に因果関係がなく別人の行為によって結果が防止され、あるいは、最初から結果が発生し得なかったような場合中止犯は成立するか。前者について、判例は中止犯を否定しているが（大判昭四・九・一七刑集八巻四四六頁）、後者を含めて、中止犯の成立を肯定しようとする見解が有力になりつつある（団藤・三六五頁、平野・Ⅱ三三七頁、大塚・二六三頁、香川・三一四頁～三一五頁、他）。（iii）真摯な努力がなされたが結果が発生してしまった場合、結果が発生しても中止行為が真剣に行われた以上中止犯を認めるべきであるとの見解もあるが（牧野・下巻六四六頁、香川・三一五頁）、現行刑法は中止犯を未遂犯の一態様として認めているのであるから、結果が発生してしまえば、もはや中止犯適用の余地はない（通説）。

四　予備の中止

ある行為の予備を行ったものが自己の意思によりその犯罪の実行に着手することを中止したとき、これを「予備の中止」というが、この予備罪に中止犯の準用（ないし類推適用）が認められるか否かについては争いがある。①判例は、殺人予備罪につき、刑の免除が可能であることを一つの理由として中止犯の適用を否定し（大判大五・五・四刑録二二輯六八五頁）、強盗予備罪についても、「予備罪には中止未遂の観念を容れる余地のないもの」として、これを否定している（最大判昭二九・一・二〇刑集八巻一号四一頁）。②これに対して、学説は対立している。すなわち、（i）予備の中止には中止犯の規定は準用されないとする否定説（植松・三三四頁、正田・一八三頁）、（ii）予備の中止には中止犯の規定を準用するとする肯定説（草野・一一〇頁、木村・三六九頁、団藤・三六七頁、平野・II三三八頁、大塚・二六四頁、福田・二四一頁、他）、（iii）独立罪としての予備罪（例えば、私戦予備罪）と非独立罪としての予備罪を区分し、後者についてのみ中止犯の準用を認めるとする二分説（西原・三一六頁、香川・三一七頁）、の三説がある。思うに、予備罪の大部分は実行行為の前段階としての非独立罪であるから、予備段階で任意に実行行為に出ることをとりやめるということはあり得ることで、その場合、刑法四三条但書の準用を認めないと、実行に着手した後に中止すれば刑が減軽・免除されるのに、実行に着手する前に中止すれば刑が減軽・免除されないというのでは、不均衡が生ずる。それ故、非独立罪としての予備罪には中止犯の準用を認めるべきである。しかし、独立罪としての予備罪には、中止ということはありえず、また、刑の不均衡の問題も生じないから、中止犯の準用を認める必要もない。かようにして、私見は二分説をもって妥当と解する。③なお、肯定説・二分説の立場を採用すれば、予備の中止には減軽と免除の双方が準用されるのかそれとも刑の免除だけが準用されるのか、および、準用の対象になる刑は既遂の刑なのか予備の刑なのかという問題が生じてくる。この点につき学説は、（i）予備罪の法定刑が基本犯の刑に法定減軽を加えたものであることを理由として刑の免除だけを認め、その対象となる刑を既遂の刑とする見解（平野・「中止犯」『犯罪論の諸問題（上）』一五九頁、西原・上巻三二七頁、斉藤〔誠〕・大コンメン八六七頁）、（ii）減軽と免除の双方を準用し既遂の刑を対象とする見解（大塚・二六四頁、福田・二四一頁）、（iii）減軽と免除の双方を準用し予備の刑を対象とする見解（小野・「刑法總則草案と中止犯」『刑罰の本質について・その他』二九七頁、草野・一一〇頁）、以上三説に分かれる。この点については、予備罪に法定減軽が加えられているとしても、予備罪自体に刑が定められているのであるから、対象は予備罪の刑とし、中止犯の準用を認める以上はその効果は減軽・免除の双方に及ぶものと解すべきである。

第四節　不　能　犯

一　総　説

①不能犯（不能未遂）(untauglicher Versuch）とは、行為者が、その本質上犯罪完成の危険のない行為によって犯罪を実現しようとする場合をいう。例えば、砂糖に殺人力があると信じて砂糖水を飲ませるとか、呪咀によって人を殺害できるものと信じて丑の刻参りをするといった場合である。刑法は不能犯についての規定をおいていないが、改正刑法草案二五条には、「行為が、その性質上、結果を発生させることのおよそ不能なものであつたときは、未遂犯としてはこれを罰しない」との規定がおかれている。不能犯は、結果発生の危険そのものをもたないために不可罰とされるのである。②不能犯を論ずるに際しては、方法の不能、客体の不能、主体の不能、に分けて論じられることが多い。「方法の不能」とは、青酸カリと間違えて殺人の故意で砂糖水を人に飲ませる場合のように、その方法が性質上結果を発生させることの不可能な場合をいい、「客体の不能」とは、案山子を人と誤信して殺人の故意で案山子に発砲する場合のように、行為の客体が存在していないため結果発生が不可能な場合をいい、「主体の不能」とは、非公務員が自己を公務員と誤信して職務に関し他人から金銭を受け取った場合のように、主体を欠くため結果発生の不可能な場合をいう。③不能犯と関連して、「事実の欠如」(事実の欠缺)（Mangel am Tatbestand）が問題にされることがある。事実の欠如は、ドイツで論じられた概念でその内容も論者によって必ずしも一様でないが、一般に、構成要件要素中因果関係に関する部分を除いた附随的要素、すなわち、犯罪の主体、客体、手段、行為状況などの要素が欠けているのに、行為者が存在すると信じて行為した場合を意味するとされてい

る。この事実の欠如は、一般に、不能犯とは別個の不可罰の場合と解されていた（福田・二四六頁）。犯罪の主体に関する事実の欠如（非公務員が自己を公務員であると思って金品を受領した場合）、客体に関する事実の欠如（懐中無一物の通行人から懐中物を奪取しようとする場合）、手段に関する事実の欠如（青酸カリと間違えて殺人の故意で砂糖水を人に飲ませる場合）、行為状況に関する事実の欠如（火災の際でないのに火災であると誤解した者が消防車のホースに穴をあけた場合）、等が区別される。しかし、構成要件要素中、因果関係に関する部分とそれ以外の附随的部分とを区別して、両者につき異なった評価をなすべき実質的理由はないのであるから、事実の欠如を未遂と区別して不可罰であるとする主張は根拠がなく（福田・二四七頁）、事実の欠如が不可罰とされるのは、その行為が構成要件該当性を欠くことによるのであり、その意味では不能犯と軌を一にしている。それ故、形式的用語例としては意味がないとはいえないが、不能犯と区別してこの概念を用いることには実質的意義はないというべきである（福田・二四七頁、大塚・二六七頁）。④なお、事実の欠如との関連で、「幻覚犯」（Wahnverbrechen）を区別しておかなければならない。幻覚犯とは、自殺とか姦通のように、構成要件そのものが存在しないのに存在すると信じた場合であって、事実の欠如とは、構成要件が存在する場合に、その構成要件の性質を具備しない事実についてこれを具備したと信じて行為した場合である（木村・三五〇頁）。

二　不能犯の学説

不能犯と未遂犯との区別は、行為に結果（法益侵害）発生の危険が現実に存在していたか否かによってなされるのであるが、その判断基準は必ずしも簡明であるとはいえない。以下で、学説の状況をみておこう。

⑴　**純主観説**　この説は未遂の処罰根拠を性格の危険に求めるもので、犯意の飛躍的表動があった以上は、こ

れを遂げるに至らなかった原因の如何にかかわらず未遂となす見解である。従って、原則として不能犯を認めない説であるが、迷信犯の場合に限って罪にならないとする（宮本・一九〇頁）。純主観説によれば、本来、不能犯は認められないはずであるが、迷信犯の場合にこれを不能犯にする理由については、行為者の性格が怯懦であって、そのような行為者にあっては、性格的に何等現実的な手段を行う危険もなく、従ってかかる性格にもとづく行為には抽象的危険もないのであって、放任行為として罪とならないものと説かれる（宮本・一九二頁）。

(2)　抽象的危険説　行為当時、行為者が認識した事情を基礎として、客観的見地から危険の有無を判断し、行為者の計画通りに行為がなされたならば、一般に、犯罪が実現したか否かを問い、肯定されれば抽象的危険が認められて未遂犯となるが、否定されれば不能犯になるとする見解である（牧野・下巻六六五頁、草野・一一四頁、木村・三五六頁）。この立場では、例えば、砂糖水を人に飲ませた者が、砂糖を青酸カリと思っていたときは殺人未遂であるが、砂糖で人を殺せると思っていたときは不能犯となる。なお、この説は、主観的危険説、行為者の危険説、計画の危険説、等とも呼ばれる。

(3)　具体的危険説　行為当時、一般的に認識可能だった事情および特に行為者が認識した事情を基礎として、一般人の見地から結果発生の危険があるか否かという判断方式が用いられ、肯定されれば未遂犯、否定されれば不能犯になるとし、また、それは事前の判断であって、行為後に判明あるいは発生した事情は危険性判断にあたっては考慮しない見解である（佐伯・三一九頁、植松・三四五頁、団藤・一六八頁、大塚・二六八頁、平野・Ⅱ三二六頁、西原・上巻三五一頁、大谷・三七五頁、井田・総論四一二頁、他）。この立場では、例えば、砂糖を青酸カリと間違えて他人に飲ませた場合には、砂糖で人は死なないのが通常であるから、その行為は不能犯となる。この立場は新しい客観説とも呼ばれ、わが国の通説となっている。

(4)　客観的危険説　この説は絶対不能・相対不能説とも呼ばれ、一般的に犯罪の実現されない場合である絶対的不能と当該具体的場合における特別の事情から犯罪の実現されない場合である相対的不能とを分け、前者を不能犯、後者を未遂犯とする見解をいう（内田・二六七頁、村井・「不能犯」『刑法理論の現代的展開　総論II』一八九頁、中山・四二六頁）。この考え方の特色は、第一に、結果発生の危険を行為者の意思や計画と全く無関係に客観的・外部的に判断し、第二に、この危険を事前ではなく事後的な立場から判断しようとする点にあるといってよいと説かれる（中山・四二六頁）。そこには、結果無価値論との強い結合が看取される。

(5) 修正された客観的危険説　この説は、まず、事実がいかなるものであったら結果が発生しえたかを科学的に解明し、次に、結果惹起をもたらすべき（仮定的）事実が存在しえたかを判断する（仮定的事実の存在可能性）。だが、これは客観的にはなしえないのであり、一般人が事後的にそれを「ありえたことだ」と考えるかどうかを基準として判断することになるのであり（一般人の事後的な危険感）、結果を発生させることも十分ありえたと考えられる場合に危険が肯定されると説く（山口・二七六頁）。

(6) 私見　以上の諸説につき考察するに、まず、純主観説は、主観主義刑法理論に依拠する見解である点、および、その論理からすれば迷信犯も未遂犯となすべきところ、それを不能犯にする論拠が明確でない点で採用し難く、次に、客観的危険説は、絶対不能・相対不能の区別の基準に明瞭さを欠き、また、結果不発生の場合には常に何らかの客観的理由があるわけで行為には危険性がなく、従って、すべて不能犯になりかねないという点で承服し難く、さらに、この批判を回避しようとした修正された客観的危険説は、一般人の事後的危険感をもち出す点で、客観的・外部的・科学的判断から逸脱するものであって「客観的危険説」というには不相当であり、また、抽象的危険説は、危険性判断にあたり、行為者が認識した事情を基礎として客観的見地から危険の有無を判断しようとするが、実態として、行為者の認識ないしは計画の内容を基礎として判断することになる点で、主観主義の域に止まるものであって支持できない。不能犯における結果発生の危険性の認定にあたっては、物理的・科学的判断とともに具体的状況下における一般人の社会通念も考慮されるべきであり、かつ、客観的事情とともに行為者の主観をも配慮しなければならないのであって、かような観点から、私見は、具体的危険説をもって妥当と解する。

三　不能犯の判例

わが国の判例には、旧くから、例えば、「遂ケ得ヘクシテ而モ遂ケ得サリシ場合ノミヲ未遂犯トナシ絶対ニ遂ケ得ラレサル場合ハ之ヲ包含セサルモノ」とし（大判明四四・一〇・一二刑録一七輯一六七二頁）、あるいは、「いわゆる不能犯とは犯罪行為の性質上結果発生の危険を絶対に不能ならしめるものを指す」として（最判昭二五・八・三一刑集四巻九号一五九三頁）、絶対不能・相対不能説によっているかのような口吻を示すものもあるが、具体的事案の解明にあたっては、むしろ具体的危険説によっているものと解される（佐伯・三二〇頁、大塚・二七一頁、中山・四二八頁、福田・二四五頁注(五)、大谷・三七七頁、野村・三四七頁、他）。①例えば、「方法の不能」については、硫黄で人を殺そうとした事案につき「殺害ノ結果ヲ惹起スルコト絶対ニ不能」として不能犯を認めた有名な判例がある（大判大六・九・一〇刑録二三輯九九九頁（もっとも、この事案では殺人罪は不能犯とされたが傷害罪が認定された））。これに対して、静脈内に空気を注射し空気栓塞を起こさせて殺害する意思で三〇ＣＣないし四〇ＣＣの空気を注射した事案においては、医学的には七〇ＣＣないし三〇〇ＣＣが致死量であるけれども、「被注射者の身体的条件その他の事情の如何によっては死の結果発生の危険が絶対にないとはいえない」との理由で、不能犯ではないとされている（最判昭三七・三・二三刑集一六巻三号三〇五頁）。また、下級審の判例ながら、警官が腰に着装している拳銃を奪いその脇腹に銃口をあて引き金を引いたが実弾が装てんされていなかった事案において、「警察官が勤務中、右腰に着装している拳銃には、常時たまが装てんされているべきものであることは一般社会に認められている」として、不能犯は否定されている（福岡高判昭二八・一一・一〇判特二六号五八頁）。②次に、「客体の不能」については、懐中物を所持しないものからそれを奪取しようとした事案につき、「通行人カ懐中物ヲ所持スルカ如キハ普通予想シ得ヘキ事実」であることを理由として未遂犯を認定し（大判大三・七・二四刑録二〇輯一五四六頁）、また、死体への殺人行為につき、「一般人も亦当時その死亡を知りえなかったであろうこと」を理由として殺人未遂を認めている（広島高判昭三六・七・一〇高刑集一四巻五号・三一〇頁）。③「主体の不能」については判例は見当らない。

第六章　共犯論

第一節　共犯の基本観念

一　総説

犯罪に複数の人間が関与する形態としては「共犯」(Teilnahme)がある。共犯は、未遂犯と同じく、「構成要件の修正形式」(修正された構成要件)あるいは「拡張された構成要件」と呼ばれる。共犯は複数の人間が関与する犯罪形態である結果、共犯論においては単独犯の場合とは異なった原理が支配する。実はそこに共犯の特殊性があるのであって、個人的犯罪原理を超える原理が存在することを忘れてはならない。共犯を考えるにあたっては、必要的共犯(対向犯・多衆犯)と任意的共犯(共同正犯・教唆犯・従犯)、正犯と共犯、共犯の独立性と従属性、共犯学説(犯罪共同説・行為共同説・共同意思主体説)、共犯の処罰根拠、間接正犯、共犯と身分、等々、論ずべき点が多い。

二　共犯の種類(必要的共犯と任意的共犯)

共犯の基本的な問題に立ち入るに先立ち、共犯の種類として、まず、必要的共犯と任意的共犯の概念内容についてふれておこう。①**必要的共犯**(notwendige Teilnahme)とは、各則の規定上二人以上の者の共同の犯行を予定する共犯形態であって、対向犯と多衆犯とに区別される。(a) **対向犯** (Begegnungsdelikte) とは、例えば、収賄罪と贈賄罪（刑法一九七条、一九八条）、重婚罪（刑法一八四条）、等のように、二人以上の行為者の相互に対向した行為の存在が必要とされる犯罪をいい、(b) **多衆犯** (Konvergenzdelikte) とは、内乱罪（刑法七七条）や騒乱罪（刑法一〇六条）のように、同一の方向に向けられた多数の犯罪行為の存在が必要とされるものであり、そこでは役割の重要性に応じた処罰が予定されている犯罪をいう。②これに対して、**任意的共犯** (zufällige Teilnahme) とは、単独犯として予定されている犯罪を二人以上の行為者が共同して行う場合をいい、共同正犯（刑法六〇条）、教唆犯（刑法六一条）、従犯（刑法六二条、六三条）の三種類がある。この内、「狭義の共犯」というときには教唆犯、従犯のみをさし、「広義の共犯」というときには共同正犯、教唆犯、従犯を総称する。共同正犯、教唆犯、従犯については後に詳述する。③**同時犯** (Nebentäterschaft) 共犯と似て非なるものに同時犯がある。同時犯とは二人以上の行為者が意思連絡なしに同時に同一客体に向けて侵害行為にでる犯罪形態をいう。同時犯は、単独犯が同時に存在したものであるにすぎないから、各行為者は自己の発生させた結果について正犯者としての責任を負う。犯罪結果の発生が誰の行為の結果か判明しない場合には後述の共同正犯の場合と違って、すべての行為者に未遂犯が成立する。もっとも、傷害罪については特例が設けられている点に注意しておかなければならない（刑法二〇七条）。

三　正犯と共犯（正犯概念について）

共犯（狭義の共犯）を論ずるにあたっては、まず、正犯とは何をいうかが明らかになっていなければならない。「正犯」(Täterschaft) は、その人数と意思連絡の有無によって、単独正犯、同時犯、共同正犯に分けられ、実行行為を行うか他人を利用するかによって、直接正犯、間接正犯に区分される。ところで、正犯概念については旧くから見解の対立があった。以下でそれを観ておこう。①**主観説**　因果関係の条件説に基づくドイツの旧い考え方によれば、正犯者の意思（animus auctoris）をもって行為する者が正犯、加担者の意思（animus socii）をもって行為する者が共犯とされた（ブーリ、ライヒ裁判所）。しかし、この主観説によれば、構成要件上他人のためにする意思を規定している場合（例えば、刑法二三六条二項、同法二四六条二項、等）であっても、その行為を行えば正犯となるのであって、論理整合性を欠き支持しえない。②**客観説**　これは因果関係の原因説に基づき旧くドイツで主張された見解で、結果に対して原因を与えた者が正犯、条件を与えるに止まった者が共犯とされた（ビルクマイヤー）。この見解はその根底におかれた原因説自体に問題があって支持しえない。③**拡張的正犯概念**　拡張的正犯概念（extensiver Täterbegriff）は、犯罪の実現に何らかの条件を与えた者は本来みな平等に正犯であるという立場から出発し（宮本・一九九頁）、狭義の共犯は「刑罰縮小原因」であるにすぎないとする。この立場は、わが国では、共犯独立性説を是とし、主観主義刑法理論に与するものであった。しかし、自ら殺人を犯す者（正犯）と他人をそそのかして殺人を犯させる者（教唆犯）と他人の殺人行為を容易ならしめる者（従犯）との間には、類型的な相違が存在するのであって、その相違を本質的に重視しない拡張的正犯概念には重大な問題があるといわなければならない。④**限縮的正犯概念**　限縮的正犯概念（制限的正犯概念）（restriktiver Täterbegriff）は、構成要件論を踏まえて、自ら構成要件該当の実行行為を行う者が正犯であり、それ以外の関与者は共犯であるとする（瀧川・二〇二頁、佐伯・三四七頁、中山・四四二頁、斎藤（信）・二四七頁、他）。狭義の共犯は「刑罰拡張原因」（瀧川・二〇七頁）と解される。この見解は共犯の従属性を肯定し、客観主義刑法理論に立脚するものであった。明確な正犯概念の確定という視点の下では長所をもつが、間接正犯や共謀共同正犯の正犯性を肯定する場合にはこの正犯概念では妥当な結論を導くことはできない。⑤**実行行為性説**　実行行為性説とは、基本的構成要件に該当する実行行為を行う者を正犯、修正された構成要件に該当する行為を行う者を共犯と解する説をいう（団藤・三七三頁、大塚・二八一頁、大谷・

三九八頁、川端・五三六頁、他）。今日のわが国の通説と目されるこの見解は、限縮的正犯概念と区別されなければならない。大塚博士は、「制限的正犯概念は、構成要件に該当する実行行為の観念のもつ規範的意味を忘れたものであるし、逆に、拡張的正犯概念は、実行行為の定型的意味を看過しているのであって、ともに妥当でないといわなければならない」（大塚・二八〇頁）と述べ、実行行為には不作為犯、間接正犯による場合も含まれ、また、教唆犯・従犯の規定は正犯とは類型的に異なった行為を予想しているとみるべきであって、制限的正犯概念は狭すぎ、拡張的正犯概念は広すぎると論じられた（大塚・二八〇頁）。限縮的正犯概念と実行行為性説との相違は、前者が正犯を構成要件に該当する実行行為を「自ら」行う者に限定するのに対し、後者が「規範的評価」によって構成要件に該当する実行行為を行う者を正犯とする点にある。正犯概念の明確性という観点からは、限縮的正犯概念の方に長所があるが、正犯概念の柔軟さという意味では実行行為性説の方に長所がある。問題は、そこで説かれる規範的評価の実体であって、これを強調すればするほど基本的構成要件に該当する行為を行う者を正犯とする立場の形式的明確性が失われ、実質的立場へと移行する可能性が高くなるのであって、その意味において、実行行為性説はその基本的立場と合致しうるのか疑義なしとしない。⑥ **行為支配説**　この見解は、目的的行為論に立脚して、行為支配（Tatherrschaft）を正犯の要素とし、行為支配とは、構成要件的結果を実現する意思をもって、この実現のために、目的的に支配・統制した外部的行為を遂行することであると解している（福田・二五一頁、なお、平場・一五五頁）。しかし、行為支配説は、目的的行為論に立脚している点にまず問題があり、また、教唆犯、従犯にも行為支配があると考えることも可能であるから、正犯を理由づける理論としては問題があるといわなければならない。⑦ **私見**　正犯概念を確定することは、間接正犯、共謀共同正犯、等の理由づけにも意を用いる必要があるところから容易なことではない。わたくしは、正犯とは犯罪において重要な役割を演じた者をいうとする**重要な役割説**を妥当なものと解したい。正犯概念は可能であればなるべく形式的で平明なものがよい。その意味では、限縮的正犯概念がすぐれたものをもっている。しかし、今日の複雑な理論状況下にあっては、限縮的正犯概念の帰結は硬直したものとならざるをえず、実践性を有するものとはいえない。正犯概念の確定にあたっては、諸般の事情に鑑みれば、実質的な考慮を持ち込まざるをえないのが現状であると思われる。「重要な役割」は規範的要素である。そこでは裁判官の価値判断の介入が不可避であるが、間接正犯、実行の着手、原因において自由な行為、その他、今日の刑法学においては実質的な考慮を展開しなければならない事柄が数多く存在することに思いを致せば、実質的客観説の名の下に、正犯概念の確定にあたってもこのような見解の採用を主張することは実態に即したものということを許されるであろう。この立場では、教唆犯、従犯は重要な役割を演じていないものとして狭義の共犯となる。

四　共犯の従属性

狭義の共犯の成立をめぐっては共犯独立性説と共犯従属性説との対立がある。いずれの学説を是とするかについては、主観主義刑法理論と客観主義刑法理論の共犯論における対立問題として一時期はなばなしい論争が展開された。今日では主観主義刑法理論の衰退とともにその論争は影をひそめたが、そこで何が議論されたかは今日でも認識しておかなければならない。それを以下で、「従属性の有無」と「従属性の程度」とに分けて整理しておきたい（平野博士は、共犯の従属性を、共犯成立の要件として正犯が実行行為をしたことが必要かという「実行従属性」、共犯成立の前提となる正犯の行為にはどのような犯罪要素が具備されていなければならないかという「要素従属性」、共犯は正犯と同じ罪名であることを要するかという「罪名従属性」、の三種類に区別して論じられた〔平野・II三四五頁以下〕。しかし、実行従属性とは共犯従属性説と共犯独立性説との対立の問題であり、要素従属性とは従属性の程度の問題であり、罪名従属性とは犯罪共同説と行為共同説の対立の問題であるから、このような異質的な従属性の各面をとりあげて並列的に思考する場合には、かえって事態の本質を見失わせるおそれがあるといわなければならない〔大塚・二八三頁注(一四)〕。

(1)　**従属性の有無**　①共犯従属性説（Theorie der akzessorische Natur der Teilnahme）は、狭義の共犯（教唆犯・従犯）が成立するためには、正犯が実行行為を行わなければならないとするのに対して、共犯独立性説（Theorie der Verselbständigung der Teilnahme）は、狭義の共犯が成立するためには、正犯の実行行為を必要とせず、教唆行為、幇助行為の遂行によってそれぞれの犯罪が成立すると説く。共犯独立性説の観点の下では、教唆行為、幇助行為それ自体が反社会的性格の徴表としての性質を有しており、格別に正犯の行為を必要とするまでもなく可罰性が生ずると考えられるからである。そして、共犯従属性説に対しては、共犯が犯罪になるためには正犯の実行を条件とする意味だと解すると共犯は正犯の実行を停止条件とする条件付犯罪ということになるが、条件付犯罪ということはありえないという批判〔木村・三九二頁〕が呈されている。この点につき、共犯従属性説は、停止条件付犯罪を認めるものではなく、正犯の実行行為が無ければ教唆行為、幇助行為はそれ自体法益侵害の危険を有しないから、正犯の実行行為を必要とするのだと主張する。ただ、注意しておくべきは、共犯従属性説も教唆行為、幇助行為がそれ自体犯罪性を有するものであるから、正犯行為に従属して可罰性を帯びると考えているということである。共犯はその犯罪性・可罰性を正犯から借用するという嘗て主張された見解（可罰性借用説）が誤りであることはいうまでもない。②共犯従属性説と共犯独立性説との対立が最も顕著に現れるのは、教唆犯、従犯の未遂の成立範囲についてである。共犯従属性説に立てば、正犯が実行行為に出て未遂に終らない以上、教唆犯、従犯の未遂は成立しない。これに対して、共犯独立性説に拠れば、正犯が実行行為に出なくても、基本的構成要件に未遂処罰の規定がある以上教唆犯、従犯の未遂犯が成立する。この相違は、共犯従属性説が教唆犯、従犯の行為と正犯の実行行為とを異質のものと考えるのに対して、共犯独立性説が、教唆行為・幇助行為もそれぞれの実行行為と解し、また、正犯者の実行行為は、教唆者・幇助者にとっては因果関係の経過（牧野・下巻六三八頁）あるいは客観的処罰条件（木村・三九二頁）と解することの帰結といえよう。③共犯従属性説と共犯独立性説との対立に関しては、共犯従属性説をもって妥当と解すべきである。その理由は、第一に、正犯行為と共犯行為とは本質的に異なるのであって、狭義の共犯行為には正犯行為が介在しなければ法益侵害結果の危険性すら存しえないからである。もっとも、このことは、教唆行為・幇助行為の犯罪性を正犯行為から借用するということまで主張するものではない。教唆行為・幇助行為にも犯罪性は内包されているが、正犯行為が存在しない以上教唆行為・幇助行為自体には法益侵害の具体的危険性が存在しないということを意味するにすぎない。第二に、刑法六一条、六二条には、教唆犯、従犯のほかに正犯の存在することが明記され、法文上、正犯と共犯の異質性が規定されており、教唆犯・従犯の前提として正犯の存在が予定されていることに鑑みれば、両者を区別して取り扱い、共犯の従属性を認めることは条文解釈上妥当なものと考えられるからである。その意味では、共犯独立性説の主張は現行刑法の規定にてらして妥当なものとはいい難い。

(2) 従属性の程度　①共犯従属性説に立脚した場合、狭義の共犯が成立するためには、正犯は犯罪成立要件をどの程度充足していなければならないか、これが「従属性の程度」の問題である。M・E・マイヤーはこれを四つに分類した。その分類は今日でも用いられている。すなわち、第一は、正犯行為は構成要件に該当すればよいとする最小従属形式（minimal akzessorische Form）であり、第二は、正犯行為は構成要件に該当する違法なものでなければならないとする制限従属形式（limitiert-akzessorische Form）であり、第三は、正犯行為は構成要件に該当する違法・有責なものでなければならないとする極端従属形式（extrem-akzessorische Form）であり、第四は、正犯行為は構成要件に該当する違法・有責なものに加えて一定の可罰条件（例えば、刑を加重・減軽する身分も共犯に影響する）をも具備しなければならないとする誇張従属形式（hyperakzessorische Form）である。②まず、最小従属形式についていえば、正犯が違法性をおびる行為さえ行わないのにその行為に共犯の成立を認めるのは共犯の実質を考慮しないものとして無理があり、採用し難い。次に、誇張従属形式についていえば、正犯の処罰条件や加重・減軽事由は共犯には及ばないとしている刑法の規定（刑法二四四条三項、同法二五七条二項）にてらして矛盾があるといえよう。そこで、以前は、刑法六一条が、人を教唆して「犯罪」を実行させた者を教唆犯としていることを手がかりとして、「犯罪とは構成要件に該当する違法・有責な行為」であるから、極端従属形式に従うべきものとする見解が通説であった（瀧川・二〇五頁、齊藤〔金〕・二四四頁、他）。しかし、今日の通説は、刑法六一条が犯罪を「実行させた」としている点を重視して、制限従属形式を採用している（小野・二〇〇頁、団藤・三八四頁、植松・三六三頁、平野・Ⅱ三五五頁、大塚・二八七頁、他）。犯罪行為は違法行為であるから、それを「実行させた」という点を重視するならば、制限従属形式に従うことに合理性があると考えられる。例えば、刑事責任年齢に達していない未成年者であっても規範意識を有し行為の犯罪的意味を承知している者も少なくないので、そのような者に犯罪をそそのかす者を間接正犯でなく教唆犯とすることは十分に可能であるといえるであろう。私見は制限従属形式を支持する。判例の立場は必ずしも明らかではなく、嘗ては、極端従属形式に従っていたように思われるが（大判大八・六・二〇刑録二五輯七八六頁、大判昭九・一一・二六刑集一三巻一五九八頁）、現在では、制限従属形式に従っているようにも解しうる（最決平一三・一〇・二五刑集五五巻六号五一九頁）。③従属性の程度を論ずるにあたって具体的に問題になるのは、教唆犯と間接正犯の問題である。従属性の程度を少なくすればするほど教唆犯の成立範囲が拡大し、逆に、従属性の程度を多くすればするほど間接正犯の成立範囲が拡大する。この点には注意しておく必要があるといえよう。

五　共犯学説（犯罪共同説・行為共同説・共同意思主体説）

①「犯罪共同説」とは、共犯現象において数人が特定の犯罪を共同して実行するとなす見解をいい、客観主義刑法理論によって主張された（小野・一九九頁、瀧川・二二六頁、団藤・三九一頁、大塚・二八二頁、福田・二六九頁、他）。②これに対して、「行為共同説」（事実共同説）とは、共犯現象において数人が各自の企図する犯罪を共同して実行するものと解するもので、主観主義刑法理論によって主張された（牧野・下巻六七七頁、宮本・一九四頁、木村・四〇四頁）。もっとも、最近では、客観主義刑法理論の立場からも、行為共同説が主張されている（佐伯・三三二頁、植田・一五六頁、平野・三六四頁、中・二二一頁、前田・四八三頁、川端・五二五頁、他）。③「共同意思主体説」とは、一定の犯罪を実現しようとする共同目的の下に、二人以上の者が同心一体となった上（共同意思主体）、少なくともその中の一人が犯罪の実行に着手したことを要するとする立場であって（草野・一一八頁、齊藤（金）・二二六頁、植松・三六九頁、下村・基本的思想一九八頁、西原・下巻三七六頁、他）、それは、また、必然的に犯罪共同説に依拠することとなる。この共同意思は、共同正犯、教唆犯、従犯、すべてに存在しなければならない要件であり、これを欠けば共同意思主体が形成されず、従って、共犯現象自体が存在しないとされる共犯の基本要素である。④共同意思主体説は、二人以上の異心別体の者が共同目的の下に合一して同心一体となるところに、個人心理を離れて特殊の団体心理が生じ、個人意思では企図することができないようなことも行い得ると観るが故に、団体的共犯論であり、共犯現象をそのように団体的に把握しない犯罪共同説、行為共同説は、個人的共犯論である。共犯現象が二人以上の者の行為から成り立つものである以上、団体的共犯論に依拠することが自然であり、それ故、私見は共同意思主体説をもって妥当と解する。⑤ところで、犯罪共同説においても次第に緩和傾向がみられ、片面的従犯についてはこれを認め（大塚・三二〇頁）、別個の犯罪についても構成要件的重なりのある限り共犯の成立を可能とするようになってきたが（団藤・三六四頁）、共同意思主体説のみは依然として犯罪共同説を堅持していることに注意しておく必要があろう。

六　共犯の処罰根拠

共犯の処罰根拠という問題は、比較的最近になって議論されはじめたものであって、その学説的な理由づけは極めて多岐にわたり、錯綜している（その詳細については、斉藤誠二著『特別講義　刑法』一六九頁以下に詳しい）。今後も論争は継続して行くものと考えられるので、ここでは、基本的な学説上の考え方を紹介するに止めたい。その際、共犯の処罰根拠を論ずるにあたって、共同正犯は共犯に含まれるか否かが問題となるが、共同正犯も二人以上の者が加担する共犯の一態様であるから、教唆犯、従犯と共に共犯に含まれるとの視点の下に以下の論述を進めることとする。学説は責任共犯説と違法共犯説とに大別される（川端・五二八頁）。

①**責任共犯説**　責任共犯説とは、共犯者が正犯者を堕落させ責任と刑罰に陥れたので処罰されるとする見解をいう（江家・『刑法総論』〔昭二七年〕一九〇頁、荘子・『刑法総論』〔昭四四年〕七一七頁）。この説によると、正犯行為が構成要件に該当し、違法・有責な場合にのみ共犯は処罰されることとなる。

②**違法共犯説**　違法共犯説とは、共犯者が正犯者とともに違法な結果を発生させたので処罰されるとする見解をいう（通説）。この説によると、正犯行為が構成要件に該当し違法な場合に共犯は処罰されることとなる。違法共犯説は二説に分かれる。（i）**純粋な惹起説**　この説は違法の相対性を肯定し（ここに「違法の相対性」というのは、刑事的違法とか民事的違法というような意味のものではなく、違法判断を行為者ごとに下すことができるかどうかという意味で用いられる概念である〔違法の個別的把握〕）、共犯は正犯とともに結果を惹起すれば足りると説く（リューデルセン、川端・五二八頁、五二九頁、なお、野村・三九三頁）。（ii）**修正された惹起説**　この説は違法の相対性を否定し、共犯は正犯とともに違法な結果を惹起しなければならないと説く（ドイツの多数説、平野・II三五五頁、大越・『共犯の処罰根拠』二五七頁、他）。修正された惹起説の理論的基礎は、違法の相対性を原則として否定する客観的違法論にあり、客観的違法論に立てば法益侵害を共同惹起した場合には違法評価は人によ

って区別されず、正犯行為が違法であれば共犯行為も違法であって違法の連帯性が肯定されることとなる。

③ **私見**　共犯の処罰根拠をめぐる論争はすぐれて今日的問題であり、未だ理論的決着をみていない。学説も極めて多彩であり、本書のような分類が妥当であるとは必ずしも言い難いところであるが、当面は問題点を簡潔に考えるという意味でこの分類に従っておくこととし、詳細な検討は将来の課題としたい。まず、責任共犯説については、共犯の処罰根拠が正犯を堕落させ責任と刑罰に陥れた点に求められるので倫理的側面が強調されざるをえず、賛同し難い。その意味で違法共犯説が妥当である。次に、それでは、違法共犯説の中で、純粋な惹起説と修正された惹起説のいずれが妥当かという点が問題となる。ここでは、構成要件を機軸とする共犯論においては、単に法益侵害・危険を惹起しただけで処罰されるべきではなく、あくまでも正犯の実行行為を通じて法益侵害・危険を惹起したのでなければならないという考え方が重要となる。すなわち、正犯は自らの実行行為によって法益侵害・危険を惹起する点に処罰根拠があるのに対し、共犯は正犯の実行行為を通じて間接的にその結果を惹起する点において処罰根拠があると解すべきである（大谷・四〇〇頁）。その意味において、狭義の共犯と正犯との間には構成要件に該当する違法な行為の存在が必要であり、共同正犯においても共同者の間の相互的利用・補充と結果発生との間に構成要件に該当する違法な行為の存在が必要なのであって、共犯の関与者間には違法の連帯性が要請されなければならない。かようにして、私見は、共犯は正犯とともに違法な結果を惹起しなければならないとする修正された惹起説を支持したいと思う。

第二節　共同正犯

一　総　説

刑法六〇条は、共同正犯につき、「二人以上共同して犯罪を実行した者は、すべて正犯とする」との規定をおいた。共同正犯は正犯か共犯かということがよく問題となる。そして、共同正犯は、広義においては共犯であるが、狭義においては正犯であると論じられるのが一般である。その際、注意すべきは、共同正犯は正犯であると論じられるとき、それは単独犯と同様の意味において考えられる正犯ではないということである。すなわち、共同正犯においては、後述の「一部行為の全部責任」という法理が機能するのであって、このことは、共同正犯のもつ「共犯性」によって単独犯の「正犯性」が修正されるということを意味するのであり、この「一部行為の全部責任の法理」が認められる限り、共同正犯は共犯であるという視点を捨象することはできないと考える。

二　共同正犯の諸相

共同正犯（Mittäterschaft）を検討するに際しては、その犯罪形態に応じて、実行共同正犯、共謀共同正犯、片面的共同正犯、承継的共同正犯、過失犯の共同正犯、に分けて論ずるのが便宜である。

⑴　実行共同正犯

実行共同正犯を論ずるに際しては、共同正犯が成立するための基本的要件として二人以上の犯罪加担者の間に、共同犯行の認識（共同実行の意思、意思の連絡、共同加功の意思）と共同実行（共同実行の事実、行為の分担、共同加功の事実）とが必要である。①**共同犯行の認識**　共同犯行の認識とは、各自の実行行為とあいまって共同正犯を成立させる主観的要件をいう（下村・続基本的思想一一五頁）。これについては、上述の犯罪共同説と行為共同説とでは随分異なったものとなる。まず、犯罪共同説においては、共同正犯者相互間に特定の犯罪を共同して実行する意思が必要とされ、その結果、もしこれが欠ければ共同正犯ではなく単なる同時犯になる（団藤・三九一頁）。また、意思連絡を欠く片面的共同正犯や過失犯の共同正犯も成立しないこととなる。これに対して、行為共同説においては、共同行為に加担しこれを利用する意思があればよいので、このような共同加功意思は一方的にも認められるから、片面的共同正犯の成立が容認され、過失犯の共同正犯も一般に成立可能と説かれる（佐伯・三四八頁～三四九頁）。もっとも、このような意思さえ存在しない場合は単なる同時犯である。私見は、共同意思主体説の立場から犯罪共同説の結論を支持する。②**共同実行**　実行共同正犯が成立するためには、共同正犯者間に共同実行の事実が存在しなければならない。それは、基本的構成要件の一部に該当する行為であれば足り、共同正犯行為者各自の行為が基本的構成要件を充足する必要はない。例えば、甲が被害者丙の犯行を抑圧する程度の暴行・脅迫を加え、乙がそれに乗じて丙から財物を奪取した場合には、甲・乙ともに強盗罪の刑事責任を負う。これを「一部行為の全部責任の法理」という。③**一部行為の全部責任の法理**　一部行為の全部責任の法理は共同正犯に固有のものである。共同正犯の規定は、共同的犯行という共犯性によって単独正犯の正犯性を修正したものであり、その効果は、実行行為の一部を分担した者も結果の全体に対して責任を負うことになるという点にある（中山・四五三頁）。問題は実行行為の一部しか分担していないものに何故全体についての責任が問われるのかという点であるが、個人的共犯論からは、あるいは、相互的利用・補充をその理由とし（大塚・二九一頁）、あるいは、共同正犯は自ら実行行為を行うと同時に他の共同正犯の実行を教唆または幇助するものだからと説き（平野・II三八一頁）、さらにあるいは、部分的実行行為が具備する相互的補充機能と心理的促進機能にその根拠があると説く（中・二四二頁）。これらは、個人の行為・個人の責任を前提として「一部行為の全部責任」を論証しようとするものであるが、その理由づけは成功しているとは思えない。共同正犯は単なる単独正犯の集合体ではないのであり、そこには共同正犯の「共犯性」という特質が存在する。その特質は共同正犯を団体的共犯論の立場にたって把握して初めて説明可能となることを没却してはならないのである。

(2)　共謀共同正犯　共謀共同正犯とは、二人以上の者が犯罪の実行を共謀し、共謀者中のある者がその共謀に基づいてこれを実行した場合には、現実には実行行為を行わなかった他の共謀者も共同正犯としての責任を負うとするものである。この共謀共同正犯論は、わが国の判例上すでに確立したものであるが、学説上は賛否両論あり、以前は圧倒的に否定説が優勢であったが最近では肯定説の方が優勢となってきているという理論状況にあるが、その理由づけは多彩である。以下において、学説を肯定説と否定説とに分け、その後に代表的判例をとり上げることとしよう。

①　**学説（肯定説）**　肯定説を、共同意思主体説、行為支配説、間接正犯類似説、優越支配共同正犯説、意思方向説、等に分類して、概観、検討しよう。

（i）　**共同意思主体説**　この説の創始者である草野教授は、共同正犯とは、まず、二人以上共同して犯罪事実を実現した者で重要な役割を演じた者をいうとされ、次に、犯罪を実行することを要するとされて、「ここに謂ふ犯罪を實行すると云ふは、必ずしも共同者の全部が實行行爲を分擔することを要するとの意味ではない。共同者の中の何人かが實行に出づることを要するとの意味なのである（共同正犯に於ける從屬性）。固より實行行爲を分擔するは犯罪の遂行に大に與つて力あるものであるから、正犯たるは勿論であるが、縱し實行行爲を分擔しないでも謀議に參與する者の如きは、實行行爲分擔者に勝るとも劣らざる重大な役目を演ずるものと云はねばなるまい。」と述べて、共謀共同正犯支持の立場を明示された（草野・一二三頁〜一二四頁）。さらに、「共謀」については、下村博士によって、「『共同犯行の認識』、すなわち、相互に犯罪の実行に重要な役割を一体となって行おうという、行為者間の対等関係における意思連絡をいうのであって、単なる相互の存在認識ではない」（下村・『共謀共同正犯と共犯理論』一三九頁）という見解が呈示され、その典型的な例としては、役割分担についての協議、実行方法についての計画作成などが挙げられ、共謀は単なる意思連絡とは異なるものと論じられた（下村・『刑法の判例（第二版）』一二四頁）。この説に対しては幾つかの批判があるが、それらはいずれも弁明不可能なほど強固なものではない。すなわち、(a)まず、共同意思主体説は個人責任の原則に反するとの批判（例えば、瀧川・一二三五頁）に対しては、草野教授は、「元来共犯に於ける共同意思主體たるや犯罪を目的とする違法的一時的存在のものであるから、かかる者に責任を認むる譯にはいかない。故に共犯に於ける責任は、結局、之を共同意思主體を構成する個人即ち共同者個人に付て論ずる外はないことになる。而して共犯現象を共同意思主體の活動と見ることと、責任の歸屬を共同者個人に付て論ずることが毫も矛盾するものでないことは、民法組合の理論から推して考へる事が出來よう。況んや現行刑法の刑罰は自然人を豫定して居るに於てをやである」と論じられたが（草野・一一九頁）、民法の組合の理論を援用されたため批判を蒙った。後に、齊藤（金）博士によって、「共犯成立上の一体性」「共犯処罰上の個別性」が提唱され（齊藤（金）・『共犯理論の研究』一九二頁、一九九頁）、修正がほどこされた。この点は、下村博士によって意識的に継承され、「共同意思主体説は、犯罪成立上の一体性を主張するにとどまり、個人的責任が近代刑法の基礎たる限り、処罰上は各別に考察せらるべきことを当然とする」（下村・「共謀共同正犯（練馬事件）」『刑法の判例（第二版）』一二四頁）として、個人責任の原則を前面にすえて論述されるにいたっている。もし、個人責任の原則を共犯論で貫徹するならば、共同正犯における「一部行為の全部責任の法理」をどのように解明すべきかとの反論に応える必要が生ずるであろう。(b)次に、共同意思主体という超個人的存在は一種の比喩であるという批判（平野・II四〇一頁）に対しては、甲乙二人が強盗を共謀し、甲が反抗を抑圧する程度の暴行を加え、乙がそれに乗じて財物を奪取した場合、甲乙両者には強盗罪の共同正犯が認められるが、その場合の強盗の実行行為の実体は、西原博士が説かれる如く、「甲の行為と乙の行為との機械的算術的総和でないことはいうまでもない。甲の暴行と乙の財物奪取とは、事実的のみならず、法的にも相互に補足しあって、一つの実行行為まで総合されるのである。それは、まさに『甲乙二人』の実行行為でなければならない。そして、そこにある実行行為の主体は、甲乙二人の物理的存在ではなく、すでに法律上意味ある人的結合にほかならない。この人的結合は、すでに自然人の概念を超えた社会的存在」（西原・「共謀共同正犯」『論争刑法』二二八頁）であって、これを予定せずして強盗の実行行為を論ずることは不可能である。そこでは、「実行行為の主体について超個人的な存在を認め、結局その超個人的なものの行った実行行為の全部につき、その分担者にそれぞれ責任を負担させている」（西原・『論争刑法』二二八頁）といえよう。実行共同正犯に関するかような理解は、共同正犯の「共犯性」がもたらす共同正犯の本質構造とみるべきであって単なる比喩となすべきではない。(c)何故共同意思主体そのものを罰しないのかという批判（木村・四〇七頁）に対しては、共同意思主体説は犯罪成立上の一体性を主張するに止まり、個人責任が近代刑法の基礎たる限り処罰は各別に考察されるとする上掲下村博士の所説で十分に対応されるであろう。(d)さらに、共同意思主体説は共同正犯、教唆犯・幇助犯の概念区別を失わせるという批判（佐伯・三五一頁）に対しては、「共同正犯と教唆犯とは、前者が共同犯行の認識を必要とするのに対し、後者が他人（被教唆者）をして一定の犯罪を実行する決意を生ぜしめるものである点において区別せられ、正犯と従犯とは、前者が犯罪事実の実現に重要な役割を演ずるものなのに対し、後者は重要でない役割を演ずるものであるの点において区別せられ、さらに、教唆犯と従犯とは、前者が他人をして一定の犯罪を実行する意思を生ぜしめるのに対し、後者は他人の犯罪の実行を容易ならしめるものをい」う（下村・続基本的思想一〇八頁）として、明白な回答が準備されている。私見は共同意思主体説をもって妥当と解する。

(ii) **行為支配説**　(a)目的的行為論による平場博士は、元来正犯とは自己の手により実行行為をなす必要は必ずしもなく、構成要件的行為に対する目的的支配があれば足りるとの前提の下に、共同正犯において、他人の所為にまで責任を負う所以は、実行行為に対する共同正犯各自の共通包括的な行為支配がある点に求めたいとされ、一部行為の全部責任の法理の合理的基礎づけを追究していくならば、当然に共謀共同正犯の肯定に到達するとの認識の下に、共謀共同正犯の理由づけとして、謀議者が単に謀議に参与したというだけでなく、直接実行者の意思に現実に作用し、それをして遂行せしめているならば共同正犯であるが、ただ単に直接実行者の犯意を誘起し、または犯意を強化したに止まるならば教唆犯もしくは従犯にとどまるとして、共謀者の意思の現実的・客観的機能の重視を主張されている（平場・一五五頁〜一五八頁）。しかし、この説には、基本となっている目的的行為論自体に問題があり、また、行為支配概念の不明瞭性、さらには、行為支配概念で対等平等関係にある共同正犯の説明ができるか、といった点に問題があって支持し難い。(b)一方、団藤博士は、正犯とは、基本的構成要件該当事実を実現した者であり、これは、単独正犯にも共同正犯にも同じように妥当するとされ、単独正犯の場合には自ら実行行為を行った者でなければこの要件を満たすことはありえないが、共同正犯の場合には、本人が共同者に実行行為をさせるについて自分の思うように行動させ本人自身がその犯罪実現の主体となったものといえるような場合には、利用された共同者が実行行為者として正犯となるのは勿論であるが、実行行為をさせた本人も、基本的構成要件該当事実の共同実現者として共同正犯になるとして（最決昭五七・七・一六刑集三六巻六号六九五頁）、共謀共同正犯を是認された。この見解は、支配の対象者に実行行為者を入れるため、その背後者による支配を考える点で、対等平等関係にある共謀共同正犯の説明に窮するという弱点を有する。団藤博士の定型説の理論的筋を通すとすれば、共謀共同正犯には共同実行の事実が欠けるとして、共謀共同正犯を否定された旧説の方がむしろすぐれた見解であるといえよう（もっとも、この点は、団藤博士が最高裁判事に就任されたことによる理論の変更であるので、ここで正面にすえて議論すべきことではないともいえるであろう）。

（iii）**間接正犯類似説**　間接正犯類似説による共謀共同正犯肯定説は藤木博士によって展開された。博士は、間接正犯が単独犯と認められるのと平行した趣旨で、共謀者の利用行為がみずから手を下したものと価値的に同一に評価しうるというのであれば、そこに、共謀者を、他人と合意の上共同して相互に利用しあって結果を実現したという意味で、共同の実行をした者と認めることが可能となるのであり、ここでの合意は、単なる犯罪遂行の下相談ではなく、参加者の間に犯罪を遂行すべき確定的な意思の合致（共謀）が成立した場合であり、実行担当者はこの合致した意思に基づいて自己の行為で犯罪を遂行するものではあるが、その意思決定の内容は他の合意者との約束に基づいて形成されたもので、爾後の行動は合意により拘束され、実行担当者は実行するかしないかを自分の自由意思であらためて決定することはできず、自己の一存で実行の意思を放棄することはゆるされず、実行担当者はその意味で他の共犯者の道具としての役割を果たすのであると論じられた（藤木・「共謀共同正犯」『可罰的違法性の理論』三三五頁～三三七頁）。この説に対しては、故意ある道具を認めるという点で、道具となる実行行為者に存する規範意識を克服して背後者に正犯性を認める点に疑義が呈され、あるいは、間接正犯「類似」とは称されているが、本来対等平等関係にあるべき共謀共同正犯に、道具と正犯という被支配・支配の関係が認められるか、といった疑問もあり、共謀共同正犯の積極的理由づけとしては当を得たものとはいい難い。

（iv）**優越支配共同正犯説**　大塚博士は、単なる共謀者を共同正犯として処罰することは刑法六〇条の文理に反するとして共謀共同正犯の観念を否定されつつ、「これに反して、実行を担当しない共謀者が、社会観念上、実行担当者に比べて圧倒的な優勢的地位に立ち、実行担当者に強い心理的拘束を与えて実行にいたらせている場合には、規範的観点から共同実行があるといいうるのであり、共同正犯を認めることができるとおもう。しかし、これは、『共謀』共同正犯ではなく、むしろ、優越支配共同正犯とでも呼ばれるべき別個の観念である」（大塚・三〇七頁）と論じられる。しかし、共謀共同正犯と優越支配共同正犯との間には説かれるほど明確な相違はない。共謀共同正犯が「共同して犯罪を実行した者」といえないのなら、優越支配共同正犯もまた同様の帰結となろう。すなわち、「共謀者」が実行行為に出ないが故にこれを共同正犯とすることが刑法六〇条の文理に反する（大塚・三〇六頁）のであるとすれば、「優越支配者」もまた実行行為に出ないのであるから、これを共同正犯とすることは刑法六〇条の文理に反するものといわなければなるまい。加えて、優越支配者は実行行為者に強い心理的拘束を与えて実行にいたらせるのであるから、そこには支配・被支配の関係が存在し、対等平等関係にあるべき共同正犯の本質に適合しないという欠陥があり、妥当とはなし難い。

（v）**意思方向説**　平野博士は、共謀共同正犯の要件の一応の思考方針として、まず、意思の疎通である共謀が必要であるとされ、「共謀共同正犯は、単に意思を疎通させただけでなく、実行行為が『共同の意思にもとづく』ものといえるような『意思方向』を持つ者に限られるべきである。しかも、この『意思方向』は、単に、主観的なものであるだけでなく、犯罪の遂行に客観的に重要な影響力を持つものでなければならない」（平野・II四〇三頁）と論じられ、次に、共謀者のうちの少なくとも一人が実行行為をしたことが必要である（共同正犯の〔実行〕従属性）とされるが、その際、その他の共謀者も、正犯者となるための行為（正犯行為）は必要とされ、共謀共同正犯では、正犯行為と実行行為とは分離すると論じられる（平野・II四〇三頁～四〇四頁）。しかし、この場合、実行行為と分離する正犯行為とは何かという点に疑問が残る。

②**学説（否定説）**　共謀共同正犯否定説の論拠を掲げれば、（i）まず、共同正犯が成立するためには刑法六〇条の法意にてらし、二人以上の共同者のいずれもが実行行為の全部または一部を行わなければならないから、現実に実行行為を行わなかった者は教唆犯か従犯に止まるにすぎず、これを共同正犯に問擬することはできないとする点

が挙げられる（小野・二〇五頁、瀧川・二三七頁、木村・四〇七頁、佐伯・三五一頁、中・二四二頁、福田・二七九頁、中山・四六七頁、鈴木・一九七頁、他）。(ii) 次に、嘗ては、共謀共同正犯論は共同意思主体説によってのみ支持されていたという事情があったため、共謀共同正犯否定説としては、共同意思主体説に対する批判を展開するものが多かった。すなわち、その中の代表的なものは、前掲の如く、(a) 共同意思主体説は個人責任の原則に反するとする批判（瀧川・二三五頁）、(b) 共同意思主体そのものを何故に罰しないかという批判（木村・四〇七頁）、(c) 共同意思主体説は共同正犯、教唆犯・幇助犯の概念区別を失わせるという批判（佐伯・三五一頁）、(d) 共同意思主体という超個人的存在は一種の比喩であるという批判（平野・II四〇一頁）、等々である。

③ **私見**　すでに述べた如く、私見は共同意思主体説に依拠し共謀共同正犯を肯定する立場をもって妥当となす。そこで以下において、否定説に対する反論、ならびに、肯定説を採用することに伴う若干の重要問題につき、論ずることとする。(i) 共謀共同正犯否定説の最も重要で基本的な論拠は、刑法六〇条の文言にてらして、共同正犯者各自が実行行為を行わなければならないとする点にある。しかし、刑法六〇条が共同者全員に実行行為を要求していると読まなければならない必然性はない。共同者の中の誰かが実行行為を行えば「犯罪を実行した」といえると読むことも可能である。共謀共同正犯を肯定する立場では、むしろこのように解されている（草野・一二四頁、齊藤〔金〕・二三八頁、小泉・一八九頁、下村・続基本的思想一一九頁、西原・下巻三九四頁、平野・四〇二頁、前田・四九〇頁、他）。(ii) 共同意思主体説に向けられた批判に対する反論については、共同意思主体説の学説の箇所で明らかにしておいた。そこで、ここでは、共同意思主体内部における「共同意思」、「共同犯行の認識」、「共謀」という三つの概念についての関連を明らかにしておきたい。(a)「共同意思」とは、共同正犯、教唆犯、従犯を含めて共同意思主体を構成するための一般的意味における意思連絡であって、共同正犯者間、正犯と教唆犯間、正犯と従犯間、に存在する主観的要件である。これが欠ければ共同意思主体が形成されず、共犯現象自体が発生しない。(b)「共同犯行の認識」は、本来、各自の実行行為とあいまって共同正犯を成立させる、共

同正犯成立のための主観的要件としての意思連絡である（草野教授は、「共同犯行の認識ありて互に他の一方の行為を利用し全員協力して犯罪事實を實現せんとする意思」を説かれた〔草野・一二二三頁〕）。(c)「共謀」は、共謀者中の誰かが実行行為を行えば現実に実行行為を行わなかった他の共謀者を共同正犯たらしめるものである。共謀と共同犯行の認識との関りについてみれば、共謀がある場合には共同犯行の認識が存在するといえるが、共同犯行の認識があれば共謀があるとはいえない。共謀には共同犯行の認識以上のものがなければならない。ただ、実際上は、共同犯行の認識がある場合には共謀段階に達していることは多いであろうが、理論上は両者は区別されなければならない（下村・続基本的思想一二五頁）。(iii) 刑法六〇条を共同者の中の誰かが実行行為を行えば「犯罪を実行した」といえると読むことは、限縮的正犯概念や実行行為性説を採用するものでない点に注意を要する。私見は、正犯概念については、「重要な役割説」を支持する。重要な役割という概念は不明確であるという批判もあるが、この見解を採用することによって、実行の着手、原因において自由な行為、間接正犯、共謀共同正犯、等々の諸問題を通して実質的考察が可能となることを忘れてはならない。(iv) 共謀共同正犯肯定説の背景には、自らは構成要件該当行為を行わないが犯罪の実現に際し主導的役割を演じたものを正犯として処罰したいという法感覚が存在することは否定し難い。背後の大物処罰はその意味でこの理論の実践的必要性を支える刑事政策的基盤であるといえるであろう。否定説は、共謀共同正犯の場合を正犯とせず教唆犯もしくは従犯で処罰すべきことを主張する。しかし、共謀に参加していても教唆犯にならない場合も考えられるのであるから、共謀共同正犯を教唆犯で処罰すればよいとするだけでは事柄の解決にはならない場合があることに注意しておかなければならない。また、従犯は必要的減軽として刑が軽くなるのであるから、共謀に参加し、犯罪の実現に重要な役割を演じた者に対し、実行行為を行っていないとの理由でこれを従犯とするのは不合理な場合があることにも注意を要する。(v) これとの関連で注意すべきは、肯定説は共謀ある従犯を一律に共同正犯に格上げすることにあったのではないかとの指摘である。私見では、「共謀」は「重要な役割」であるから共謀ある場合は共謀共同正犯となる。従って、ここでは、当然のことながら「共謀」概念が重要性をおびてくる。わたくしは、共謀の定義としては、長く、上掲下村説に従ってきたが、(a)「共同犯行の認識」は共同正犯の要素であって共謀の要素ではないからこれを共謀概念から除去すること、(b)共謀には上下関係のものもあるから「対等関係における意思連絡」という文言を共謀概念から除去すること、(c)犯罪共同説に立つことを明確化して「特定の犯罪を行うため」という文言を共謀概念に導入すること、以上三点を踏まえて、下村説を修正し、「共謀とは、二人以上の者が、特定の犯罪を行うため、相互に犯罪の実行に重要な役割を一体となって行おうという、行為者間の意思連絡をいう」とする概念定義に改める（拙稿「共謀共同正犯における『共謀』概念―最近の最高裁判例を批判して―」『京女法学』第一号（平成二三年一一月）一四五頁、一五六頁）。かかる意思連絡存否の認定にあたっては、役割分担についての協議、実行方法についての計画作成、等が重要な判断基準となろう。(vi)(a)ところで、後掲のように、最高裁は、「練馬事件」大法廷判決（最大判昭三三・五・二八刑集一二巻八号一七一八頁）において、共謀概念につき、「二人以上の者が、特定の犯罪を行うため、共同意思の下に一体となって互に他人の行為を利用し、各自の意思を実行に移すことを内容とする謀議をな」すという内容を明らかにした。この中で「謀議」という文言が出てくるが、本件調査官解説は、「謀議」は「意思の連絡」や「共同犯行の認識」といった主観的要件に限定されるものではなく、「実行共同正犯における客観的要件である『二人以上の者の実行行為の分担』にも比すべきもので、共謀共同正犯の客観的要件でもある」と述べている（岩田誠『最高裁判所判例解説刑事篇昭和三三年度』（一九七三年、法曹会）四〇五頁以下）。ここからして、すでに、「謀議」をめぐって、客観的謀議説と主観的謀議説の争いが生じていた。(b)西原博士は、客観的謀議説の立場から、「共同犯行の意思の形成」と「実行に準ずる重要な役割」を演ずることを共謀共同正犯の客観的要件とするので、謀議参加がなくても、それらの要件が整えば共同正犯の成立を認めることは可能であり、謀議の存在しない共謀共同正犯を認めることには問題はないと論じられた（西原春夫「憂慮すべき最近の共謀共同正犯実務―最高裁平成一七年一一月二九日第一小法廷判決を中心に―」『刑事法ジャーナル三号』（二〇〇六年）五五頁）。しかし、この見解には賛同できない。意思連絡を内容とする謀議の存否を問題とせず、共謀共同正犯の客観的要件の検討だけで終らせるとすれば、そこには、裁判官の恣意的判断の介入や判定のぶれ、あるいは、誤まりによって不適切な判断結果惹起への危険性が増大する。裁判員制度の下ではその危険はなおさらである。これに対して、上掲下村説や私見では、意思連絡を必要となす「共謀」概念自体が謀議の存在を前提とする。何故なら、謀議がなければ意思連絡は得られないからである。「共謀」とは、語源的にいっても「二人以上の者が共同でたくらむこと」（新村出編『広辞苑第六版』岩波書店）であるから、これを素直に解する限り、共謀は当然謀議の存在を前提とする。客観的要件だけの判断より、主観的謀議の判断手法の方が判定の慎重さを要請するのであり、ここでは、「謀議」という主観的要因が共謀共同正犯拡大認定の歯止めとなり得るのである。謀議のない共謀共同正犯を認めるべきではない。また、謀議という要件を必要とすれば客観的謀議説になるという思考も適切でない。(c)そして、何よりも我々が銘記しなければならないのは、最高裁が、練馬事件大法廷判決をさしおいてスワット事件決定を言渡したところから、共謀概念の混乱が始まったという事実である（前掲『京女法学』第一号の拙稿参照）。練馬事件は共謀者が犯行現場に存在しなかった事案であり（事前共謀）、スワット事件は共謀者が犯行現場に存在していた事案であるから（現場共謀）、事案が異なるとしてスワット事件をもって新しい判例を確立するものであるなどとは決して考えてはならない。共謀共同正犯の成否は、主観的謀議説による共謀の存否、共謀参画者の内の誰かの実行行為の有無、の判定によって決定されなければならないものだからである。スワット事件決定以降の最高裁の「共謀」概念は廃棄されるべきである。(ⅶ) 実行の着手以前の「共謀からの離脱」については、一旦共謀した者も、共謀関係からの離脱を表明し、他の共謀者がこれを諒承すれば、それ以後の行為には責任を負わない（福岡高判昭二八・一一・一二高刑集六巻一号）。（viii）犯罪の「見張り」については実質的に判断する必要がある。すなわち、見張りによる加功のみを犯す者は従犯であるが、共謀に参画した結果見張りの役割分担を引き受けた者とか、賭博罪や強姦罪のような実行行為にも参加する者が順次見張りをした如き場合は正犯である。

④ **共謀共同正犯についての代表的判例**　（i）現在では不動のものとなっている共謀共同正犯の判例も、当初から今日のように全面的に確立していたわけではない。旧刑法の頃、「共ニ謀リテ事ヲ行フ以上ハ何人カ局ニ当ルモ其行為ハ共謀者一躰ノ行為ニ外ナラス」（大判明二九・三・三刑録二輯三巻一〇頁）とする判例を最初に、同趣旨のものがいくつか存在するのであるが、現行刑法になってからは、知能犯的犯罪についてのみ共謀共同正犯の理論を適用するところから出発して、逐次、賭博罪、放火罪に及び、最後に窃盗・強盗のような非知能犯的である実力犯にもこれを認めるにいたり、ついに、判例上確固たる理論として全面的に採用されるにいたるのである（下村・基本的思想一八九頁）。（ii）共謀共同正犯を全面的に認めた判例としては以下の昭和一一年の大審院聯合部判決が挙げられる。すなわち、窃盗罪、強盗罪につき、「凡ソ共同正犯ノ本質ハ二人以上ノ者一心同体ノ如ク互ニ相倚リ相援ケテ各自ノ犯意ヲ共同的ニ実現シ以テ特定ノ犯罪ヲ実行スルニ在リ共同者カ皆既成ノ事実ニ対シ全責任ヲ負担セサルヘカラサル理由茲ニ存ス・・・（中略）・・・本院従来ノ判例ハ初メ所謂知能犯ト実力犯トヲ区別シ前者ニ付テハ実行ヲ分担セサル共謀者ヲモ共同正犯トシ後者ニ付テハ実行ヲ分担シタル者ニ非サレハ共同正犯ト為ササルノ見解ヲ採リタルモ近来放火罪殺人罪等ノ如キ所謂実力犯ニ付テモ概ネ上叙原則ノ趣旨ヲ宣明セルニ拘ラス窃盗罪並強盗罪ノ共同正犯ニ付テハ寧ロ例外的見地ヲ採用シ実行分担者ニ非サレハ之カ共同正犯タルヲ得サルモノト為シタルコト所論ノ如シト雖モ之ヲ維持スヘキニ非ス」（大判昭一一・五・二八刑集一五巻七一五頁）と述べている。（iii）最高裁の判例としては、以下のいわゆる練馬事件の判決が注目される。すなわち、「共謀共同正犯が成立するためには、二人以上の者が、特定の犯罪を行うため、共同意思の下に

一体となって互に他人の行為を利用し、各自の意思を実行に移すことを内容とする謀議をなし、よって犯罪を実行した事実が認められなければならない。したがって右のような関係において共謀に参加した事実がみとめられる以上、直接実行行為に関与しない者でも、他人の行為をいわば自己の手段として犯罪を行ったという意味において、その間刑責の成立に差異を生ずると解すべき理由はない」（最大判昭三三・五・二八刑集一二巻八号一七一八頁）と述べている。藤木博士は、この練馬事件判決につき、「これは、他人の行為を手段として犯罪を行う点を重視して、共同意思主体説をはなれ、個人責任の見地から共謀者の正犯性を根拠づけようという努力のあらわれとみるべき」（藤木・「共謀共同正犯」ジュリ別冊二七号九一頁）であると評価され、間接正犯類似説を展開されるにいたったが、右練馬事件判決は、「共同意思の下に一体となって」と述べているのであって、その措辞において共同意思主体説から離脱しているとはいい難いものと解する。(iv) なお、「共謀」については、従来の判例は、「共同犯行の認識」（大判大一四・一・二二刑集三巻九二一頁）、「意思の連絡」（最判昭二四・一・二七裁判集刑七号一〇九頁）、「通謀」（最判昭二六・九・二八刑集五巻二〇号一九八七頁）、「謀議」（大判昭八・五・二九刑集一二巻六二三頁）、「凝議」（大判大二・二・一八刑録一九輯二一七頁）、「相談」（最判昭二三・一〇・六三一九裁判集刑四号四頁）、等色々な用語を用いているが、共謀とはいずれも最小限共同犯行の認識（共同実行の認識）を意味していることは間違いないものと説かれている（大コンメン三巻四九一頁）。そして、それは、実行行為の具体的細目についての協議に参加しなくてもその大綱の謀議に参加することで足りるし（仙台高秋田支判昭二九・五・一一判特三六号九四頁）、また、順次通謀による共同意思つまり間接の意思連絡（大判明四四・一〇・二七刑録一七輯一八〇三頁）、暗黙の意思連絡（最判昭二四・二・八刑集三巻二号一一三頁）でもよいとされるの＊で＊＊ある＊＊＊（下村・続基本的思想一〇七頁）。

＊暴力団組長がボディガードらのけん銃所持につき直接指示を下さなくても共謀共同正犯の罪責を負うとされた事例　被告人は配下に三一〇〇名余りの組員を抱えている関西の暴力団組長であるが、スワットと呼ばれるボディガードに常時警護されていた。平成九年一二月二六日早朝、東京の六本木で五台の車に分乗して移動中、警察官らに停止を求められ、捜索差押許可状による捜索差押えを受け、スワットが乗った車から拳銃三丁等が発見、押収され、被告人らは現行

犯逮捕された。また、その頃、先乗り車でホテルに一足さきに到着していた二人のスワットも、所持していたけん銃を一度は投棄したが警察官に発見された。スワットらは、いずれも被告人を警護する目的で実包の装てんされたけん銃を所持していたものであり、被告人もそのことを概括的とはいえ確定的に認識していた。また、被告人は、スワットらにけん銃を持たないように指示命令することもできる地位、立場にいながら、そのような警護をむしろ当然のこととして受け入れ、これを認容し、スワットらも被告人のこのような意思を察していた。この事案につき、最決平一五・五・一刑集五七巻五号五〇七頁は、「被告人は、スワットらに対してけん銃等を携行して警護するように直接指示を下さなくても、スワットらが自発的に被告人を警護するために本件けん銃を所持していることを確定的に認識しながら、それを当然のこととして受け入れて認容していたものであり、そのことをスワットらも承知していた」のであり、「被告人とスワットらの間にけん銃等の所持につき黙示的に意思の連絡があったといえる。そして、スワットらは被告人の警護のために本件けん銃等を所持しながら終始被告人の近辺にいて被告人と行動を共にしていたものであり、彼らを指揮命令する権限を有する被告人の地位と彼らによって警護を受けるという被告人の立場を併せ考えれば、実質的には、正に被告人がスワットらに本件けん銃を所持させていたと評し得るのである。したがって、被告人には本件けん銃所持について・・・スワット五名との間に共謀共同正犯が成立するとした第一審判決を維持した原判決の判断は、正当である」と判示した。しかし、スワットらが自発的に被告人を警護するためにけん銃を所持していることを確定的に認識認容していたことと、被告人とスワットらとの間にけん銃を所持して警護するという共謀が存在していたこととは、本質的に異なる。被告人は単にそのような警護を黙認していただけで、そこに「共謀」があったとみることはできない。共謀が黙示的意思連絡で足りるとするのは不十分である。本件判旨は相当でない。

＊＊一二歳一〇カ月の長男に指示・命令して強盗を実行させた母親に、強盗の間接正犯でも教唆犯でもなく、共同正犯が成立するとされた事例　スナックのホステスであった被告人は、経営者C子から金品を強取しようと企て、長男B（当時一二歳一〇ヵ月、中学一年生）に対し、「ママのところへいってお金を取ってきて。映画でやっているように、金だ、とか言って、モデルガンを見せなさい。」などと申し向け、覆面をしエアーガンを突き付けて脅迫するなどの方法により同女から金品を奪い取ってくるよう指示命令した。Bは嫌がっていたが、被告人は、「大丈夫。お前は、体も大きいから子供にはみえないよ。」などといって説得し、犯行に使用するためあらかじめ用意した覆面用のビニール袋、エアー

ガン等を交付した。これを承諾したBは、上記エアーガン等を携えて一人で同スナックに赴いた上、上記ビニール袋で覆面をして、被告人から指示された方法により同女を脅迫したほか、自己の判断により、同スナック出入口のシャッターを下ろしたり、「トイレに入れ。殺さないから入れ。」などと申し向けて脅迫し、同スナック内のトイレに閉じこめたりするなどしてその反抗を抑圧し、同女所有にかかる現金約四〇万一〇〇〇円及びショルダーバック一個等を強取した。被告人は、自宅に戻ってきたBからそれらを受け取り、現金を生活費に費消した。この事案に対し、最決平一三・一〇・二五刑集五五巻六号五一九頁は、「本件当時Bには是非弁別の能力があり、被告人の指示命令はBの意思を抑圧するに足る程度のものではなく、Bは自らの意思により本件強盗の実行を決意した上、臨機応変に対処して本件強盗を完遂したことなどが明らかである。これらの事情に照らすと、所論のように被告人につき本件強盗の間接正犯が成立するものとは、認められない。そして、被告人は、生活費欲しさから本件強盗を計画し、Bに対し犯行方法を教示するとともに犯行道具を与えるなどして本件強盗の実行を指示命令した上、Bが奪ってきた金品をすべて自ら領得したことなどからすると、被告人については本件強盗の教唆犯ではなく共同正犯が成立する」と判示した。判旨が説くように、被告人を間接正犯に問擬することはできないが、判旨後半の理由から直ちに共謀共同正犯を認めうるかは問題である。共謀共同正犯の成立には「共謀」がなければならない。本件Bの承諾が犯行の計画にまで及ぶものであれば共謀を認めてもよいであろうが、被告人の説得を承諾したにすぎないとすれば共謀を認めるのは無理である。判旨はその点について ふれていない。限界的で微妙なところではあるが、Bは被告人の説得を承諾したにすぎないのであって、そこには共謀がなく、被告人には強盗罪の教唆犯を認めるべきものと思う。判旨後半の叙述部分は量刑で考慮すればたりる。

＊＊＊**廃棄物の処理を委託した者が未必の故意による不法投棄罪の共謀共同正犯の責任を負うとされた事例**　A（被告会社の下請会社の代表者）において、被告会社（神奈川県横須賀市に本店を置き、港湾運送事業、倉庫業等を営む被告人たる株式会社）が千葉市内の借地に保管中の、いわゆる硫酸ピッチ入りのドラム缶の処理に苦慮していることを聞知し、その処理を請け負った上、仲介料を取って他の業者に丸投げすることにより利益を得ようと考え、その処理を請け負う旨被告会社に対し執ように申し入れたので、被告人五名（被告会社の代表取締役等であった被告人ら）がドラム缶の処理をAに委託したところ、同ドラム缶が北海道内の土地に捨てられたという事案につき、最決平一九・一一・一四判時一九八九号一六〇頁は、「被告人五名は、Aや実際に処理に当たる者らが、同ドラム缶を不法投棄することを確定的に認識してい

たわけではないものの、不法投棄に及ぶ可能性を強く認識しながら、それでもやむを得ないと考えてAに処理を委託したというのである。そうすると、被告人五名は、その後Aを介して共犯者により行われた同ドラム缶の不法投棄について、未必の故意による共謀共同正犯の責任を負うというべきである。」と判示して、廃棄物の処理及び清掃に関する法律所定の不法投棄罪で処罰したのである。この事案においては、被告人五名とAとの間には如何なる「共謀」も存在しない。ここでは、スワット事件の場合と同じく、最高裁は「黙示的意思連絡」があったと考えているのかもしれないが、不法投棄について何らの意思連絡もなされていないのであるから、共謀の存在を認めること自体無理である。その意味では、本件事案において、およそ、「未必の故意による共謀共同正犯」など存立しえない。最高裁における共謀共同正犯肯認拡大の現状は断じて容認されてはならないのである。なお、付言すれば、「共謀」には確定的故意が必要であって、未必の故意では不十分である。共謀共同正犯の成立を認めるということは、実行行為を行わない者を共同正犯として処罰することであるから、厳格な歯止めがなければならない。刑法の謙抑性にかけて、共謀概念を厳格に解する必要のあることを強調しておきたい。このような観点から、私見は、本件判旨に強く反対するものである。

(3)　片面的共同正犯　①片面的共同正犯（einseitige Mittäterschaft）とは、共同正犯において犯罪または行為の共同が意思連絡（共同犯行の認識）に担われなければならないとされる場合に、その意思が片面的に一方にしか存在しない場合であって、これを共同正犯となしうるかが問題となる。わが国の通説・判例は、片面的共同正犯を否定する。判例上登場した脅迫住居侵入建造物損壊器物毀棄傷害罪の事案において、大審院は、被告人が他の被告人らとの間に各犯行を共同実行すべき意思連絡があったかどうかが詳らかでないから共同正犯にならないと判示した（大判大一一・二・二五刑集一巻七九頁）。②これに対して、意思連絡に基づく相互了解は必要でないという立場から片面的共同正犯を肯定する見解も有力に主張されている（佐伯・三四八頁、中・二二九頁、平野・II三九三頁、他）。しかし、この見解は妥当とは思えない。共同正犯が成立するためには、意思連絡に基づく相互了解は不可欠の要請である。これなくしては一部行為の全部責任の法理は説明できない。片面的共同正犯の設例として、強盗犯人甲が通行人乙に強盗を行っているとき、丙が甲に情を通じることなく片面的に拳銃を乙に擬し甲の暴行・脅迫とあいまって強盗行為を遂行させた場合（植田博士の設例として著名）の丙の刑事責任については、意思連絡に基づく相互了解は必要でないという立場からは片面的共同正犯を肯定することとなろうが、意思連絡に基づく相互了解は必要であるという立場からは強盗罪の片面的幇助、もしくは、単独犯としての脅迫罪の成立を認めることとなろう。③片面的共同正犯を否定する立場からも、片面的従犯は、正犯者と従犯者との間に意思連絡を不要として肯定されている（小野・二〇三頁、団藤・四一四頁、木村・四二二頁、福田・二八九頁、大塚・三二〇頁、他）。判例も、従犯の場合には従犯者と正犯者との間に相互的意思連絡は必要でなく正犯者が従犯の幇助行為を認識する必要はないとの理由で、片面的幇助を肯定している（大判大一三・一一・二二刑集三巻九二一頁）。しかし、共同意思主体説の立場からは、共犯の特色が、異心別体たる幇助者と正犯者とが一定の犯罪を犯すという共同目的を実現するため同心一体となるという点にあるとするかぎり、相互的な意思連絡を必要とすべきであって、片面的従犯はこれを認めるべきではない（草野・一三三頁、齊藤〔金〕二四八頁、植松・三八一頁、西原・下巻三八四頁、他）。かような場合は単独犯の理で決すべきである。

(4)　承継的共同正犯　①承継的共同正犯（sukzessive Mittäterschaft）とは、先行者がある犯罪の実行行為の一部を終了した後まだ既遂段階に至る前に、途中から後行者が実行行為に関与してくる場合をいう。窃盗罪のような単純一罪の場合には問題はないが、強盗罪、強盗殺人罪のような結合犯の場合には問題が生じてくる。共同正犯に必要な意思連絡は関与以後に予定されているので、ここでは、共同正犯は関与以前の行為にも及ぶのか、あるいは、どこまで及ぶのかということが問題とならざるをえない。②学説は肯定説、否定説、中間説に分かれて複雑な様相を呈している。**(1)　肯定説**　途中から介入してきた後行者に、先行者が行っていた行為を含めて、その犯罪全体の共同正犯を認める見解である。これには二種のものがある。**(a)　全面肯定説**　この見解は、途中から介入してきた後行者に、先行者が行っていた行為を含めて全面的にその犯罪全体の共同正犯を認める見解である（木村・四〇八頁、福田・二七一頁、西原・下巻三八六頁、植松・三五四頁、下村・続一二九頁、岡野・二九五頁〜二九六頁、他）。その理由づけについては、後に参加した者も最初の行為者の意思を了解し、かつ、その成立させた事情を利用するのであるから、先行者、後行者双方に行為の全体につき共同の意思が存在するのであって、両者に共同正犯が成立すると説くもの（木村・四〇八頁、福田・二七二頁、西原・下巻三八六頁）、単純一罪や結合犯のような構成要件上不可分一体となっているものについては、先行者との意思連絡があれば全体の共同正犯と説くもの（植松・三五四頁、下村・続一二九頁）、共犯成立上の一体性・共犯処罰上の個別性という観点から、後行者と先行者の結合は一つの犯罪の共同正犯として把握するが、処罰に際しては、介入前の行為・結果については個人責任の原則に従うと説くもの（岡野・二九五頁〜二九六頁）、恐喝の場合、先行者が暴行・脅迫を行い被害者を畏怖させた後、その事情を知悉しながら後行者が先行者と共同して恐喝を行う意思連絡のもとに参加し、被害者に対しそれ以上の暴行・脅迫をなさずただ金員の受交付だけを行ったときは、介入後の受交付だけでは何らの犯罪も成立しないから、否定説をつきつめると不都合であるとし、肯定説を妥当とするもの（土屋眞一「承継的共同正犯」研修四〇三号四八頁）、等がある。(b) **修正肯定説**　この説は、原則的には肯定説をとりながら、強盗致死傷罪のような場合には後行者の責任を制限しようとする立場である。例えば、Bが強盗の意思でCに暴行を加え負傷させた後Aが事情を熟知して加担し財物奪取だけを行ったときは、AはBが生じさせた反抗抑圧の状態を財物奪取の目的で利用したにすぎないから強盗の責任を負うにとどまり、強盗傷害の責任を負わないと説く（藤木・二九一頁）。(2) **否定説**　後から介入した後行者には、加担後の行為についてのみ共同正犯が成立すると説く見解である。これにも二種のものがある。(a) **全面否定説**　これは、後行者は介入後の行為についてのみ共同正犯としての責任を負うとする立場である（牧野・下巻七四五頁、平場・一五六頁〜一五七頁、団藤・三九一頁、中山・概説二七一頁、曽根・二五八頁、浅田・四二二頁、山口・三五一頁、山中・八五八頁、他）。その理由づけについては、行為共同説の立場から、強盗の中途から単に財物奪取に加功した者は、暴行・脅迫の存在を知っていてもその暴行・脅迫に加功していないのであるから、責任がさかのぼって成立するということは考えられないので共犯関係は認められないとするもの（牧野・下巻七四五頁）、行為支配説の立場より、Aが強盗の意思をもってBを脅迫した後、情を知ってAとともに財物を強取したCは、Aの脅迫に対しては行為支配をもたないので単に窃盗の責を負うとするもの（平場・一五六頁～一五七頁）、共同正犯は主観的な共同実行の意思と客観的な共同実行の事実を必要とするのであり、共同実行の意思は共同実行の一部が行われたのちに生じたものであってもよく、この場合は――事案によるが――すくなくとも意思連絡を生じた以後の事実につき共同正犯を認めることができるとするもの（団藤・三九一頁）、等がある。(b)**修正否定説**　これは、基本的には否定説をとりながら一定の状況が存在する場合（例えば、先行者の行った行為状況が存続していて、後行者がそれを利用するような場合）には、その限度で後行者に責任を問おうとする見解である（平野・II三八二頁、大塚・二九四頁、大谷・四二〇頁以下、川端・五七〇頁、なお、五六九頁以下、他）。その理由づけについては、犯罪共同説の立場から、共同正犯の成立要件としては、共同実行の意思と共同実行の事実が存在しなければならないから、後行者が先行者の行った実行行為の意味を、先行者と相互的了解のもとに認識し利用する意図を具備しただけでは、介入以前の先行者の行為にまで当然に共同正犯を認めることはできないとして全面否定説を展開しつつ、強盗罪のような結合犯の場合には、暴行・脅迫罪と窃盗罪とに分割することは許されず、後行者が盗取行為のみに加担したにすぎない場合にも強盗罪の実行行為を認めると説くもの（大塚・二九五頁）、因果的共犯論の立場から、関与前の行為に対し後行者の行為が因果性をもつことはないから、後行者は関与した時点以後の正犯の行為および結果についてしか責任を負わないが、先行者の行為が後行者の「関与後にもなお効果をもち続けている」場合には、全体について共同正犯の成立を認めるとするもの（平野・II三八二頁以下）、等がある。(3)**中間説**　この説は、後行者は加担した後のことについてのみ共同正犯の責任を負うが、同時に、その行為が先行者が行う犯罪の実現（構成要件で保護している法益の侵害）に役立つ限り、その従犯としての責任を負うとする見解である（齊藤誠二「承継的共同正犯」『特別講義刑法』二〇三頁、斎藤〔信〕・二七七頁以下）。例えば、先行者が強盗の故意で被害者を殺害した後に財物奪取にのみ加担した後行者は、窃盗罪（場合によれば占有離脱物横領罪）の共同正犯と強盗罪（強盗殺人罪でなく）の従犯の観念的競合になる（齊藤誠二・二〇五頁）。

(4)私見　承継的共同正犯も共同正犯であるから、その成立のためには意思連絡と共同実行の要件が必要である（共謀共同正犯についてはここでは言及を留保）。この観点に立つならば、先行者の行為が終了した段階で行為に加担する後行者には、先行者が行った行為について意思連絡においても共同実行においても共同正犯の要件を欠くものといわざるを得ない。例えば、甲が強盗の故意で乙に暴行・脅迫を加え、乙が反抗を抑圧された段階で丙が財物奪取行為に介入し、甲、丙両名が共同して乙から金品を奪取するとき、丙には、乙に対する暴行・脅迫につき甲との間に意思連絡も共同実行も存在していないのである。(a)この場合、全面肯定説の有力説は、後行者も先行者の意思を了解しその成立させた事情を利用するのであるから、先行者、後行者双方に行為の全体につき共同の意思があり両者に共同正犯が成立すると説くが、そこでは、先行者、後行者双方の間に意思連絡は存在していない。先行者の意思を了解することと両者の間に意思連絡が存在することとは厳然と異なる。それ故に、また、意思連絡以前の段階での共同実行を認めることも適当でない。この場合に意思連絡と共同実行の存在を認めるのは「擬制」以外のなにものでもない。その意味において、全面肯定説、修正肯定説、等は承認できない。右事例においては、丙に共同正犯が認められるのは、意思連絡が存在する財物奪取についての窃盗罪とみるべきである。(b)上述の観点からすると、全面否定説が妥当となる。これに対して、近時、修正否定説が有力に主張されている。しかし、否定説を前提としながら後行者の介入後に先行者の行為を含む全体としての共同正犯を認める余地を残すのは論理矛盾を冒すものといわざるを得ない。まず、犯罪共同説の立場から、強盗罪のような結合犯の場合には暴行・脅迫罪と窃盗罪とに分解することは許されないと説かれたが、その根拠は明白でない。むしろ、逆に、強盗罪のような結合犯は暴行・脅迫罪と窃盗罪とに分解可能と解する方が解釈論上自然である。また、因果的共犯論の立場から、先行者の行為が後行者の「関与後にもなお効果をもち続けている」場合には、全体について共同正犯の成立を認めると説かれたが、この立場によるときは、例えば、甲が強盗の故意で乙に暴行・脅迫を加え、乙が反抗を抑圧された段階で丙が財物奪取行為に介入し、甲、丙両名が共同して乙から金品を奪取する場合には、甲、丙両名に強盗罪の共同正犯が成立することとなろう。この結論は全面肯定説のそれにほかならない。因果的共犯論の立場からは、関与前の行為に対し後行者の行為が因果性をもつことはないから、後行者は関与した時点以後の正犯の行為および結果についてしか責任を負わないと述べられているのであって、ここでは、文字通り丙の関与後の財物奪取行為、すなわち、窃盗罪についてのみ共同正犯を認めるべきであって、因果的共犯論の筋を通すべきものと思う。そうでなければ、この見解は修正否定説と全面肯定説の区別を不分明なものにする途を不可避的に辿ることとなるように思われる。(c)中間説によれば、先行者が強盗の故意で被害者を殺害した後に財物奪取にのみ加担した後行者は、窃盗罪（場合によれば占有離脱物横領罪）の共同正犯と強盗罪（強盗殺人罪でなく）の従犯の観念的競合になると説かれた。窃盗罪（場合によれば占有離脱物横領罪）の共同正犯の点は了解可能であるが、強盗罪の従犯の点は納得し難い。何故なら、後行者の故意は正犯の故意であるのに、それを従犯の故意として評価し得るかということが疑問として残らざるを得ないからである。(d)私見は、共同意思主体説（最も固い犯罪共同説）の立場から全面否定説を妥当と解する。共同意思主体説によるかぎり、意思連絡が存在した以降でなければ共犯は存立しえない。解釈論としては、これが最も筋の通った考え方であると思う。ところで、全面否定説に対しては、例えば、詐欺罪において先行者が被害者を欺いて錯誤に陥れたり、あるいは、恐喝罪において被害者に脅迫を加え畏怖せしめたりした段階で、後行者が金品を受け取る行為に加担するような場合には、如何なる犯罪も成立しないことになって不都合であるという批判がある。中間説はかような場合に詐欺罪あるいは恐喝罪の従犯を認めて処罰の間隙を埋めようとするものであるが、果たしてこのような場合を処罰しなければならないものであろうか。詐欺罪は「騙して取る」（欺罔―錯誤―処分行為―財物または財産上の利益の取得）、恐喝罪は「脅して取る」（脅迫―畏怖―処分行為―財物または財産上の利益の取得）という類型的特質をもっている。このような一連の多行為の存在をその本質的特質とする犯罪類型にあっては、それらの多行為の実現に寄与しない行為は処罰されるべきではない。これは処罰の隙間ではなく、むしろ、処罰してはならない場合と考えるべきである。③判例については、最高裁の判例はないが、戦後の高等裁判所の判例は、全面肯定説によるもの（東京高判昭三四・一二・二東高刑時報一〇巻一二号四三五頁、名古屋高判昭五〇・七・一判時八〇六号一〇八頁）、全面否定説によるもの（広島高判昭三四・二・二七・高刑集一二巻一号三六頁、名古屋高判昭五八・一・一三判時一〇八四号一四四頁）、独自の中間的立場によるもの（大阪高判昭六二・七・一〇判時一二六一号一三二頁）に分かれている。

(5)　過失犯の共同正犯　①過失犯に共同正犯が認められるか否かについては、犯罪共同説と行為共同説との間に基本的対立があった。犯罪共同説にあっては、共同正犯は特定の犯罪を二人以上の者が共同して行う犯罪形態であるから、特定の犯罪についての意思連絡が必要であり、それ故、故意犯の共同正犯しか存在しないものと解されていた（瀧川・二二九頁、団藤・三九二頁、植松・三五二頁、下村・続基本的思想一二五頁、他）。これに対し、行為共同説の立場からは、意思連絡は、犯罪行為を共同にする意思であればたりるとされ、その結果、過失犯の共同正犯もありうると解されていた（牧野・『重訂日本刑法上巻』四六〇頁、木村・四〇五頁、佐伯・三四九頁、他）。②そのような状況の中にあって、大塚博士は、犯罪共同説の立場から、過失犯の共同正犯を肯定する見解を表明された。すなわち、「数名の作業員が、ビルの屋上の作業現場から共同して太い材木を地面へ投げ下ろすにあたっては、それらの者には、地上の歩行者などを傷つけないように配慮すべき共同の注意義務が課せられているのであり、その義務は、共同者の各自が単に自己の行為について注意を払うだけでは足りず、他の仲間の者の行為についても気を配り、互いに安全を確かめ合って材木を投下すべき義務であるから、もし材木を下にいた通行人にあてて負傷させた場合には、共同者全員の注意義務違反が認められるのが一般であろう。そこには、共同実行の内容としての共同者の相互的な利用・補充の関係を見出すことができるのであり、そのような不注意な行為を共同にし合う心情を過失犯についての共同実行の意思と解しうるとおもうのである」(大塚・二九七頁)。しかし、かような犯罪的でない意思の連絡は、共同して犯罪を実行する意思としては不十分というべきであろう。過失行為は、もともと、その主観的方面において、意識的なものから無意識的なものにまたがる領域を占めており、意識的な部分が決して過失行為にとって本質的なものではない。意識的な部分の意思の連絡をもとにして、過失犯の共同正犯の成立を論じるのは、過失犯の本質に即した議論ということはできないであろう(団藤・三九三頁)。共同意思主体説の立場からは、「法律の共犯を規定するゆえんが、二人以上で共同目的に向って合一するところに特殊の社會的心理的現象の生ずることを認めたのによるとする以上、一定の犯罪は故意犯であることを要するのである。何故なら、一定の目的に向っての相互了解がなければ、特殊の社會的心理的現象を生ずるものとして、特別の取扱を為す必要がないからである。従って、過失犯に対する共犯又は過失による共犯というようなことは、これを認むべきでない」(齊藤〔金〕・二三三頁)と説かれるところとなる。私見は、共同意思主体説に基づく犯罪共同説の立場より、過失犯の共同正犯なる概念はこれを否定する。過失犯の共同正犯と目される犯罪現象は、共犯現象を故意犯にのみ限定する共同意思主体説に立つ以上、これを単独犯に分解して、検討することとなるのである。③判例は、旧くは過失犯の共同正犯に否定的であった(大判明四四・三・一六刑録一七輯三八〇頁、大判大三・一二・二四刑録二〇輯二六一八頁、等)。しかし、最高裁になって、飲食店の共同経営者が不注意でメタノールを含有するか否かの検査をせずウイスキーと称する液体を客に販売した行為を有毒飲食物取締令四条一項後段の過失犯の共同正犯としたものが現れ(最判昭二八・一・二三刑集七巻一号三〇頁)、その後の最高裁の判例はないが、下級審では、過失犯の共同正犯を肯定したものが相次いでいる(名古屋高判昭三一・一〇・二二裁特三巻二一号一〇〇七頁、名古屋高判昭六一・九・三〇高刑集三九巻四号三七一頁、東京地判平四・一・二三判時一四一九号一三三頁、他)。

第三節　教　唆　犯

一　総　説

刑法六一条一項は、教唆犯（Anstiftung）につき、「人を教唆して犯罪を実行させたものには、正犯の刑を科する」との規定をおき、同条二項において、「教唆者を教唆した者についても、前項と同様とする」との規定をおいた。教唆犯は従犯とともに狭義の共犯とよばれる。教唆犯を論ずるに際しては、従属性の程度との関りにおいて間接正犯との相違を念頭におく必要がある。なお、二項は、間接教唆・連鎖的教唆の問題である。

二　教唆犯の意義と要件

教唆犯とは人をそそのかして犯罪を実行させる犯罪形態をいう。

① **教唆犯の成立要件**　教唆犯が成立するためには、共犯従属性説の見地から二つの要件が必要である。第一に、まだ犯罪を実行する意思のない者を教唆して犯罪実行の決意を生ぜしめ、第二に、被教唆者に犯罪を実行させることが必要である。すでに犯罪実行の決意を抱いている者を教唆してその決意をさらに強固ならしめるのは従犯であって教唆犯ではない。

② **教唆行為**　「教唆」行為については、その手段・方法について制限はなく、明示的であると暗示的であるとを問わず（大判昭九・九・二九刑集一三巻一二四五頁）、使嗾、忠告、嘱託、欺罔、威嚇、哀願、指示、指揮、命令、誘導、慫慂、利益の供与、等いずれの行為でもよいとされている（大判明四三・六・二三刑録一六輯一二八〇頁、最判昭二六・一二・六刑集五巻一三号二四八五頁）。しかし、教唆は特定の犯罪実行の決

意を生じさせるものであるから、ただ漫然と「犯罪をせよ」とそそのかすのでは教唆犯にはならない。

③ **教唆犯の故意**　教唆犯の故意については二個の見解が対立している。すなわち、第一説は、自己の教唆行為によって、被教唆者が特定の犯罪の実行を決意し、かつ、その実行に出ることを表象・認容することと解し（団藤・四〇六頁、大塚・三一〇頁、藤木・二九八頁、森下・二二三頁、川端・五八五頁、他）、第二説は、自己の教唆行為によって、被教唆者が特定の犯罪の実行を決意し、かつ、被教唆者がその犯罪の基本的構成要件の結果を実現することを表象・認容することと解する（木村・四一四頁、平場・一六一頁、平野・II三五〇頁、福田・二八四頁、前田・五一二頁、他）。思うに、第一説のように、教唆犯が修正された構成要件であるところから、その故意も修正された構成要件の内容の表象・認容で足りるとすることは、教唆犯の本質を的確に把握するものとはいい難い。教唆犯の処罰根拠は、間接的に、すなわち、正犯の行為を通じて犯罪構成要件の実現に寄与したことにあるから、教唆者の故意は、被教唆者による構成要件的結果の実現に向けられることを必要と解すべきであり（福田・二八四頁）、それ故、私見は、第二説を支持する。教唆犯の故意は未必的なものであってもよい。

④ **過失による教唆**　過失による教唆（例えば、激情家甲に対して、乙を売国奴とののしり甲に殺意を生じさせ甲が乙を殺害したような場合）は、行為共同説の立場においては肯定されるが（牧野・『重訂日本刑法』四五九頁、木村・四一二頁、佐伯・三五四頁、他）、犯罪共同説においては否定される（瀧川・二四一頁、団藤・四〇三頁、植松・三七五頁、大塚・三一三頁、川端・五九〇頁、他）。教唆が被教唆者に特定の犯罪を実行する決意を生じさせることであると解する以上は、何罪を教唆したといえるか不明の過失による教唆を考えることは困難であるといわざるを得ない。

⑤ **過失犯に対する教唆**　過失犯に対する教唆も、教唆が被教唆者に特定の犯罪を実行する決意を生じさせることであると解する以上は不可能である。それは、通常、過失犯を利用する間接正犯と解される。

⑥ **教唆犯の処罰**　教唆者には正犯の刑を科する。つまり、教唆者は正犯の基本的構成要件の法定刑の範囲内で処

罰される。正犯が処罰されることは必要ではない（例えば、通説に従って制限従属性説を採用した場合、正犯者は、構成要件該当性・違法性はあるが責任がないから犯罪不成立となるが、正犯者に構成要件該当性・違法性があれば、教唆犯は成立する）。正犯者・教唆者双方に犯罪が成立する場合、教唆犯の方を重く処罰しても差支えない。また、正犯者・教唆者に独立に存在する刑の加重減軽事由はそれぞれについて考慮されなければならない。なお、拘留又は科料のみに処すべき罪の教唆者は、特別の規定がなければ罰せられない（刑法六四条）。

三　教唆の未遂と未遂の教唆

教唆の未遂と未遂の教唆とは異なる概念である。よく似ていて紛らわしい表現であるが、混乱のないよう注意しなければならない。

① **教唆の未遂**　「教唆の未遂」とは教唆行為自体が未遂に終った場合をいう。すなわち、教唆の故意で教唆行為に出たところ、被教唆者が実行の決意を生じなかった場合とか既に犯罪の決意をしていた場合（失敗に終った教唆）、あるいは、正犯が犯罪の決意をしたに止まったり、行為に出たが予備に止まったりした場合（効果のない教唆）がある。共犯独立性説に立つならば、正犯行為に未遂処罰の規定があれば教唆の未遂は処罰されるが、共犯従属性説にたつ限り、正犯の実行行為がない以上教唆の未遂は犯罪とならない。私見は、共犯従属性説の見地より教唆の未遂を不可罰とする見解を支持する。

② **未遂の教唆**　未遂の教唆には二つのものがある。①第一は、正犯の行為が未遂に終った場合であって、共犯の罪名は正犯のそれに従属するという場合の「未遂の教唆」である。例えば、教唆者甲が正犯者乙に丙の殺害を教唆し乙が丙に対し殺害行為に出たところ未遂に止まった場合、乙の罪名は「殺人未遂罪」、甲の罪名はこれに従属し

て「殺人未遂罪の教唆犯」となる。②第二は、最初から未遂に終らせる意図で犯罪を教唆する如き場合である（例えば、刑事が初めから逮捕する目的で犯罪を教唆し、被教唆者が犯罪の実行に着手すればその段階で逮捕するような場合〔アジャン・プロヴォカトェール〕）。この場合に問題となるのは、教唆犯の故意は正犯が実行行為に出る点に及べばよいか、あるいは、正犯による行為の結果にまで及ぶのか、という点である。(a)学説は分かれている。すなわち、第一説は、教唆犯の故意は正犯が実行行為に出ることに及べばよいとの立場から、未遂に終らせる目的で教唆する場合であっても、その未遂犯の教唆となりうるとする（団藤・四〇七頁、大塚・三一二頁、香川・三八四頁、藤木・二九八頁、大谷・四三五頁、川端・五九〇頁、他）。これに対して、第二説は、教唆犯の故意は正犯による行為の結果にまで及ぶべきであるとする立場であり、初めから未遂に終らせる場合には教唆の故意がないことになって、犯罪不成立となる（木村・四一五頁、植松・三七八頁、平場・一六一頁、福田・二八四頁、中・二四六頁、他）。教唆犯の故意は正犯行為の既遂にまで及んでいなければならないとする立場からは、第二説の帰結が妥当であり、私見は第二説を支持する。(b)判例は、麻薬所持の事案につき、傍論としてではあるが、「他人の誘惑により犯意を生じ又はこれを強化された者が犯罪を実行した場合に、わが刑事法上その誘惑者が場合によっては・・・教唆犯又は従犯としての責を負うことがあるのは格別」（最決昭二八・三・五刑集七巻三号四八二頁）と述べて、第一説の立場に立っている。

四　間接教唆・連鎖的教唆

①教唆者を教唆した場合を「間接教唆」（mittelbare Anstiftung）と呼び、教唆犯と同様に正犯の刑で処罰する（六一条二項）。間接教唆の中には、甲が乙に対し、丙に丁殺害を教唆するようそそのかした場合と、甲が乙に殺人を教唆したところ、乙は丙に殺人を教唆して丁殺害を実行させた場合との双方がある。間接教唆者をさらに教唆する場合を「再間接教唆」といい、再間接教唆以上の間接的教唆を「連鎖的教唆」（Kettenanstiftung）という。②「教唆

者を教唆した者」（六一条二項）の処罰は、間接教唆者どまりか、再間接教唆以上の連鎖的教唆にも及ぶかについては、見解の対立がある。第一説は、判例・有力説の採るところで、間接教唆を処罰するのであれば連鎖的教唆もまた処罰すべきであると主張するが（大判大一一・三・一刑集一巻九九号、草野・一二九頁、木村・四一八頁、平野・II三五二頁、藤木・三〇〇頁、前田・五〇九頁、他）、第二説は、刑法の厳格解釈を説き、教唆者を教唆した者とは正犯者を直接教唆した者を教唆した者であるから、再間接教唆以上の者は不可罰であると説く（瀧川・二四八頁、団藤・四一〇頁、植松・三七九頁、中山・五一一頁、川端・五九四頁、他）。思うに、連鎖的教唆の範囲が広がれば広がるほど最初の教唆者と最後の被教唆者（実行行為者）との距離が遠くなり、両者の意思連絡の濃度も希薄となって、共同意思主体説に依拠する限り、共同意思主体の成立を説くことが困難となるであろう。加えて、教唆者を教唆した者とは正犯者を直接教唆した者を教唆した者であるとの第二説の厳格解釈は刑法の謙抑主義にてらして合理的であると解されるので、私見は、第二説を妥当と解する。

第四節　従　犯

一　総　説

刑法六二条は、「正犯を幇助した者は、従犯とする」（一項）、「従犯を教唆した者には、従犯の刑を科する」（二項）と規定した。また、同法六三条は、「従犯の刑は、正犯の刑を減軽する」との規定をおいて、従犯を正犯、教唆犯より軽く処罰する旨を定めた。従犯（Beihilfe）は幇助犯とも呼ばれ、教唆犯とともに狭義の共犯といわれる。

二　従犯の意義と要件

従犯とは、正犯の行為を容易ならしめる犯罪形態をいう。

①**従犯の成立要件**　従犯行為は正犯行為を容易ならしめるものであるから、正犯者の実行行為を幇助する意思でこれを幇助する行為に出ることと、正犯者の実行行為があったこととを要する。

②**幇助行為**　「幇助」行為については、その方法につき制限はなく、作為・不作為を問わず、直接的であると間接的であるとを問わず、凶器の貸与・犯罪の場所の提供のような有形的・物質的方法（有形的従犯）であると助言・激励のような無形的・精神的方法（無形的従犯）であるとを問わない。また、幇助の時期についても、毒物の調達のような正犯行為に先行するものであっても、見張りのような正犯行為と同時に行われるものであってもよいが、正犯者の行為の終了後の幇助はない。犯人蔵匿罪等の「事後従犯」は独立罪である。

③**従犯の故意**　従犯の故意についても二説の対立がある。第一説は、正犯者の実行行為を表象し、かつ、その実行を自らの行為によって容易にさせることを表象・認容することをいうと説く（大塚・三一九頁、大谷・四四一頁、川端・五九六頁、他）。第二説は、正犯によって行われる犯罪事実の認識、その犯罪を正犯が実行することの認識、正犯の犯罪の実行に対して幇助することの認識を包含すると説く（木村・四二二頁、平場・一六四頁、福田・二八九、二九〇頁注(五)、他）。教唆犯の故意の場合と同様に、従犯の故意も正犯による構成要件的結果の実現にむけられることを必要と解し、第二説を支持する。従って、正犯による構成要件的結果実現の表象・認容がない場合は、従犯の故意がないから不可罰である。従犯の故意も未必的で足りる。

④**過失による従犯**　過失による従犯（注意義務違反によって正犯の実行を容易ならしめる行為を行うこと）は、行為共同説によっては肯定され（宮本・『刑法學粋』四二〇頁、木村・四一二頁、他）、犯罪共同説によっては否定される（団藤・四一三頁、植松・三八〇頁、福田・二八九頁、大塚・三一九頁、大谷・四四二頁、他）。従犯は、正犯が構成要件的結果発生を目指して実行行為にでることを表象して幇助行為に出るのであるか

ら、過失による従犯を認めることは妥当ではない。

⑤ **過失犯に対する従犯**　過失犯に対する従犯（正犯者が注意義務を遵守しないで行為をしているのを表象しながら、結果発生を容易ならしめる行為をすること）は、一般に、行為共同説からは肯定され（木村・四一二頁、植田・一七六頁、他）、犯罪共同説からは否定されている（団藤・四一三頁、植松・三八〇頁、福田・二八九頁、他）。しかし、犯罪共同説の立場から過失犯に対する従犯の成立を認める見解も主張されている。例えば、大塚博士は、自動車の運転者が居眠り運転をしている際、助手席に同乗していた者が危険を感じながら放置していたところ通行人を跳ねとばして負傷させた場合には、運転者には業務上過失致傷罪が、同乗者には少なくとも未必的故意に基づくその従犯が成立すると説かれる（大塚・三二三頁）。共犯成立には関与者相互の意思連絡を必要とする共同意思主体説の立場においては、この場合には共同意思が欠落しているのであるから共犯現象が存在せず、従って、過失犯に対する従犯は成立しない。

⑥ **片面的従犯**　幇助者と被幇助者との間に意思連絡は必要かという点に関しては見解は分かれており、通説（小野・二二四頁、木村・四二二頁、佐伯・三六一頁、団藤・四一四頁、福田・二八九頁、大塚・三二〇頁、川端・六〇一頁、他）・判例（大判大一四・一・二二刑集三巻九二一頁、大判昭八・一二・九刑集一二巻二二七二頁）はこれを不要として片面的従犯の成立を肯定し、共同意思主体説（草野・一二三頁、植松・三八一頁、齊藤〔金〕・二四八頁、西原・下巻三八四頁）はこれを必要として、片面的従犯の成立を否定している。共同意思主体説に立つ限り、意思連絡の存在は共犯の成立要件であるから、それを欠く片面的従犯の成立はこれを認めることができない。幇助者の行為がそれ自体独立の犯罪を構成しなければ、幇助者は無罪となる。

⑦ **承継的従犯**　承継的従犯とは、正犯者が実行行為の一部を終了した後に正犯行為に関与し、その後の正犯行為を容易ならしめることをいう。承継的従犯の法的処理は承継的共同正犯のそれに準拠してなされるべきものと思う。私見は、従犯が関与して、正犯と従犯との間で意思連絡が成立した時点以降につき承継的従犯を認めるべきものと解する。判例は、夫が強盗の目的で殺人を犯した後、金員強取の段階で夫に灯火を送ってその行為を容易なら

しめた妻に対し強盗殺人罪の従犯を認めたが（大判昭一三・一一・一八刑集一七巻八三九頁）、妻が関与したのは殺人行為完了後であった故、この場合強盗罪の従犯を認めるべきであったと考える。

⑧**従犯の処罰**　従犯の刑は正犯の刑を減軽する（刑法六三条）。すなわち、正犯の法定刑に対して法律上の減軽を施した刑によって処断する。なお、拘留または科料のみに処すべき罪の従犯は特別の規定がなければ罰しない（刑法六四条）。

三　共同正犯と従犯

共同正犯と従犯、特に有形的従犯との区別は従前より問題とされてきた。それは、正犯と共犯とを理論的にどのようにして区別するかという問題と直結するものといえる。①既に述べたように、私見は、正犯概念について「重要な役割説」を採用する。そこでは、犯罪実現に対し重要な役割を演じた者が共同正犯であり、軽微なあるいは従属的な役割を果たした者が従犯ということになる。付言すれば、共同正犯とは、二人以上の関与者が各自共同犯行の認識をもち関与者全員あるいはその内の誰かが実行行為に出ることをいい、従犯とは、特定の犯罪へ向けての正犯との意思連絡の下に、正犯の行為を容易ならしめることをいう。②しばしば議論されるのは「見張り」は共同正犯か従犯かという問題である。(a)判例上、見張りを従犯としたものに、賭博の見張り（大判大七・六・一七刑録二四輯八四四頁）があるが、他方、共同正犯としたものに、実行を分担するにほかならないという理由での殺人の見張り（大判明四四・一二・二一刑録一七輯二二七三頁）、共犯者の意思が初めから強盗でその結果を実現した場合でも、窃盗の意思で見張りをした者は窃盗既遂となるとしたもの（最判昭二三・五・一刑集二巻五号四三五頁）、あるいは、共謀の事実および共犯者の実行行為がある以上、見張りを命じられて終始家の外でうろうろしていたとしても、強盗罪の共同正犯であるとするもの（最判昭二三・一〇・三〇刑集二巻一一号一四二七頁）、等がある。(b)思うに、単なる見張りは、従犯と解すべきである。これに対して、共謀に基づく見張り・自己が行う賭博行為や強姦行為のための順番待ちの見張り、等は重要な役割を演ずるものとして共同正犯になると解すべきである。小野博士は、全体的観察という観点より、「直接手を下さなくても、犯罪を共謀し且つ其の見張を分擔するが如きは、幇助でなく共同正犯と認むべきであろう」（小野・二〇五頁）と論じられたが、全体的観察という観点より構成要件に該当する実行行為を行わない見張りを共同正犯に問擬するのは理論的に無理である。

第五節　間接正犯

一　総　説

「間接正犯」（mittelbare Täterschaft）とは他人を道具として利用し犯罪を実現する正犯形態をいう。間接正犯という概念は、元来、限縮的正犯概念と極端従属性説を採用する見解において生ずる処罰の間隙を埋めるために登場したと理解されてきた。例えば、甲が八才の少年乙に丙の財物の窃取を教唆したところ乙がこれを実現した場合を想定してみると、まず、乙は構成要件に該当する違法な行為を行ってはいるが一四才未満の責任無能力者であるから責任がなく、窃盗罪の正犯として処罰され得ない。これに対して、甲については教唆犯の成否が問題となるが、極端従属性説を採用する結果、正犯者たる乙が構成要件に該当する違法・有責な行為を行わない以上、甲に教唆犯が成立することはあり得ない。かようにして、限縮的正犯概念と極端従属性説を採用するならば、現実には窃盗罪が行われているのに、処罰される者は存在しないという結論となる。そこに「間接正犯」概念を準備しなければならない所以があるとされた（しかし、この点については異論がある。例えば、大塚博士は、「このような認識は正しくない。間接正犯は、規範的観点において、直接正犯と同視されるべき、その本質的性格の認識によって生成された観念というべきである」と論じられる〔大塚・二五九頁〕。

二　学説

学説には間接正犯肯定説と否定説とがある。以下でそれぞれの主張を整理しその説くところを明らかにしておきたい。

①肯定説　肯定説の立論は多彩である。

(i)　**因果論的立場**　この立場には、因果関係の条件説を前提として、正犯者の意思をもって行為するものが正犯、加担者の意思をもって行為する者が共犯とする主観説（ブーリ、ライヒ裁判所）と、因果関係の原因説を前提として、結果に対し原因を与えた者が正犯、条件を与えるに止まった者が共犯とする客観説（ビルクマイヤー）があるが、主観説によれば、構成要件上他人のためにする意思を規定している場合（例えば、刑法二三六条二項、同法二四六条二項、等）であっても、その行為を行えば正犯となるので論理整合性を欠くこととなり、客観説によれば、その前提となる原因説自体に問題があって、いずれも支持できない。

(ii)　**限縮的正犯概念と極端従属性説を組み合わせる立場**　この場合には上述の如く、正犯も教唆犯も成立しないから、処罰の隙間を埋めるためには「間接正犯」を認めなければならない。瀧川博士は、責任能力者を利用することと責任無能力者を利用することとは、行為者の反対動機構成上かなり差異があり、責任能力者を利用する行為者の主観には、自己のほかに更に責任の分担者があるという自覚があり、また、自己の行為支配可能性は全く間接であるが、責任無能力者を利用する者は自己が唯一の責任者であることを認識し、また行為支配の可能性は、全然直接ではないにしても直接に近いものであって、いわゆる道具理論の根拠はここにあり、これと、自然力、道具、動物の利用とを同視することは異質物の混入として一蹴せられねばならないほど不合理ではない、と論じられた（瀧川・二二三頁）。しかし、制限従属性説を採る立場からは、極端従属性説を採るこの見解を支持することはできない。

(iii) **限縮的正犯概念と制限従属性説を組み合わせる立場**　この立場に立つと、上述の事例においては、乙には犯罪は成立しないが、正犯が構成要件に該当する違法な行為を行えば狭義の共犯は成立することとなるから、甲には窃盗教唆罪が成立することになり、処罰の隙間は埋められることとなる。しかし、この立場でも、事態は解決されたわけではなかった。すなわち、「身分なき故意ある道具」（情を知った公務員の妻が夫に代って夫の職務に関し賄賂を受け取る場合）や「目的なき故意ある道具」（通貨行使の目的を持たない者の通貨偽造行為の場合）といわれる場合には、間接正犯概念を用いなければ事態は解決されなかったからである。

(iv) **行為支配説による立場**　この立場は、目的的行為論を前提として、行為支配ある者を正犯とすることにより、間接正犯も正犯になると説く（平場・一五〇頁、福田・二六二頁〔なお、二五一頁〕）。しかし、行為支配説にはその前提となっている目的的行為論に先ず問題があり、また、行為支配という概念で正犯をよく理由づけ得るのかという疑念があって支持し難い。

(v) **規範的障害説による立場**　この説は、間接正犯は共犯と類似しながらこれと異なり正犯の一態様とされるのであるから、間接正犯の成立範囲を「非共犯性と正犯性」の両面から追及し、しかも両者の合致したところにその限界を求めるべきであると説く。その限界を画する基準は、利用しようとする他人が規範的にみて犯罪実現の障害となるかどうかということである。法秩序は、責任能力のある者に対しては違法行為を避け適法行為に出ることを期待している。この期待の可能な者が介在した場合、法秩序の立場からは、それは規範的障害と考えなければならない。他の人間が規範的障害たり得ない場合、その利用は自らの手で犯罪を実現するのと同様であり、そこに正犯性が認められる。他の人間が規範的障害たり得る場合、法秩序としてはそこに一方的な利用関係を認めることができないから、被利用者が現に犯罪の実行に着手するのをまって（共犯の従属性）はじめて犯罪（共犯）の成立を認めることとなる。そこで、どのような他人が規範的障害とならぬ者であるかを追及することによって間接正犯の成立範囲が明らかになるのである（西原・下巻三五八頁〜三五九頁）。規範的障害に着眼した立論は秀れたものというべきであるが、「規範的障害」という観点は、実質的には極端従属性説を前提とした上で、利用行為の非共犯性の方に重点がおかれすぎているように思われる（川端・五四二頁）。

（vi）**実行行為性説による立場**　この説によれば、間接正犯の正犯的性格の実体は、直接正犯と質的に異ならない実行行為性が認められること、すなわち、背後の利用者の行為には、主観的には実行の意思が備えられ、客観的には被利用者の利用に一定の犯罪を実現する現実的な危険性が見出されることにあると説かれる（大塚・一六〇頁、団藤・一五四頁、川端・五四一頁）。今日の通説である。この説の問題点は、限縮的正犯概念とは一線を画し、正犯概念を基本的構成要件を「自ら」実行する者とは構成せず、規範的評価によって正犯を定めようとする点にある。このような観点よりみる限り、間接正犯は他人を道具として利用し基本的構成要件に該当する実行行為を行うのであるから、正犯として肯定されることとなる。しかし、わたくしには、構成要件論を前提とし、基本的構成要件に該当する実行行為を実現するものという正犯概念は、本来、基本的構成要件に該当する実行行為を「自ら」実現するものとする限縮的正犯概念であるべきものと思われ、また、この点を放棄して、構成要件に該当する実行行為という観念に規範的意味を導入すればするほど、形式的客観説の持つべき明確さを失うことになる点において、この見解自体に基本的疑義のあることを禁じ得ない。

②否定説　否定説は、二説に収斂される。

（ⅰ）**共犯独立性説による立場**　共犯独立性説は拡張的正犯概念を採用する結果、犯罪の実現に何らかの条件を与えたものはみな正犯という立場から出発し、教唆犯・従犯は刑罰縮小原因にすぎないとする見解である故、本来的に、間接正犯概念無用論に帰着するものであった。しかし、拡張的正犯概念自体に問題のあることは上述の通りであり、また、共犯独立性説より共犯従属性説の方が妥当な見解であるので、この説は支持し得ない。

（ⅱ）**限縮的正犯概念を堅持する立場**　構成要件該当行為を自ら行う者が正犯であるという見解（佐伯・三四一頁、中山・四四二頁、中・「間接正犯」『刑法Ⅰ（総論）』二七九頁、他）を堅持するならば、間接正犯は所詮ひとを道具として利用し構成要件に該当する実行行為を自らは行わず他人に行わせるものであるから、正犯たりえないこととなり、間接正犯を否定することとなる。この立場は、例えば、夫甲が情を知った妻乙を利用して丙から賄賂を収受する場合、甲を収賄罪の教唆犯、乙を収賄罪の従犯とすることとなって、「正犯なき共犯」を認めなければならなくなるが、その帰結は共犯従属性説を保持しえない。「正犯なき共犯」を認めなければならなくなる点において、この立場を支持することもできない。

③私見　間接正犯は、他人を道具として利用することによって、構成要件に該当する行為を行う正犯形態の犯罪である。それ故、そこでは、如何なる正犯概念を採用するかが問題となる。すでに右で述べた如く、因果論的立場、限縮的正犯概念、拡張的正犯概念、行為支配説による立場、規範的障害説による立場、実行行為性説による立場、等にはいずれも問題点があり、これらを採用することはできない。すでに述べた如く、正犯概念としては重要な役割説が妥当である。ここでは、重要な役割説に立脚して間接正犯を認める立場を肯認し、被利用者を分類して間接正犯成否の場合を個別的に整理しておきたい。

（ⅰ）**刑法上の行為能力の無い者の利用**　反射運動、睡眠中の行為、絶対的物理的強制下の行為、等は刑法上の行為とはいえない。それ故、これらを利用する場合は、間接正犯となる。

(ii) **故意のない者の利用**　医師が情を知らない看護師を使って患者に毒薬を注射させるような場合がこのケースの設例として代表的であり、医師は間接正犯となる。通説も、看護師に過失があっても医師を殺人罪の間接正犯とする（団藤・一五四頁、一五八頁、大塚・一六一頁、他）。

(iii) **故意ある者の利用**　(イ) **目的のない故意ある道具を利用する場合**　例えば、通貨偽造罪（刑法一四八条）において、行使の目的を有しないが紙幣を偽造する故意を有する乙（例えば、幼稚園児のための標本に供する目的で紙幣を偽造する者）を、行使の目的を有する甲が利用して紙幣を偽造させる場合には、甲は通貨偽造罪の間接正犯になる。(ロ) **身分のない故意ある道具を利用する場合**　例えば、収賄罪（刑法一九七条一項）において、公務員甲が、妻乙に情を明かして甲の職務に関し賄賂を収受する場合には、通説の立場では、甲は収賄罪の間接正犯、乙は収賄罪の従犯で処断される。もっとも、この場合には、限縮的正犯概念を堅持する立場では、甲は収賄罪の教唆犯、乙は収賄罪の従犯とする有力説もあるが（中山・四九〇頁）、この見解は「正犯なき共犯」を認めることとなって妥当とは思われない。むしろ、かような場合には甲・乙間に共謀があるものと考えて、両者とも収賄罪の共謀共同正犯として処罰すべきである。

(iv) **適法行為の利用**　正当防衛・緊急避難等の違法阻却事由を利用する場合も間接正犯になる。麻薬施用者である医師に対し、胃痛・腹痛が激しいように仮装して医師に麻薬の注射を求め、疾病治療のため必要であると誤信した医師に麻薬を注射させる行為はこの類型にあたるといえよう（最決昭四四・一一・一一刑集二三巻一一号一四七一頁）。

(v) **責任無能力者の利用**　幼児や高度の精神病者のように責任能力を全く欠如する者の利用は、行為能力の無い者の利用として間接正犯となる。しかし、一三歳程度に達した刑事未成年者のように、是非弁別能力・制御能力を有する者の利用の場合には、これを利用する行為は教唆犯と解すべきである。

三　判　例

間接正犯に関しては数多くの判例がある。以下ではその代表的と目されるものを取り上げておきたい。①**間接正犯の定義について**　古くは「間接正犯ノ観念ハ責任無能力者若ハ犯意ナキ者又ハ意思ノ自由ヲ抑圧セラレタル者ノ行為ヲ利用シテ或犯罪ノ特別構成要件タル事実ヲ実現セシムル場合ニ存スヘキモノ」（大判昭九・一一・二六刑集一三巻一五九八頁）となし、下っては「間接正犯は言う迄もなく、犯罪実行の手段として第三者を恰も道具の如く利用するものである」（長崎地佐世保支判昭三三・五・三第一審刑事裁判例集追録二三四七頁）と述べている。前者には間接正犯の範囲を限定しようとする意図が窺われるが、狭きに失するのではないかともいわれており、後者は道具理論によりつつかなり広く間接正犯を認めようとしている（大コンメン三巻二七〇頁）。②**行為能力のない者の利用**　一〇歳未満の幼児を利用して窃盗を犯した事案につき、「右事実ノ認定ニヨレハ被告ハ是非ノ弁別ナキSヲ機械ト為シ証書ヲ窃取シタルモノニシテSカ該証書ヲ取出シタル時窃取ノ行為カ已ニ完成シタルコトハ自ラ明カナルノミナラス被告ハ実行正犯ニシテ教唆者ニアラ」ス（大判明三七・一二・二〇刑録一〇輯二四一五頁）としたものがある。③**故意のない者の利用**　炭坑構内に据えつけられた被告人になんら処分権限のないドラグライン一基につき、「被告人は原判示の如く九月一一日頃屑鉄類を取扱っているその情を知らないUに、自己に処分権がある如く装い、屑鉄として、解体運搬費等を差引いた価額、即ち、買主において解体の上これを引き取る約定で売却し、その翌日頃右Uは情を知らない古鉄回収業者Sに右物件を前同様古鉄として売却し、同人において、その翌日頃から数日を要して、ガス切断等の方法により、解体の上順次搬出したものであることが明らかであるから、右解体搬出された物件につき被告人は窃盗罪の刑事責任を免れることはできない」（最決昭三一・七・三刑集一〇巻七号九五五頁）とした判例がある。④**故意ある者の利用**　ここで議論される「目的なき故意ある道具」「身分なき故意ある道具」については、いずれも判例は見当らない（大コンメン三巻二九三頁、二九四頁）。⑤**適法行為の利用**　妊婦から堕胎の嘱託を受けた者が自ら堕胎手術を施したところ堕胎の結果が生じないのに妊婦の身体に異常をきたし、緊急避難の必要上、医師に胎児を排出せしめたのは、医師の正当業務行為を利用した堕胎罪の間接正犯であるとした判例がある（大判大一〇・五・七刑録二七輯二五七頁）。⑥**責任無能力者の利用**　一二歳の少女に一三回にわたり窃盗を行わせた事案につき、最高裁は「被告人が自己の日頃の言動に畏怖し意思を抑圧されている同女を利用して右各窃盗を行ったと認められるのであるから、たとえ所論のように同女が是非善悪の判断能力を有する者であったとしても、被告人については本件各窃盗の間接正犯が成立すると認めるべきである」（最決昭五八・九・二一刑集三七巻七号一〇七〇頁）と判示した（ちなみに、「畏怖し意思を抑圧されている」という判文上の文言は絶対的強制下の行為を想起させるが、絶対的強制下の行為とは通常例えば背中に拳銃を突きつけるような物理的強制を指すのであって、心理的強制を指すものではなく、それ故、ここでは、行為能力まで失っているとはいえない）。また、一三歳未満の少年を利用して五回にわたり窃盗をさせた事案において、「被告人は刑事責任なき少年を利用して自己の罪を遂行したものと認むべきであるから、右は窃盗正犯をもって、論ずべきこと言を俟たない」（仙台高判昭二七・九・二七判特二二号一七八頁）として、間接正犯の成立を認めている。このような判例の立場は、構成要件に該当する違法な行為を行う正犯者に対して教唆犯でなく間接正犯の成立を認めるのであるから、極端従属性説に立脚するものとみるのが妥当であろう。

四　間接正犯と教唆犯との錯誤

共犯形式相互間の事実の錯誤として、間接正犯と教唆犯との間における錯誤の問題がある。三種に分けて論じておこう。①**間接正犯の故意で教唆犯にあたる行為を行った場合**　この事案としては、例えば、甲が乙を高度の責任無能力者であると信じて殺人に誘致したところ、乙には責任能力があり、乙は甲の行為によって殺意を誘発され殺人行為に出た場合が考えられる。実質的に考えれば、この事案においては、間接正犯の故意は教唆犯の故意を包摂しうるし、客観的にも甲の行為が教唆行為に該当するのであるから、甲には殺人教唆犯を認めるべきである（福田・三〇一頁、大塚・三四三頁、西原・下巻三六八頁）。もっとも、このような結論に到達しうるためには、厳密にいえば、教唆犯の故意が被教唆者による構成要件的結果の実現に向けられることを要すると解する立場に拠るべきである。何故なら、間接正犯と教唆犯の故意の射程に相違があっては故意の符合を認めることはできないからである。②**教唆犯の故意で間接正犯にあたる行為を行った場合**　この事案としては、右のそれとは逆に、例えば、甲が乙を責任能力者であると信じて殺人を教唆したところ、乙は高度の責任無能力者であり、乙が甲の行為によって殺意を誘発され殺人行為に出た場合が考えられる。間接正犯と教唆犯とを比較すると前者の方が重く、それ故、刑法三八条二項に従い、甲には殺人罪の教唆犯を認めるべきである（団藤・四二九頁、福田・三〇一頁、大塚・三四四頁、西原・下巻三六八頁、川端・六二六頁）。③**被利用者が途中で情を知った場合**　この事案としては、例えば、甲が情を知らない看護師乙に毒薬入りの注射器を渡し患者丙を殺害しようとしたところ、乙が毒薬入りの注射器であることに気づき丙殺害の故意を生じて丙に注射し殺害した場合が考えられる。この場合には、間接正犯の意思は教唆犯の故意を内含しうるから、利用者の行為と被利用者の行為を全体的に捉えて利用者には教唆犯を認めるべきであるとする見解があり（大塚・三四四頁、福田・三〇二頁、川端・六二五頁）、また、この場合には、乙の看破にもかかわらず甲の行為は殺人の実行行為にあたり、甲は——乙と競合的に——殺人罪の（間接）正犯となるのであり、教唆は正犯に吸収されて錯誤の問題を生じないとする見解もある（団藤・四二九頁）。思うに、この事例においては、甲の間接正犯としての実行行為は乙の故意による殺人行為の介入によって丙の死との因果関係を遮断され、甲には殺人未遂罪（間接正犯）が、乙には殺人既遂罪（直接正犯）が成立すると解すべきである。乙が殺意を抱いた点では教唆犯にもなっているが、これは（間接）正犯に吸収されて錯誤の問題を生じないと解するのが妥当であろう。

五　自手犯

間接正犯の成立を認めることができない犯罪を自手犯（eigenhändige Delikte）という。すなわち、自手犯とは常に正犯者自身による直接の実現が必要とされる犯罪である。自手犯には、犯罪の性質上、行為の主体と行為との間に密接不可分な関連性が要求され、一定の行為主体によって行われる行為だけを実行行為と解しうる実質的自手犯（例えば、偽証罪（刑法一六九条））と、刑罰法規によって形式上間接正犯を除外する趣旨が示されている形式的自手犯（例えば、虚偽公文書作成罪（刑法一五六条））とを区別することができる（大塚・一六四頁）。

第六節　共犯と身分

一　総説

刑法六五条一項は、「犯人の身分によって構成すべき犯罪行為に加功したときは、身分のない者であっても、共犯とする」とし、同条二項は、「身分によって特に刑の軽重があるときは、身分のない者には通常の刑を科する」として、共犯と身分に関する規定をおいた。しかし、この規定の趣旨は一義的に明白であるとはいえず、解釈論上諸種の問題を招来している。その点については以下で個別的に検討して行こう。なお、ここで、身分とは、判例上、「男女の性別、内外国人の別、親族の関係、公務員たるの資格のような関係のみに限らず、総て一定の犯罪行為に関する犯人の人的関係である特殊の地位又は状態を指称する」（最判昭二七・九・一九刑集六巻八号一〇八三頁）と定義され、学説上もこれが支持されている。判例上一項の身分とされた主要なものに、収賄罪における公務員（大判大三・六・二四刑録二〇輯一三二九頁）、強姦罪における男性（最決昭四〇・三・三〇刑集一九巻二号一二五頁）、横領罪の占有者（最判昭二七・九・一九刑集六巻八号一〇八三頁）、等々があり、二項の身分とされた主要なものに、常習賭博罪における賭博の常習者（大連判大三・五・一八刑録二〇輯九三二頁）、業務上横領罪における業務上の他人の物の占有者（大判明四四・八・二五刑録一七輯一五一〇頁）、麻薬取締法六四条二項の営利の目的（最判昭四二・三・七刑集二一巻二号四一七頁）、等々がある。身分犯には、行為者が一定の身分を有する場合に初めて成立する真正身分犯（echte Sonderdelikte）と身分によって刑の軽重がある不真正身分犯（unechte Sonderdelikte）とがある。なお、真正身分犯を構成的身分犯、不真正身分犯を加減的身分犯と称することもある。

二　六五条一項と二項との関係

六五条一項は身分による処罰の「連帯性」を規定し、同条二項は身分による処罰の「個別性」を規定している。その意味において、両者は一見矛盾する原理の上に成り立っているようにみえる。この両者の関係をどのように把握するかがまず第一の問題である。以下でこの点に関する学説をみておこう。

（i）第一説は、わが国の通説・判例の説くところで、一項は真正身分犯について規定し身分の連帯的作用を認め、二項は不真正身分犯について規定し身分の個別的作用を認めたものと解する（小野・二一四頁以下、木村・四二四頁以下、佐伯・三六六頁以下、香川・四〇六頁以下、西原・下巻四〇九頁、大谷・四五一頁、川端・六一二頁、前田・五二二頁、他。最判昭三一・五・二四刑集一〇巻五号七三四頁）。しかし、二項が不真正身分犯に関するものである点は所説の如くであるが、一項には真正身分犯とともに不真正身分犯も含まれると解すべきであろう。何故なら、不真正身分犯もまた「犯人の身分によって構成すべき犯罪」というべきものだからである（団藤・四一八頁、大塚・三二九頁、福田・二九三頁、荘子・四九二頁、佐久間・四一四頁）。

（ii）第二説は、一項は身分が行為の違法性を規制する要素となっている場合について「違法の連帯性」を認めたものであり、二項は身分が行為の責任性を規制する要素となっている場合について「責任の個別性」を明らかにした規定であると解する見解である（瀧川・二五四頁～二五五頁、平野・Ⅱ三五七頁、三六六頁、中山・四八八頁、四九三頁、西田・三七九頁以下）。しかし、一項が違法性、二項が責任に関るものと明確に区別しうるか否かについては問題があるし、身分を違法身分と責任身分に区分することができるか否かについても疑問が残る（大塚・三三〇頁）。（iii）第三説は、責任要素としての身分が個別的に作用するのは当然のことであって、六五条は身分が行為の違法性を左右する場合に関する規定であるとする見解である（佐伯・三六五頁、井上・二三八頁）。しかし、二項の身分につき、責任を規制する身分を除去することは不自然であるというべきであろう。（iv）第四説は、二項は共犯独立性の見地の結論を原則として規定したものであり、一項は真正身分犯に限って例外を規定したもので、両者は別個独立の意義ある規定と解する見解である（木村・三九四頁、三九八頁、大野（平）・「共犯と身分」『刑法講座4』一七一頁）。しかし、この見解が基本とする共犯独立性説にはそれ自体に問題があり、加えて、一項・二項の関係は共犯従属性説の立場から統一的に把握することも可能なのであるから、この見解を支持することもできない。（v）第五説は、一項は真正身分犯・不真正身分犯を通じて共犯成立の問題、二項は不真正身分犯について科刑の問題を規定したものと解する見解である（団藤・四一八頁、植松・三八五頁、大塚・三三一頁、福田・二九三頁、佐久間・四一四頁）。一項で「共犯とする」とあるのは、非身分者についても共犯が成立する旨を示したものであるし、二項で「刑を科する」とあるのは、一項により共犯とされるものの内、特に非身分者に対する科刑の規準を定めたものと解されるので、この説が妥当である（大塚・三三一頁）。私見は、この説が、犯罪共同説を貫徹するものである点を共同意思主体説の立場から積極的に評価したい。

三　六五条一項の法意

六五条一項の趣旨は、身分犯において、単独では犯罪を犯せない非身分者を身分者の犯罪行為に加功することによって共犯とするという点にあり、身分犯につき共犯の成立を定めたものである。以下で一項に関する問題点を検討しておこう。

① 一項にいう「犯人の身分によって構成すべき犯罪行為」が真正身分犯に限定されるべきか否かについては、前述の如く、通説・判例は限定されるとし、二項を不真正身分犯の問題と解している。これに対して、有力説（団藤・植松・大塚・福田・佐久間、他）は、一項は真正身分犯・不真正身分犯を問わず共犯成立の問題であり、二項は不真正身分犯に適用される科刑の問題であると主張する。思うに、通説・判例の立場は論理的にみて行為共同説を採用することとなろう（ちなみに、学説上、行為共同説の実定法上の根拠は六五条二項に求められると説かれている（植田・一五四頁、中・二二一頁、等））。共同意思主体説の立場から固い犯罪共同説を採る私見においては行為共同説の採用に至る通説・判例の立場を支持することはできない。加えて、真正身分犯も不真正身分犯も「犯人の身分によって構成すべき犯罪」であるから、一項を真正身分犯に限定するのはむしろ問題であるというべきであろう。この有力説に対しては、犯罪の成立と科刑とが分離されることとなって妥当でないとの批判が呈されるが（大谷・四五二頁、川端・六一三頁、齊藤（信）・二八八頁、他）、一項で共犯の成立を認め、二項でその共犯中各関与者の身分に適した科刑を論ずることは何ら犯罪の成立と科刑とを分離させるものではない（大塚・三三一頁注（五））。かようにして、私見は、一項は真正身分犯に限定されるべきものではないと考える。

② 一項にいう「共犯」の意味については、（i）非身分者の教唆、幇助行為が身分者の実行行為に付随して教唆犯、従犯となるのは当然のことだから、一項はもっぱら共同正犯についての特別規定であると解する見解（井上・二四〇頁、旧判例（大判明四四・一〇・九刑録一七輯一六五二頁））、（ii）共同正犯・教唆犯・従犯すべてを含むとする今日の通説・判例の見解（草野・一三九頁、木村・四二五頁、植松・三八七頁、佐伯・三六七頁、西原・下巻四〇八頁、大谷・四五五頁、前田・五二八頁、川端・六一〇頁、齊藤（信）・二八八頁、他。大判昭九・一一・二〇刑集一三巻一五一四頁）、（iii）身分犯の共同正犯は身分者についてのみ認められるべきで身分者と非身分者との間には認められ得ないものであるから、本項の身分は共同正犯を含まず、教唆犯・従犯のみをさすとする見解（小野・二二五頁、瀧川・二五四頁、香川・四〇六頁、中山・四八九頁、他）、（iv）真正身分犯については教唆犯・従犯のみをさし、不真正身分犯については共同正犯・教唆犯・従犯を意味するとなす見解（団藤・四二〇頁、福田・二九四頁、大塚・三三三頁）、等の

対立がある。思うに、(i)説については、教唆犯・従犯を特に除外する理由がないから妥当でない。他方、(iii)説・(iv)説については、共同正犯を除外する理由がなく妥当でない。何故なら、共同正犯は必ずしも実行の分担を要求するものでなく、犯罪実現に対し重要な役割を演ずる者を含むのであって、非身分者といえども身分者と共同しかつ当該身分犯の実現に重要な役割を演じた場合には、共同正犯として処罰するのが相当であると考えられるからである(西原・下巻四〇七頁)。私見は(ii)説の通説・判例の立場に従う。

③　具体例を挙げれば、非公務員甲が公務員乙に収賄を教唆し乙が収賄行為を行った場合には、乙は収賄罪の正犯、甲は収賄罪の教唆犯となる。また、女性が男性と強姦を共謀し女性が現場で被害者の身体を押えつけ男性が被害者の女性を姦淫した事案につき、最高裁は、「強姦罪は、その行為の主体が男性に限られるから、刑法六五条一項にいわゆる犯人の身分により構成すべき犯罪に該当するものであるが、身分のない者も、身分のある者の行為を利用することによって、強姦罪の保護法益を侵害することができるから、身分のない者が、身分のある者と共謀して、その犯罪行為に加功すれば、同法六五条一項により、強姦罪の共同正犯が成立すると解すべきである」(最決昭四〇・三・三〇刑集一九巻二号一二五頁)と判示した。判旨妥当である。

④　一項の規定とは逆に、身分者が非身分者に加功した場合の取扱いはどうなるか。場合を分けて検討しよう。

(a) **真正身分犯の場合**　公務員甲が非公務員乙に情を明らかにして自己の職務に関し賄賂を収受させたような場合(「身分なき故意ある道具」の場合)、その取扱いをめぐっては、(i)甲を収賄罪の間接正犯、乙を収賄罪の従犯と解する通説的見解(団藤・一五九頁、福田・二六六頁、大塚・一六二頁、大谷・四五六頁、川端・六一四頁、佐久間・四一七頁、他)、(ii)共謀共同正犯を是認する立場からは甲乙に収賄罪の共同正犯を認めるべきであり、共同正犯の成立が認められない場合には、甲を収賄罪の教唆犯、乙をその従犯として処罰すると説く見解(西原・下巻四〇九頁)、(iii)乙の関与の仕方により、甲が一方的に支配したような場合には収賄罪につき甲の間接正犯と乙の従犯の成立を認め、両者が協力した態様の場合には共同正犯にすると説く見解（前田・四三三頁）、（iv）甲を収賄罪の教唆犯とし乙を収賄罪の従犯とする見解（中山・四九〇頁、内田・二九一頁、中・「間接正犯」『刑法Ⅰ（総論）』二七八頁、他）、等の対立がある。思うに、一方で、甲を間接正犯、乙を従犯とする通説的立場は、基本的構成要件に該当する実行行為の重要性を説きながら、そこに規範的評価を持ち込んで、「自ら」構成要件該当の実行行為を行うという限縮的正犯概念を没却する点において妥当とは思われず、他方で、甲を教唆犯、乙を従犯として処断する見解は「正犯なき共犯」を認めることとなり、共犯従属性説と相容れないので是認しがたく、そのような視点からする限り（i）（ii）（iv）説いずれの見解をも支持することはできない。私見は共同意思主体説の立場より、乙が甲と共謀の上一体となって当該身分犯における重要な役割を演じた場合には甲・乙に収賄罪の共謀共同正犯を認め、もし共謀共同正犯が成立しない場合には、甲は収賄罪の間接正犯、乙はその従犯と解する。結論において（iii）説と同様であるが、共同意思主体説による点で（iii）説とは本質的に異なる（ここでは、通説の正犯概念と違って、犯罪において重要な役割を演じた者を正犯と把握する正犯概念が採用されていることに注意されたい）。(b) **不真正身分犯の場合**　身分者が非身分者の犯罪に加功した場合には、共同正犯の場合と教唆犯・従犯の場合とを分けて考えるべきである。例えば、甲が乙に自分の老母を遺棄させた場合に、共謀共同正犯が成立する場合には両者とも保護責任者遺棄罪（刑法二一八条）になるが、単なる教唆、幇助に止まる場合には、乙は単純遺棄罪（刑法二一七条）の正犯、甲にはその教唆犯、従犯が成立することとなる。共犯従属性説・犯罪共同説の当然の帰結である。甲が乙に自分の老母を遺棄させた点は犯情として考慮すれば足りる。(c) **消極的身分犯の場合**　例えば、無免許運転罪や無免許医業罪のように、ある身分を有しない者に犯罪が成立する場合にその身分を有する者が加功する場合はどうか。免許を有する者は無免許者の実行行為を行うことができないから、教唆犯、従犯しか認められないと解すべきであろう（福田・二九四頁注(二)、大塚・三三五頁、川端・六一七頁、他）。付言すれば、ここで消極的身分という項目を取り上げたが、近時このような論じ方をする場合が多いので一応それに従ったまでのことで、「消極的身分」を説くことは身分概念の自殺であり（団藤・四二四頁）、これを身分と解すべきではないと思う。

四　六五条二項の法意

① 六五条二項は不真正身分犯につき規定したもので、共同正犯・教唆犯・従犯のいずれにも適用されることについては問題はない。ただ、「身分のない者には通常の刑を科する」という文言の趣旨は、非身分者には初めから通常の犯罪の共犯が成立するので通常の刑が科されるのか、あるいは、身分ある者の共犯が成立し刑だけが通常の刑になるということか、をめぐって学説の対立がある。通説・判例は前者の立場に立ち、有力説は後者の立場に立っている。私見が後説を支持することについては既に述べた。私見においては、例えば、業務上占有者甲と業務によらない占有者乙とが、共同して、その共同占有下にある財物を領得した場合には、業務上横領罪（刑法二五三条）の共同正犯が成立し、乙に対しては単純横領罪（刑法二五二条）の刑が科されるのである。なお、最高裁は、業務者でも占有者でもない甲（村長）・乙（助役）が業務上占有者たる丙（収入役）と共謀の上、丙が業務上保管していた金銭を費消した事案につき、甲・乙両名は「刑法六五条一項により同法二五三条に該当する業務上横領罪の共同正犯として論ずべきである。しかし、同法二五三条は横領罪の犯人が業務上物を占有する場合において、とくに、重い刑を規定したものであるから、業務上物の占有者たる身分のない被告人両名に対しては同法六五条二項により同法二五二条一項の通常の横領罪の刑を科すべきものである」（最判昭三二・一一・一九刑集一一巻一二号三〇七三頁）と判示した（判例は、明治末年以来一貫して非占有者が業務上横領罪に関与した場合、非占有者に刑法六五条一項を適用して業務上横領罪を認め、その上で同法六五条二

項によりこの非占有者に単純横領罪の刑を科すべきものとしてきた（藤尾・「共犯と身分(2)」『刑法判例百選Ⅰ総論〔第四版〕』一八六頁）。

②　一方、不真正身分犯において、例えば、身分者が非身分者に教唆・幇助を行った場合には、身分者には六五条二項を適用して身分犯の教唆犯・従犯の成立を認めるのが通説・判例の立場であるが（「身分のない者には通常の刑を科する」ということは、「身分のある者には身分犯の刑を科する」ということになるというのがその理由である）、有力説（私見もこの見解を支持）の立場では、この場合には二項の適用はないものとされ、身分者には非身分者の正犯に対する教唆犯・従犯を認めることとなる。これは共犯従属性説の帰結である。身分者であることの重い違法性・責任は、犯罪の情状として考慮すべきである（大塚・三三七頁）。例えば、常習賭博者が非常習者に賭博の教唆・幇助を行った場合には、通説・判例のように常習賭博罪（刑法一八六条一項）の教唆犯・従犯が成立すると考えるのではなく、単純賭博罪（刑法一八五条）の教唆犯・従犯が成立すると解するのである。この点につき、判例は、「二人共ニ賭博ヲ為シ其一人ニ対シテハ常習賭博罪カ成立シ他ノ一人ニ対シテハ通常賭博罪カ成立スル場合ニ其従犯カ犯罪ノ当時賭博ノ常習ヲ有スルニ於テハ・・・其者ニ対シテハ刑法第六十五条第二項ノ趣旨ニ依リ同法第百八十六条第一項ヲ適用シタル上一般従犯ニ関スル減軽ヲ為スヘキモノトス」（大連判大三・五・一八刑録二〇輯九三二頁）として、身分犯の従犯を認めている。

第七節　共犯の諸問題

一　必要的共犯

必要的共犯（対向犯・多衆犯）に任意的共犯（共同正犯・教唆犯・従犯）を適用する余地はあるか、それがここでの問題である。①対向犯、例えば、贈収賄罪（刑法一九七条一項、一九八条）のように対向的犯罪の双方が処罰されている場合には問題はないが、わいせつ物販売罪（刑法一七五条）のようにその一方である販売者のみが処罰されているような場合には、買い手が「売ってくれ」というとわいせつ物販売罪の教唆犯になるかという問題が生ずる。この点については、対向関係にある一方を立法者が不可罰としたのであるから、定型的な関与形式である限りは不可罰とされた側については共犯は成立しないと解すべきである（団藤・四三二頁、大塚・二七六頁、大谷・三九四頁、他）。最高裁も、弁護士法七二条および七七条違反の罪に関し、弁護士でないものに、自己の法律事件の示談解決を依頼し、これに報酬を与えることを約束しても同罪の教唆犯は成立しないとし、「ある犯罪が成立するについて当然予想され、むしろそのために欠くことができない関与行為について、これを処罰する規定がない以上、これを、関与を受けた側の可罰的な行為の教唆もしくは幇助として処罰することは、原則として、法の意図しないところと解すべきである」（最判昭四三・一二・二四刑集二二巻一三号一六二五頁）と判示している。しかし、類型的に予想されているとは認められない積極的かつ執拗な働きかけを行った場合には、共犯規定の適用をうけると解すべきであろう（大塚・二七六頁注（二）、大谷・三九五頁）。②多衆犯、例えば、騒乱罪（刑法一〇六条）においては、集団内部で、首謀者・指揮者・率先助勢者・付和随行者などの区別がなされ、それぞれ個別の法定刑が定められている。従って、それらについては問題はないが、集団の外部から教唆とか幇助が成立しうるかは問題である。多衆犯の特質上共犯規定は適用されないという見解（団藤・四三四頁、大塚・二七七頁注（三））もあるが、騒乱罪の集団外にあって暴動に参加することをそそのかす者を不可罰とするのはむしろ不当であって、必要的共犯関係者以外の者には共犯規定の適用を認めるべきである（植松・三五七頁、平野・II三八〇頁、大谷・三九五頁、他）。

二　不作為と共犯

不作為と共犯の問題は、「不作為に対する共犯」と「不作為による共犯」に分けて論じられるのが一般である。

①「不作為に対する共犯」としては、例えば、母親のわが子に対する授乳拒否の教唆・幇助が考えられる。母親には作為義務の存在が要求されるところから、母親の不作為犯を真正身分犯として構成し、これに対する教唆・幇助を刑法六五条の身分犯の問題として処理すべきものと考える（中・一二九頁、中山・概説三〇八頁）。もっとも、不作為犯の正犯は特別の身分犯を構成しないから作為義務のない共犯に六五条一項を適用する必要はないとする反対説もある（平野・II三九六頁）。②「不作為による共犯」としては、作為の正犯に対する不作為の幇助という形態が考えられ、学説上も一般に支持されている（木村・四二二頁、佐伯・三六一頁、団藤・四一三頁、他）。選挙長が投票干渉行為を目撃しながらこれを制止しなかった事案につき、不作為による幇助とした判例がある（大判昭三・三・九刑集七巻一七二頁）。しかし、共同意思主体説に立つかぎり、片面的従犯に連結する思考に賛同するわけにはいかない。正犯と従犯との間に意思連絡を欠く場合には単独犯に分解して考えるべきである。なお、不作為による関与が正犯になるか従犯になるかという問題も生ずる。例えば、第三者がわが子を殺そうとしているのを見ながら阻止しない父親を、第三者の殺人の従犯とみる見解もあるが（平野・II三九六頁、中山・概説三〇八頁）、この場合は、むしろ正犯とみるべきであろう（中・『講述犯罪総論』二六六頁）。

三　結果的加重犯と共犯

結果的加重犯は、単独犯においては、一般に、基本となる犯罪の故意犯から過失によって加重結果が発生した場合と理解されているが、共犯関係においては、基本となる犯罪を共同にした者が加重結果についても共犯としての刑責を負うかどうかが問題となる。二つの場合に分けて考えよう。①「結果的加重犯の共同正犯」については、過失の共同正犯を認める行為共同説の立場（木村・四〇五頁）からはもとより、過失の共同正犯を認める犯罪共同説の立場（大塚・二九七頁）からも、過失の共同正犯を認めない犯罪共同説の立場（団藤・四〇二頁）からも、加重結果について責任を負うべきものとされる。過失の共同正犯を認めない共同意思主体説においても、加重結果につき過失がある限り、加重結果について責任を負うものと解すべきである。判例も、「およそ強盗の共犯者中の一人の施用した財物奪取の手段としての暴行の結果、被害者に傷害を生ぜしめたときは、その共犯者の全員につき、強盗傷人罪は成立するのであって、このことは強盗傷人罪が所謂結果犯たるの故に外ならない」（最判昭二二・一一・五刑集一巻一頁）として、結果的加重犯の共同正犯を認めている。②「結果的加重犯の教唆犯・従犯」については、若干事情が異なる。例えば、傷害を教唆したところ被教唆者が殺害した場合、教唆者にその結果が予見可能であったとしても、傷害の教唆は傷害の実行行為ではないから、傷害罪の教唆犯は成立するが、傷害致死罪の教唆犯は成立しないとする見解（団藤・四二八頁、福田・三〇〇頁注(四)）と、重い結果についての過失があることを条件として結果的加重犯への教唆犯（従犯）を認める見解（通説）とが対立している。通説を妥当と解する。判例は、他人に暴行を教唆した者は、被教唆者が暴行によって人を傷害しさらに死に致したときは傷害致死の罪責に任ずべきものとしており（大判大一三・四・二九刑集三巻三八七頁）、また、甲が乙に傷害の意思で匕首を貸与したところ乙がその匕首で殺人を犯したときは、甲には傷害致死罪の幇助犯が認められるとしている（最判昭二五・一〇・一〇刑集四巻一〇号一九六五頁）。

四　共犯と錯誤

共犯者の認識内容と正犯者の実行した犯罪事実とにくい違いが生ずる場合がある。共犯論においても、事実の錯誤の原理に従って解明されなければならない。

①具体的事実の錯誤の場合　例えば、甲が乙に丙の財布の窃取を教唆したところ乙が丁の財布を窃取したような場合、法定的符合説では、窃盗既遂の教唆犯が成立し、故意は阻却されない。しかし、具体的符合説においては、

正犯者乙は教唆された丙の財布とは異なる丁の財布を窃取したのであるから、教唆犯の意思内容との符合はなく、既遂の教唆とはいえないであろう。②**抽象的事実の錯誤の場合**　(a)例えば、幇助者甲が正犯者乙は窃盗罪を犯しているものと思って屋外で見張りをしていたところ、乙は屋内で強盗罪を行っていた場合には、重なりあう軽い犯罪の限度、すなわち、窃盗罪の限度で、従犯の故意の成立を認めるべきである。(b)甲が乙に強盗を教唆したところ、乙が窃盗を犯した場合には、重なりあう軽い犯罪の限度、すなわち、窃盗罪の限度で、教唆犯の成立を認めるべきである。

五　共犯と中止犯

中止犯が成立するためには、行為者は実行の着手後自己の意思により犯罪を中止しなければならないが、中止犯は一身的な刑の減免事由であるから、共犯者の一部の者の中止の効果は他の者に影響しない（大判大二・一一・一八刑録一九輯一二一二頁）という点を注意しておかなければならない。①共同正犯の場合には、実行に着手した後一部の者が実行行為を中止しても、他の共同正犯者の実行を阻止するか、犯罪結果発生を阻止しなければ、中止犯とはならない。最高裁は、被告人甲が乙とともにA宅に強盗に入り、Aの妻が九百円出したが、お前の家も金がないのならその様な金は取らんといい、乙に帰ろうといって表へ出たところ、その後三分ほどして出てきた乙がその九百円を奪ってきた事案につき、「被告人がAの妻の差し出した現金九百円を受取ることを断念して同人方を立ち去った事情が所論の通りであるとしても、被告人において、その共謀者たる一審相被告人乙が判示のごとく右金員を強取することを阻止せず放任した以上、所論のように、被告人のみを中止犯として論ずることはできないのであって、被告人としても右乙によって遂行せられた本件強盗既遂の罪責を免れることを得ないのである」（最判昭二四・一二・一七刑集三巻一二号二〇二八頁）と判示している。

この場合にはむしろ中止犯を認めるべきであるとの見解（平野・II三八六頁、中山・五〇七頁）も披瀝されているが、甲は乙の強盗行為を阻止しなかったのであるから、判旨妥当と解すべきである。②教唆犯・従犯の場合には、共犯従属性説に立つかぎり、正犯が実行に着手した後においてのみ中止犯の問題が生ずるが、正犯の実行を阻止しあるいは犯罪結果の発生を阻止しない限り中止犯にならないことは勿論である。正犯が実行に着手する以前の段階で教唆・幇助との因果関係が断ち切られれば、それ以後の正犯の実行については責任はとわれない。

六　予備の共犯

①予備罪に共犯を認めるか否かをめぐっては、予備は実行の着手以前の段階であるからこれに共犯の成立を認めるべきではないとする反対説（植松・三八三頁、大塚・三二四頁、香川・二八八頁、西原・上巻三一八頁）もあるが、予備罪も一つの犯罪類型であって、その実行行為が存在しうるから、これに対する共犯の成立は可能と解すべきである（荘子・四八八頁、平野・II三五一頁、内田・三一六頁、藤木・二九三頁）。②判例は、甲は乙がAを殺害する目的であることを知りながら、乙の依頼により青酸ソーダを入手して乙に手渡した（この青酸ソーダは結局使用されなかった）事案につき、殺人予備の共同正犯とした（最決昭三七・一一・八刑集一六巻一一号一五二二頁）。しかし、この結論は妥当ではない。甲には乙の殺人行為につき共同正犯の主観的要件である「共同犯行の認識」が欠落しているのであり、そこには幇助の故意しかない。そのことは、準備段階にある殺人予備についてもいえると思う。それ故、この事案においては、殺人予備の従犯が認められて然るべきであった。

第七章　罪数論

一　罪数論の意義

(1)　総説　①以上においてこれまで犯罪の成立要件につき考察してきたが、成立した犯罪についてはその個数を定めなければならない。例えば、甲が乙を殺人の故意で心臓を撃ち抜いて射殺した場合に、殺人既遂罪が成立することについては問題はない。しかし、乙が衣服を着用していた場合には、さらに、器物損壊罪（衣服は器物）の成否が問題となる。このような極めて単純な場合でさえ犯罪の個数は問題となる。性能のよいライフルを使用して一発の弾丸で三人を殺害した場合には、これを単純に殺人罪一罪とするのは困難である。いずれの場合にも、一定の法則に従って犯罪の個数を定めなければならない。その帰結のいかんが具体的な刑の適用とその効果に相違をもたらすという問題を含んでおり、そこに、罪数論の持つ現実的な意義があるといえよう（中山・五一九頁）。②この罪数論の体系的地位については、犯罪論に属するものか刑罰論に属するものかに関し見解の対立がある。罪数論はその犯罪に対する刑の適用上の問題を解決するためのものであるから犯罪競合論と一体をなすものとして刑罰論の中で論ずるとなす立場においては刑罰論に位置づけられ（藤木・三三九頁）、他方、罪数論は刑罰論や訴訟法の問題にも重要な意味をもつがその本来の領域は犯罪論に属するとする立場においては犯罪論に位置づけられる（団藤・四三六頁、大塚・四八七頁、他）。私見は、罪数論を犯罪論の末尾におく見解に与する。

(2)　罪数を定める標準　①罪数を定める標準については、従来、犯意標準説、行為標準説、結果標準説、構成要件標準説、等が主張されてきた。犯意標準説は行為者の犯罪意思の個数によって罪数を決しようとする見解であり（牧野・下巻七九九頁、木村・四二九頁、市川・三五六頁）、行為標準説は犯罪行為の数によって罪数を論じる見解であり（岡田（庄）・『刑法原論総論』四四八頁、山岡・『刑法原理』二四〇頁、下村・基本的思想二〇三頁）、結果標準説は犯罪の結果ないし法益侵害の個数で罪数を決する見解であり（宮本・二一〇頁、瀧川・二五七頁）、構成要件標準説は構成要件的評価の回数によって罪数を決定する見解である（小野・二六五頁、団藤・四三七頁、佐伯・三七一頁、植松・四二〇頁、福田・三〇五頁、大塚・四八八頁、大谷・四七七頁、川端・六三七頁、他）。構成要件標準説が近時の通説であるが、判例は上記四説それぞれに従ったものがある。思うに、犯意標準説には、犯意が一個であれば犯罪行為および結果が多数あっても一罪と観なければならないという欠陥があり、行為標準説には、自然的行為をそのまま法的評価を経たものとする点に問題があり、結果標準説には、法益侵害結果のみに着目して侵害態様を考慮しないという弱点があり、いずれの立場をも支持することはできない（大塚・四八七頁）。私見は構成要件標準説を支持する。構成要件標準説は、実質上、犯罪意思も犯罪行為も犯罪結果もすべてを総合的に考慮しつつ、構成要件的評価を行おうとするものである。②実際に成立した犯罪は右の標準によって一罪か数罪かに区分される。犯罪事実が一つの構成要件に一回該当すれば一罪であり、それは本来的一罪あるいは単純一罪と呼ばれる。これに対して、犯罪事実が一個の構成要件に数回該当するか、あるいは、数個の構成要件に該当する場合は数罪であり、それらは刑法の定めるところにより併合罪もしくは科刑上一罪として処理される。

二　本来的一罪

(1)　総説　「本来的一罪」とは、一行為一結果で罰条の重なりが全くない「単純一罪」のほか、「法条競合」と「包括的一罪」を含む。ここでは後二者の区分が重要である。

(2)　法条競合　法条競合（Gesetzeskonkurrenz）とは、一個の行為が数個の構成要件に該当するようにみえるが、実際にはその内の一個の構成要件だけが適用され、他は排除される場合をいう。法条競合は次の四者に区別される。①**特別関係**　特別関係（Spezialität）とは、二つの刑罰法規が一般法・特別法の関係に立つ場合である。例えば、自分の子供を遺棄したときには、「特別法は一般法に優先する」との原則に従って、保護責任者遺棄罪（刑法二一八条）のみが適用され遺棄罪（刑法二一七条）の適用は排除される。②**補充関係**　補充関係（Subsidiarität）とは、ある法規の欠けた部分を他の法規が補充する関係に立つ場合である。例えば、器物損壊罪（刑法二六一条）は文書、建造物以外の物についての補充規定となる。③**吸収関係**　吸収関係（Konsumtion）とは、一方の構成要件による評価に他方が埋没・吸収される場合である。例えば、強盗罪（刑法二三六条）はその手段たる暴行罪（刑法二〇八条）・脅迫罪（刑法二二二条）を吸収する。また、殺人罪が認められるときは被害者の着衣に対する器物損壊罪は殺人罪に吸収されるとする見解が有力であるが（団藤・四五七頁、福田・三一〇頁、大塚・四九五頁・佐久間・四二八頁、他）、これに対して、一たん器物損壊罪の成立を認め殺人罪に包括・吸収する包括的一罪とする見解もまた有力に主張されている（平野・Ⅱ四一五頁、中山・五二四頁、川端・六四二頁、他）。思うに、殺人罪においては被害者の着衣の損壊を伴うのが通常であり、着衣の損壊は生命の侵害に比し極めて法益侵害の程度が低いから、殺人罪を認める以上器物損壊罪の成立を独立に評価する必要はないと考えるべきであろう。④**択一関係**　択一関係（Alternativität）とは、一方が成立すれば他方は成立しえない排他的関係に立つ場合である。この例としてよく挙げられるのは横領罪（刑法二五二条）と背任罪（刑法二四七条）との関係である。横領と背任の関係をどう捉えるかについても争いがあり（特別関係とみるもの、補充関係とみるもの、二つの円が交り合う択一関係とみるもの、等）、最近では、択一関係を法条競合とみることは妥当でない（大塚・四九五頁）とか、このような概念は無用である（平野・Ⅱ四一一頁）、等とも説かれている。

(3)　**包括的一罪**　「包括的一罪」とは、法条のみの競合ではなく、現に法益侵害の行為または結果が複数存在するにもかかわらず、その実質的な一体性の故に、なお一個の罰条が適用されるにすぎない点で本来的一罪とされる場合である。それは、法条競合を含む単純一罪と科刑上一罪との中間にあるものといってよいであろう（中山・五二五頁）。包括的一罪は多様な形態を含むのでその正確な分類は困難であるが、以下において、いくつかの視点の下でこれを整理してみよう。①**一個の行為から複数の結果が発生した場合**　窃盗につき、数個の物が所有者を異にするとき、あるいは、放火につき、一個の放火行為による数個または数種の建造物を焼燬したとき（大判大二・三・七刑録一九輯三〇七頁）、等は包括的一罪となる。もっとも、一個の行為で二人を殺害した場合には、生命は一身専属的法益だから二つの殺人罪が成立し観念的競合となる。②**一個の行為の完成を目指して同一機会に行われた数個の行為**　殺人目的で被害者を数回ナイフで刺して死亡させた場合は、数回の殺人未遂と最後のつき刺しによる殺人既遂を認めるのではなく、包括して殺人既遂一罪が成立する。③**接続犯**　同一法益の侵害に向けられた数個の行為が時間的・場所的に接続して行われた場合には、包括して一罪とする。判例上、同一倉庫から三時間の間に三回にわたって米俵を三俵づつ合計九俵窃取した事案につき一罪と認めたものがある（最判昭二四・七・二三刑集三巻八号一三七三頁）。④**規定上の包括的一罪**　数種の行為態様が同一刑罰法規に規定されているため、それらが包括されて一罪になる場合がある。例えば、賄賂を要求し収受した場合は一個の収賄罪（刑法一九七条一項）、同一犯人を蔵匿し隠避させたときは一個の犯人蔵匿罪（刑法一〇三条）、等。⑤**集合犯**　刑罰法規が同種行為の反復を予定している場合には、反復された同種行為は包括して一罪となる。例えば、常習犯における常習賭博罪（刑法一八六条一項）。

三　科刑上一罪

(1) **総説**　本来的一罪にあたらず、従って実質上数罪であるが、しかし併合罪としてでなく、「処罰の一回性」という刑罰適用上の合目的的要請によって、科刑上の一罪として取扱われる場合がある。現行法が認めるのは、観念的競合と牽連犯である（中山・五二九頁）。旧刑法にはこれ以外に「連続シタル数個ノ行為ニシテ同一ノ罪名ニ触ルルトキハ一罪トシテ処断ス」（旧刑法五五条）という連続犯の規定がおかれていた。判例はこの規定の下で「同一罪名」の範囲を拡大し、意思の継続性によって連続犯の成立範囲を広げすぎたために、戦後の捜査権の制約という条件下では一罪の既判力がひろがりすぎるという不都合があるとして廃止された。しかし、そのことによって従来連続犯とされていたものがすべて併合罪になるわけでなく、むしろ接続犯などの包括的一罪による部分的代替が現実的な解釈問題として登場した（中山・五二八頁）。

(2)　観念的競合　①「観念的競合」(Idealkonkurrenz) とは、「一個の行為が二個以上の罪名に触れ」るときは「その最も重い刑により処断する」とされる場合をいう（刑法五四条一項前段）。数個の罪名に触れる数罪が現実に成立しながら、行為の一個性という特色によって、併合罪のような実在的競合でなく、「観念的」競合として、最も重い刑の程度にとどめられ、訴訟上も一罪として扱われるのである（中山・五二九頁）。②「一個の行為」とは、最高裁によれば、「法的評価をはなれ構成要件的観点を捨象した自然的観察のもとで、行為者の動態が社会的見解上一個のものとの評価をうける場合をいうと解すべきである」（最大判昭四九・五・二九刑集二八巻四号一一四頁）と説明された。その適用の具体的帰結として、酒酔い運転と業務上過失致死は併合罪とされ、また、無免許運転と酒酔い運転は観念的競合（最大判昭四九・五・二九刑集二八巻四号一五一頁）、道交法上の救護義務違反と報告義務違反は観念的競合（最大判昭五一・九・二二刑集三〇巻八号一六四〇頁）とされるにいたった。これらの点には学説レベルの批判（例えば、西原・下巻四二七頁、他）も提起されており、問題はなお残されているといえよう。③「二個以上の罪名に触れ」るとは、法的評価において数個の構成要件に該当し数罪が認められることをいう。これには、異種類の観念的競合と同種類の観念的競合とがある。判例上、前者の例としては、職務中の公務員に暴行を加えて負傷させた公務執行妨害罪と傷害罪の観念的競合（大判昭八・六・一七刑集一二巻八一七頁）、殺意をもって女子を強姦し死亡させた強姦致死罪と殺人罪の観念的競合（最判昭三一・一〇・二五刑集一〇巻一〇号一四五五頁）、等々があり、後者の例としては、一個の行為によって数名の公務員の職務の執行を同時に妨害した公務執行妨害罪における観念的競合（最大判昭二六・五・一六刑集五巻六号一一五七頁）、殺意をもって被害者とその家族が飲用する鉄瓶の沸し湯に毒物を投入した殺人未遂罪における観念的競合（大判大六・一一・九刑録一五輯一三七五頁）、等々がある。

(3)　牽連犯　①「牽連犯」とは、「犯罪の手段若しくは結果である行為が他の罪名に触れるときは、その最も重い刑により処断する」場合をいう（刑法五四条一項後段）。それは、犯罪の手段と結果にあたる行為がそれぞれ他の罪名に触れる場合であって、観念的競合とは異なり、行為も複数、法益侵害も複数あるのに科刑上一罪とされるのである。併合罪として扱われないのは、判例上、「その数罪間に罪質上通例その一方が他方の手段又は結果となるという関係があり、しかも具体的にも犯人がかかる関係においてその数罪を実行したような場合にあっては、これを一罪としてその最も重き罪につき定めた刑を以て処断すれば、それによって軽き罪に対する処罰をも充し得るのを通例とする」（最大判昭二四・一二・二一刑集三巻一二号二〇四八頁）からであるとされている。②手段、結果の関係の捉え方をめぐっては主観説と客観説との対立がある。主観説は、行為者が手段及び結果たらしめる意思で行為した場合に牽連犯になると説き（牧野・下巻七九九頁～七八〇頁、木村・四三一頁）、客観説は、経験則にてらしてある犯罪が通常他の犯罪の手段もしくは結果として行われる関係にあることを要すると説く（小野・二七七頁、瀧川・二六五頁、大塚・五〇三頁、福田・三二六頁、大谷・四九三頁、川端・六六一頁、他）。判例は、「数罪が牽連犯となるためには犯人が主観的にその一方を他方の手段又は結果の関係において実行したというだけでは足らず、その数罪間にその罪質上通例手段結果の関係が存在すべきものたることを必要とする」（最大判昭二四・一二・二一刑集三巻一二号二〇四八頁）として、客観説の立場に立っているものと解される。私見は客観説を支持する。③判例上牽連犯が認められたものとしては、住居侵入と侵入後の犯罪（放火、強姦、殺人、傷害、窃盗、強盗）、公正証書原本不実記載と不実記載公正証書原本行使と詐欺取財（最決昭四二・八・二八刑集二一巻七号八六三頁）、身の代金目的誘拐と身の代金要求（最決昭五八・九・二七刑集三七巻七号一〇七八頁）、等々がある。逆に、判例上牽連犯が否定されたものとしては、保険金詐欺の目的での放火と保険金の詐欺（大判昭五・一二・一二刑集九巻八九三頁）、殺人と死体の損壊（大判昭九・二・二刑集一三巻四一頁）、監禁と傷害（最決昭四三・九・一七刑集二二巻九号八五三頁）、等々がある。これらは併合罪としてとり扱われる。

(4) 科刑上一罪の処断　①科刑上一罪においては「最も重い刑」により処断される。「最も重い刑」につき、大審院の判例は、「其ノ数個ノ罪名中最モ重キ刑ヲ規定セル法条ヲ適用処断ス可シトノ意義」（大判大三・一一・一〇刑録二〇輯二〇七九頁）であるとしていたが、最高裁は、それを「共に、他の法条の法定刑の最下限の刑より軽く処断することはできないという趣旨をも含む」（最判昭二八・四・一四刑集七巻四号八五〇頁）と解するにいたった。それは「総合主義」と呼ばれ、学説によっても基本的に承認されているといってよいであろう（中山・五三七頁）。②具体的な処断刑の導き方は、各構成要件に規定された法定刑に再犯加重と法律上減軽を施したものについて、上限、下限ともに最も重いものによる趣旨と解すべきである（団藤・四六一頁、福田・三一三頁、大塚・五〇一頁・中山・五三八頁、大谷・四九一頁、川端・六六〇頁、他）。もっとも、判例は反対で、法定刑を標準としている（大判大三・一一・一〇刑録二〇輯二〇七九頁、他）。なお、最も重い刑により処断するというのは、刑に関していわれるだけで、軽い犯罪が重い犯罪に吸収されるという趣旨ではない（最判昭二三・五・二九刑集二巻五号五二二頁）。従って、重い犯罪に没収がなくても、他の罪に没収があるときは、これを付加しうるし（刑法四九条一項参照）、二個以上の没収は併科しうる（刑法四九条二項、五四条二項）。

(5) かすがい現象　判例は、住居に侵入し順次三人を殺害した事案につき、三個の殺人罪はそれぞれ住居侵入罪と牽連犯の関係にあるから、全体として科刑上一罪になりうるとした（最判昭二九・五・二七刑集八巻五号七四一頁）。すなわち、本件においては、殺人罪三つは併合罪になるところ住居侵入罪が「かすがい」となることによって全体が科刑上一罪になるとされたのである。このような現象を「かすがい現象」（Klammerwirkung）と呼び、判例は観念的競合についてもかすがい現象を認めている（大判大一四・五・二六刑集四巻三四二頁、最判昭三三・五・六刑集一二巻七号一二九七頁、等）。しかし、これらの判例の結論は妥当とは思えない。上掲殺人罪の事案について考えてみても、屋外での殺人であれば三つの殺人罪は併合罪として処断されるのに、他に住居侵入罪を犯していれば科刑上一罪として、かえって軽く処罰されることになるという結論は奇異であり、かつ、権衡を失することとなって、罪数論上の処理としては到底賛同することはできない。かすがい効果を否定する判例としては、最判昭三五・四・二八刑集一四巻六号八二二頁がある。

四　併合罪

(1)　総説　本来的一罪、科刑上一罪のいずれにもあたらない数罪が一定の要件の下に「併合罪」とされ、併合罪とならない場合には単純数罪として、別々に刑が量定され宣告される。刑法は四五条において併合罪の要件を掲げ、四六条以下においてその処断方法を定めた。

(2)　併合罪の意義・要件　「併合罪」（実在的競合）（Realkonkurrenz）とは、確定裁判を経ていない二個以上の罪をいう。ある罪について禁錮以上の刑に処する確定裁判があったときは、その罪とその裁判が確定する前に犯した罪とに限り、併合罪とする（刑法四五条）。一人の行為者が数罪を犯した場合には、その各罪を別々に処分しても差支えないはずであるが、それらが同時に審判されうる状況にあったときは、刑の適用上、それらの罪を一括して取り扱う方がより合理的である。また、実際には、同時に審判しえなかった数罪についても、事後の判断において同時審判の可能性があったとみられる場合には、同時に審判された場合との権衡上、それらをある程度まとめて取り扱うことが適当である。刑法はこのような趣旨から、併合罪の観念を定めたものと解される（大塚・五〇七頁）。①「確定裁判」とは、通常の訴訟手続では不服を申したてられない状態に至った裁判をさすが（刑事訴訟法三七三条、四一八条、四六五条、等参照）、具体的には、有罪、無罪、免訴の判決、略式命令、等をさす。②「禁錮以上の刑に処する確定裁判があったときは、その罪とその裁判が確定する前に犯した罪とに限り、併合罪とする」という規定は、例えば、甲罪、乙罪（確定裁判）、丙罪、丁罪を順次行った場合には、甲罪と乙罪とが併合罪として処理され（ただし、乙罪についてはすでに一事不再理効が生じているから、まだ確定裁判を経ていない甲罪についてのみ裁判をする。刑法五〇条参照）、また、丙罪と丁罪が併合罪として処理され、両者別々に裁判が行われることを意味する。すなわち、甲罪・乙罪の併合罪グループと丙罪・丁罪の併合罪グループとの間には併合罪関係は成立せず、それぞれのグループにつき別々の裁判が行われることとなるのである。③何故確定裁判によって併合罪関係が遮断されるのかについては、共通した行為者人格の発現としての行為には一括評価の意味があるということ、および、国家から有罪の確定判決をうけることによって以後新たな人格態度がとられることが期待されることに基づくとする見解（団藤・四四九頁〜四五〇頁、大塚・五〇七頁注(三)）、確定判決の制動力ないし感銘力を無視した点を実質的理由としてあげる見解（植松・四二五頁、西原・下巻四三二頁）等も有力に主張されているが、確定判決はその確定時までの背後事情を考慮して刑を量定しているので、それ以後は一応区切りをつけて量刑を明らかにするものと解するのが妥当であろう（平野・II四三四頁、中山・五四一頁、川端・六七四頁）。

(3)　処断の方法　併合罪の処断については三つの方法がある。第一は、併合罪にあたる各罪の内最も重い罪の法定刑により処断しようとする吸収主義（Absorptionsprinzip）であり、第二は、その最も重い犯罪の法定刑に一定の加重をほどこして処断する加重（単一刑）主義（Asperationsprinzip）であり、第三は、各罪につきそれぞれ刑を定めこれを併せて執行しようとする併科主義（Kumulationsprinzip）である。

①　併合罪を同時に審判する場合につき刑法はこれらの主義を以下のように採用した。(a)併合罪のうちの一個の罪について死刑に処するときは他の刑を科さない（刑法四六条一項）。その一個の罪について無期の懲役又は禁錮に処するときも他の刑を科さない（同法四六条二項）。吸収主義である。死刑に処するときは没収を、無期の懲役又は禁錮に処するときは罰金、科料及び没収を併科しうる（刑法四六条一項ただし書、二項ただし書）。併科主義である。(b)併合罪のうちの二個以上の罪についての有期の懲役又は禁錮に処するときは、その最も重い罪について定めた刑の長期にその二分の一を加えたもの

を長期とする。ただし、それぞれの罪について定めた刑の長期の合計を超えることはできない（刑法四七条）。加重（単一刑）主義である。加重された長期は三十年を超えることはできない（刑法一四条二項）。なお、短期については規定されていないが、もし、他の罪の短期が最も重い罪の短期より長いときは、その最も長い短期によるべきであろう（宮本・二二三頁、佐伯・三八二頁、大塚・五〇九頁、他）。(c)併合罪のうちの二個以上の罪について罰金に処するときは、それぞれの罪について定めた罰金の多額の合計以下で処断する（刑法四八条二項）。これを併科主義と解する見解もあるが、加重（単一刑）主義の一種と解すべきであろう（小野・二七〇頁、団藤・四五二頁、大塚・五一一頁、中山・五四二頁、他）。(d)罰金と他の刑とは併科する。ただし、死刑の場合はこの限りでない（刑法四八条一項）。拘留又は科料と他の刑とは併科する。ただし、併合罪のうちの一個について、死刑、無期懲役、無期禁錮に処するときはこの限りではない（刑法五三条一項）。二個以上の拘留又は科料は併科する（刑法五三条二項）。いずれも併科主義である。(e)併合罪のうちの重い罪について没収を科さない場合であっても、他の罪について没収の事由があるときは、これを付加することができる（刑法四九条一項）。二個以上の没収は併科する（同条二項）。没収については、常に併科を認める趣旨である。

② 併合罪のうちに既に確定裁判を経た罪とまだ確定裁判を経ていない罪（余罪）とがあるときは、確定裁判を経ていない罪（余罪）については更に処断する（刑法五〇条）。併合罪について二個以上の裁判があったときは、その刑を併せて執行する。ただし、死刑を執行すべきときは、没収を除き、他の刑を執行せず、無期の懲役又は禁錮を執行すべきときは、罰金、科料及び没収を除き、他の刑を執行しない（刑法五一条一項）。その場合における有期の懲役又は禁錮の執行は、その最も重い罪について定めた刑の長期にその二分の一を加えたものを超えることができない（同法五一条二項）。

③ 併合罪について処断された者がその一部の罪につき大赦を受けたときは、他の罪について改めて刑を定める

（刑法五二条）。これは大赦をうけた罪と受けない罪とについて一個の刑が言い渡されている場合の取り扱いのことであり、その手続は、刑訴法三五〇条に規定されている。

第三編　刑　罰　論

第一章　刑罰の意義

第一節　刑罰の本質と刑罰権

一　刑罰の本質

刑罰（Strafe）とは、犯罪に対する法的効果として、国家により犯罪者に加えられる国家的非難の形式である。刑罰の本質をめぐっては、旧くから応報刑論と目的刑論との対立があり、それが旧派刑法学（客観主義刑法理論）と新派刑法学（主観主義刑法理論）との対立として学問上争われたことについては、「学派の争い」のところですでに触れた。ここでは、若干の点について考察しておこう。第一に、刑罰は犯罪に対する非難として加えられるものである。それ故、まず、刑罰は犯罪と均衡を保つものであることを要する。法定刑はその犯罪類型と、また、宣告刑は犯された具体的犯罪と均衡を保たなければならない。次に、刑罰は非難の意味を持つ点で本質的に規範的・倫理的なものである。その点で倫理的に無色な保安処分と本質を異にする。第二に、刑罰は犯罪に対する非難という意味で応報である。しかし、刑罰は犯罪の規範的な意味を明らかにすることによって一般人および行為者本人の規範意識を覚醒・強化すべきであり、その意味で刑の一般予防的および特別予防的作用を認めなければならない。第三に、刑が応報だというのは右のような意味においてのみであって、それを超えて、犯罪者に無用の苦痛や害悪を加えることは許されない。憲法三六条は「残虐な刑罰」の絶対的禁止を宣言しているのである。加えて、刑罰は非人道的であってはならないというだけでは不十分であって、積極的に人道的でなければならない（団藤・四六八頁〜四七二頁）。

二　刑罰権

①　犯罪に対してその犯人を処罰しうる国家の権能を刑罰権（subjektives Strafrecht）という。刑罰権には、抽象的・一般的に国家はおよそ犯罪があるときは犯人を処罰しうるという「一般的刑罰権」と、具体的に犯罪が行われた場合に国家は犯人を処罰しうるという「個別的刑罰権」とが含まれている。個別的刑罰権は「刑罰請求権」（Strafanspruch）ともいわれる。個別的刑罰権に対応して、犯人は刑罰受忍義務（Strafduldungspflicht）を負担するのであり、そこに権利義務の関係が認められ、これを「刑罰法律関係」（Strafrechtsverhältnis）と呼ぶ。ところで、個別的刑罰権もそれ自体はなお観念的な存在にすぎない。実際に刑罰を科しうるためには、その前提として、裁判所によって犯人に対する有罪判決が下されそれが確定したことを要する。この意味において、刑罰権においては、未確定段階における観念的刑罰権と、確定した段階における現実的刑罰権を区別しうるのであり、これに対応して、観念的刑罰法律関係と現実的刑罰法律関係とが認められるのである（大塚・五一五頁）。前者については「刑罰の適用」、後者については「刑罰の執行」の問題として後述しよう。

②　犯罪が成立すればただちに刑罰権が発生するのが原則である。しかし、一定の場合には犯罪が成立しても刑

罰権の発生が他の事由に依存させられている場合がある。その事由を客観的処罰条件（objektive Bedingungen der Strafbarkeit）と呼ぶ（例えば、事前収賄罪において公務員または仲裁人になったこと（刑法一九七条二項））。また、犯罪は成立しているが、一定の事由の存在により刑罰権の発生が妨げられる場合がある。その事由を人的処罰阻却事由（persönliche Strafausschließungsgründe）と呼ぶ（例えば、刑法二四四条一項の親族関係）。

第二節　刑罰の種類

一　総説

現行法は、刑罰につき、「死刑、懲役、禁錮、罰金、拘留、科料」を主刑とし、「没収」を付加刑と定めた（刑法九条）。主刑（Hauptstrafe）とはそれ自体を独立に科しうる刑罰であり、付加刑（Nebenstrafe）とは主刑を言渡すときこれに付加してのみ科しうる刑罰である。これら以外の懲戒罰や過料は行政罰であって刑罰ではない。

二　死刑

①死刑（Todesstrafe）は、刑事施設内において絞首して執行され（刑法一一条一項）、死刑の言渡しを受けた者は、その執行に至るまで刑事施設に拘置される（刑法一一条二項）。現行刑法は、殺人罪（一九九条）、強盗致死罪（二四〇条後段）、強盗強姦致死罪（二四一条後段）、内乱罪の首謀者（七七条一号）、外患誘致罪（八一条）、現住建造物等放火罪（一〇八条）、等々十数罪に死刑を法定し、また、特別刑法上、爆発物使用罪（爆発物取締罰則一条）、決闘殺人罪（決闘罪ニ関スル件三条）、人質殺害罪（人質による強要行為等の処罰に関する法律四条）、他に死刑を法定している。②死刑については、死刑廃止論が次第に強く主張されるようになってきた。死刑の威嚇力は終身

の自由刑に劣り、また、死刑は残酷な行為の手本となるもので社会的に有害である、等と論じて、死刑廃止論に先駆的役割を果たしたのはベッカリーアであった。これに対して、死刑存置論を主張したのは、モンテスキュー、ルソー、カント、ヘーゲル、等々であった。今日、死刑存置論と死刑廃止論をめぐって見解が対立していることは我々のよく知るところである。③「死刑存置論の論拠」としては、(a)人を殺した者がその生命を奪われねばならないということは一般人の法的確信であること、(b)法秩序維持のためには重大な犯罪に対し死刑の威嚇力に期待しなければならないこと、(c)死刑を廃止したら凶悪犯人による生命の危険にさらされること、(d)極悪な人物は死刑によって社会から完全に隔離する必要があること、等々が挙げられ、「死刑廃止論の論拠」としては、(a)死刑は残酷であること、(b)執行上に差別を設けることが困難であること、(c)誤判により死刑が執行されれば回復不可能であること、(d)国家が殺人行為を非としながら死刑を行うことは矛盾であること、(e)死刑の威嚇力はさして大きくはないこと、(f)死刑のもつ刑事政策的意味が社会からの永久的隔離であるとすれば同様な効果を期待しうる方法は他にも考えられること、(g)死刑は被害者に対する損害賠償の点からも用をなさないこと、等々が挙げられている（大塚・五二〇頁）。④死刑存置論、死刑廃止論、それぞれの論拠については、あるものは反駁可能であろうし、また、あるものは反駁困難といえるであろう。その中でとりわけ重大と思われるのは、廃止論における誤判による死刑執行の回復不可能性の問題である。如何に確実性の高い裁判制度を設けようとも、裁判を行うのは所詮人間であるから絶対に誤った裁判を行わないという保障はない。現に、我々は、死刑囚再審事件で無罪となったケースや下級審で死刑判決を受けながら上級審で無罪となったケースを体験している。裁判に誤判の可能性がある以上、死刑は廃止されるべきであると思う。⑤問題は、死刑が廃止された場合にこれに代わるべき刑罰として何を構想するかであるが、仮釈放のない絶対的無期刑や、仮釈放を認めながらそれに要する服役期間を相当長期にする案、等が呈示され論議がなされている。このような刑罰は、受刑者をしばしば精神的絶望と肉体的疲弊の極に陥らせる残虐な刑罰であるから許容できないという見解（三原＝津田・三二五頁）もあるが、死刑に代替する刑罰となれば通常の無期刑とは異ならしめるべきであって、私見は、仮釈放のない絶対的無期刑を支持したいと思う。⑥わが国の判例は、死刑存置論の立場に立っている。すなわち、死刑は憲法三六条の残虐な刑罰にあたらないとした著名な判例において、「憲法は現代多数の文化国家におけると同様に、刑罰として死刑の存置を想定し、これを是認したものと解すべきである。言葉をかえれば、死刑の威嚇力によって一般予防をなし、死刑の執行によって特殊な社会悪の根源を断ち、これをもって社会を防衛せんとしたものであり、また個体に対する人道観の上に全体に対する人道観を優位せしめ、結局社会公共の福祉のために死刑制度の存続の必要性を承認したものと解されるのである」（最大判昭二三・三・一二刑集二巻三号一九一頁）と述べ、また、比較的最近では、死刑選択の規準に関し、「死刑制度を存置する現行法制の下では、犯行の罪質、動機、態様、ことに殺害の手段方法の執拗性・残虐性、結果の重大性ことに殺害された被害者の数、遺族の被害感情、社会的影響、犯人の年齢、前科、犯行後の情状など各般の情状を併せて考察したとき、その罪責が誠に重大であって、罪刑の均衡の見地からも一般予防の見地からも極刑がやむをえないと認められる場合には、死刑の選択も許されるものといわなければならない」（最判昭五八・七・八刑集三七巻六号六〇九頁）と論じ、注目すべき判断を示している。⑦死刑の刑を減軽して有期の懲役又は禁錮とする場合においては、その長期を三十年とする（一四条一項）。

三　懲役、禁錮、拘留

懲役、禁錮、拘留は、受刑者を拘禁してその自由を剥奪する自由刑である。

①懲役　懲役は、無期及び有期とし、有期懲役は一月以上二十年以下とし（刑法一二条一項）、有期懲役を加重する場合に

は三十年にまで上げることができ、減軽する場合には一月未満に下げることができる（刑法一四条二項）。無期の懲役刑を減軽して有期の懲役とする場合においては、その長期を三十年とする（一四条一項）。懲役に処せられた者は、刑事施設に拘置して所定の作業を行わせる（刑法一二条二項、刑事収容施設及び被収容者等の処遇に関する法律九二条〜九八条）。

②**禁錮**　禁錮は、無期及び有期とし、有期禁錮は一月以上二十年以下とし（刑法一三条一項）、懲役の場合と同様に、有期禁錮を加重する場合には三十年にまで上げることができ、減軽する場合には一月未満に下げることができる（刑法一四条二項）。無期の禁錮刑を減軽して有期の禁錮とする場合においては、その長期を三十年とする（一四条一項）。禁錮に処せられた者は、刑事施設に拘置する（刑法一三条二項、刑事収容施設及び被収容者等の処遇に関する法律九三条）。懲役との違いは刑務作業を強制されない点にある。この点については、禁錮刑に処せられる犯罪は非破廉恥犯罪であって、刑にも名誉拘禁的色彩が付与されるとの見解もあるが、犯罪に破廉恥犯と非破廉恥犯があるというのは説得的でなく、また、禁錮刑を名誉拘禁的なものと観てその受刑者に強制労働を科さないのは時代錯誤的な労働蔑視の思想に由来するものといえよう。このような状況の中で、かなり少数の禁錮受刑者と大多数の懲役受刑者とを区別して取り扱う煩瑣を回避したいという実際上の要請とも相まって、懲役刑と禁錮刑との区別を撤廃し、自由刑の単一化をはかろうとする「単一刑論」の主張も展開されているのである。なお、禁錮受刑者が作業を行いたい旨の申出をした場合にはそれを許すことができる（刑事収容施設及び被収容者等の処遇に関する法律七二条）。

③**拘留**　拘留は、一日以上三十日未満とし、刑事施設に拘置する（刑法一六条、刑事収容施設及び被収容者等の処遇に関する法律二条一項）。刑期が短いことと作業が強制されない点において懲役と異なる。なお、短期自由刑（kurzfristige Freiheitsstrafe）には、受刑者の改善に役立たず、また、一般予防的効果も期し難いなどの問題が弊害として論じられており、その代替策や改良策が考慮されている。代替策としては、罰金刑への代替、刑の執行猶予・宣告猶予・起訴猶予などの制度の活用が提

案されており、改良策としては、週末拘禁制や半拘禁制、社会奉仕命令制、等が考えられている（大塚・五二六頁注(七)）。

四　罰金、科料

罰金、科料は、受刑者から一定の金額を剥奪する財産刑である。

①罰金　罰金は一万円以上とする。ただし、これを減軽する場合には一万円未満に下げることができる（刑法一五条）。

②科料　科料は千円以上一万円未満とする（刑法一七条）。

③労役場留置　(a)罰金を完納することができない者は、一日以上二年以下の期間労役場に留置され（刑法一八条一項）、科料を完納することができない者は、一日以上三十日以下の期間労役場に留置される（刑法一八条二項）。一種の換刑処分であり、労役場は刑事施設に附置される（刑事収容施設及び被収容者等の処遇に関する法律二八七条、二八八条）。(b)罰金を併科した場合又は罰金と科料とを併科した場合における留置の期間は三年を超えることができない。科料を併科した場合における留置の期間は六十日を超えることができない（刑法一八条三項）。(c)罰金又は科料の言渡しをするときは、その言渡しとともに罰金又は科料を完納することができない場合における留置の期間を定めて言渡さなければならない（一八条四項）。(d)罰金については裁判が確定した後三十日以内、科料については裁判が確定した後十日以内は、本人の承諾がなければ留置の執行をすることができない（一八条五項）。(e)罰金又は科料の一部を納付した者についての留置の日数は、その残額を留置一日の割合に相当する金額で除して得た日数（その日数に一日未満の端数を生じるときは、これを一日とする。）とする（一八条六項）。

五　没収、追徴

①**没収**　(a)没収（Einziehung）とは、犯罪行為に関る物につき、所有権を剝奪して国庫に帰属させる処分をいう。没収は付加刑である。(b)刑法一九条により没収することができるのは、（i）犯罪行為を組成した物（一項一号、組成物件）、例えば、わいせつ文書販売罪の猥褻文書、（ii）犯罪行為の用に供しまたは供しようとしたもの（一項二号、供用物件）、例えば、殺人行為に用いられた拳銃、（iii）犯罪行為によって生じ、若しくはこれによって得た物又は犯罪行為の報酬として得た物（一項三号、生成物件、取得物件、報酬物件）、例えば、生成物件としては文書偽造罪における偽造文書、取得物件としては賭博によって得た財物、報酬物件としては偽証したことの謝礼、（iv）（iii）に掲げる物の対価として得た物（一項四号、対価物件）、例えば、盗品その他財産に対する罪にあたる行為によって領得された物の売却対価、等である（中山・五五四頁）。(c)以上の物が没収の対象となるが、犯人以外の者に属しない物に限り没収することができる。ただし、犯人以外の者に属する物であっても、犯罪の後にその者が情を知って取得したものであるときは、これを没収することができる（刑法一九条二項）。(d)没収には制限があり、拘留又は科料のみにあたる罪については、特別の規定がなければ没収を科することができない。ただし、一九条一項一号に掲げる物の没収についてはこの限りでない（刑法二〇条）。

②**追徴**　犯罪行為によって生じた物、犯罪行為によって得た物、犯罪行為の報酬として得た物、またはこれらの物の対価として得た物の全部又は一部を没収することができないときは、その価額を追徴することができる（刑法一九条の二）。犯人に不当な利益を得させまいとする趣旨である。追徴とは、没収が不可能な場合にそれに代わる金額を国庫に納付させる処分である。刑罰ではないが没収に代わる処分である。

第二章　刑罰の適用

第一節　法定刑とその加減

一　法定刑の意義と軽重

(1)　法定刑の意義　法定刑とは、刑罰法規の各本条において規定されている刑をいう。犯罪が成立すると刑の適用が行われるが、刑適用の主体は裁判官である。ところで、刑罰を定める立法形式には三種のものがあり、第一は、刑罰を特定せずその適用をまったく裁判官の裁量に委ねる絶対的専断刑主義（absolut unbestimmte Strafdrohung）であり、第二は、個々の犯罪に対する刑罰の種類および程度を厳格に示し裁判官に裁量の余地を残さない絶対的法定刑主義（absolut bestimmte Strafdrohung）であり、第三は、刑罰の種類、分量について相対的に規定し一定の範囲内で裁判官に宣告すべき刑を裁量させる相対的法定刑主義（relativ bestimmte Strafdrohung）である。近世初頭の国家絶対主義的思想の影響下では絶対的専断刑主義が著しかったが、啓蒙主義的自由主義思想の台頭に伴って絶対的法定刑主義がこれに代わり、さらに具体的妥当性を失しないため相対的法定刑主義が一九世紀の刑事立法を支配するところとなった（大塚・五三六頁）。現行刑法も相対的法定刑主義を採用している。

(2)　法定刑の軽重　現行刑法は、例えば、六条、四七条、五四条、一四五条、二一九条、その他の規定においいて二つ以上の法定刑を比較しその軽重を定めなければならない場合があるとしているところから、刑法一〇条は次のような軽重の基準を設けている。(i)主刑の軽重は、死刑、懲役、禁錮、罰金、拘留、科料の順序による。ただし、無期の禁錮と有期の懲役とでは禁錮を重い刑とし、有期の禁錮の長期が有期の懲役の長期の二倍を超えるときも禁錮を重い刑とする（一〇条一項）。(ii)同種の刑は、長期の長いもの又は多額の多いものを重い刑とし、長期又は多額が同じであるときは、短期の長いもの又は寡額の多いものを重い刑とする（一〇条二項）。(iii)二個以上の死刑又は長期若しくは多額及び短期若しくは寡額が同じである同種の刑は、犯情によってその軽重を定める（一〇条三項）。(iv)異種類の刑が選択刑または併科刑として規定されている場合に、他の刑との軽重の比較をどのように行うかについては直接の規定はなく、各主刑の全体を対照すべきであるとする見解（全体的対照主義）もあるが、刑法施行法三条三項（「一罪ニ付キ二個以上ノ主刑ヲ併科ス可キトキ又ハ二個以上ノ主刑中其一個ヲ科ス可キトキハ其中ニテ重キ刑ノミニ付キ対照ヲ為ス可シ」）の趣旨に鑑み重い刑のみを比較対照すべきであるとする見解（重点的対照主義）に従う方が便宜と思われる（大塚・五三七頁、川端・七〇一頁、最判昭二三・四・八刑集二巻四号三〇七頁）。

二　法定刑の加重・減軽

法定刑は、その具体的適用に際して、刑の加重・減軽事由がある場合には一定の修正を施される。法定刑に修正を施して得られた刑を処断刑と呼ぶ。刑の加重・減軽事由は、法律上の事由と裁判上の事由に分かれる。

(1)　法律上の加重・減軽事由

①法律上の加重事由には、併合罪加重と累犯加重がある。前者については罪数論ですでに述べた。後者については後に述べる。②法律上の減軽事由には、必要的減軽事由と任意的減軽事由とがある。(i)必要的減軽事由には、心神耗弱（刑法三九条二項）、中止犯（刑法四三条ただし書）、従犯（刑法六三条）、等があり、通常「刑を減軽

する」と規定されている。(ii)任意的減軽事由には、過剰防衛(刑法三六条二項)、過剰避難(刑法三七条一項ただし書)、自首・首服(刑法四二条)、障害未遂(刑法四三条本文)、等があり、通常「刑を減軽することができる」と規定されている。(iii)なお、少年法五一条の規定も一種の法律的減軽事由に関する規定といえよう。

(2) 裁判上の加重・減軽事由　①裁判上の加重事由は、一般的に考えられていない。②裁判上の減軽事由は酌量減軽の場合をいうが、これについては後述する。

三　累犯、常習犯

(1) 累犯　①**意義**　累犯(Rückfall)は、広義では、確定裁判を経た犯罪(前犯)に対してその後に犯された犯罪(後犯)を意味するが、狭義では、広義の累犯のうち一定の要件を具備することによって刑を加重されるものをいう。刑法における累犯は狭義の累犯である(大塚・五三九頁)。累犯が刑を加重される根拠については、一度刑を科されたにもかかわらず、懲りずに犯罪を繰り返したという点で初犯者より強く非難され責任が重いからと解する。②**累犯の要件**　刑法五六条が規定する累犯の要件は以下の如くである。(i)前犯として懲役に処せられた者、またはこれに準ずべきものであること。「懲役に処せられた者」とは、懲役の確定裁判を受けた者をさし、「懲役に処せられた者に準ずべき者」にあたる場合とは、懲役にあたる罪と同質の罪により死刑に処せられた者がその執行の免除を得た場合、または減刑により懲役に減軽されてその執行を終り、もしくはその執行の免除を得た場合(刑法五六条二項)、および、併合罪について処断された者が、その併合罪のうちに懲役に処すべき場合があったのに、その罪が最も重い罪でなかったため懲役に処せられなかったものである場合(刑法五六条三項)が定められている。(ii)前犯の刑の執行を終った日、またはその執行の免除を得た日から五年以内に後犯が犯されたこと。(iii)後犯についても、犯人を有期懲役に処するときであること。(iv) 以上の要件を具備する場合、後犯は再犯とされる（刑法五六条一項）。③ **処分**　再犯の刑は、その罪について定めた懲役の長期の二倍以下とする（刑法五七条）。三犯以上の者についても再犯の例による（刑法五九条）。長期を加重しても三十年を超えることができない点に注意を要する（刑法一四条二項）。

(2)　常習犯　①累犯は、普通累犯と常習累犯とに分けることができる（改正刑法草案五八条参照）。常習累犯とは累犯者がその犯罪についての常習性を帯びている場合であり、常習犯とも呼ばれる。常習犯は、行為者の犯罪反復の危険性を核心とする観念であって、刑事学的に特別の考察の対象にされている。しかし、現行法上は、常習犯に対する一般的考慮は払われておらず、例えば、常習賭博罪（刑法一八六条一項）のように、個々的に刑を加重する特別構成要件が設けられているにすぎない。②常習犯についても累犯加重をなし得るかにつき、判例はこれを肯定しているが（大判大七・七・一五刑録二四輯九七五頁、最決昭四四・六・五刑集二三巻七号九三五頁、他）、実定法の解釈論としても、処罰の権衡上この立場を支持すべきであろう。累犯加重をしなければ、例えば、暴力行為等処罰ニ関スル法律一条ノ三の常習傷害犯人に対する刑は一年以上十五年以下の懲役に止まり、より情状の軽い傷害罪（刑法二〇四条）の通常の累犯の刑が三十年以下の懲役にいたりうることとの間に不調和をもたらすからである。

四　自首、首服、自白

(1)　自首　自首とは、犯人が捜査機関の取調べをまたずに自発的に自己の犯罪事実を申告し処分を求めることをいう。罪を犯したものが捜査機関に発覚する前に自首したときは、その刑を減軽することができる（刑法四二条一項）。現行刑法上、自首は任意的減軽事由とされている。もっとも、かような刑法総則の一般規定に対しては、刑法各則および特別法上、自首による刑の必要的免除（刑法八〇条、刑法九三条、爆発物取締罰則一一条、等）、必要的減免（刑法二二八条の三ただし書、破壊活動防止法三八条三項、等）、任意的減免（経済関係罰則ノ整備ニ関スル法律四条二項）、の規定が置かれていることを注意しておくべきである。

(2) 首服　首服とは、親告罪の犯人が自己の犯罪事実を告訴権者に告白してその告訴に委ねることをいう。その場合にも刑を軽減することができる（刑法四二条二項）。首服の時期については明文はなく、犯罪が被害者に発覚する前に行われたことを必要とする見解（大塚・五四七頁、川端・七〇九頁、他）もあるが、首服の制度は自白と同様の趣旨に基づくと解すべきであるから、捜査機関に発覚する前であればよいとなすべきであろう（小野・二九三頁、植松・四四一頁、団藤・五二七頁、福田・三四七頁、大谷・五四〇頁、他）。

(3) 自白　自白とは、捜査機関に対して自己の犯罪事実を認める犯人の供述をいう。自白については、刑法総則上特別の規定は設けられていないが、刑法各則あるいは特別法上、刑の任意的減免事由とされている場合がある（刑法一七〇条、同法一七三条、特許法一九九条二項、商標法八一条二項、等）。

五　酌量減軽

酌量減軽とは、「犯罪の情状に酌量すべきものがあるとき」に、酌量して任意的にその刑を減軽することをいう（刑法六六条）。裁判上の刑の減軽事由である。「犯罪の情状に酌量すべきものがあるとき」とは、犯罪の具体的状況に照らして、法定刑または処断刑の最下限を適用してもなお刑が重すぎる場合をいうと解すべきである（大判昭七・六・六刑集一一巻七五六頁、改正刑法草案五二条一項参照）。「犯罪の情状」とは、犯罪の動機、日常生活における行状、犯罪後の後悔、等の主観的事情、あるいは、犯罪の軽微といった客観的事情、等のすべてを含む。なお、法律上刑を減軽し又は加重する場合であっても酌量減軽をすることができる（刑法六七条）。

六　加重減軽の方法

刑法は、刑を加重・減軽する方法・順序について以下のように規定している。

①法律上の減軽方法　法律上刑を減軽すべき一個又は二個以上の事由があるときは、次の例による（刑法六八条）。（ⅰ）死刑を減軽するときは、無期の懲役若しくは禁錮又は十年以上の懲役若しくは禁錮とする（一号）。懲役、禁錮のいずれにするかは犯罪の性質によって決する（例えば、殺人罪の犯人に対しては懲役、内乱罪の犯人に対しては禁錮）。（ⅱ）無期の懲役又は禁錮を減軽するときは七年以上の有期の懲役又は禁錮とする（二号）。減軽は刑期についてなし得るのであって刑種についてはなし得ない。（ⅲ）有期の懲役又は禁錮を減軽するときは、その長期及び短期の二分の一を減ずる（三号）。短期は一月未満に下げることができる（刑法一四条二項後段）。（ⅳ）罰金を減軽するときは、その多額及び寡額の二分の一を減ずる（四号）。（ⅴ）拘留を減軽するときは、その長期の二分の一を減ずる（五号）。（ⅵ）科料を減軽するときは、その多額の二分の一を減ずる（六号）。**②数個の刑名がある場合**　法律上刑を減軽すべき場合において、各本条に二個以上の刑名があるときは、まず適用する刑を定めてその刑を減軽する（刑法六九条）。**③端数の切捨て**　懲役、禁錮又は拘留を減軽することにより一日に満たない端数が生じたときは、これを切り捨てる（刑法七〇条）。**④酌量減軽の方法**　酌量減軽をするときも、六八条、七〇条の例による（刑法七一条）。六九条が除外されているのは、酌量減軽が行われる以前に法律上の加重減軽が行われている故、その際適用すべき刑名が確定されているからである。**⑤加重減軽の順序**　同時に刑を加重し又は減軽するときは、（ⅰ）再犯加重、（ⅱ）法律上の減軽、（ⅲ）併合罪の加重、（ⅳ）酌量減軽、の順序による（刑法七二条）。加重減軽の順序を定めた趣旨は、これを定めておかないと具体的適用にあたって異なった結論を生じ、不公平な結果が発生し得るからである。なお、観念的競合および牽連犯の処断は、併合罪の加重に準じて法律上の減軽の次に行うべきであろう（団藤・五二九頁、大塚・五五〇頁）。判例は、五四条を適用したの

ち累犯の適用をするべきものとしているが（大判昭五・一一・二二刑集九巻八二三頁）、十分に理由あるものとは思えない。

第二節　刑の量定、言渡、免除

一　刑の量定

(1)　刑の量定　刑の量定とは、法定刑、あるいはこれを加重減軽する事由があるときはこれを加えて得られた処断刑の範囲内で、具体的に言渡すべき刑罰、すなわち、宣告刑を決定することを意味する（中山・五六五頁）。法定刑から処断刑を経て宣告刑を決定するのは裁判官であり、そこでは非常に広汎な自由裁量の余地が与えられている。そして、この自由裁量は決して裁判官の恣意的裁量を認めるものではなく、裁判官は具体的犯罪の情状に適合した合理的で妥当な刑の算定の努力をしなければならない。刑事訴訟法上、量刑不当が上訴事由とされているのは（刑事訴訟法三八一条、同法四一一条）、この間の事情をよく物語っている。

(2)　量刑基準　現行法上量刑基準を示した規定は存在しない。ただ、起訴便宜主義を定めた刑事訴訟法二四八条が、「犯人の性格、年齢及び境遇、犯罪の軽重及び情状並びに犯罪後の状況により訴追を必要としないときは、公訴を提起しないことができる」と定めていることは、量刑にあたっても参考となろう。また、改正刑法草案四八条が刑の適用の一般基準として、「刑は、犯人の責任に応じて量定しなければならない」（一項）。「刑の適用にあたっては、犯人の年齢、性格、経歴及び環境、犯罪の動機、方法、結果及び社会的影響、犯罪後における犯人の態度その他の事情を考慮し、犯罪の抑制及び犯人の改善更生に役立つことを目的としなければならない」（二項）。「死刑の適用は、特に慎重でなければならない」（三項）という規定を設けていることは、現行刑法の下でも十分参酌に値するであろう。(ただし、私見は死刑廃止の立場に立つので、第三項は参酌の対象とならない)。裁判官は刑罰の本質が応報であることを弁えながら行刑の目的は教育であることを銘記して、刑事政策的には一般予防、特別予防を考慮しつつ、合理的かつ妥当な量刑を心がけることが肝要であると思料する。

二　刑の言渡、免除

(1)　刑の言渡　①裁判官による刑の量定の結果、処断刑の範囲内において、具体的に決定され言渡される刑を宣告刑という。宣告刑を定めるについて、裁判官が宣告刑の内容を確定して行う確定宣告刑主義と、宣告刑の内容の全部または一部を確定することなくその執行にあたってこれを確定する不確定宣告刑主義とがある。前者における自由刑を定期刑、後者における自由刑を不定期刑と呼び、不定期刑には絶対的不定期刑と相対的不定期刑とがある。絶対的不定期刑は全く刑期に定めのない刑をいい、相対的不定期刑は一定の長期及び短期を定めて言渡される刑をいう。絶対的不定期刑は実質上刑の法定の趣旨を没却するおそれがあり、罪刑法定主義により排斥された理由もここにある。わが国では定期刑主義を建前としているが(刑法二四条二項、同法二八条、等参照)、少年法五二条においては相対的不定期刑が採用されていることに注意しておかなければならない。②犯罪に対する国家の観念的刑罰権は、有罪判決によって現実化される。判決確定によって、現実的刑罰権へと変わるのである。③刑の言渡しに伴い法令上資格制限が行われる場合が少なくない。例えば、(i)禁錮以上の刑に処せられたときは、裁判官(裁判所法四六条一号)、検察官(検察庁法二〇条一号)、弁護士(弁護士法七条一号)などの職には就きえない。(ii)禁錮以上の刑に処せられ、その執行を終るまでまたは執行を受けることがなくなるまでの者は、国家公務員(国家公務員法三八条二号)、地方公務員(地方公務員法一六条二号)などになり得ない。(iii)禁錮以上の刑に処せられたときは、その執行を終り、または執行を受けることがなくなってもなお一定の期間職に就きえない場合として、例えば、司法書士は三年（司法書士法五条一号）、その他がある。

(2) 刑の免除　刑の免除の判決は、法律上刑を免除すべき事由がある場合になされる。刑の免除事由には、必要的免除事由と任意的免除事由がある。前者の例としては、内乱罪における自首（刑法八〇条）、私戦予備・陰謀罪における自首（刑法九三条）、等が、後者の例としては、親族間の犯人蔵匿・証拠隠滅罪（刑法一〇五条）、等がある。

第三章　刑罰の執行

第一節　各種刑罰の執行

一　総説

刑の言渡しの裁判の確定によって国家刑罰権が現実のものとなり、国家と犯人の間に現実の刑罰法律関係が生じ、国家は犯人を受刑者として処遇する権限を取得するとともに、犯人は受刑者としての法的地位を与えられる。国家刑罰権の現実化する過程を刑罰の執行という。刑罰の執行においては、以下の三つの原則が支配する。①**人道主義の原則**　国際人権規約B規約七条は、人道主義につき「何人も、拷問又は残虐な、非人道的な若しくは品位を傷つける取扱い若しくは刑罰を受けない。特に、何人も、その自由な同意なしに医学的又は科学的実験を受けない」とし、さらに、「自由を奪われたすべての者は、人道的にかつ人間の固有の尊厳を尊重して、取り扱われる」（同一〇条一項）と規定している。②**法律主義の原則**　これは、刑罰の執行は自由・行動の制限など対象者の人権剝奪を伴うのが通常であるから、憲法三一条に従い、手続のみならず実体的に適正な法律を根拠としなければならないとする趣旨である。また、法律主義の当然の要請として、憲法一四条一項の平等主義に立脚して、同一の事情にある犯罪者に対しては同じような処遇を行わなければならないという原則が支配する。これを特に、公平の原則という。③**個別化**

の原則　これは、犯罪者の改善・社会復帰のためには、犯罪者が罪を犯すに至った環境的背景を明らかにし、個々の犯罪者の資質・人格的特性を考慮して、その者の改善・社会復帰に適した執行方法を選択し実施しなければならないとする趣旨である（大谷・『刑法講義総論』（第四版補訂版）五五一頁～五五二頁）。この三つの原則の下に刑罰の執行を考えて行くべきである。

二　死刑の執行

①死刑は、刑事施設内の刑場に於て絞首して執行する（刑法一一条一項、刑事収容施設及び被収容者等の処遇に関する法律一七八条一項）。執行するときは、絞首の後死相を検しなお五分を経なければ絞縄を解くことはできない（刑事収容施設及び被収容者等の処遇に関する法律一七九条）。死刑の執行は法務大臣の命令による。その命令は判決確定の日から六箇月以内にしなければならない（刑事訴訟法四七五条一項、二項）。法務大臣が死刑の執行を命じたときは、五日以内にその執行をしなければならない（刑事訴訟法四七六条）。ただし、大祭祝日、一月一日二日及び一二月三一日には執行しない（刑事収容施設及び被収容者等の処遇に関する法律一七八条二項）。死刑は、検察官、検察事務官及び刑事施設の長又はその代理者の立会の上執行しなければならず（刑事訴訟法四七七条一項）、死刑執行に立ち会った検察事務官は、執行始末書を作り、検察官及び刑事施設の長又はその代理者とともにこれに署名押印しなければならない（刑事訴訟法四七八条）。刑場には検察官又は刑事施設の長の許可を受けた者でなければ入ることができない（刑事訴訟法四七七条二項）。②死刑の言渡しをうけた者は、その執行に至るまで刑事施設に拘置する（刑法一一条二項）。死刑の言渡しを受けた者が拘禁されていないときは、検察官は執行のためこれを呼出し、呼出しに応じないときは収容状を発して収容する（刑事訴訟法四八四条以下）。死刑の言渡しを受けた者が、心神喪失の状態にあるとき、または女子で懐胎しているときは、法務大臣の命令によってその執行を停止し、心神喪失の状態の回復後又は出産後、法務大臣の命令がなければ執行することはできない（刑事訴訟法四七九条）。③死刑の執行方法を具体的に定めた法規としては、明治六年の太政官布告六五条の絞罪器械図式があるが、そこに図示さ

れているのは屋上絞架式であって現在用いられている地下絞架式のものと異なる。この点を指摘して現在の死刑執行は憲法三一条に違反するとの上告がなされたが、最高裁は、右太政官布告は今日でも法律と同一の効力があるとし、かつ、現在の死刑執行はそこに規定された執行方法の基本的事項に反するものではないから違憲ではないと判示した（最大判昭三六・七・一九刑集一五巻七号一一〇六頁）。

三　自由刑の執行

(1)　懲役、禁錮、拘留の執行　①懲役、禁錮、拘留の言渡しを受けたものが拘禁されていないときは、検察官は、執行のためこれを呼び出さなければならない。呼出に応じないときは収容状によって収容する（刑事訴訟法四八四条以下）。②以下の場合には執行が停止される。(a) **必要的執行停止**　懲役、禁錮、拘留の言渡を受けたものが心神喪失の状態にあるときは、検察官はその状態が回復するまで執行を停止し（刑事訴訟法四八〇条）、その場合には、検察官は刑の言渡を受けた者を監護義務者又は地方公共団体の長に引き渡し、病院その他の適当な場所に入れさせなければならない（刑事訴訟法四八一条）。(b) **任意的執行停止**　懲役、禁錮、拘留の言渡を受けたものに次の事由があるときは、検察官は執行を停止することができる（刑事訴訟法四八二条）。(i) 刑の執行によって、著しく健康を害するとき又は生命を保つことのできなくなる虞があるとき、(ii) 年齢七十年以上であるとき、(iii) 受胎後百五十日以上であるとき、(iv) 出産後六十日を経過しないとき、(v) 刑の執行によって回復することのできない不利益を生ずる虞があるとき、(vi) 祖父母又は父母が年齢七十年以上又は重病若しくは不具で、他にこれを保護する親族がないとき、(vii) 子又は孫が幼年で、他にこれを保護する親族がないとき、(viii) その他重大な事由があるとき。③懲役および禁錮は刑事施設において執行し、懲役には所定の作業が科せられる（刑法一二条二項、同法一三条二項）。拘留は刑事施設において執行する（刑法一六条）。

(2)　期間計算　①自由刑の刑期は裁判が確定した日から起算する（刑法二三条一項）。しかし、拘禁されていない日数は、裁判が確定した後であっても刑期に算入しない（刑法二三条二項）。刑の執行中に逃走した者、刑の執行停止によって釈放された者はその拘禁されなかった日数は刑期に算入されないし、仮釈放の処分が取り消された場合における釈放中の日数についても算入されない（刑法二九条三項）。②月又は年によって期間を定めたときは暦に従って計算する（刑法二二条）。自由刑の刑期、労役場留置の期間（刑法一八条）、刑の全部及び一部の執行猶予の期間、時効期間（刑法三二条）、累犯期間（刑法五六条）、等で期間の計算は問題となるため、刑法二二条が規準を与えたのである。「暦に従って計算する」というのは、月の大小、年の平閏を考慮にいれる趣旨である。日によって期間を定めたときは、実日数をもって計算する。③受刑の初日は、時間にかかわらず一日として計算する。時効の初日についても同様とする。刑期が終了した場合における釈放は、その終了の日の翌日に行う（刑法二四条）。

(3)　未決拘留日数の本刑通算　①未決勾留の日数は、その全部又は一部を本刑に算入することができる（刑法二一条）。未決勾留は訴訟法上の必要に基づく拘禁であって刑罰ではないが、その自由剝奪という点で自由刑と共通の性格をもっているところから、衡平の観念に基づいて裁判所の裁量による通算を認めたのである。これを裁定通算（任意的通算）と呼ぶ。②上訴の提起期間中の未決勾留の日数は、上訴申立後の未決勾留の日数を除き全部これを本刑に通算する。上訴申立後の未決勾留の日数は、検察官が上訴を申し立てたとき、および、検察官以外の者が上訴を申し立てた場合においてその上訴審において原判決が破棄されたときには、全部これを本刑に通算する。これらの場合の通算については、未決勾留の一日を刑期の一日又は金額の四千円に折算する。上訴裁判所が原判決を破棄した後の未決勾留は、上訴中の未決勾留日数に準じてこれを通算する（刑事訴訟法四九五条）。これを法定通算（必要的通算）という。

四　財産刑の執行

①罰金、科料、没収、追徴の裁判は、検察官の命令によってこれを執行する。この命令は、執行力のある債務名義と同一の効力を有し、その執行には、執行前に裁判の送達を要しないほか、民事執行法その他強制執行の手続に関する法令の規定が準用される（刑事訴訟法四九〇条）。②没収又は租税その他の公課若しくは専売に関する法令の規定により言い渡した罰金若しくは追徴は、刑の言渡を受けた者が判決の確定した後死亡した場合には、相続財産についてこれを執行することができる（刑事訴訟法四九一条）。刑罰は、本来、一身専属的なものであるが、これは、税法、専売法などの財政法的特性に基づく例外規定である。法人に対して罰金、科料、没収、又は追徴を言い渡した場合に、その法人が判決の確定した後合併によって消滅したときは、合併の後存続する法人又は合併によって設立された法人に対して執行することができる（刑事訴訟法四九二条）。これも行政法的観点からする特別規定である。③裁判所は、罰金、科料、又は追徴を言い渡す場合において、判決の確定を待ってはその執行をすることができず、又はその執行をするのに著しい困難を生ずる虞があると認めるときは、検察官の請求により又は職権で、被告人に対し、仮に罰金、科料又は追徴に相当する金額を納付すべきことを命ずることができる。仮納付の裁判は、刑の言渡と同時に判決でその言渡をしなければならない。仮納付の裁判は、直ちにこれを執行することができる（刑事訴訟法三四八条）。

第二節　刑の執行猶予

一　総　説

刑の執行猶予（以下「執行猶予」と略す）とは、刑の言渡しをした場合において、情状によって一定期間内その執行を猶予し、その期間を無事経過したときは刑の言渡しはその効力を失うとする制度をいう。執行猶予制度の趣旨は、科刑による弊害を避けるとともに、条件に違反した場合には刑が執行されるという心理強制によって、犯人の自覚に基づく改善更生を図るものであって、刑の言渡しによる応報的効果を維持しながら無用の刑の執行を避け、刑罰の目的ことに犯罪者の自力更生の促進を合理的に追及する特別予防にある。その意味で、形式的には執行猶予は刑ではなく刑の附随処分にほかならないが、実質上は、一個の独立した刑事処分としての性質・機能を有するのである（大谷・『刑法講義総論』（第四版補訂版）五五八頁）。なお、平成二五年法律四九号により、「刑の一部の執行猶予」制度が新設された（新規定刑二七条の二以下）。これに伴い、旧来の刑法二五条は「刑の全部の執行猶予」とされる。新制度は現行の実刑と執行猶予のいわば中間刑として位置づけられる。その対象者は、例えば初犯者等で、その者が三年以下の懲役又は禁錮の言い渡しを受けた場合、犯情や境遇を考慮して、刑期の途中から刑事施設外で生活をさせ社会復帰を促そうとするものである。

但し、この制度は未だ実施されていない。平成二八・六・一八までに政令で定める日から改正規定が施行されることになっているからである。

本書の叙述は、全体的に刑の全部の執行猶予に関するものである。

二　刑の執行猶予の言渡

(1)　一度めの執行猶予の要件　(a)執行猶予が言渡され得るのは、(i) 前に禁錮以上の刑に処せられたことがない者（刑法二五条一項一号）、または、(ii) 前に禁錮以上の刑に処せられたことがあっても、その執行を終わった日又はその執行の免除を得た日から五年以内に禁錮以上の刑に処せられたことがない者（刑法二五条一項二号）でなければならない。「前に」とは、執行猶予を言渡す判決の言渡しの前にという意味である（通説、判例〔最判昭三一・四・一三刑集一〇巻四号五六七頁〕）。「禁錮以上の刑に処せられた」とは、その刑を言渡した判決が確定したことを意味するのであって、執行を受けたことは必要でない。前に執行猶予を言渡した判決が確定した後に、それと併合罪の関係にたつべき余罪があるときは、もし同時に審判されていたら一括して二五条一項一号によって刑の執行を猶予することができたものであるから、それとの権衡上、その余罪についても執行を猶予することができるのであり（最大判昭二八・六・一〇刑集七巻六号一四〇四頁）、その限りにおいて「刑に処せられた」とは実刑に処せられたという意味に解しなければならない。この解釈は、刑法二五条二項の規定が設けられた後においても影響をうけるものではなく、併合罪の余罪に関する場合は依然一項一号によるべきである（通説、判例〔最大判昭三二・二・六刑集一一巻二号五〇三頁〕）。(b)執行猶予は、右の者が、三年以下の懲役若しくは禁錮又は五十万円以下の罰金の言渡を受けたときに、情状によって許される。「情状」とは、例えば、犯情が軽微であること、犯人が年少であること、犯人に改悛の状があること、被害の弁償がなされたこと、被害者が宥恕していること、等々、犯罪自体の情状の他、犯罪後の種々の情状をも包含する。

(2)　再度の執行猶予の要件　前に禁錮以上の刑に処せられたことがあってもその執行を猶予された者が一年以下の懲役又は禁錮の言渡しを受け、情状に特に酌量すべきものがあるときもその執行を猶予することができる。ただし、二五条の二第一項の規定により保護監察に付せられ、その期間内に更に罪を犯した者については、執行猶予は許されない（刑法二五条二項）。もっとも、保護監察を仮に解除されたときは、その処分を取り消されるまでの間は保護監察に付されなかったものとみなされる（刑法二五条の二第三項）。

(3)　執行猶予の期間　執行猶予の期間は、裁判が確定した日から一年以上五年以下である（刑法二五条一項）。その範囲内で裁判所の裁量に委ねられている。執行猶予は、刑の言渡しと同時に判決又は略式命令によって言渡される（刑事訴訟法三三三条二項、同法四六一条）。一個の刑の一部に対しても執行猶予は許されることとなった（刑法二七条の二～二七条の七）。懲役と罰金とが併科される場合には、その一方について執行を猶予することが許される（団藤・五八三頁、大塚・五七七頁）。

(4) 保護観察付執行猶予　刑の執行猶予によって犯人の改善・教育を実効あらしめるためには、保護観察制度を併用することが必要である。現行刑法は、一度目の執行猶予の場合には任意的に、再度の執行猶予の場合には必要的に猶予の期間中保護観察に付するとした（刑法二五条の二第一項）。保護観察とは、対象者を指導監督し補導援助することによって、一般社会の中で、その者の改善更生を図ることを目的とする制度であり、執行猶予に附随して付される保護観察はプロベーション型である（大谷・五五二頁）。保護観察の方法については、更生保護法に規定されており、本人に本来自助の責任があることを認めてこれを補導援助するとともに、遵守事項を遵守するよう指導監督することによって、これを行うものである。保護観察は行政官庁である地方更生保護委員会の処分によって仮に解除することができる（刑法二五条の二第二項、更生保護法一六条六号）。保護観察を仮に解除されたときは、刑法二五条二項ただし書及び二六条の二第二号の規定の適用については、その処分を取り消されるまでの間は、保護観察に付されなかったものとみなされる（刑法二五条の二第三項）。保護観察の仮解除をした地方更生保護委員会は、本人の行状により再び保護観察を行うのを相当と認めるときは、決定で仮解除の処分を取り消すことができる（更生保護法一六条六号）。仮解除が取消されれば、執行猶予期間の満了まで保護観察を受ける。

三　刑の執行猶予の取消し

(1) 必要的取消し　以下の場合には、刑の執行猶予の言渡しを取り消さなければならない（刑法二六条）。①猶予の期間内に更に罪を犯して禁錮以上の刑に処せられ、その刑の全部について執行猶予の言渡しがないとき（一号）。②猶予の言渡し前に犯した他の罪について禁錮以上の刑に処せられ、その刑の全部について執行猶予の言渡しがないとき（二号）。「猶予の言渡し前」とは、猶予の判決の確定前の意味に解すべきである（最大決昭四二・三・八刑集二一巻二号四二三頁）。単に判決の宣告前と解すると、判決の宣告後その確定前に犯した他の罪につき禁錮以上の刑に処せられても執行猶予を取消すことができないという不合理な結果になるからである。③猶予の言渡し前に他の罪について禁錮以上の刑に処せられたことが発覚したとき（三号）。ただし、猶予の言渡しを受けたものが刑法二五条一項二号に掲げる者であるとき、または、二六条の二第三号に該当するときを除く（刑法二六条ただし書）。「発覚した」とは、猶予の言渡しが確定した後に、その言渡し前他の罪について禁錮以上の刑に処せられたことが発覚したことをいう。従って、執行猶予の言渡し前に裁判所が被告人の他の前科を知りながら執行猶予を言渡した場合には、これを取消すことはできない（最決昭二七・二・七刑集六巻二号一九七頁）。また、検察官が、被告人が執行猶予の欠格者であることを知りながら、上訴申立権などを行使せず執行猶予の言渡しを確定させた場合にも、検察官はその取消請求権を失い、裁判所も取消しえない（最大決昭三三・二・一〇刑集一二巻二号一三五頁）。

(2)　裁量的取消し　以下の場合には、刑の全部の執行猶予の言渡しを取り消すことができる（刑法二六条の二）。①猶予の期間内に更に罪を犯し、罰金に処せられたとき（一号）。②二五条の二第一項の規定により保護観察に付せられた者が遵守すべき事項を遵守せず、その情状が重いとき（二号）。「遵守すべき事項」とは、更生保護法五十条以下の規定する事項をさす。③猶予の言渡し前に他の罪について禁錮以上の刑に処せられ、その刑の全部の執行を猶予されたことが発覚したとき（三号）。この規定は、刑の執行猶予中のものであることを知らずにさらに刑の執行猶予を言渡した場合に関するもので、裁判所がその事実を知っていたならば後の刑の執行を猶予したかどうかが取消の規準となる。

(3) 競合した執行猶予の取消し　禁錮以上の刑の執行猶予が二個以上競合している場合に、刑法二六条および二六条の二の規定によって禁錮以上の刑の全部の執行猶予の言渡しを取り消したときは、執行猶予中の他の禁錮以上の刑についても、その猶予の言渡しを取り消さなければならない（刑法二六条の三）。同一犯人に対し、一方では自由刑を執行しつつ、他方では別の自由刑について執行猶予を認めることは、執行猶予の趣旨に反するから画一的に取り扱おうとするものである。

(4) 執行猶予の取消しの手続　刑の執行猶予の取消しは、検察官の請求により、裁判所の決定によって行われる（刑事訴訟法三四九条、同法三四九条の二）。保護観察に付された者がその遵守事項に違反したことを理由とする取消し（刑法二六条の二第二号）については、検察官は、保護観察所の長の申出に基づいて右の請求を行わなければならない（刑事訴訟法三四九条二項、同法三四九条の二、更生保護法七九条、八十条三項、五項）。取消しが有効に行われるためには、執行猶予期間満了前に取消決定が確定することを必要とする。

四　刑の執行猶予の効力

(1) 執行猶予の効果　執行猶予の要件を満たせば、刑の執行は猶予される。しかし、刑の言渡しが確定している以上、国家刑罰権は発生したのであるから「刑に処せられた」ことになり、刑の言渡しに伴う法的不利益を免れることはできない。例えば、その執行猶予が次の執行猶予を制限する事由となり（刑法二五条二項）、また、一定の資格制限の事由となる（国家公務員法三八条二号、裁判所法四六条一号、他）。ただし、少年のときに犯した罪について執行猶予の言渡を受けた者には人の資格に関する法令の適用については、将来に向かって刑の言渡を受けなかったものとみなす（少年法六〇条二項）。

(2) 執行猶予の効力　刑の全部の執行猶予の言渡しを取り消されることなく猶予の期間を経過したときは、刑の言渡しは効力を失う（刑法二七条）。「刑の言渡しは効力を失う」とは、刑の執行が免除されるだけでなく、刑の言渡しの効果が将来的に消滅するという意味である。刑の執行猶予の制限事由や資格制限なども存在しなくなる。

第三節　仮釈放

一　総説

仮釈放（bedingte Entlassung）とは、仮釈放と仮出場の総称である（仮釈放には、少年院からの仮退院〔少年院法一二条二項〕、婦人補導院からの仮退院〔売春防止法二五条一項〕も含まれる）。いずれも言渡された自由刑の執行がまだ完全に終了してはいないが、それまでの執行の状況によって更に執行を続ける必要がないとみられる場合に、受刑者を仮に釈放し、その後、残余の期間を無事経過したときは、その執行を免除する制度である。これは、無用の拘禁を避けるとともに、受刑者に将来的な希望を与えてその改善を促し、かつ、刑期終了後における社会復帰を容易にさせようとする刑事政策的意図に出るものである。この制度が行われることによって、自由刑は、事実上不定期刑的性格を帯びることとなる（大塚・五八二頁）。

二　仮釈放

⑴　仮釈放の要件　**①一般の場合**　懲役又は禁錮に処せられた者に改悛の状があるときは、有期刑についてはその刑期の三分の一を、無期刑については十年を経過した後、行政官庁の処分によって仮に釈放を許すことができる（刑法二八条）。「改悛の状」の有無は、具体的には、悔悟の情、更生意欲、再犯の虞がないこと、社会感情が仮釈放を是

認すること、等を総合的に判断して行われる。「行政官庁」とは、地方更生保護委員会をいう（更生保護法一六条一項一号）。刑事施設の長は、受刑者が刑法二八条に掲げる期間を経過したときは、これを地方更生保護委員会に通告しなければならない（更生保護法三三条）。また、刑事施設の長はその者が法務省令で定める基準に該当すると認めるときは、地方更生保護委員会に仮釈放、仮出場又は仮退院の申請をしなければならない（更生保護法三四条一項、二項）。地方更生保護委員は刑事施設の長からの申出がない場合でも、必要があると認めるときは、仮釈放を許すかどうかに関する審理を開始することができる（更生保護法三五条）。審理は地方更生保護委員会の構成員である委員が審理対象者と面接し（更生保護法三七条）、被害者側の申出によりその意見及び心情も聴取することができる（更生保護法三八条一項）。仮釈放を許す処分は地方委員会の決定をもってされる（更生保護法三九条）。仮釈放を許された者はその期間中保護観察に付され（更生保護法四十条）、一般遵守事項及び特別遵守事項を遵守する（更生保護法五十条以下参照）。② **少年の場合**　少年のとき懲役又は禁錮の言渡しを受けた者には、(i)無期刑については七年（一号）、(ii)少年法五一条二項の規定により言い渡した有期の刑については三年（二号）、(iii)少年法五二条一項及び二項の規定により言い渡した刑についてはその刑の短期の三分の一（三号）、を経過した後仮釈放を許すことができる（少年法五八条一項）。ただし、少年法五一条一項の規定により無期刑の言渡しを受けた者については、右少年法五八条一項一号の規定は適用しない（少年法五八条二項）。手続は、成人について述べたところに準ずる（更生保護法三三条以下、四八条以下など）。

(2)　仮釈放の取消し　次に掲げる場合においては、仮釈放の処分を取り消すことができる（刑法二九条一項）。(i) 仮釈放中に更に罪を犯し罰金以上の刑に処せられたとき、(ii) 仮釈放前に犯した他の罪について罰金以上の刑に処せられたとき、(iii) 仮釈放前に他の罪について罰金以上の刑に処せられた者に対しその刑の執行をすべきとき、(iv) 仮釈放中に遵守すべき事項を遵守しなかったとき。「遵守すべき事項」とは、上述の一般遵守事項、特別遵守事項をさすが、それらの不遵守が、保護観察の停止中に生じたときは、それを理由として仮釈放を取り消すことはできない（更生保護法七七条六項）。

(3) 仮釈放取消しの手続　仮釈放の取消しは、地方更生保護委員会の決定による（更生保護法七五条）。遵守事項の不遵守を理由とする仮釈放の取消しの決定は保護観察所の長の申請によらなければならない（更生保護法七五条二項）。審理のため、場合によっては引致された者を十日以内刑事施設若しくは少年鑑別所又はその他適当な場所に留置することができる（更生保護法七六条一項）。仮釈放の処分を取り消したときは、釈放中の日数は刑期に算入しない（刑法二九条二項）。ただし、審理のための留置日数は刑期に算入する（更生保護法七六条二項）。

(4) 残余刑期経過の効力　①仮釈放の処分を取り消されることなく残余の刑期を経過したときは、刑の執行は終了したものとしてその執行を免除する。現行法上明文規定はないが（改正刑法草案八五条参照）、現行法は拘禁の有無に関りなく刑期は進行するとしているから、期間経過の効力を当然に認めるものと解される（大谷・五五五頁）。もっとも、この場合は刑の執行が免除されるにすぎないから、執行猶予期間経過後の場合のように刑の言渡しが効力を失うということにはならない。②少年については、仮釈放期間の終了について以下の特例がある（少年法五九条）。(i) 少年のとき無期刑の言渡しを受けたものが、仮釈放を許された後、その処分を取り消されないで十年を経過したときは、刑の執行を受け終ったものとする（項一）。(ii) 少年のとき少年法五一条二項又は五二条一項及び二項の規定により有期の刑の言渡しを受けた者が、仮釈放を許された後、その処分を取り消されないで仮釈放前に刑の執行を受けた期間と同一の期間又は少年法五一条二項の刑期若しくは五二条一項及び二項の長期を経過したときは、そのいずれか早い時期において刑の執行を受け終わったものとする（項二）。なお、少年院の長は、不定期刑の執行のため収容している者について、その刑の短期が経過し、かつ、刑の執行を終了するのを相当と認めるときは、地方委員会に対し、刑の執行を受け終ったものとすべき旨の申出をしなければならず（更生保護法四三条）、地方委員会は、その申出があった場合、その者につき刑の執行を終了するのを相当と認めるときは、決定をもって、刑の執行を受け終ったものとしなければならない（更生保護法四四条一項）。

三　仮 出 場

拘留に処せられた者は、情状によりいつでも行政官庁の処分によって仮に出場を許すことができる（刑法三〇条一項）。罰金又は科料を完納することができないため留置された者も、同様とする（刑法三〇条二項）。「情状」としたのは改悛の情を必要としないとする趣旨であり、「いつでも」というのは、刑期の三分の一の経過を要せず、執行の即日でもよいという趣旨である。「行政官庁」は、地方更生保護委員会である（更生保護法三九条、三五条）。仮出場の手続は、仮釈放に準ずる（更生保護法三四条二項、三五条、三六条）。仮出場の取消しは認められない。また、仮出場を許された者には、遵守事項もなく保護観察も行われない。

第四章　刑罰の消滅

一　総　説

刑罰の消滅とは、具体的な犯罪の成立に基づいて発生した個別的刑罰権がなんらかの事情によって消滅することをいう。そのような事由を、刑罰消滅事由（Strafaufhebungsgründe）と称する。刑罰消滅事由の主要なものには、犯人の死亡・法人の消滅、恩赦、時効、刑の執行の終了、仮釈放期間の満了、刑の執行猶予期間の満了、刑の消滅（復権）、等がある。

二　犯人の死亡、法人の消滅

刑罰は一身専属的なものであり、自然人である犯人の死亡、法人である犯人の消滅によって、国家刑罰権も消滅する。かような場合には、既に言渡された刑は執行できず、まだ裁判前であれば刑事訴追は許されない（刑事訴訟法三三九条一項四号）。ただし、没収又は租税その他の公課若しくは専売に関する法令の規定により言い渡した罰金もしくは追徴は、刑の言渡を受けた者が判決の確定した後死亡した場合には、相続財産についてこれを執行することができる（刑事訴訟法四九二条）。

三 恩 赦

(1) 意義 恩赦（Begnadigung）とは、行政権によって国家刑罰権の全部または一部を消滅させ、その効力を減殺する制度である。その趣旨は、法律の画一性がもたらす弊害を回避し、刑の執行の具体的妥当性を保持することによって、犯罪者の改善、社会復帰および社会秩序の維持を図ることにある（大谷・五五七頁）。

(2) 種類、手続 恩赦の種類としては、大赦、特赦、減刑、刑の執行の免除、復権、の五種類がある（恩赦法一条）。

①**大赦** 大赦とは、ある種の犯罪者の全体について、一般的に刑罰権を消滅させるものである。政令で罪の種類を定めて行い、その政令に特別の定のある場合を除いては、(i)有罪の言渡を受けた者については、その言渡は効力を失い、(ii)まだ有罪の言渡を受けない者については、公訴権が消滅する（恩赦法二条、三条）。②**特赦** 特赦は有罪の言渡を受けた者に対して行い、有罪の言渡の効力を失わせる（恩赦法四条、五条）。③**減刑** 減刑には、一般減刑と特別減刑（個別減刑）とがある。(i)一般減刑は、刑の言渡を受けた者に対して、政令で罪若しくは刑の種類を定めて行い、政令に特別の定がある場合を除いては、刑を減軽する。(ii)特別減刑は、刑の言渡を受けた特定の者に対して行い、刑を減軽し、又は刑の執行を減軽する。もっとも、刑の執行猶予の言渡を受けてまだ猶予の期間を経過しない者に対しては、刑を減軽する減刑のみを行い、また、これと共に猶予期間を短縮することができる（恩赦法六条、七条）。④**刑の執行の免除** 刑の執行の免除は、刑の言渡を受けた特定の者に対してこれを行う。但し、刑の執行猶予の言渡を受けてまだ猶予の期間を経過しない者に対しては行わない（恩赦法八条）。⑤**復権** 復権には一般復権と特別復権（個別復権）とがある。有罪の言渡を受けたため法令の定めるところにより資格を喪失し又は停止された者に対して政令で要件を定めて行うのが一般復権であり、同様な特定の者に対して行うのが特別復権である。但し、刑の執行を終らない者又は執行の免除を得ない者に対しては、復権を行わない（恩赦法九条）。復権は喪失した資格を将来に向かっ

て回復するが、特定の資格について行うこともできる（恩赦法一〇条）。⑥有罪の言渡に基く既成の特赦、特定の者に対する減刑、刑の執行の免除、特定の者に対する復権は、中央更生保護審査会の申出があった者に対して行われる（恩赦法一二条）。

(3) **効力** 有罪の言渡に基く既成の効果は、大赦、特赦、減刑、刑の執行の免除、復権によって変更されることはない（恩赦法一一条）。

四 時効

(1) **総説** 刑事に関する時効には、公訴の時効（Verjährung der Strafverfolgung）と刑の時効（Strafvollstreckungsverjährung）とがある。前者は確定判決前のもの、後者は確定判決後のもの、という意味で異なるが、本質的性格においては両者は異ならない。公訴の時効は規定が刑事訴訟法におかれているところから（刑事訴訟法二五〇条以下）、しばしば訴訟法的な公訴権を消滅させるものにすぎないと解されているが、妥当とは思えない。実体法的な観念的刑罰権をも消滅させる事由と考えるべきである（小野・三一七頁、植松・四五一頁、福田・三六五頁、大塚・五九一頁、他）。時効制度の本旨は、犯罪に対する社会的規範感情が時間的経過と共に次第に緩和され、必ずしも現実的な処罰を要求しないまでになるという点に求められるべきであろう（佐伯・四四七頁、大塚・五九一頁、中山・五八三頁、川端・七三七頁）。

(2) **公訴の時効** ① **時効の期間** 公訴の時効は人を死亡させた罪であって禁錮以上の刑に当たるもの（死刑に当たるものを除く）については以下の期間を経過することによって完成する。(i) 無期の懲役又は禁錮に当たる罪については三十年、(ii) 長期二十年以上の懲役又は禁錮にあたる罪については二十年、(iii) 前二号に掲げる罪以外の罪については十年（刑事訴訟法二五〇条一項）。又、人を死亡させた罪であって禁錮以上の刑に当たるもの以外の罪については別途規定する（刑事訴訟法二五〇条二項一号～七号）。右の場合、併科刑、選択刑があるときは、その重い刑に従い（刑事訴訟法二五一条）、刑の加重・減軽事由のあるときは、加重・減軽しない刑に従う（刑事訴訟法二五二条）。時効は犯罪行為が終ったときから進行し、共犯の場合には、最終の行為が終った時からすべての共犯に対して時効の期間を起算する（刑事訴訟法二五三条）。② **時効の停止**　時効は当該事件についてした公訴の提起によってその進行を停止し、管轄違又は公訴棄却の裁判が確定した時からその進行を始める（刑事訴訟法二五四条一項）。共犯の一人に対してした公訴の提起による時効の停止は、他の共犯に対してその効力を有する。この場合において、停止した時効は、当該事件についてした裁判が確定した時からその進行を始める（刑事訴訟法二五四条二項）。犯人が国外にいる場合又は犯人が逃げ隠れているため有効に起訴状の謄本の送達若しくは略式命令の告知ができなかった場合には、時効は、その国外にいる期間又は逃げ隠れている期間その進行を停止する（刑事訴訟法二五五条一項）。③ **効果**　公訴時効が完成した時は、判決で免訴の言渡をしなければならない（刑事訴訟法三三七条四号）。

(3) **刑の時効**　① **時効の期間**　刑の時効は、刑の言渡しが確定した後、次の期間その執行を受けないことによって完成する。(i) 無期の懲役又は禁錮については三十年、(ii) 十年以上の有期の懲役又は禁錮については二十年、(iii) 三年以上十年未満の懲役又は禁錮については十年、(iv) 三年未満の懲役又は禁錮については五年、(v) 罰金については三年、(vi) 拘留、科料及び没収については一年（刑法三二条）。時効期間の計算は暦に従う（刑法二二条）。初日は時間にかかわらず一日として計算する（刑法二四条一項後段）。② **時効の停止**　時効は、法令により執行を猶予し又は停止した期間内は進行しない（刑法三三条）。③ **時効の中断**　懲役、禁錮及び拘留の時効は、刑の言渡しを受けた者をその執行のために拘束することによって中断し、罰金、科料又は没収の時効は、執行行為をすることによって中断する（刑法三四条一項、二項）。時効の中断は、経過した時効期間の効果を喪失させるもので、その後の時効完成には全期間にわたって再度の進行が必要である。④ **効果**　刑の言渡しを受けたものは、時効によりその執行の免除を得る（刑法三一条）。刑の言渡しの効力自体は失われず、刑罰執行権が消滅するのである。時効の完成によって当然に刑の執行を免除する効力を生ずるので、裁判などの行為は必要でない。

五　刑の消滅

(1)　総説　刑罰権の消滅事由は、刑の執行を免れさせるものであるが、刑の言渡しに伴う資格制限等の他の法律上の効果は残る場合が多い。かような前科抹消の措置は長い間の懸案であったが、昭和二二年の刑法改正に際して、法律上、一定期間の経過によって刑の言渡しの効果自体を失わせようとする制度が、「刑の消滅」として刑法典中に規定されることとなった。これは「法律上の復権」であり、恩赦法による復権の制度と共通の目的をもつものである。

(2)　要件、効果　禁錮以上の刑の執行を終わり又はその執行の免除を得た者が罰金以上の刑に処せられないで十年を経過したときは、刑の言渡しは効力を失う。罰金以下の刑の執行を終わり又はその執行の免除を得た者が罰金以上の刑に処せられないで五年を経過したときも同様とする（刑法三四条の二第一項）。「刑の言渡しは効力を失う」とは、刑の言渡しの法律上の効果が将来に向かって消滅することをいう。ただし、本人が過去において刑の言渡しを受けたという事実までを消し去るものではない。なお、刑の免除の言渡しを受けた者が、その言渡しが確定した後罰金以上の刑に処せられないで二年を経過したときは、刑の免除の言渡しは効力を失う（刑法三四条の二第二項）。以上の場合には、刑の言渡しが効力を失う結果として、犯罪人名簿（前科者名簿）の抹消が行われなければならない。

第五章　保安処分

一　総　説

(1)　**意義、沿革**　①**意義**　保安処分（sichernde Maßnahme）とは、行為者の持つ社会的危険性に着目しそれに対する社会的保安をはかるとともに、併せて、本人の改善・治療などを目的とする国家的処分である（大塚・五九六頁）。犯罪としての社会的侵害行為には刑罰を科すことによって抑制・矯正の実を期待しうるが、社会的侵害行為のすべてが犯罪になるわけではないし、刑罰のみによって完全な抑制・矯正の効果を望むのは困難である。そこに、刑罰を補充すべき保安処分の必要性が認められる。刑罰と保安処分との関係については、旧派刑法学においては、刑罰は過去の犯罪に対する道義的非難に基づく応報を意味するのに対し、保安処分は行為者の危険性に対する社会的保安の見地から将来の社会的侵害の予防を目指すものであるから、両者は性格を異にするとの二元主義（二元論）が採用され、これに対して、新派刑法学においては、刑罰と保安処分を異質のものと認めることは無意味に帰するから、両者は共通の性格を有するとの一元主義（一元論）が採用される。旧派刑法学に依拠する私見は二元主義を採用することとなる。②**沿革**　保安処分の必要性は一八世紀末ドイツのクラインによって主張されたが、具体的な制度として考案されたのは、刑罰とともに保安処分を規定するシュトースによる一八九三年のスイス刑法予備草案であった。この二元主義の立場は、一九三〇年のイタリア刑法、一九三二年のポーランド刑法、一九三三年のドイツ改正刑法、一九三七年のスイス刑法などにより採用され次第に一般化した。これに対し、保安処分一元論を貫いたのは、フェッリによる一九二一年のイタリア刑法草案、および、一九二六年のソヴィエト・ロシア刑法典であった。しかし、このイタリア刑法草案は立法化されなかったし、一九六〇年のソヴィエト刑法は二元主義を採用したので、今日では、二元主義が世界的傾向となっているが、一九六二年のスウェーデン刑法典は刑罰と保安処分を統合する制裁の観念によって一元主義を採用している。

(2)　保安処分の種類　世界の立法例による保安処分は多種にのぼるが、大略以下の三種に区分できる。(i) **自由剝奪を伴う保安処分**　被処分者を一定の施設に収容し、その治療・改善とともに社会の保安を図る保安処分をいう。酒癖者・麻薬常習者等の治療・禁絶施設への収容のような隔離処分、改善処分、等がある。(ii) **自由剝奪を伴わない保安処分**　被処分者を施設に収容しないで、自由の制限に止める保安処分をいう。居住の制限・禁止などの隔離処分、行状監督などの改善処分がある。(iii) **対物的保安処分**　物に対する保安処分をいう。没収、営業所閉鎖、法人の解散または業務停止、等がある。

二　保安処分の一般的要件

(1)　保安処分の法定　保安処分は、危険な行為者から社会を防衛するとともに、その行為者を治療・改善することを目的とする。保安処分は行為者のもつ社会的危険性に着目して科せられるべきであり、行為が犯罪にあたることは必ずしも必要ではない。また、保安処分は、行為者の危険性が消滅するまで継続させるのが理想であってそのためには不定期刑的なものが予想される。その反面、保安処分には、被処分者の人権に対する侵害の虞が大きいからその点についての慎重な配慮がなされなければならない。この見地から保安処分にも、その法定主義や、類推解釈の禁止を認めるか、執行猶予、仮釈放、時効の制度を設けるか、等が問題とされている。人権侵害の虞のある保安処分が厳格に法律で制約される必要があることはいうまでもない。保安処分法定主義は、社会防衛の目的に支障を来たすものではなく、むしろ、法的に明示された一定の枠内においてこそ、被処分者の人権の保護を図りつつ節度ある保安処分の運用がなされ得るであろう。保安処分の法定については、保安処分に付せられるべき危険性をもった行為者、保安処分の種類・内容・その期間などが定められなければならない。保安処分の宣告も、行政機関ではなく裁判所の手に委ねるのが適当である（大塚・六〇一頁～六〇三頁）。

(2) 保安処分と刑罰との関係　二元主義を基礎とするときは、例えば、限定責任能力者に対して刑を減軽する一方、その将来的な再犯の危険性に対しては保安処分が必要になるというように、競合する刑罰と保安処分をどのようにして実施すべきかが検討されなければならない。これについては、刑罰と保安処分との併科主義と代替主義とがある。①**併科主義**　併科主義（Grundsatz der Kumulierung）とは、刑罰と保安処分とを併科する制度であるが、この場合、理論的には、刑罰を先に執行する刑罰先執行主義と保安処分を先に執行する保安処分先執行主義とがあり得る。②**代替主義**　代替主義（Grundsatz der Vikariierung）とは、併科された刑罰か保安処分のいずれか一方を先に執行し、それによって必要のなくなった限度で他方の執行を免れさせる制度をいう。これには、代替を任意的なものとする任意的代替主義と、必要的なものとする必要的代替主義とがある。論理的には併科主義を貫くことにも意義はあろうが、被処分者に不必要な人権侵害を与えないためにも必要的代替主義を採るべきである。

三　現行法上の保安処分

改正刑法草案は九七条以下に保安処分の規定を設けているが、現行刑法は保安処分についての規定をおいていない。以下では、現行法上主要な保安処分と目されるものを列挙しておこう（大塚・六〇四頁以下）。

①**少年に対する保護処分**　家庭裁判所は、少年法二三条の場合を除いて、審判を開始した事件につき決定で次に掲げる保護処分をしなければならない。（i）保護観察所の保護観察に付すること、（ii）児童自立支援施設又は児童養護施設に送致すること、（iii）少年院に送致すること（少年法二四条）。②**売春婦に対する補導処分**　売春の勧誘などの罪を犯した二十歳以上の女子に対して懲役または禁錮の執行を猶予するときは、その者を補導処分に付することができる（売春防止法一七条以下）。③**保護観察**　保護観察の制度は、更生保護法に規定されている。この法律によって保護観察に付される者は次の通りである。（i）少年法二四条一項一号の保護処分を受けた者（更生保護法四八条）、（ii）少年院からの仮退院を許されている者（更生保護法四二条、四八条二項）、（iii）仮釈放を許されている者（更生保護法四八条三号）、（iv）刑法二五条の二第一項により保護観察に付された者（更生保護法四八条四号）、（v）婦人補導院より仮退院を許された者（売春防止法二六条）。④**更生緊急保護**　更生緊急保護とは、次に掲げる者が、刑事上の手続による身体の拘束を解かれた後、親族、縁故者等からの援助若しくは公共の衛生福祉その他の施設から医療、宿泊、職業その他の保護を受けることができない場合、又はこれらの援助若しくは保護のみによっては更生できないと認められる場合に、緊急に、その者に対し、帰住をあっせんし、金品を給与し、若しくは貸与する等の一時保護又は一定の施設に収容して宿泊所を供与し、必要な教養、訓練、医療、保養若しくは就職を助け、環境の改善若しくは調整を図る等の継続保護を行うことにより、本人が進んで法律を守る善良な社会人となることを援護し、その速やかな更生を保護することをいう。（i）懲役、禁錮又は拘留につき刑の執行を終った者、（ii）懲役、禁錮又は拘留につき刑の執行の免除を得た者、（iii）懲役又は禁錮につき刑の執行猶予の言渡しをうけ、その裁判が確定するまでの者、（iv）懲役又は禁錮につき刑の執行猶予の言渡しをうけ、保護観察に付されなかった者、（v）訴追を必要としないため公訴を提起しない処分を受けた者、等（更生保護法八五条一項）。⑤**精神障害者に対する入院措置**　都道府県知事は、指定医の診察の結果、受診者が精神障害者であり、か

つ、医療及び保護のために入院させなければ、その精神障害のために自傷他害の虞があると認めたときは（二人以上の指定医の診察の結果が一致した場合）、本人及び関係者の同意がなくても、これを精神病院または指定病院に入院させることができる（精神保健及び精神障害者福祉に関する法律二九条）。⑥**麻薬中毒者に対する入院措置**　都道府県知事は、精神保健指定医の診察の結果、受診者が麻薬中毒者であり、かつ、その者の症状、性行および環境にてらして、その者を入院させなければその麻薬中毒のために麻薬、大麻又はあへんの施用を繰り返す虞が著しいと認めたときは、その者を麻薬中毒者医療施設に入院させて必要な医療を行うことができる（麻薬及び向精神薬取締法五八条の八以下）。⑦**暴力主義的破壊活動を行った団体の規制処分**　団体の活動として、暴力主義的破壊活動を行った団体に対しては、公安審査委員会は、当該団体が継続または反復して、将来さらに団体の活動として暴力主義的破壊活動を行う明らかな虞があると認めるに足りる十分な理由があるときは、その虞を除去するために必要かつ相当な限度内において、（i）六月を超えない期間および地域を定めて、集団示威運動、集団行進または公開の集会を行うことを禁止し、（ii）六月を超えない期間を定めて、機関誌紙の印刷または頒布を禁止し、（iii）六月を超えない期間を定めて、特定の役職員または構成員に、その団体のためにする行為をさせることを禁止することができる（破壊活動防止法五条一項）。また、（iv）暴力主義的破壊活動を行った団体が、継続または反復して、将来さらに団体の活動として暴力主義的破壊活動を行う明らかな虞があると認めるに足りる十分な理由があり、かつ、右の（i）ないし（iii）の処分によっては、その虞を有効に除去しえないと認められるときは、当該団体に対して解散の指定を行うことができる（破壊活動防止法七条）。⑧**心神喪失等の状態で重大な他害行為を行った者の医療及び観察**　心神喪失等の状態で殺人、放火、強盗などの重大な犯罪を犯した精神障害者については、「心神喪失等の状態で重大な他害行為を行った者の医療及び観察等に関する法律」が適用される。本法の対象者は、心神喪失もしくは心神耗弱の状態で、放火、強制わいせつ、強姦、殺人、傷害、強盗に当たる行為を行った者であり、かつ、公訴を提起しない処分を受けた者、心神喪失により無罪の確定裁判を受けた者または心神耗弱により刑を減軽する旨の確定裁判を受けた者である（二条二項、三項）。検察官は、右の対象者につき、地方裁判所に対して、医療のための入院の要否を決定することを求める申し立てを行い（三三条一項）、申し立てを受けた裁判所は、鑑定その他医療的観察等を経た上で、裁判官一名及び精神保健審判員（医師）一名の合議体において審理を行い、処遇の要否・処遇の内容（入院をさせる、入院によらない医療を受けさせる、この法律による医療を行わない、等）を決定する（一一条一項）。裁判所は、対象者に付添人がいないときは付添人を付さなければならない（三五条）。対象者に対する処遇としては、指定医療機関における医療と地域社会における処遇とがある。前者については、厚生労働大臣は、入院の決定を受けた者に対し、その精神障害の特性に応じ、円滑な社会復帰を促進するために必要な医療を行わなければならず、その医療は指定医療機関に委託して行うものとされた（八一条）。後者については、通院決定を受けた者または退院許可を受けた者は指定通院医療機関の医療を受け（一〇四条）、通院期間中は保護観察所の社会復帰調整官による精神保健観察に付される（一九条、二〇条、一〇六条）。

事項・人名索引

さ　行

た　行

な　行

は　行

ま　行

や　行

ら　行

著者略歴

立 石 二 六（たていし　にろく）

昭和15年広島県生。昭和39年中央大学法学部法律学科卒業。ひき続き、中央大学大学院法学研究科修士・博士課程を経て、その後、北九州市立大学法学部教授、中央大学法学部教授、京都女子大学法学部教授。

現　在　北九州市立大学名誉教授

刑 法 総 論 ［第４版］

平成11年４月１日　初　版第１刷発行
平成16年３月10日　補正版第１刷発行
平成18年４月10日　第２版第１刷発行
平成20年４月10日　第３版第１刷発行
平成27年３月10日　第４版第１刷発行
令和３年９月10日　第４版第５刷発行

著　者　立 石 二 六
発 行 者　阿 部 成 一

〒162-0041　東京都新宿区早稲田鶴巻町514番地
発 行 所　株式会社　成 文 堂
電話 03(3203)9201(代)　Fax 03(3203)9206
http://www.seibundoh.co.jp

製版・印刷　藤原印刷㈱　製本　弘伸製本

ISBN978-4-7923-5138-0 C3032

定価（本体4,000円＋税）